"十三五"国家重点图书出版规划项目

国家自然科学基金应急项目系列丛书

新常态下中国企业对外投资的理论创新与政策研究

洪俊杰/主　编

科学出版社
北　京

内 容 简 介

中国经济经历 30 多年的快速增长，已告别高速增长而进入中高速增长的"新常态"发展阶段。随着企业"走出去"步伐的不断加快，中国双向投资趋于平衡，加之第三地融资再投资，中国双向投资也已进入投资输出超过投资输入的"新常态"。本书对新常态下中国企业对外投资的理论创新和配套政策展开具体分析，并对新常态下政策深化的相关内容、政策推进的时间部署和空间安排进行深入探讨。

本书可以为有关决策部门制定新常态下中国企业对外直接投资的最新政策和具体方案提供决策参考和科学依据，也可供政府相关决策人员、学术研究人员、相关院校师生及相关企业人员参考。

图书在版编目（CIP）数据

新常态下中国企业对外投资的理论创新与政策研究 / 洪俊杰主编. —北京：科学出版社，2018.6

（国家自然科学基金应急项目系列丛书）

ISBN 978-7-03-053220-6

Ⅰ. ①新… Ⅱ. ①洪… Ⅲ. ①企业-对外投资-研究-中国 Ⅳ. ①F279.23

中国版本图书馆 CIP 数据核字（2017）第 128445 号

责任编辑：魏如萍 / 责任校对：孙婷婷
责任印制：霍 兵 / 封面设计：蓝正设计

科 学 出 版 社 出版
北京东黄城根北街 16 号
邮政编码：100717
http://www.sciencep.com

中国科学院印刷厂 印刷
科学出版社发行 各地新华书店经销

*

2018 年 6 月第 一 版 开本：720×1000 B5
2018 年 6 月第一次印刷 印张：20 1/2
字数：420 000

定价：165.00 元
（如有印装质量问题，我社负责调换）

国家自然科学基金应急项目系列丛书
编委会

课题组名单

总课题：新常态下中国企业对外投资的理论创新与政策研究

  承担单位：对外经济贸易大学国际经济贸易学院

  课题主持人：洪俊杰（长江学者特聘教授）

  课题组成员：孙乾坤、林建勇、石丽静、商辉、杨超、王星宇、张宸妍

子课题一：新常态下中国对外直接投资的深层模式与驱动因素研究及趋势预测

  承担单位：对外经济贸易大学国际经济贸易学院

  课题主持人：刘青（教授）

  课题组成员：阮辉、孙宏庆

子课题二：新常态下中国对外投资理论的创新与发展研究

  承担单位：对外经济贸易大学国际经济贸易学院

  课题主持人：卢进勇（教授）

  课题组成员：陈静、邵海燕、郭凌威、程晓青、吴嵩博

子课题三：新常态下中国企业对外投资的发展战略研究

  承担单位：对外经济贸易大学国际经济贸易学院

  课题主持人：蓝庆新（教授）

  课题组成员：韩萌、叶梅、姜峰

子课题四：新常态下中国企业对外投资的经营理念和责任文化提升研究

  承担单位：对外经济贸易大学国际经济贸易学院

  课题主持人：许亦平（教授）

  课题组成员：何超华

子课题五：新常态下建设源于中国的全球公司的发展策略研究

  承担单位：对外经济贸易大学国际经济研究院

  课题主持人：汤碧（教授）

  课题组成员：吕越

子课题六：中国国际投资合作新常态的基本特征及趋势研究

  承担单位：北京新世纪跨国公司研究所

课题主持人：王志乐（教授）

课题组成员：丁继华、郭凌晨、皮永华、陈霖、杨馥毓、叶广宇、黄胜

子课题七：新常态下中国企业对外投资合作的理论研究

承担单位：北京大学光华管理学院

课题主持人：武常歧（教授）

课题组成员：张林、周咏龙、古丽那孜·达拉什

总　　序

　　为了对当前人们所关注的经济、科技和社会发展中出现的一些重大管理问题快速做出反应，为党和政府高层科学决策及时提供政策建议，国家自然科学基金委员会于1997年特别设立了管理科学部主任基金应急研究专款，主要资助开展关于国家宏观管理及发展战略中急需解决的重要的综合性问题的研究，以及与之相关的经济、科技和社会发展中的"热点"与"难点"问题的研究。

　　应急研究项目设立的目的是为党和政府高层科学决策及时提供政策建议，但并不是代替政府进行决策。根据学部对于应急项目的一贯指导思想，应急研究应该从"探讨理论基础、评介国外经验、完善总体框架、分析实施难点"四个主要方面为政府决策提供支持。每项研究的成果都要有针对性，且满足及时性和可行性要求，所提出的政策建议应当技术上可能、经济上合理、法律上允许、操作上可执行、进度上可实现和政治上能为有关各方所接受，以尽量减少实施过程中的阻力。在研究方法上要求尽量采用定性与定量相结合、案例研究与理论探讨相结合、系统科学与行为科学相结合的综合集成研究方法。应急项目的承担者应当是在相应领域中已经具有深厚的学术成果积累，能够在短时间内（通常是 9~12 个月）取得具有实际应用价值成果的专家。

　　作为国家自然科学基金的一个特殊专项，管理科学部的"应急项目"已经逐步成为一个为党和政府宏观决策提供科学、及时的政策建议的项目类型。与国家自然科学基金资助的绝大部分（占预算经费的 97%以上）专注于对管理活动中的基础科学问题进行自由探索式研究的项目不同，应急项目有些像"命题作文"，题目直接来源于实际需求并具有限定性，要求成果尽可能贴近实践应用。

　　应急研究项目要求承担课题的专家尽量采用定性与定量相结合的综合集成方法，为达到上述基本要求，保证能够在短时间内获得高水平的研究成果，项目的承担者在立项的研究领域应当具有较长期的学术积累。

　　自 1997 年以来，管理科学部对经济、科技和社会发展中出现的一些重大管理问题做出了快速反应，至今已启动 45 个项目，共 323 个课题，出版相关专著 16 部。其他 2005 年前立项、全部完成研究的课题，其相关专著亦已于近期出版发行。

从 2005 年起，国家自然科学基金委员会管理科学部采取了新的选题模式和管理方式。应急项目的选题由管理科学部根据国家社会经济发展的战略指导思想和方针，在广泛征询国家宏观管理部门实际需求和专家学者建议及讨论结果的基础上，形成课题指南，公开发布，面向全国管理科学家受理申请；通过评审会议的形式对项目申请进行遴选；组织中标研究者举行开题研讨会议，进一步明确项目的研究目的、内容、成果形式、进程、时间结点控制和管理要求，协调项目内各课题的研究内容；对每一个应急项目建立基于定期沟通、学术网站、中期检查、结题报告会等措施的协调机制以及总体学术协调人制度，强化对于各部分研究成果的整合凝练；逐步完善和建立多元的成果信息报送常规渠道，进一步提高决策支持的时效性；继续加强应急研究成果的管理工作，扩大公众对管理科学研究及其成果的社会认知，提高公众的管理科学素养。这种立项和研究的程序是与应急项目针对性和时效性强、理论积累要求高、立足发展改革应用的特点相称的。

为保证项目研究目标的实现，应急项目申报指南具有明显的针对性，从研究内容到研究方法，再到研究的成果形式，都具有明确的规定。管理科学部将应急研究项目的成果分为四种形式，即一本专著、一份政策建议、一部研究报告和一篇科普文章，本丛书即应急研究项目的成果之一。

为了及时宣传和交流应急研究项目的研究成果，管理科学部决定将 2005 年以来资助的应急项目研究成果结集出版，由每一项目的协调人担任书稿的主编，负责项目的统筹和书稿的编撰工作。

希望此套丛书的出版能够对我国管理科学政策研究起到促进作用，对政府有关决策部门发挥借鉴咨询作用，同时也能对广大民众有所启迪。

国家自然科学基金委员会管理科学部

前　　言

2014 年以来，习近平总书记多次提出中国经济要适应"新常态"。中国经济在经历 30 多年的快速增长之后步入了以"中高速、优结构、新动力、多挑战"为特征的新常态模式。2014 年中国对外投资额超过利用外资额，表明中国对外开放已经逐渐步入投资输出超过投资输入的"新常态"，国际投资大规模双向流动将成为中国新时期开放型经济的重要特征。同时，发达国家通过再工业化战略重塑实体经济，建立全球生产网络，挖掘全球生产要素的巨大潜能，整合全球价值链中的最优资源要素，力图抢占价值链的核心及高端环节。在此背景下，研究如何打造一批参与新一轮国际竞争的全球公司（global corporation），探究中国企业对外投资最佳实践，对推进中国经济与世界经济在更高层次上的融合，以及提升中国在全球价值链中的地位具有重要意义。

在经济全球化背景下，随着中国企业"走出去"步伐的不断加快，国际市场竞争国内化、国内市场国际化的发展趋势已经势不可挡。根据商务部和国家外汇管理局统计，2014 年中国全行业对外直接投资（outward foreign direct investment，OFDI）额达 1 231.2 亿美元，同比增长 14.2%；实际利用外资金融为 1 285 亿美元，同比增长 9.3%。2014 年，中国对外直接投资规模与同期中国吸引外资规模仅差53.8 亿美元，这是中国双向投资按现有统计口径首次接近平衡。事实上，加之第三地融资再投资，对外直接投资额约达 1 400 亿美元，中国对外投资额已经超过利用外资额，且在中国政府一系列投资和贸易自由化、便利化举措的推动下，未来对外投资还将快速增长。同时，新常态下中国提出"丝绸之路经济带"和"21 世纪海上丝绸之路"（简称"一带一路"）倡议，利用中国优势富裕产能，助力"一带一路"国家的基础设施建设和经济发展，实现与沿线国家的共赢。"一带一路"倡议的提出和推进将为中国企业对外投资带来前所未有的机遇。近年来，国家高度重视"走出去"，十八届三中全会《中共中央关于全面深化改革若干重大问题的决定》中明确提出"扩大企业及个人对外投资，确立企业及个人对外投资主体地位，允许发挥自身优势到境外开展投资合作"。同时，2015 年全国两会的政府工作报告提出"实施新一轮高水平对外开放"，"加快实施走出去战略"，"推进丝绸之路经济带和 21 世纪海上丝绸之路合作建设"，"构建全方位对外开放新格局"。由此可见，新常态阶段，中国继续加大"走出去"的战略步伐，深入推进企业对外投资，抢占竞争新优势依然是党和国家的重要战略。

改革开放以来，中国企业凭借低廉的劳动力优势，承接来自发达国家的产业转移项目，进行简单的加工生产，从而参与发达国家跨国公司（multinational corporations，MNC）主导的全球价值链分工体系。在参与国际分工的过程中，中国企业通过技术溢出、竞争效应和模仿学习在一定程度上提高了自身技术水平，一大批中国企业借此历史性机遇提升了其国际化水平。但是，中国的多数企业仍然存在"大而不优、大而不强"的问题，处于全球产业链的中低端，企业的国际竞争实力和国际市场开拓能力仍然有限。面对复杂的国际投资环境和竞争格局，中国企业走向世界的道路并不平坦，中国对外投资主要面临以下几个方面的问题。

第一，缺乏全球经营和管理理念。中国跨国公司参与国际分工，面临的是全球化时代新的竞争环境和竞争规则。然而，不少企业缺乏全球经营的经验，缺乏适应全球竞争和经营所需要的全球战略、全球治理管治结构以及全球企业责任理念，由此导致海外投资的失败。此外，中国企业对国际惯例和规则依然不熟悉，文化差异、政治风险等问题也越来越成为中国企业对外投资的重大挑战。

第二，中国企业"走出去"的绩效问题。首先，中国金融市场发展不健全，为海外企业提供信用担保和保险的机制尚不完善，导致中国对外投资企业融资渠道不畅，企业不易获得后续发展资金，从而制约了中国对外投资企业的经营和发展。其次，中国对外投资企业的风险管理制度不健全，缺乏应有的风险识别、预见和风险管理与控制能力，再加上对外投资经验的欠缺以及海外市场的不确定性，影响了企业的绩效。

第三，缺乏合规经营理念和企业社会责任（corporate social responsibility，CSR）意识。中国企业大量地投资海外，追求资本回报无可厚非，但是部分企业缺乏合规经营理念，对东道国的法律缺乏了解，一些行为触犯当地法律导致投资失败。同时，企业社会责任意识不足，缺乏与当地社区和民众的沟通和联系，未能利用时机建立企业在当地的良好社会形象，引起当地居民的反感甚至抗议，影响了企业的可持续发展。

中国企业对外投资所面临的这些问题主要是由于缺乏理论指导与实践经验。过去中国作为引资大国，关注的问题是如何保护本国产业安全以及如何通过外资获得资本和技术等，所以往往对外资准入、股权比例、投资期限、利润转移等问题加以管制或限制。而如今，中国对外开放呈现新常态特征，中国成为投资输出大国，应更加关注对外投资的安全与收益，要求投资输入国开放市场，给外资企业以国民待遇，加强对外国投资者的保护。可见为适应中国对外开放的新常态，我们应转变思维方式和视角，创新对外投资的理论和实践。

在经济发展新常态背景下，如何转变投资输入国思维，建立对外投资的战略对策框架，培育具有国际竞争力的中国跨国公司是亟须解决的问题，该问题对于系统性地解释和指导企业为什么"走出去"、何时"走出去"、怎么样"走出去"，以及"走出去"以后如何实现可持续发展具有重要意义。

中国对外直接投资尚处于伊始阶段，对外投资发展时间短、增长快，基于中国数据和案例的对外投资研究较少。借鉴其他国家的已有经验，并综合分析现有理论机制，有助于创新中国企业对外直接投资理论。现有的对外直接投资理论多是基于发达国家跨国公司创立的，发展中国家的对外直接投资理论较少，而基于中国对外直接投资现状的理论研究更是凤毛麟角，亟须理论创新。同时，从对外投资战略和策略、企业文化与社会责任、全球公司、国际经济合作等角度提出建设性的政策建议也是本书的重要目的。为适应中国经济新常态和投资输出趋势，为中国企业"走出去"提供理论和政策支持，2015 年 1 月，国家自然科学基金委员会管理科学部适时颁布了"新常态下中国企业对外投资的理论创新与政策研究"的应急项目。经过科学讨论，严格筛选，最终确定由对外经济贸易大学牵头，联合北京大学和北京新世纪跨国公司研究所等力量组成课题组进行研究。其中各课题名称、承担单位、课题主持人的信息见本书的课题组名单。

在各课题组成员的共同努力下，基于一系列的部委和企业调研、文献和数据收集整理研究，以及 2015 年 6 月于对外经济贸易大学召开的项目开题论证会、2015 年 11 月于对外经济贸易大学召开的项目中期汇报会、2016 年 6 月于对外经济贸易大学召开的结题验收会，课题最终圆满结题，顺利通过评审。课题深入研究了新常态下国际投资合作的基本特征和趋势、新常态下中国对外直接投资的基本特征、新常态下中国对外直接投资的理论创新与发展、新常态下中国企业对外投资的经营理念和责任文化、新常态下中国企业对外投资的特点及全球公司战略转型的紧迫性、新常态下全球公司及影响其发展的因素等六大方面，并在此基础上分别提出了相应的政策建议。尽管此次应急项目的研究成果大多数已通过不同渠道报送给了有关政府部门，产生了良好的政策效果，但是为了更全面地反映课题研究的成果，我们将各分课题组的研究成果汇总整理、出版。当然考虑到结构的合理性，我们对部分课题研究成果进行了整合，最终形成了本书的总体框架。全书的统稿由洪俊杰教授负责，并由洪俊杰担任主编，由王志乐负责第 1 章，刘青负责第 2 章，卢进勇和武常歧负责第 3 章，蓝庆新负责第 4 章，许亦平负责第 5 章，汤碧负责第 6 章。

在此，我们要特别感谢国家自然科学基金委员会管理科学部对此次课题研究给予的高度重视和大力支持。感谢国家自然科学基金委员会管理科学部李一军常务副主任、高自友副主任、杨列勋处长、方德斌主任（三处流动项目主任）等对课题研究定位和总体思路提出的重要指导意见和全程支持。感谢各位评委专家在百忙之中抽出时间参加课题研究的开题、中期和结题验收会，并为课题研究提出许多真知灼见。还需要特别感谢的是对外经济贸易大学的一批博士生，包括孙乾坤、林建勇、石丽静、商辉、杨超、王星宇、张宸妍等，他们不仅进行了最专业的研究助理工作，而且为本书的整理编纂做出了很多贡献。感谢科学出版社编辑为本书出版提供的帮助和支持。

尽管我们在课题研究的过程中秉承扎实、可靠、科学和高度负责的态度，力求从长远性和总体性两方面把握观点，在整理编纂书稿的过程中也力求认真仔细，在编辑的帮助下反复修改，但是由于时间紧迫，书中不可避免地会存在不妥之处，恳请读者批评指正！

洪俊杰

2018 年 3 月

目　　录

第1章 中国国际投资合作发展的回顾与展望

1.1 国际投资合作发展历程回顾

自改革开放以来，中国开展国际投资合作经历了三个阶段：1979~2001 年是第一阶段，这个阶段的国际投资合作以单向的"引进来"为主；2002~2013 年是第二阶段，这个阶段的国际投资合作以"引进来"与"走出去"并重；进入 2014 年以来，中国的国际投资合作进入了一个新的历史转折阶段，即进入以"走出去"为主要特征的国际投资合作新阶段。进入第三个阶段以后，中国的国际投资合作将会越来越多，从资本净输入国发展为资本净输出国，转变更多地源于中国跨国企业（multinational enterprise，MNE）和全球公司参与国际竞争，成为国际投资合作的主体。

1.1.1 以单向的"引进来"为主的国际投资合作：1979~2001 年

1978 年党的十一届三中全会提出实行"对内改革、对外开放"的政策，自此我国拉开了改革的大幕。经济社会开始从封闭或半封闭转向对外开放，社会主义现代化建设进入新时期，经济体制逐渐由计划经济向市场经济转变，从此我国经济发展逐步进入了"快车道"。在经济发展过程中，利用外资对我国经济发展做出了独特的贡献，经历了酝酿与起步，逐渐到快速发展的过程。特别是 20 世纪 90 年代以来，我国利用外资的数量长期高居发展中国家之首，有时甚至超过美国而居世界第一。

在对外合作中，引进外资不断向广度和深度发展，取得了巨大成就，加快了市场经济的建立与发展，增加了经济建设的资金，提高了技术及管理能力，建立并发展了一系列重要现代产业，完善了国民经济体系，同时也加强了与世界的联系。

1. 引进大量资金、先进的技术及科学的管理经验

我国在引进外资的同时，也引进国外先进的技术及管理经验。改革开放总设计师邓小平指出："一个三资企业办起来，工人可以拿到工资，国家可以得到税收，合资合作的企业收入还有一部分归社会主义所有。更重要的是，从这些企业中，我们可以学到一些好的管理经验和先进的技术，用于发展社会主义经济。"①技术和管理经验具有外溢效应，对外国企业技术和管理经验的学习，使我国企业得以快速发展，更上一个台阶。

第一，利用外资高速增长。我国利用外资，不论在数额上还是应用领域，都有快速的发展。在数额上，我国利用外资保持较高速增长。1983~2001 年我国实际利用外资总额为 5 570.65 亿美元。1983 年我国实际利用外资额仅为 22.6 亿美元，2000年达到了 593.56 亿美元（2001 年为 496.72 亿美元，有所减少，以最多的来说明），约为 1983 年的 26.26 倍，年均增长率达到了约 21.2%。在资金来源上，引进资金从最初的集中于部分国家到世界各国资金都利用，实行了外资优惠的政策。在资金利用方式上，从"合作""合资"向"独资"演变，主要是中外合作经营企业、中外合资经营企业和外商独资企业三种方式。在空间上，利用外资区域逐步开放，从最初主要投向广东、福建逐步扩展到全国，鼓励外资参与西部大开发。在利用外资的政策上，允许外商投资的领域逐步放开，从主要集中在劳动密集型加工企业和酒店服务业，逐渐扩展到生产型和出口导向型企业，进一步扩展到土地开发、房地产、金融、保险、外贸、运输、电信、医疗等多个领域。

第二，技术引进推动工业经济快速发展。在 1949 年以后，党和国家领导人很重视技术的引进，很早就制定了科技规划。改革开放后，技术引进成为中国对外开放的重要内容，对中国经济增长的推动作用也十分显著，不但缩小了中国与发达国家的技术差距，而且促进了中国产业结构的优化和升级，为经济持续增长提供了动力支持。在技术引进早期，主要以引进硬技术为主，表现为成套设备的引进，由于国家对轻纺工业实行生产计划、技术改造、技术引进、能源原材料供应、交通运输、银行信贷"六优先"政策，轻重工业比例趋于协调，为繁荣市场、提高人民生活水平创造了条件。到 20 世纪 90 年代，针对基础产业发展滞后的问题，国家重点加强了能源、原材料等基础产业建设，使原材料工业与加工工业的比例趋于协调。中国所引进的技术主要来源于日本、美国、韩国及欧盟成员国，欧盟成员国中从德国、法国引进较多。

第三，引进科学的管理经验，提高劳动生产率。我国引进国外先进的管理经验是伴随着引进技术设备及建立合作或合资企业而产生的。邓小平提出："必须大胆吸收和借鉴人类社会创造的一切文明成果，吸收和借鉴当今世界各国包括资

---

① 引自《邓小平文选》第 3 卷，北京：人民出版社，1993 年，第 138~139 页。

本主义发达国家的一切反映现代社会化生产规律的先进经营方式、管理方法。"①
资本主义企业既有一套利用科学技术的生产经验，也有与之相适应的科学管理经
验。这两者都是我们所缺乏的，需要同时学习和引进。另外，经济的增长离不开
劳动生产率的提高，而影响劳动生产率的因素有很多，包括科学技术及劳动者掌
握技能的熟练程度、劳动者的素质及积极性、劳动的组织和管理、生产要素搭
配、自然条件等诸多因素。这些因素都需要恰当的管理方法，如果只引进国外先
进的科学技术，而不引进先进的科学管理方法，就会造成人力、物力和财力的巨
大浪费，从而影响技术引进的经济效果。

在实际管理中也有管理者意识到了学习先进经验的重要性。例如，福建日立
公司在质量管理中建立了相应的组织机构、规章制度和具体的实施措施，形成了
一个质量保证体系，开展全面质量管理活动；在人事管理中建立了定期考核制
度，所有职工的试用、晋升、奖励一律通过考核决定，避免人情，同时机构设置
也尽量做到精兵简政；在工资福利方面贯彻按劳分配的原则，注重员工整体福
利，丰富职工的业余文化生活。最终，该公司职工工资福利总收入增加一倍，而
劳动生产率提高了 5.7 倍。

2. 通过招商引进外资来建立现代产业

中国的很多现代产业是随着第三次国际产业转移的浪潮而开始快速发展起来
的，20 世纪 70 年代末 80 年代初，美国、日本及欧洲国家大力发展高附加值、低
能耗的技术密集型和知识密集型产业，将"重、厚、长、大"的钢铁、造船和化
工等重化工产业以及汽车、家电等部分资本密集型产业进一步向外转移。劳动密
集型产业转移到中国和东盟国家，中国的汽车产业、钢铁产业和家电产业得到了
快速发展。

第一，汽车产业发展迅速。

汽车产业是中国外商投资比较早，也是外资企业比较多的产业之一。汽车产
业利用外资加快了现代化进程，提升了汽车的制造水平，为汽车产业"走出去"
打下了坚实的基础。

1983 年以北京吉普汽车有限公司成立为标志，我国汽车产业外商投资拉开
了序幕。随后，广州标致、一汽大众、重庆江铃等合资企业纷纷成立。我国引
进了一系列整车制造技术。经过近 20 年的发展，仅 2001 年汽车产业外商投资
294 项，合同外资金额 8.722 9 亿美元，同比增长分别为 31.67% 和 37.38%。从汽
车产业的合资情况来看，主要的方式为合资经营；从按产品分类的企业控股情
况来看，无论是在整车类的外商投资企业中，还是在汽车零部件合资企业中，

---

① 引自《邓小平文选》第 3 卷，北京：人民出版社，1993 年，第 373 页。

中方控股都占主要部分；从投资领域来看，外商投资主要投向整车生产企业，主要是轿车生产企业（表 1-1）。

表 1-1 2001 年以前我国汽车产业利用外资情况

企业	外资企业	进入时间	合资金额	中外股比
北京吉普	美国克莱斯勒	1984.01	1.46 亿美元	57.6/42.4
上海大众	德国大众	1985.03	26 亿美元	50/50
广州标致	法国标致公司	1985.07	19 210 万元	66/34
一汽大众	德国大众、奥迪	1991.02	37.12 亿元	60/30/10
神龙汽车	法国雪铁龙集团	1991.05	34 亿元	70/30
海南马自达	日本马自达	1992.01		1998 年并入一汽
郑州日产	日本日产、三友	1993.03	13.8 亿元	70/30
重庆长安	日本铃木	1993.05	7 000 万美元	51/49
哈飞	英国航空基金	1994.03	4 998 万美元	75/25
上海通用	美国通用	1997.03	15.21 亿美元	50/50
广州本田	日本本田	1998.05	11.6 亿元	50/50
贵州云雀	富士重工、新加坡陈昌公司	1998.03	4.5 亿元	51/49
金杯通用	美国通用	1999.01	2.3 亿元	50/50
南京菲亚特	意大利菲亚特	1999.04	30 亿元	50/50
天津丰田	日本丰田	2000.07	1 亿美元	50/50

资料来源：刘景丽（2013）

跨国直接投资提高了我国汽车产业的整体经济效益，汽车工业总产值和销售产值一直稳步上升，对工业产值的贡献率及劳动生产率也不断提高，规模经济效应日益突显。汽车工业制造技术水平与国际先进水平之间的差距逐渐缩小，促进了合资企业内部和民族企业自主品牌的成长发展。

第二，利用外资促进钢铁产业发展。

利用外资在一定程度上促进了钢铁产业的高速发展，加强了国民经济的薄弱环节，增强了经济发展的后劲。中国钢铁产业利用外资的方式主要有三种形式：第一种是对外借款，包括政府贷款、出口信贷、外国银行商业贷款、国际金融组织贷款及债券；第二种是外商直接投资（指合资、合作、独资）；第三种是外商其他形式的投资，包括国际租赁、补偿贸易、加工装配等。资金来源主要集中在少数几个发达国家，主要有德国、日本、意大利、美国等，这些国家提供的资金占利用外资总额的 90%以上。

通过利用国外资金，弥补了国内建设资金的不足。通过引进先进、适用的技术设备，进一步提高了钢铁产业的技术装备水平，提高产品质量，增加产品的市场竞争能力。例如，宝钢三期工程的建设是钢铁产业进行根本性结构调整的项目,使宝钢在 21 世纪初仍保持世界一流水平;武钢三炼钢及其接续工程、攀钢冷轧工程、马钢 H 型钢工程的建设,加快了钢铁产业结构优化的步伐,武钢三炼钢及硅钢工程(一期)的建成投产,为武钢在 2000 年彻底淘汰平炉、按全连铸组织生产并成为在国际市场上具有竞争力的板材生产基地奠定了坚实的基础。

第三,家电产业从无到有,逐渐发展壮大。

中国家电工业发展是从国外引进设备和技术开始的。20 世纪 80 年代初期,各地政府部门和企业受高额利润和巨大市场需求的推动,集中从美国、日本及欧洲等发达国家和地区引进了大批家电生产线,使家用电器的生产获得了迅速的发展。1985 年 8 月,牡丹江电视机厂从日本三洋引进国内第一条彩装配生产线,结束了中国彩色电视机完全依靠进口的历史。1986~1995 年,中国家电工业总产值年平均增长率高达 32.1%。1992 年开始,世界著名的家电企业纷纷进入中国市场,它们主要通过合资控股的方式,直接在中国市场销售产品。中国已经成为世界上主要的家电制造基地。以日本为例,日本的国际家电企业纷纷加大在中国的投资力度并且将其在海外的家电生产基地向中国转移,截至 2002 年,三洋在中国有 38 个合资公司,松下有 41 个,日立有 64 个,东芝有 20 多个。许多家电巨头在中国投资组建家电关键零部件的生产基地,如在杭州的杭芝机电有限公司生产电机,大连三洋压缩机有限公司、广州美芝有限公司生产压缩机,深圳赛格日立彩电显示器有限公司生产彩电显示器等家电产业的关键零部件。到 1996 年,中国主要家电产品产量已经进入世界前列,如电冰箱、洗衣机、电熨斗、电风扇、电饭锅等产品的产量居世界首位,空调和电视机的产量也已进入世界前列,并且彩电、冰箱、洗衣机、空调的年产量约占世界同类产品产量的 1/5。家电产业的快速发展,既满足了国内需求,也带动了家用电器的出口,1996~2001 年出口总额达到了 262 亿美元,年均增长率 20%以上(表 1-2)。

表 1-2　1996~2001 年我国家用电器出口情况

年份	1996	1997	1998	1999	2000	2001
出口额/亿美元	27.1	32.1	35.1	42.2	56.2	69.3
年增长率		18.45%	9.35%	20.23%	33.18%	23.31%

资料来源:邵兴东(2003)

3. 促进国内经济体制机制发生变化

第一,逐步建立市场经济管理体制。

中国的经济体制改革发端于农村,并逐步推广到各个领域,主要有农村改革、国有企业改革、分配制度改革、价格改革、金融体制改革、财税改革、投资体制改革、流通体制改革、社会保障制度改革等。总体来说,中国的经济体制经历了从"计划为主、市场为辅"到发展有计划的商品经济,最终过渡到社会主义市场经济体制的阶段，表现为一种渐进式的增量改革，这种改革路径是结合中国国情所进行的创造性的制度选择与制度安排。实践证明，这种中国特色的改革路径，既避免了强制性的制度变迁所带来的灾难性后果，又为中国经济连续多年保持高速增长打下了坚实的基础。

通过经济体制改革，初步建立了社会主义市场经济体制的基本框架，形成了以公有制为主体，多种所有制共同发展的格局，建立了按劳分配为主，多种分配方式并存，效率优先，兼顾公平的分配制度，调动了各种生产要素的积极性。经济体制改革使人民的生活水平普遍提高，城镇居民家庭人均可支配收入从1978年的343.4元增加到2001年的6 859.6元；农村居民家庭人均纯收入从1978年的133.6元增加到2001年的2 366.4元。从居民食物消费占总消费的比重来看，恩格尔系数不断下降。我国城镇居民恩格尔系数从1978年的57.5%下降到2001年的38.2%；农村居民恩格尔系数从1978年的67.7%下降到2001年的47.7%。对外开放程度不断加深，推动了我国外向型经济的发展，1978年我国进出口总额仅为355亿元，2001年进出口总额达到了42 183.6亿元，是1978年的118.8倍。对外贸易国家也越来越多，我国同世界上大部分国家都有贸易往来。

第二，企业引入现代管理制度。

我国的企业管理制度是伴随着引进外资和技术展开的，学习西方先进的管理方法，与技术、资金结合起来，更有助于提高劳动生产率，事实证明也是如此。改革开放以来我国企业管理制度的发展及经济增长方式发生了改变，以物质资料为主要经济增长动力的方式被技术、管理创新和人的智力、创造力所代替，越来越重视人在管理中的作用。企业作为经营主体，由原来的国家行政序列的一级组织转变为商品生产者和经营者，由封闭型转变为开放型，从计划经济运行轨道转变为市场经济运行轨道，企业的自主性逐渐放开，建立了现代企业制度。

企业管理转变为以市场为导向，经历了从"以产定销"到"以销定产"、从"坐商"到"行商"、从生产到服务、从单纯的物质服务到物质文化综合服务的转变。在企业管理中吸收古今中外的管理思想，采用现代管理方法，由以定性管理为主转变为定性定量并重，管理更为科学，建立了一系列相关制度，企业管理更为规范。越来越多的企业认识到创造的重要性，有实力的企业对技术研发投入加大，重视研发人员的管理。在此过程中涌现出了很多得到国外重视的企业管理经验，如海尔的"休克鱼"模式，其通过兼并14家企业，注入新的管理思想，采取行之有效的管理方法，使企业重新焕发活力，"海尔文化激活休克鱼"的案例因此在1998年正式进入美国哈佛大学课堂，张瑞敏也成为第一个登上哈佛讲坛的中国企业家。

1.1.2 "引进来"与"走出去"并重的国际投资合作：2002~2013年

2001年12月11日我国正式成为世界贸易组织（World Trade Organization,

WTO）成员。从此，我国经济更加密切地融入世界经济，逐步与国际市场接轨，对经济各方面产生了持久而深入的影响。例如，在进出口总额方面，2001 年我国进出口总额为 42 183.6 亿元，2013 年达到了 258 168.89 亿元，是 2001 年的 6 倍多。我国全面履行了入世承诺：在货物贸易领域，平均关税从 2001 年的 15.3%下降到 2012 年的 9.8%，全部取消了进口配额和进口许可证等非关税措施；在服务贸易领域，按 WTO 规则分类的 160 多个服务贸易部门中，我国已经开放了 100 个，并承诺将进一步开放 11 个分部门，远高于发展中国家的平均水平，且涉及银行、保险、电信、分销、会计、教育等重要服务部门。

随着对外开放的日益扩大，我国很多企业也越来越强，能够在世界上与发达国家的企业共同竞争，很多企业投资海外，新建或兼并企业，逐步发展成为国际公司，在发展的过程中，公司治理也进一步规范。国内的改革更加深入，社会主义市场经济进一步完善，综合国力进一步增强，人民生活水平进一步提高，国际地位得到显著提高，在世界竞争中拥有一定的话语权，参与国际规则的制定，体现了负责任大国的形象。

第一，加速生产要素的跨国（地区）流动。

加入 WTO 减少了生产要素流动的障碍，促进了我国生产要素的流动，加快了贸易自由化进程，减少了政府的干预，使商品和生产要素的跨国流动日益方便和频繁。成为 WTO 成员后，借助成员之间关税和非关税贸易壁垒的逐步降低和取消，加强成员之间的经济合作，能够促进生产要素的跨国（地区）流动，保证国际市场竞争的公平性、平等性。生产要素的跨国（地区）优化组合能够推动我国产业结构调整，提高生产要素的配置效率，使我国有更多的机会引进资金、技术、劳动力等生产要素，同时也能选择更先进、更适合的技术，加快产业结构升级和工业化进程，促进我国从传统经济向现代经济转变。

具体来说，加入 WTO 后各种关税和贸易壁垒减少，使自然资源的交易成本明显降低，矿产和能源资源的直接流动成为商品和生产要素流动的重要内容，有利于我国稀缺资源的流入，提高资源利用率；资本的流动障碍减少，扩大吸引外资的力度，加速我国的资本积累，从而促进经济建设；成为 WTO 成员，对我国劳动力流动的影响深远，能够促进我国丰裕的劳动力向外流动，增加劳务（服务）出口，使更多的人有机会到国外就业，同时也有利于高技术人才的流入，提高我国的劳动力资源素质和管理经验。

第二，各个产业在不断做大。

加入 WTO 后，我国的贸易壁垒逐渐减少，国外资本可以进入大部分行业，促使国内企业提升自身实力，参与竞争。在竞争中，国内很多行业都得到了提升，各产业不断发展壮大，有的还走出了国门，参与世界竞争。发展最快的是汽车产业和电子信息产业。

入世后汽车产业有14年的保护期,经过这些年的发展,我国汽车产业逐步发展壮大,能够在国际竞争中占有一席之地。我国汽车产量从2001年的234.17万辆增加到2013年的2 212.09万辆,增长了8倍多,连续保持20%以上的增速,汽车产业集中化取得初步进展,从世界排名第八位上升到世界第一产销大国,自主品牌汽车具有一定国际市场开拓能力,汽车产品贸易也从2005年起由逆差转为顺差,汽车产业"走出去"战略初见成效。部分企业开始了海外投资和并购活动,投资环境不断改善,汽车相关产业也得到了全面发展。

电子信息产业不断发展壮大,产业大国地位凸显,产业规模持续扩大。2010年,我国电子制造业和软件服务业规模占全球总量比重分别达到30%和15%,列居全球第一位和第四位;微型计算机、手机、数码相机的产量均列全球第一;从业人员规模突破千万,为拉动就业做出突出贡献;在国际竞争中取得一定成果,由原始设备制造商(original equipment manufacturer,OEM)、原始设计制造商(original design manufacturer,ODM)、境外设厂转向设立研发机构、国际并购和参与国际标准制定,部分企业已在海外建立生产、研发基地超过500个,一些有较强竞争实力的公司成为世界级的跨国公司。

第三,体制机制进一步完善。

加入WTO后,我国的体制机制进一步完善。按照入世承诺,我国逐步降低关税水平,进一步开放国内市场,扩大市场准入,不仅开放货物市场,服务贸易市场也逐渐分阶段开放,很多行业允许外资进入,增强了竞争,在金融、房地产、技术、劳动、信息等领域形成了以市场为基础的价格体系,实现全方位、多层次、宽领域开放的格局,形成了统一、开放、竞争、有序的市场体系。我国的社会法律意识、规则意识明显增强,颁布了一系列法律法规,增强了司法的公正性、公平性、透明度,取消了外商的超国民待遇,实施非歧视待遇。知识产权得到更好的保护,公民的版权意识进一步增强。

通过多方面的改革,增强了市场活力,政府有所为有所不为,对垄断性行业进行改革,放开自然垄断行业竞争性业务;建立鼓励创新的统一、透明、有序、规范的市场环境,打破地方保护主义,建立全国统一市场;鼓励和支持新业态、新商业模式的发展,多种举措促进创新,提升全民创新、创业能力。

1.1.3 以"走出去"为突出特点的国际投资合作新常态阶段:2014年至今

2014年我国双向投资首次接近平衡,当年对外投资流量超过利用外资流量,分别为1 231.2亿美元和1 285亿美元,与此同时,对外投资增速明显超过吸引外资增速。这说明我国部分企业已经做大做强,有实力参与全球竞争,企业"走出去"的能力越来越强。我国企业对外投资的行业主要分布于租赁和商务服务业、采矿业、金融业、批发和零售业与制造业这五大行业，2013 年这五大行业占我国对外直接投资流量总额的 82.4%。

2014 年是我国对外经济贸易中具有里程碑意义的一年。这一年，阿里巴巴在纽约证券交易所上市，其首次公开募股（initial public offerings，IPO）规模几乎占美国全年 IPO 总量的一半；安邦保险集团以 19.5 亿美元的价格从希尔顿集团手中收购了全球传奇式酒店——华尔道夫酒店，震惊同业；同样在对外投资或者并购方面有所建树的还有以万达集团、五矿集团、国家电网、联想集团、东风汽车、中粮集团等为代表的数百家中国企业。

2015 年 12 月 25 日，亚洲基础设施投资银行（Asian Infrastructure Investment Bank，AIIB）正式成立，全球迎来首个由中国倡议设立的多边金融机构。它对促进亚洲国家经济发展和区域一体化有重要意义，能有效弥补亚洲地区基础设施建设的资金缺口，扩大全球投资需求，支持世界经济复苏。亚洲基础设施投资银行的设立也使"一带一路"建设有实在的资金支持，成为亚洲区域合作的强大引擎，促进亚洲相关国家经济发展。我国也将从制造大国向制造强国迈进，提升制造业创新能力，加强信息化与工业化深度融合，推进质量品牌建设和绿色制造，提升我国企业在全球价值链的影响力。

随着综合实力的不断增长，作为世界政治经济舞台上的重要力量，我国积极主动参与全球经济规则重构，是形势的客观要求和发展的必然选择。我国加入了世界上主要的国际组织，并从中获益良多，也为我国积极参与新领域的国际规则制定提供了有益的参考。国际经济规则的重构或再塑，是全球政治经济格局变化的必然结果。现存的国际组织及其运行规则越来越不适应全球治理，尤其是在地缘格局发生深刻变化、经济危机频发的今天，必须与时俱进地对其加以修订和重构。积极参与国际规则重构，推动全球贸易和投资自由化进程，有利于我国进一步拓展国际市场、进行海外投资。同时，这也是以开放促改革、促创新、促发展，形成新的制度红利，推动企业技术创新和转型升级，实现经济在新常态下持续发展的有效途径。

1.2　中国国际投资合作新常态的内涵、基本特征及发展趋势

在经济发展新常态背景下，由于"引进来"与"走出去"的内容发生了深刻变化，特别是中国成为资本净输出国后，"走出去"已经成为国际投资合作的重要内容，成为新常态。因此，将"引进来"与"走出去"结合起来，统一到新时

期的国际投资合作中进行分析研究，便于我们把握好国际投资合作新常态的内涵和特征，这有利于我们更好地认识新时期的国际投资合作。

1.2.1 中国国际投资合作新常态的内涵

一段时间以来，中国低成本比较优势发生了转化，高水平"引进来"、大规模"走出去"正在同步发生，成为中国经济发展阶段性特征的重要方面，也是中国经济发展新常态的重要内容，有着丰富而深刻的内涵。

1. 国际投资合作新常态是经济发展新常态的重要内容

随着中国经济发展进入新常态时期，过去支撑经济高速增长的人口红利正在消失，经济进入周期性和结构性调整阶段，从过去的高速增长向中高速增长转换。另外，尽管中国经济总量水平达到了全球第二位，但是中国经济发展的质量水平相对不高，经济发展的可持续性还有待增强。因此，在促进经济保持中高速增长、经济水平向中高端迈进的过程中，还需要进一步加强国际投资合作。

首先，通过国际投资合作来拓展中国经济发展的空间。各国生产要素禀赋的不同决定了一国经济的可持续发展需要整合全球生产要素。改革开放以来，中国更多的是通过引进国外的先进技术、管理经验和国际资本，促进国际资源在国内吸收利用，从而促进我国经济增长。当前，中国经济在转型升级过程中，还需要继续利用外资，尤其是高端外资资源，如跨国公司研发设计环节、跨国公司总部入驻等。在引进高端外资的同时，随着全球经济进入深度调整时期，全球经济格局及国际贸易投资规则已经发生新的变化，需要更多的中国企业开展国际投资，开拓国际市场，在全球资源整合中获取中国经济发展所需的战略性资源，为中国经济转型升级打通资源瓶颈，拓展中国经济发展的新空间。

其次，通过国际投资合作，增强中国产业的国际竞争力。当前，中国产业大而不强，其中一个重要原因是还没有形成一批在全球价值链中起主导作用的企业，特别是具有现代竞争力的源于中国的全球公司。一国产业的国际竞争力的强弱在很大程度上取决于这个国家得到全球公司布局的数量。全球公司具有强大的规划和协调能力，凭借强大的全球竞争力在全球产业竞争中有较强的议价能力，占据着全球价值链环节的高端，主导或者控制着全球产业的发展。因此，中国还需要抓住全球公司和跨国公司全球战略调整的机会，积极吸引跨国公司和全球公司在华布局，把中国的产业纳入它们的全球价值链中，在合作、学习中提升中国产业在全球价值链中的影响力。与此同时，积极推动中国企业开展对外投资合作，培育和发展一批源于中国的跨国公司和全球公司，参与和主导全球产业链的竞争，占据全球价值链的高端环节，改变中国产业大而不强的局面。

最后，加强国际投资合作，促进中国企业转型升级。进一步扩大国际投资合作可以为中国企业转型升级创造有利的环境。过去四十年对外开放实践证明，开放合作促进了中国企业向现代企业的转型升级，这是一条正确的道路。当前，可以进一步扩大开放，一方面通过"引进来"的方式充分发挥外资企业的"鲶鱼效应"，促使企业转型升级；另一方面通过主动地"走出去"，在国际市场上竞争，为生存发展赢取更多的市场空间，促使企业转型升级。后者对于今天中国企业的转型升级来说尤为重要。因为企业通过"走出去"，可以为转型升级创造新的外部环境，与国际竞争对手展开同台竞争，向国际先进跨国公司近距离地学习并提升国际竞争能力，从而实现在国际市场上整合先进生产要素来推动企业转型升级的目的。

2. 国际投资合作新常态是开放型经济体制建设的重要体现

开放型经济体制建设以加强国际投资合作为基本要求，能够增强中国经济发展的开放性和包容性，从而提升中国经济发展的层次。

首先，开放型经济体制建设为国际投资合作创造良好环境。开放型经济体制建设的最终目标是实现生产要素的自由流动，国家深度融入经济全球化并成为经济全球化的重要参与者和推动者。当前，中国开放型经济体制水平还有待进一步提升，还需要在科技创新、项目对接、人才交流等方面加强国际合作。更为重要的是，要通过制度创新，创造国际投资合作便利化的环境，推动"引进来"与"走出去"的有机结合，使中国与其他国家或者地区之间的产业投资合作更加便利。

其次，开放型经济体制建设本身需要加强国际投资合作。在中国深入融入经济全球化的今天，无论是统筹国内发展还是参与全球治理，都需要把"引进来"和"走出去"结合起来。而为了更好地"引进来"和"走出去"，就需要按照国际化、法治化的要求，营造良好的法治环境，依法管理开放，建立与国际高标准投资和贸易规则相适应的管理方式，形成参与国际宏观经济政策协调的机制，推动国际经济治理结构不断完善。同时，还需要通过国际投资合作来加快培育国际合作和竞争新优势，更加积极地促进内需和外需平衡、进口和出口平衡、引进外资和对外投资平衡，逐步实现国际收支基本平衡，形成全方位开放新格局，从而推动中国与世界各国共同发展，构建互利共赢、多元平衡、安全高效的开放型经济体制。

最后，开放型经济体制建设的重点是推动中国企业"走出去"。"走出去"是中国经济发展的国家战略。中国实施"一带一路"倡议，以政策沟通、设施联通、贸易畅通、资金融通、民心相通为主要内容，全方位推进与沿线国家合作，构建利益共同体、命运共同体和责任共同体，深化与沿线国家的多层次经贸合作，带动中国沿边、内陆地区发展。推动高铁、核电、航空、机械、电力、电信、冶金、建材、轻工、纺织等优势产业"走出去"，在这些优势产业中培育一批源于中国的全球公司。

3. 国际投资合作新常态为供给侧结构性改革提供更大的操作空间

在全球经济进入长周期和结构性调整阶段，国内正从供给侧结构性改革着力，促进结构调整，提高有效供给效率。供给侧结构性改革，符合"十三五"规划中所提出的开放发展的理念，而加强国际投资合作是开放发展理念的应有之义。

首先，供给侧结构性改革的重点在于制度改革与创新。在经济新常态背景下，国家以推动供给侧结构性改革的方式来改善供给效率和调整供给结构。而供给侧结构性改革是要从制度上进行改革，减少行政审批制度，强化市场监管，发挥市场在资源配置中的决定性作用，调动企业家的积极性。同时，还要从制度设计上进行创新，增加制度供给，注重制度设计的系统性和协调性，通过在行政管理、财政、税收制度领域的创新充分发挥社会创业创新热情。在国际投资合作领域，一方面，需要进行制度改革和创新促进国际投资合作；另一方面，通过扩大国际投资合作来促进制度的完善。

其次，扩大国际投资合作，促使经济管理体制改革创新。在世界经济进入长周期深度调整时期，各国以竞争性改革来推动经济复苏和可持续发展。当前，中国在深化改革的同时，正在致力于实施新一轮对外开放，构建高水平的开放型经济体制。这样的经济体制要实现市场在资源配置中发挥决定性作用，政府在经济发展中起到关键作用和依法治国发挥核心作用的目标。通过引进外资到对外投资的方式进行国际投资合作，实现从被动到主动参与经济全球化的转变。通过国际投资合作在全球市场中提升竞争力，在各国市场中强化依法合规经营，形成较为先进的现代企业的商业文明，反过来促进政府经济管理体制的改革和完善。

最后，促进国际投资合作的管理体制机制正在不断完善。党的十八大以来，中国积极探索和不断完善利用外资与对外投资的管理体制和机制。在利用外资方面，为来华投资外资企业创造国民待遇和公平竞争环境，正在形成"准入前国民待遇"和"负面清单管理模式"。而在对外投资方面，通过修订对外投资审批制度，减少了审批流程。2014 年发布的《境外投资管理办法》进一步简政放权，按照国务院发布的《政府核准的投资项目目录（2014 年本）》的规定，改变对境外投资开办企业由商务部和省级商务主管部门全面核准的方式，实行"备案为主、核准为辅"的管理模式，并最大限度地缩小核准范围，大幅提高了境外投资的便利化水平。

1.2.2　中国国际投资合作新常态的基本特征

作为资本净输出国，以新的角色开展国际投资合作，是中国国际投资合作新常态最基本的特征，这就要求我们要在思维模式、理论指导、工作任务等方面进行调整和创新，以适应国际投资合作新常态。

1. 成为资本净输出国是中国国际投资合作新常态的基本特征

中国成为资本净输出国是国际投资合作的新常态。根据商务部发布的数据，2014 年中国共实现全行业对外直接投资 1 231.2 亿美元，同比增长 14.2%，如果加上第三地融资再投资，2014 年中国的对外投资规模应该在 1 400 亿美元左右。这个数据大约高于中国利用外资200 亿美元，也就是说2014 年中国的实际对外投资已经超过利用外资的规模，中国已经成为资本的净输出国。正如时任商务部国际贸易谈判代表兼副部长钟山于 2015 年所说，"我国即将成为对外净投资国，实现历史性转变"。中国已经进入了投资输出超过投资输入的"新常态"，这也将成为中国新时期开放型经济的重要特征。

高速增长的对外直接投资是国际投资合作的新常态。从对外直接投资数量来看，中国对外直接投资保持着高速增长的趋势。截至2015 年，中国对外非金融类直接投资创下 1 180.2 亿美元的历史最高值，同比增长 14.7%，实现中国对外直接投资连续 13 年增长，年均增幅高达 33.6%。"十二五"期间，中国对外直接投资规模是"十一五"时期的 2.3 倍。2015 年末，中国对外直接投资存量首次超过万亿美元大关。2015 年中国企业共实施海外并购项目 593 个，累计交易金额 401 亿美元（包括境外融资），几乎涉及国民经济的所有行业。

2. 以资本净输出国的新思维方式来适应国际投资合作新常态

从投资净输入国转变为资本净输出国，意味着中国企业开始从被动融入全球价值链转变为主动融入全球价值链，主动整合全球资源，从而在全球价值链中转型升级。从投资净输入国转变为投资净输出国，意味着中国各个产业将从过去被动参与全球产业整合转变为主动整合全球资源，提升在全球产业链中的影响力，从而在做大产业的基础上做强产业。从投资净输入国转变为投资净输出国，意味着中国宏观经济发展将出现重大的转变。

越来越多的中国本土企业走向全球，有利于更多的中国产业融入全球产业和主动整合全球资源，中国的国民生产总值（gross national product，GNP）将逐步大于国内生产总值（gross domestic product，GDP）。这一趋势将大大加速中国经济的转型升级和跨越"中等收入陷阱"。与此同时，中国企业将通过自己的投资经营活动与投资所在国交往，与这些国家形成越来越紧密的利益共同体，从而有助于中国实现和平崛起的发展目标。

3. 以现代全球公司企业新形态理论指导国际投资合作新常态

20 世纪 90 年代以来世界实现了从战争与革命向和平与发展的时代转变，全球政治、经济及科学技术三个方面都发生了根本性变化。在经济全球化潮流的推动下，全球企业界发生了巨大变化，其中最引人注目的是传统跨国公司向现代全球公司的转型。

与一般跨国公司相比，一方面，现代全球公司实现了从跨国经营向全球经营的转变、从中心辐射向全球管理网络的转变，跨国公司承担的责任从过去的股东价值最大化提升到强化包括股东、社会和环境责任、合规责任在内的全面的公司责任。另一方面，全球公司的全球化程度大大增加。当一家公司超过一半的资产在海外，超过一半的收入来自海外，超过一半的雇员在海外就业时，这家公司的思维方式和经营模式就会发生变化，与一般跨国公司的思维方式和经营模式存在巨大差异。海外利益成为企业收益的主要来源，海外经营成为公司经营的重心。海外经营的重要性不断上升，母国经营的重要性则相对下降。事实上，拥有全球战略、全球管理和全球责任并且跨国程度超过50%的公司已经不是原来意义上的跨国公司，而是新型的全球公司了。

现代全球公司是跨国公司发展的新阶段。现代全球公司形态理论是总结全球跨国公司发展的新趋势而形成的企业新形态理论，是跨国公司经历全球化发展过程中不断调整和转型所形成的一般性理论。应用这一企业形态理论可以很好地解释企业在全球化扩张中的行为，即在经济全球化背景下，企业在全球价值链中为了扩大影响力和控制力，不断地从跨国经营向全球经营扩张。同时，企业必须在责任理念上开展更加负责任的现代商业行为并遵守现代商业文明，包括在全球承担经济、社会、环境、合规责任在内的全面责任以实现可持续发展。在国际合作新常态时期，中国企业可以通过学习对标全球公司在全球的最佳实践，积极在全球开展负责的经营、合规的经营，成长为源于中国的全球公司。

4. 以培育源于中国的全球公司作为国际投资合作新常态的重要任务

当前，中国进入经济发展新常态时期，且处于从投资输入国向投资输出国转变的历史转折时期，应该加快推动源于中国的全球公司发展。事实上，如果没有一批源于本国的全球公司，中国很难在全球范围内整合优质生产要素和创新资源来突破经济持续健康发展的瓶颈，也很难实现从经济大国向经济强国的转变，更难获得与中国经济体量相当的国际地位和影响力。因此，加快发展一批源于中国的全球公司，成为中国国际投资合作新常态的重要任务。

首先，加快发展源于中国的全球公司，促进中国企业转型升级。通过源于中国的全球公司整合全球先进技术、管理经验、国际知名品牌，促进中国企业升级。让它们带来标杆示范效应，供国内企业学习提升；带来关联带动效应，带动国内企业成长；带来竞争激励效应，激发国内企业追赶超越的热情。与此同时，通过源于中国的全球公司关联带动，把国内企业带到全球市场，提升它们的国际生产能力、国际经营管理能力、国际市场营销能力，在全球市场中配置生产要素，形成综合竞争优势。

其次，加快发展源于中国的全球公司，促进中国产业转型升级。把一批源于中国的全球公司打造成中国经济中最具有竞争力的群体，让它们在全球范围内开展竞争，发掘和开发全球资源。通过在开放合作中创新，向全球价值链高端迈进，提升产业在全球价值链中获取附加值的能力。以这批全球公司为核心，构建以中国市场为核心节点的国际生产网络和全球价值网络，进而主导全球产业的发展，增强对全球价值链的控制力和影响力。

最后，加快发展源于中国的全球公司，促进中国经济可持续发展。中国加快全球战略布局，以发展源于中国的全球公司作为抓手，对维护、用好和延长国家的战略机遇期具有重要意义。在世界经济长周期深度调整和各国竞相加快改革推动经济复苏和可持续发展的背景下，发展源于中国的全球公司可以促使国内经济管理体制改革创新，促进市场经济管理体制机制的完善，进而推动开放型经济管理体制建设迈向更高台阶，从而增强中国经济可持续发展能力，推动中国经济与世界经济的深度融合，促进中国与世界经济的共同繁荣和健康发展。

我们认为，国际投资合作新常态时期也是培育和发展源于中国的全球公司的重要战略机遇期。从国际条件来看，和平与发展的时代主题没有变化，经济全球化发展向前推动。以双边贸易谈判推动的全球贸易与投资新规则正在加快形成，跨国公司与全球公司主导着全球产业链和全球价值链的重构与发展，这为发展源于中国的全球公司提供了较好机遇。从国内条件来看，中国开始转变角色，积极主动推动经济全球化，参与国际经济规则体系建设，加快全球战略布局。"一带一路"倡议、亚洲基础设施投资银行、国际产能和装备制造合作等重要议题，是中国推动经济全球化的具体举措，也是中国参与国际合作及全球治理新模式的积极探索，为中国企业全球化经营搭建了新的舞台。因此，综合国际国内条件，中国政府和企业需要适应国际投资合作新常态，需要利用好战略机遇期，大力推动源于中国的全球公司发展。

1.2.3　中国国际投资合作新常态的发展趋势

中国国际投资合作新常态将是一个长期阶段，加大国际投资合作将成为一个长期趋势。

1. 资本净输出成为长期趋势

中国对外投资发展的历史较短，对外投资的存量规模还相对较小，占全球对外投资存量的比重也相对较低。截至 2015 年底，中国对外直接投资存量达 10 102.02 亿美元，占同期全球对外直接投资存量的 4.03%（图 1-1）。与发达国家相比，从对外投资的存量来看，中国对外投资还有一个很大的提升空间。

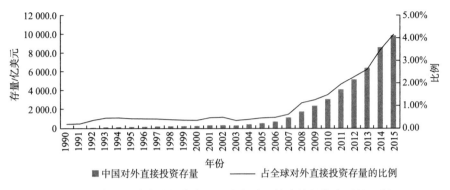

图 1-1 中国对外直接投资存量及占全球对外直接投资存量的比例

2016 年中国政府开始加强对对外直接投资非理性行为的管控力度，创造了中国对外直接投资史上最大的年度跌幅。2017 年，中国累计实现对外直接投资 1 200.8 亿美元，增幅同比下降 29.4%。尽管 2017 年成为中国对外直接投资的"小年"，但从总量上看，依然与 2014 年持平（1 231.2 亿美元，位居全球第三位），不会影响中国资本对外投资的总体趋势。这意味着改革开放以来经济发展主要依靠出口推动和吸引外资的局面将发生重大转变，对外投资将成为中国产业升级和经济增长的重要动力，中国和世界相关国家的产业合作将进一步加深，贸易格局产生变化，使国内过剩的产能向有需求的国家转移，也将密切中国和相关国家的双边关系及区域合作。

未来，作为重要的资本净输出国，中国对外经济交往的重心将转向对外直接投资，面对全球投资大棋局，中国企业要凭借战略支持、资金实力、市场优势大规模地"走出去"，还要精通规则、遵循管理、善于交流，更深入地"走进去"，更要注重创新、打造品牌、赢得尊重，更体面地"走上去"。抓住发达国家在经历较长时期低迷后经济复苏步伐有所加快、投资机会增加的"窗口期"，把握新兴经济体整体性崛起、相互间投资大幅增加的"机遇期"，利用亚非拉发展中国家进入高速发展前期的"时间差"，大规模推进不同类型、不同层次、不同领域的对外直接投资。

2. 以中国主导的国际投资合作议题日益增多是未来趋势

首先，在开展国际投资合作时，一国政府或者企业能够主导合作议题的设置与规则的制定，往往会在国际投资合作中占据有利地位和获得主动权。中国过去主要是被动参与经济全球化，在参与国际投资合作过程中权衡利弊，承担相对较轻的责任。近年来，中国从被动参与向积极主动推动国际投资合作转变，通过设置以中国主导的国际投资合作议题，承担更多的国际责任，推动新的国际投资合作发展。目前来看，中国提出的"一带一路"倡议、亚洲基础设施投资银行等，已经成为国际社会高度认可、各国机构和企业积极参与的具有影响力的议题，促进了中国与其他国家的合作，有利于促进中国企业开放对外投资。

其次，全球产业竞争格局正发生重大调整，中国也在新一轮发展中面临巨大挑战。发达国家实施"再工业化"战略，重塑制造业竞争新优势，中国制造业唯有积极应对，才能在竞争中保持不败。为此，国务院于 2015 年 5 月 8 日公布了《中国制造 2025》行动纲领，强化高端制造业，引导企业参与全球竞争。目前，中国经济进入增速换挡、结构优化和动力转换的新常态，传统的企业依靠劳动力成本优势发展已经成为过去，产能过剩问题严重，经济下行压力加大。中国唯有加快产业转型升级，推动产业迈向中高端，提升产业核心竞争力，才能保持"十三五"时期经济中高速增长，顺利实现全面建成小康社会目标。

最后，"一带一路"倡议以国际投资贸易格局和规则的深刻调整为背景，谋求开展更大范围、更高水平、更深层次的区域合作。"一带一路"倡议给企业界和投资界带来了许多机遇，沿线各国资源禀赋各异，发展水平有较大差异，经济互补性较强，彼此合作的潜力和空间很大，而且，随着中国与沿线各国的联系合作加强，投资这些国家的风险也会降低。可以预见，中国将会有大量资本走出国门，投入"一带一路"的建设大潮。中国对"一带一路"沿线国家的直接投资增长十分迅速，直接投资存量从 2003 年的 13 亿美元（仅占中国对外直接投资总存量的 4%）增加到 2013 年的 720 亿美元（已占中国对外直接投资总存量的 11%），年均增长速度达 50%左右；对"一带一路"沿线国家的直接投资流量增长也十分迅速，从 2003 年的 2 亿美元增加到 2013 年的 126 亿美元，增长了 62 倍，年均增长速度达 51%左右。随着亚洲基础设施投资银行的设立，投资将进一步增加。根据亚洲开发银行的预测，2010~2020 年，亚洲基础设施建设存在 8.3 万亿美元缺口。而根据估算，"一带一路"基础设施建设总投资金额或高达 6 万亿美元。中国在基础设施建设领域的资金、技术等优势有望拓展到发展相对滞后的亚洲国家。

3. 完善经济体制，进一步扩大国际投资合作

中国经济要想在未来实现发展目标，为中国梦的实现助一臂之力，就必须不断完善社会主义市场经济体制，坚定不移地转变经济发展方式。目前，中国正处在国内增长乏力、国际发展前景不明朗的形势下，在这一时期需要进一步完善已经建立的市场经济体制，为今后中国经济继续保持中高速增长打下坚实基础。中国开放程度越来越大，国际、国内联系将更加紧密，将更易受国际市场的影响，因此，应当完善市场经济体制，加快现代市场体系的形成，推进金融财税体制改革，完善宏观调控体系和收入分配及社会保障制度，防范经济发展中的风险。继续推动国有企业改革，加快推进政企分开、政资分开，减少政府对微观经济运行

的干预，在政策和制度上保障国有企业和私营企业在市场上公平竞争，增强运用竞争规则的能力，保护自身的权益。以上工作得到全面的落实和执行，实现国际投资合作的自由化和便利化，能够促进国际生产要素在国内流动，加快国际生产要素在国内聚集，从而更能扩大中国的国际投资合作。

1.3　国际投资合作中新常态面临的挑战

过去四十年，中国通过对内改革对外开放，利用外资，逐步融入全球价值链，充分发挥比较优势，取得了引人瞩目的成就。在国际投资合作新常态下，中国企业对外投资虽然快速发展，但是具有较强国际竞争力、源于中国本土的全球公司还不够多，中国企业主动整合全球资源的能力也还有待加强。对于中国企业而言，这种变化既是机遇，也是挑战。

在全球化背景下，随着国内市场国际化、国际市场国内化，中国企业可以不用完全按照企业国际化的几个阶段一步一步地向前发展，而是依据自身条件的许可，直接通过对外直接投资进入国际市场，融入全球价值链，进而获得与全球公司竞争合作的机会。但同时，中国企业作为后来者，要想在已经建立起相关标准和秩序的全球商业环境中获得一席之地，必须按照全球公司的标准和要求来运营，才有可能生存和发展。

因此，中国企业如何通过自身调整，在更大范围内、更高层次上直接参与国际竞争，寻找在全球发展的新机遇，提升在全球价值链中的影响力，是发展源于中国的全球公司面对的重要挑战。

中国企业刚刚走出国门，面临的是全球化时代新的竞争环境、新的竞争规则。而且，近年来由于全球经济、政治局势的不稳定，中国企业所面临的投资经营环境也越来越复杂。

1.3.1　全球经济发展疲软带来的不确定性

2015 年世界经济增速放缓，全球经济普遍处于一种弱增长状态。当前美国通过多轮量化宽松政策、"再工业化"和全球经贸规则变局率先走向复苏，美国联邦储备系统加息、美元升值、资本流动、大宗商品价格持续下跌、美元债务负担加重等新变化，正把全球经济拖入新一轮调整周期，结构和体制薄弱的经济体将面临困难。世界主要国家经济缺少持续增长的消费和投资意愿，要素投入增长缺少充足动力，而世界资产负债结构失衡的深层次矛盾短期难以修复，导致世界经济增长缺乏足够动力和活力，潜在产出水平可能陷入长期停滞的困境。

在当前全球经济发展前景的不确定性依然存在的情况下，全球外资政策总体呈现开放化和便利化，但对国家安全、产业安全的关注上升，根据《2015 年世界投资报告》发布的内容，2014 年超过 80%的外资政策涉及放宽外资准入条件或减少对外资的限制，而新出台的对外资的限制及监管措施则主要涉及国家安全考虑或一些战略性产业（如交通、能源等），而这些产业又是中国企业对外投资发展的重点，所以中国企业的全球化必然会受到一定影响。

1.3.2　全球竞争规则和方式变化带来的挑战

全球对外投资经营的监管、技术、社会责任等方面的标准不断提高，特别是全球合规监管的趋势日益加强，中国企业面临不断增大的合规风险，这些因素都使得中国企业转型升级进而向全球公司发展面临重重阻碍。与传统的跨国公司往往借助不公平贸易掠夺别国资源不同，进入和平发展、合作共赢的新时代，跨国公司走向全球公司，它们参与全球竞争的规则发生了变化，企业的经营必须有利于当地发展才能够取得竞争优势。

近年来，国际组织及各国政府纷纷加大打击商业腐败的力度，从而使企业合规风险急剧放大。世界银行从 1999 年开始建立黑名单制度，凡是经世界银行认定的企业或个人存在商业腐败或欺诈行为就会被纳入世界银行黑名单，被处以几年、十几年甚至永远不得参与世界银行和其他国际银行项目的处罚。2009 年 1 月 12 日至 2015 年 9 月 1 日在其黑名单上的企业有数百家之多，其中有 35 家中国企业。

事实上，强化合规管理、反对商业腐败已经成为全球公司参与全球竞争的新规则。企业转型升级不仅是商业模式、产品和技术的转型升级，也是诚信合规等道德水准和商业文明的转型升级。通过强化合规、构建合规文化，企业才能做大、做强、做久并成功地走向世界。可见，中国企业不仅面临全球公司带来的全球价值链竞争这一竞争新方式的挑战，而且面临强化合规管理这一全球公司带来的竞争新规则的挑战。

1.3.3　中国经济转型升级带来的巨大压力

在全球经济复苏不乐观的情况下，中国作为全球第二大经济体和最大发展中国家，同样承受着经济降速和转型的压力。中国企业作为经济发展最基础的驱动力，需要通过向跨国公司和全球公司转型升级，从价值链的低端向高端升级，才能创新发展路径，为中国经济的发展提供新动力。

中国作为一个发展中的经济大国，尽管目前已取得了较快的发展速度和明显的发展成就，并成长为全球第二大经济体，但是人均 GDP 仅达到世界中上等水平，全球影响力与世界主要发达经济体相比仍存在差距。目前，中国经济仍存在大而不强的问题，主要表现为：一是在国际商品市场缺乏定价权，服务业和服务贸易发展水平偏低；二是传统劳动力资源优势逐渐减弱，知识、技术和人力资本密集型产业的国际竞争力尚未形成；三是国际经贸规则制定和全球治理参与程度及能力仍不足。在这样的大背景下，发展源于中国的全球公司既需要创新战略，不断向产业链高端升级，又要应对生产要素成本不断增加带来的巨大压力，同时，还要不断适应新国际治理规则，这些都给中国企业提出了新的要求。

1.3.4　传统的投资输入国思维带来的挑战

中国原来作为投资输入国，更加关注如何保护本国产业以及从引进外资中获取更大利益，所以往往对外资准入、股权比例、投资期限、利润转移等问题加以管制或限制。然而今天中国的全球角色已经发生了转变，中国不再只是招商引资、出口创汇的资本短缺国，而是要开始积极"走出去"，从资本输出国的角度考虑相关政策。作为一个资本输入国，更多的是要求权益保护与差别待遇，而作为资本输出国，应该更加关注对外投资的安全与收益，所以往往要求资本输入国开放市场、给外资以国民待遇，加强对外国投资者的保护，为此中国又不得不先自己改善投资环境以适应这样的要求。显然，过去四十年形成的资本输入国思维和政策体系，难以适应中国企业全球化的需要，而且可能给中国企业进一步向全球公司转型带来挑战。

1.4　国际投资合作中新常态面临的机遇

从我国开展国际投资合作的主要任务来看，我国需要推动企业"走出去"，形成具有国际竞争力的全球公司。基于这样的任务，我们认为当前和今后一个时期，我国企业对外投资处在新的机遇期。

1.4.1　全球经济深度调整为我国开展国际投资合作提供机遇

自 2008 年经济危机以来，全球经济进入深度调整期。2014 年以来，美国经济进入复苏通道，欧洲经济在政策的刺激下有望复苏。当前一个阶段，全球大宗商品价格经历了持续下滑，全球资产价格仍处在低位，这为中国企业进行全球化发展提供了难得的机会。事实上，中国企业的"走出去"已经进入了新的阶段，已经从经济危机前的资源能源类投资转向了国际资本的投资，通过并购获得海外企业的股权，实现业务的合作。

1.4.2　全球贸易与投资的新规则有利于开展国际投资合作

多边贸易体制谈判坎坷不前,双边贸易和投资谈判的全球贸易与投资新规则正在加快形成。其中,跨太平洋伙伴关系协定(Trans-Pacific Partnership Agreement,TPP)已经达成协议,跨大西洋贸易与投资伙伴关系协定(Transatlantic Trade and Investment Partnership,TTIP)有望加速形成,从而建立新的国际贸易、服务和投资规则。这些协议涵盖的内容包括农业、劳工、环境、政府采购、金融服务、投资、知识产权保护、货物贸易和服务贸易、原产地标准、保障措施、技术性贸易壁垒、降低关税和简化通关手续、卫生和植物卫生措施、透明度和文本整合等众多方面,将打破已有的 WTO 模式,形成无例外的综合性自由贸易新格局。从短期来看,中国不是这些协定的成员,将对中国企业的国际贸易带来负面影响,但是中国企业可以通过全球化布局化解新贸易规则带来的挑战。从长期来看,这些新的经济贸易规则正是中国经济体制改革努力的方向,这些规则更有利于中国企业全球化经营。同时,全球新的贸易与投资规则的形成势必会使跨国公司和全球公司调整全球战略布局,对全球价值链和全球产业链进行重构。而跨国公司与全球公司进行战略调整价值重构,也为中国企业参与全球价值整合提供了机会。

1.4.3　国内经济中高速增长为国际投资合作提供坚实基础

近年来,我国经济增长速度持续下滑,经济增速进入换挡期。但总体来看,我国经济保持中高速增长的动力依然存在。从经济运行结构、质量和效益角度来看,劳动生产率、产业结构、资源能源的消耗及环境污染的数据正在逐步改善。与此同时,改革的进展和增长的动力转换正在加快,经济运行的体制机制正在向有利于企业创新的方向变化,新的经济增长动力正在形成之中。一方面,我国经济增长能够保持中高速的增长水平;另一方面,我国还存在巨额的外汇储备,这为我国企业全球化发展提供了坚实的基础。我国企业通过全球化发展,整合优势资源,能够促进国内业务的转型发展,从而实现结构调整和转型升级。

1.4.4　构建开放型经济体制为国际投资合作提供制度保障

随着融入经济全球化的进一步加深,中国正在加快构建开放型经济体制,不仅为外资企业来华投资创造良好的制度环境,还将为中国企业"走出去"创造良好的制度环境。2015 年 9 月印发的《中共中央 国务院关于构建开放型经济新体制的若干意见》,从构建开放型经济新体制的总体要求、创新外商投资管理体制、建立促进"走出去"战略的新体制、构建外贸可持续发展新机制、优化对外开放区域布局、加快实施"一带一路"倡议、拓展国际经济合作新空间等方面提出了新的要求。在推动多边自由贸易体系谈判的同时，中国也积极推动中美双边投资和贸易协定（Bilateral Investment and Trade Treaty，BITT）、亚太自由贸易区（Free Trade Area of the Asia-Pacific，FTAAP）、区域全面经济伙伴关系（Regional Comprehensive Economic Partnership，RCEP）等的谈判。国内改革与国际合作，将为中国企业全球化发展提供良好的制度保障，从而促进中国企业的全球化发展。

1.4.5 创新国际投资合作议题为国际投资合作提供新舞台

中国提出共建"一带一路"倡议，并成立亚洲基础设施投资银行，推动国际产能和装备制造合作等重要议题，这既是中国主动推动经济全球化的重要举措，也是参与国际合作以及全球治理新模式的积极探索，更是为中国企业开展全球化经营搭建新的舞台。例如，"一带一路"倡议以基础设施网络建设为重点，通过推动互联互通，构建产业园区和产业链等，实现中国与亚洲大陆国家、欧洲大陆国家等的合作，有利于拓展中国经济发展的新空间。

1.5 新常态下促进国际投资合作的政策建议

新时期促进国际投资合作就是营造良好环境，吸引高端外资，要更好地服务于推动企业"走出去"，让更多全球公司在华布局，同时发展更多的源于中国的全球公司，扩大中国在国际经济中的影响力，增强中国经济的竞争力。

1.5.1 转变观念适应国际投资合作的需要

改革开放以来，我国始终是一个投资净输入国，在过去四十年引进外资实践的基础上形成了投资输入国思维。面对对外投资发展出现的这一历史性转变，我们需要改变传统的政策观念，从投资净输入国思维转变到投资净输出国思维，以适应国际投资合作的需要。

从投资输出国的角度出发，在放开对外资进入中国的准入时，为中国企业在海外争取尽可能宽松的准入限制；给进入中国的外资企业国民待遇时，也为中国企业在海外争取国民待遇；改善进入中国的外资企业的经营环境时，也为发展源于中国的全球公司营造良好的海外投资环境，以此推动中央及国家相关政府部门建立适应新常态的思维，这不仅包括对外开放政策与对外投资体制的改革创新，而且包括国内市场建立统一高效、竞争有序的市场经济体系，通过对内和对外两方面改革的协同，推动中国开展国际投资合作的发展。

1.5.2　创新理论为国际投资合作提供指导

将发展源于中国的全球公司作为新常态下中国国际投资合作发展战略的重要着力点。为此，需要深入研究全球公司这一企业形态发展的最新趋势。通过推动理论创新与发展，以打造源于中国的全球公司为目标，从中国企业自身的发展需要出发，研究解释中国企业为什么要全球化、有没有可能以及如何成长为源于中国的全球公司等关键问题，以便为中国企业向全球公司转型的实践提供理论指导。这不仅是可行的，而且要比基于传统对外直接投资理论仅仅从获取资源、市场、技术，甚至转移过剩产能等角度出发更具有理论说服力。同时，要进一步为国家推动全球经济合作发展战略的实施以及新一轮对外投资体制改革提供理论依据。在此基础上，研究中国企业怎样向全球公司学习，与全球公司合作，同全球公司竞争，从发展战略、管治结构和理念文化等层面入手，培育发展一批源于中国的全球公司。

1.5.3　政府部门要营造良好的合作环境

促进中国国际投资合作的发展与中国的对外开放相关。只有开放，适应全球化发展的需要，中国才不会犯颠覆性的错误，才有利于中国国际投资合作的发展。从国际投资角度来看，当前外资对中国的信心有所减弱，这与东南亚别的国家成本更低或者是条件改善有关。政府要改善法治（rule by law）环境，可以通过加入一些全球性的平台来完善中国的法治环境。在发展源于中国的全球公司的同时，还要促进全球公司本土化和中国化。

中国经济在全球化趋势当中的转型结构调整，既要重视"引进来"的全球公司，更要重视源于中国的全球公司，特别是中国的民营企业向全球公司发展，要为它们提供良好的土壤，让它们把根扎下来。对于政府部门来说，要完善市场经济体制，特别是对市场机制的缺陷进行改进。最重要的是要为企业、企业家创新精神的发挥提供良好的土壤，为企业家作用的充分发挥提供足够自由和健全的环境，有这个土壤，才能够有源于中国的体制。而减少管制，放松管制，这是根本。

1.5.4　参与国际规则制定和合作议题设置

在鼓励"走出去"参与国际投资合作时，要遵守所在国家的规则，更重要的是要参与国际规则的制定。例如，经济合作与发展组织（Organization for Economic Co-operation and Development，OECD）专家小组专门来北京开会，但是中国没有参与决策权，只是作为观察员，不能在这样的经济体当中拥有话语权。事实上，中国在参与制定国际规则方面，还须积极努力。

中国参与国际投资合作的目标是培育出更多源于中国的全球公司。这就要回答一个问题，怎样面对新的国际经济秩序，怎样参与国际上的规则制定。发展源于中国的全球公司，涉及全球公司的治理机制及秩序规则。一是参与WTO、中国-东盟自由贸易区、TPP等现有的经济秩序和规则；二是不同国家、不同经济体采取不同的合规政策，差异化融入当地；三是积极参与国际规则的互动，尽最大可能积极透明地参与全球经济规则的制定和建设世界经济新秩序，全球公司既有实力，又能够合规，同时也能增加全球的经济一体化竞争，推动全球化的进程；四是落实外资企业进入中国的国民待遇，同时为中国企业"走出去"争取国民待遇。当前状态下要加强对海外跨国并购的监管，同时增强资本自信以发展源于中国的全球公司。政府要做到简政放权后更好地服务企业。

在 WTO 谈判面临困难而双边贸易协定和谈判在形成之际，中国要扛起自由贸易投资的大旗，在此基础上推动全球自由贸易投资规则的形成，推动经济全球化深入发展。过去中国参与国际标准制定是被动的，还没有形成主动参与国际规则制定的意识。本书负责人有一次参加了国际上的合规会议专题讨论，该会议由十多个人一起参与讨论，讨论后形成了一个文件，并上报联合国获得批准，然后就形成了国际规则。中国政府没有派人参与该次会议的讨论，所以没有这次参与国际标准的制定机会。我们认为，将来这样的情况会越来越多，中国应该积极参与国际规则的讨论与制定。

1.5.5　加强各国政府间的政策沟通与协调

在经济全球化的深入发展过程中，企业已经超越国界进行全球化发展，各国在制定管理政策时要加强政策间的协调。当前的各国政府管理已经跟不上国际投资合作的发展步伐。一些跨国公司和全球公司可能会利用国别管理中存在的矛盾或者漏洞，利用全球的网络做一些坏事，当然也可能做一些好事。在推动国际投资合作时，在加强对跨国公司和全球公司的管制时，需要各国政府共同协商，找到大多数公司的利益共同点，趋利避害。

第2章 中国对外直接投资的特征分析

2.1 总体情况与发展历程

1981 年以来，中国对外直接投资规模总体上呈扩大趋势（图 2-1）。中国对外直接投资规模的变化与对外直接投资政策演进关系密切。

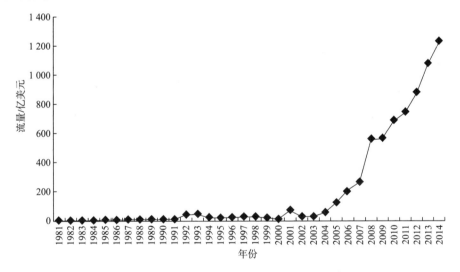

图 2-1 1981~2014 年中国对外直接投资流量情况

资料来源：1981~2001 年数据摘自联合国贸易和发展会议《世界投资报告》；2002~2014 年数据来源于商务部官网

1949 年以后，中国对外直接投资大体经历了以下五个阶段。

第一阶段：初步发展阶段（1949~1978 年）。这 30 年间，已经有部分中国企业在海外开展对外直接投资活动。

在此期间，为开拓市场、方便联系，各专业外贸总公司纷纷在巴黎、伦敦、东京等地设立了境外分支机构，建立了一批贸易企业。同时，部分贸易企业也在海外投资开办了一些相关企业，这些企业经营内容涉及远洋运输和金融等。这批海外企业的投资规模普遍较小，从事的也主要是贸易以及与贸易相关的经营活动。这一阶段的对外直接投资规模小，结构单一，并且受到国家的严格管制。

第二阶段：进一步发展阶段（1979~1985年）。这一阶段中国开始实施改革开放政策，相应地，有关政策也逐步"松绑"，国内企业到海外投资得到了一定发展。从1984年开始，政府逐步取消了一些限制，包括非国有企业在内的更多的企业可以进行海外直接投资活动。但总体而言，对外直接投资活动仍需要经过严格审批。1979年11月，北京市友谊商业服务总公司与日本东京丸一商事株式会社在东京合资开办了"京和股份有限公司"，这是中国实行改革开放政策后在海外开办的首家合资经营企业。此外，在这一阶段，中国在海外投资开办的企业还有中芝兴业财务有限公司、京达股份有限公司、五星航运代理股份有限公司等。

第三阶段：加快发展阶段（1986~1992年）。1991年8月国家计划委员会出台了《关于编制、审批境外投资项目的项目建议书和可行性研究报告的规定》，中国企业海外投资的自主权依旧受到复杂的审批程序和资金的限制。总体而言，这一阶段，虽然中国涉外投资政策仍以鼓励吸引外资、限制对外直接投资为主，但中国对外直接投资政策已经逐步放开，对外直接投资有了较快的发展，主要表现在：参与海外投资的企业投资类型增加，除了传统的外贸企业外，工业企业、科技企业及金融保险企业也参与到海外投资中；海外投资的领域进一步拓宽，服务业、工农业生产加工、资源开发等几大产业都有海外企业设立；海外企业数量增加，截至1992年底，海外非贸易性企业共有1 360家，海外贸易性企业约有2 600家，海外企业的中方投资总额达40多亿美元，海外直接投资遍布世界120多个国家和地区。

第四阶段：调整发展阶段（1993~2000年）。这一阶段的主题是"调整"和"发展"。1992年邓小平同志南方谈话之后，中央政府开始鼓励企业实施外向型战略，海外投资获得肯定。但由于整个国民经济发展存在着发展过热、投资结构不合理、物价上涨过快等问题，从1993年年中起，国家决定实行经济结构调整。同时，为了确保投资真正用于海外生产活动，中央政府再次收紧了对境外的投资政策，境外投资业务进入清理和整顿时期，国家主管部门对新的海外投资实行严格控制的审批政策，并对各个部门和各地方已开办的海外企业进行重新登记，海外投资的发展速度开始放慢。在这一阶段的后期，中国政府提出了发展海外投资新的战略方针，继续促进对外直接投资的发展，主要包括：第一，鼓励发展能够发挥中国比较优势的对外投资，更好地利用两个市场、两种资源，组建跨行业、跨部门、跨地区的跨国经营企业集团；第二，在积极扩大出口的同时，要有领导、有步骤地组织和支持一批有实力、有优势的国有企业"走出去"，到国外投资办厂；第三，制定推动企业加快发展"境外加工贸易"的战略举措。1997年对外贸易经济合作部发布《关于设立境外贸易公司和贸易代表处的暂行规定》，标志着中国限制境外投资的政策开始松动，逐渐向鼓励境外投资转变。

第五阶段：快速发展阶段（2001年至今）。自2000年开始，我国正式把"走出去"战略上升到关系国家发展全局和前途的重大战略之举的高度，将其确定为国家的一项长远战略。2001年"走出去"战略写入《中华人民共和国国民经济和社会发展第十个五年计划纲要》。2002年"走出去"战略被正式写进党的十六大报告，其目的在于鼓励国内企业直接到海外投资，培育中国世界级的公司和品牌。2004年10月，国家发展和改革委员会（简称国家发改委）发布了《境外投资项目核准暂行管理办法》，该政策将境外投资由审批制改成核准制，并明确表明政府的作用在于指导、支持和服务，而投资决策取决于企业的商业需要。地方政府获得更多的审批权，而国家外汇管理局也开始放松对外汇的控制。此外，涉外投资政策也从"奖入限出"变为"出入均奖"。2009年商务部、国家外汇管理局分别出台《境外投资管理办法》《境内机构境外直接投资外汇管理规定》，旨在共同发力，进一步推进和完善对外投资的便利化，落实企业投资决策权，同时放松对企业海外投资活动的外汇管制。从2011年开始，新一轮的更为宽松的境外投资政策进入试点阶段，如进一步放宽企业境外投资外汇使用和汇出的限制；企业可在境外用人民币直接进行投资；在试点地区个人可直接进行境外投资等。2001~2010年，中国对外直接投资快速发展，年均增长90%以上。2013年，中国对外直接投资流量首次突破千亿美元大关，创下 1 078 亿美元历史新高，仅次于美国和日本，居全球第三位。

中国的对外直接投资流量与其他发达国家相比仍然处于劣势，但基本保持增长的势头，并未像英国、美国一样出现较大的波动。如图 2-2 所示，印度的对外直接投资流量在五个国家中最小，在 2008 年经济危机后就一蹶不振。

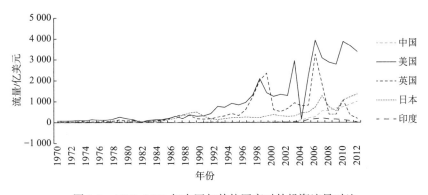

图 2-2　1970~2012 年中国与其他国家对外投资流量对比

如图 2-3 所示，在 2003 年之前中国对外直接投资的流量起伏较大，而且在一些年份出现了流量增长率为负的情况。2003 年起中国对外直接投资流量的变化趋于稳定，增长率的震荡区间减小，除2008年受到经济危机影响外，中国对外直接投资流量基本保持增长的势头。

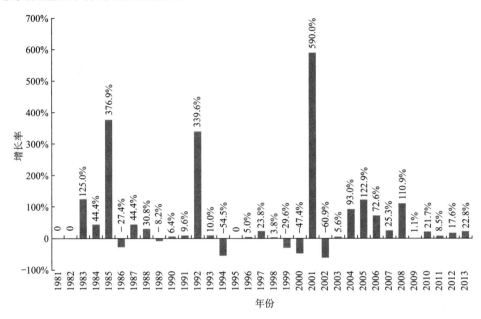

图 2-3   1981~2013 年中国对外直接投资流量增长率

资料来源：中经网统计数据库

由图 2-4 可见，世界除去中国部分的对外直接投资流量增长率的折线与发达国家基本重合，说明世界主要的对外直接投资仍来源于发达国家。中国的对外直接投资流量增长率变化与世界其他国家相比有所不同，偶尔在总体出现疲软的情况下逆势增长，而且中国近几十年的平均增长率高于世界平均水平（表2-1）。

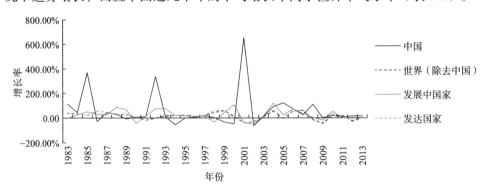

图 2-4   1983~2013 年世界除中国外其他国家与中国对外直接投资流量增长率对比

表 2-1　1983~2013 年世界除中国外其他国家与中国对外直接投资流量增长率对比

年份	中国	世界（除去中国）	发展中国家	发达国家
1983	111.36%	37.90%	− 2.39%	41.26%
1984	44.09%	34.27%	27.60%	34.67%
1985	369.40%	22.05%	50.42%	21.52%
1986	− 28.46%	56.73%	31.14%	57.48%
1987	43.33%	46.40%	25.71%	47.51%
1988	31.78%	28.49%	86.91%	25.81%
1989	− 8.24%	28.79%	67.84%	25.93%
1990	6.41%	2.90%	− 42.44%	7.05%
1991	10.00%	− 17.41%	14.02%	− 18.85%
1992	338.12%	0.59%	75.17%	− 3.74%
1993	10.00%	19.16%	75.32%	12.36%
1994	− 54.55%	19.51%	20.25%	18.20%
1995	0.00	26.35%	16.79%	27.95%
1996	5.70%	9.09%	15.00%	7.91%
1997	21.22%	20.54%	14.56%	21.07%
1998	2.78%	45.08%	− 33.11%	60.01%
1999	− 32.63%	58.74%	44.45%	59.44%
2000	− 48.39%	13.78%	108.00%	7.05%
2001	651.86%	− 39.38%	− 37.74%	− 39.07%
2002	− 63.42%	− 30.10%	− 51.31%	− 27.87%
2003	13.35%	9.94%	15.89%	8.12%
2004	92.60%	58.22%	119.35%	52.91%
2005	123.01%	− 2.43%	24.20%	− 6.18%
2006	72.58%	57.41%	71.96%	54.83%
2007	25.28%	59.57%	34.87%	64.10%
2008	110.90%	− 13.27%	3.44%	− 15.34%
2009	1.11%	− 42.64%	− 18.23%	− 47.08%
2010	21.72%	25.48%	52.14%	16.83%
2011	8.49%	17.03%	0.39%	22.95%
2012	17.61%	− 23.10%	4.16%	− 29.86%
2013	15.03%	4.05%	3.16%	0.57%

资料来源：数据整理自联合国贸易和发展会议《世界投资报告》

中国对外直接投资的存量十多年来呈增长趋势，在 2013 年已经突破 6 000 亿美元（图 2-5）。

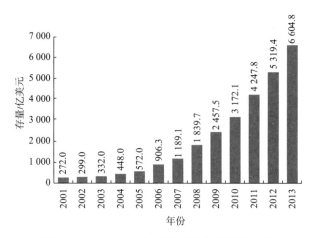

图 2-5　2001~2013 年中国对外直接投资存量

从存量上来看，中国和印度这些发展中国家与发达国家的对外直接投资存量仍不在一个量级上。美国对外直接投资存量起伏较大，但仍是一路走高的趋势，而日本和英国的对外直接投资存量增长有所减缓，后劲不足。中国对外直接投资存量虽然不及发达国家，但势头正盛，如果这些国家继续按照此趋势发展下去，则中国将很快超过日本甚至英国（图 2-6）。

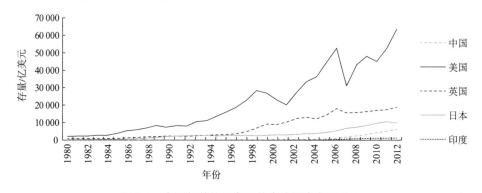

图 2-6　中国与其他国家对外直接投资存量对比

2.2　地区分布及对比

回顾 2003~2013 年的对外直接投资情况，从中国对外直接投资流量的变化来看，中国对亚洲的直接投资流量总体上处于上升的态势，而中国对其他各洲的投资从 2007 年起就已经远少于亚洲，而且流量有一定起伏波动，总体而言，都处在一个缓慢增长的状态中（图 2-7）。具体的变化率情况如表 2-2 所示。

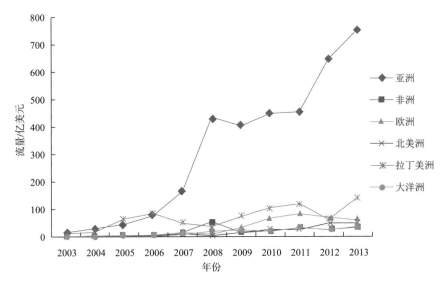

图 2-7　2003~2013 年中国对外直接投资流量按洲分布情况

表 2-2　2004~2013 年中国对各洲直接投资流量变化率情况

年份	亚洲	非洲	欧洲	北美洲	拉丁美洲	大洋洲
2004	100.26%	324.31%	8.40%	119.03%	69.70%	254.63%
2005	48.78%	23.39%	151.57%	153.65%	266.83%	68.81%
2006	70.90%	32.73%	51.13%	− 19.57%	30.97%	− 37.70%
2007	116.53%	202.83%	157.72%	336.24%	− 42.11%	509.43%
2008	162.44%	248.76%	− 43.15%	− 67.65%	− 24.99%	153.46%
2009	− 7.21%	− 73.79%	282.82%	317.87%	99.28%	27.06%
2010	11.09%	46.78%	101.63%	72.24%	43.81%	− 23.83%
2011	1.35%	50.24%	22.05%	− 5.35%	13.26%	75.66%
2012	42.40%	− 20.69%	− 14.74%	96.75%	− 48.31%	− 27.22%
2013	16.70%	33.93%	− 15.44%	0.39%	132.73%	51.56%

从对外直接投资的存量来看，中国对亚洲的投资存量最大，拉丁美洲次之，对欧洲的投资近年来也有明显抬升的趋势，其他各洲的直接投资存量相差不大（图 2-8）。中国对各洲的对外直接投资存量均呈增长趋势，其中对亚洲的投资增速一马当先，对欧洲和拉丁美洲的投资存量增长率次之，其他洲的存量增长相差无几。

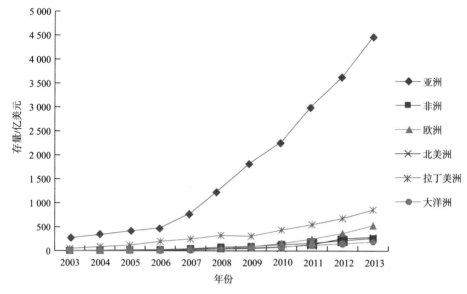

图 2-8　2003~2013 年中国对外直接投资存量按洲分布情况

　　2013 年末，中国对外直接投资遍布六大洲（图 2-9），分布在全球的 184 个国家（地区），占全球国家（地区）总数的 80%。2013 年较 2012 年新增了对马尔代夫、尼加拉瓜、基里巴斯、伯利兹、布基纳法索的投资。

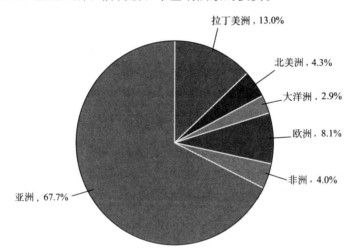

图 2-9　2013 年中国对外直接投资存量地区分布情况

　　2013 年末，中国在亚洲地区的投资存量为 4 474.1 亿美元，约占年末存量的 67.7%，主要分布在新加坡、哈萨克斯坦、印度尼西亚、缅甸、蒙古国、伊朗、柬埔寨、老挝、泰国、印度、巴基斯坦、越南等国家。

中国在拉丁美洲的投资存量为 860.9 亿美元，约占年末存量的 13.0%，主要分布在开曼群岛、英属维尔京群岛、委内瑞拉、巴西、阿根廷、厄瓜多尔、秘鲁、墨西哥等国家及地区。其中开曼群岛和英属维尔京群岛累计存量 762.2 亿美元，约占对拉美地区投资存量的 88.5%。

中国在亚洲和拉丁美洲的投资存量达 5 335 亿美元，共分布在 75 个国家（地区），约占年末存量的 80.7%，而覆盖的国家（地区）数量仅占 40.8%。

中国在欧洲的投资存量为 531.6 亿美元，约占年末存量的 8.1%，主要分布在英国、卢森堡、俄罗斯、挪威、法国、德国、荷兰、瑞典、意大利等国家。

中国在非洲的投资存量为 261.9 亿美元，约占年末存量的 4.0%，主要分布在南非、赞比亚、尼日利亚、安哥拉、津巴布韦、苏丹、阿尔及利亚、刚果（金）、毛里求斯、加纳、埃塞俄比亚、坦桑尼亚、刚果（布）、肯尼亚等国家。

中国在北美洲的投资存量为 286.1 亿美元，约占年末存量的 4.3%，主要分布在美国、加拿大。

中国在大洋洲的投资存量为 190.2 亿美元，约占年末存量的 2.9%，主要分布在澳大利亚、新西兰、巴布亚新几内亚、斐济、萨摩亚等国家。

2013 年末，中国对转型经济体的直接投资存量为 170.6 亿美元，约占存量总额的 2.6%。其中，俄罗斯的直接投资存量为 75.82 亿美元，约占对转型经济体投资存量的 44.4%；对哈萨克斯坦的直接投资存量为 69.57 亿美元，约占对转型经济体投资存量的 40.8%；对吉尔吉斯斯坦的直接投资存量为 8.86 亿美元，约占对转型经济体投资存量的 5.2%；对塔吉克斯坦的直接投资存量为 5.99 亿美元，约占对转型经济体投资存量的 3.5%；对土库曼斯坦的直接投资存量为 2.53 亿美元，约占对转型经济体投资存量的 1.5%。

除去避税天堂外，中国的对外直接投资主要流向发达国家和地区。2013 年末，中国对外直接投资存量前 18 位的国家（地区）累计达到 2 056.58 亿美元，约占中国对外直接投资存量的 31.0%（表 2-3）。

表 2-3　2013 年末中国对外直接投资存量前 18 位的国家（地区）

序号	国家（地区）	存量/亿美元	比重
1	开曼群岛	423.24	6.4%
2	英属维尔京群岛	339.03	5.1%
3	美国	219.00	3.3%
4	澳大利亚	174.50	2.6%
5	新加坡	147.51	2.2%
6	英国	117.98	1.8%

续表

序号	国家（地区）	存量/亿美元	比重
7	卢森堡	104.24	1.6%
8	俄罗斯	75.82	1.1%
9	哈萨克斯坦	69.57	1.1%
10	加拿大	61.96	0.9%
11	挪威	47.72	0.7%
12	印度尼西亚	46.57	0.7%
13	法国	44.48	0.7%
14	南非	44.00	0.7%
15	德国	39.79	0.6%
16	缅甸	35.70	0.5%
17	蒙古国	33.54	0.5%
18	荷兰	31.93	0.5%
合计		2 056.58	31.0%

2.2.1　"一带一路"国家

2013 年 9 月和 10 月，习近平主席分别提出建设"丝绸之路经济带"和"21世纪海上丝绸之路"的倡议。"一带一路"覆盖的沿线国家包括蒙古国、新加坡、马来西亚、印度尼西亚、缅甸、泰国、老挝、柬埔寨、越南、文莱、菲律宾、伊朗、伊拉克、土耳其、叙利亚、约旦、黎巴嫩、以色列、巴勒斯坦、沙特阿拉伯、也门、阿曼、阿联酋、卡塔尔、科威特、巴林、希腊、塞浦路斯、埃及、印度、巴基斯坦、孟加拉国、阿富汗、斯里兰卡、马尔代夫、尼泊尔、不丹、哈萨克斯坦、乌兹别克斯坦、土库曼斯坦、塔吉克斯坦、吉尔吉斯斯坦、俄罗斯、乌克兰、白俄罗斯、格鲁吉亚、阿塞拜疆、亚美尼亚、摩尔多瓦、波兰、立陶宛、爱沙尼亚、拉脱维亚、捷克、斯洛伐克、匈牙利、斯洛文尼亚、克罗地亚、波黑、黑山、塞尔维亚、阿尔巴尼亚、罗马尼亚、保加利亚和马其顿。

在实施"走出去"战略以前，中国对"一带一路"国家投资增长缓慢，而实施"走出去"战略以后中国对"一带一路"国家投资几乎一路飙升（图2-10）。2008年受经济危机影响，中国对"一带一路"国家直接投资流量增长有所放缓，但随着中国逐渐摆脱经济危机的阴影，投资流量增长恢复了之前的势头，除 2013 年以外，一路增长。

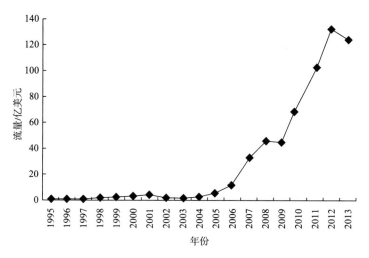

图 2-10 1995~2013 年中国对"一带一路"国家直接投资流量情况

存量增长情况基本与流量一致，在"走出去"战略实施以后，中国对"一带一路"国家直接投资存量一路增长（图 2-11），其中新加坡、俄罗斯、缅甸、巴基斯坦、哈萨克斯坦、蒙古国和印度尼西亚是主要投资目的地，相邻国家的投资额占较大比重。

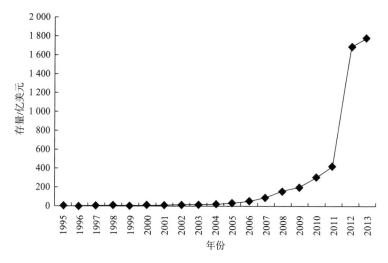

图 2-11 1995~2013 年中国对"一带一路"国家直接投资存量情况

中国对"一带一路"国家的直接投资流量占总流量的份额在 2000 年左右达到顶峰，随后随着对外直接投资总流量的增长，以及中国对外投资目的地的增加，"一带一路"国家所占份额有所下降（图 2-12）。不过近些年来，中国对"一带一路"国家的投资份额总体上开始逐步上升。随着"一带一路"倡议的推进，中国对沿线国家的投资额将会上升到新的高度。

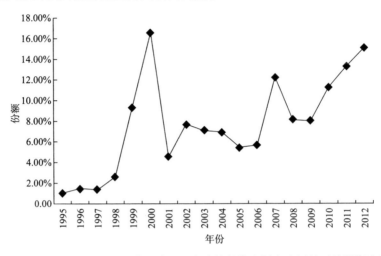

图 2-12 1995~2012 年中国对"一带一路"国家直接投资流量占中国总对外投资流量的份额

"一带一路"国家中，新加坡是中国对外直接投资存量最多的国家，比排名第二的俄罗斯和排名第三的哈萨克斯坦的存量总和还多，这一方面得益于新加坡友好的投资政策和稳定的环境，另一方面也因为"文化距离"较小（表 2-4）。

表 2-4 2013 年末中国对"一带一路"国家直接投资存量前十的国家

序号	国家	金额/万美元
1	新加坡	1 475 070
2	俄罗斯	758 161
3	哈萨克斯坦	695 669
4	印度尼西亚	465 665
5	缅甸	356 968
6	蒙古国	335 396
7	伊朗	285 120
8	柬埔寨	284 857
9	老挝	277 092
10	泰国	247 243

2.2.2 金砖国家

金砖五国是新兴国家的代表，在世界经济版图中占有重要地位。中国对其他金砖国家直接投资总体处于增加的趋势中。其中，对俄罗斯的投资大体上逐年增加，而对印度和巴西的投资有所起伏，但较之 2004 年前后已有所增加。对南非的投资情况在金砖国家中较为特殊，起伏较大，近几年出现了对外直接投资流出的现象（图 2-13）。

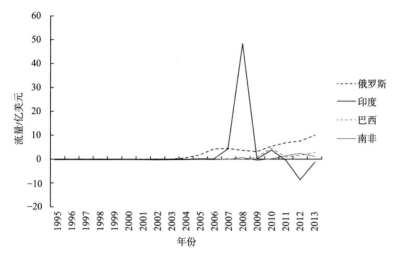

图 2-13　1995~2013 年中国对金砖国家直接投资流量情况

从投资存量来看，截至 2013 年，俄罗斯以 59.1 亿美元位列第一，近年来增势显著；南非以 44.0 亿美元位列第二，但波动较大。中国对巴西和印度的直接投资相对较少，但也处于增长之中（图 2-14）。

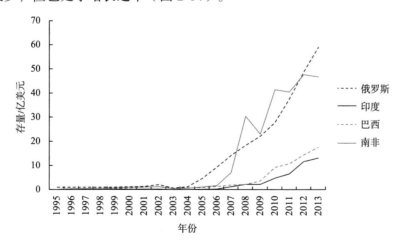

图 2-14　1995~2013 年中国对金砖国家直接投资存量情况

金砖国家中比较有特点的是俄罗斯和南非。2008 年中国对南非直接投资流量所占份额一度超过了 8%，但随着经济危机蔓延，已经出现了负流量的情况。而中国对俄罗斯的直接投资流量较为稳定，份额维持在 2%左右（图 2-15）。

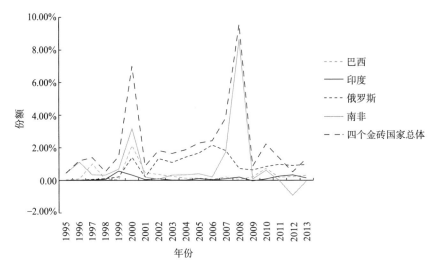

图 2-15　1995~2013 年中国对金砖国家直接投资流量占中国总对外直接投资流量的份额

2.2.3　东盟国家

2003 年以来，中国对东盟国家直接投资存量及流量不断增加，而且增速有提高的趋势（图 2-16、图 2-17）。其中，对新加坡、印度尼西亚、缅甸投资额分列前三，对新加坡的直接投资存量遥遥领先于其他各国。

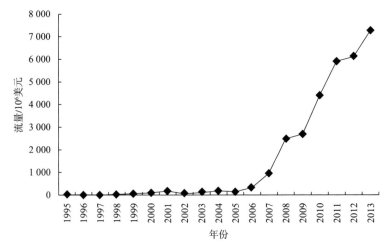

图 2-16　1995~2013 年中国对东盟国家直接投资流量情况

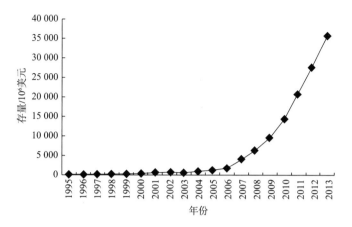

图 2-17　1995~2013 年中国对东盟国家直接投资存量情况

由图 2-18 可见，东盟国家是中国重要的对外直接投资目的地之一，2000 年中国对东盟国家的直接投资流量一度占据当年总对外直接投资流量的 10%以上。总体而言，2005~2011 年东盟国家占中国对外直接投资的份额不断增加，但 2011 年后略有下降。

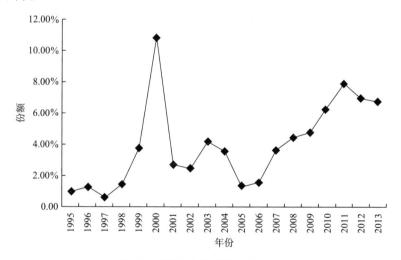

图 2-18　1995~2013 年中国对东盟国家直接投资流量占中国总对外投资流量的份额

2.2.4　OECD 国家

中国对 OECD 国家的直接投资流量呈现出增加的趋势。在 2008 年经济危机后，中国对 OECD 国家的直接投资流量仍然势头不减（图 2-19）。

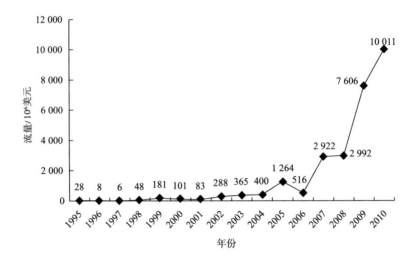

图 2-19　1995~2010 年中国对 OECD 国家直接投资流量情况

从存量上看，中国对 OECD 国家的直接投资在经济危机后不降反升，增势迅猛（图 2-20）。

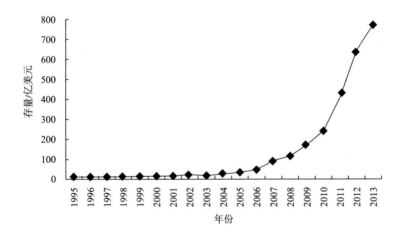

图 2-20　1995~2013 年中国对 OECD 国家直接投资存量情况

OECD 国家投资流量份额波动较大，2008 年经济危机之后处于增长的趋势之中（图 2-21）。

2.2.5　TPP 国家

中国对 TPP 国家的投资也基本处于增长之中（图 2-22、图 2-23）。

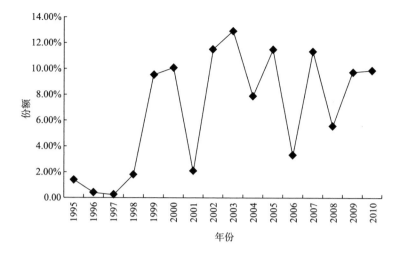

图 2-21　1995~2010 年中国对 OECD 国家直接投资流量占总对外投资流量的份额

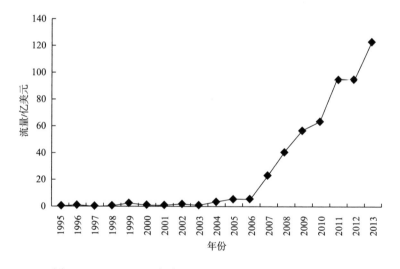

图 2-22　1995~2013 年中国对 TPP 国家直接投资流量情况

　　TPP 国家中，中国的对外直接投资存量基本都流向了发达国家，中国对澳大利亚的直接投资存量曾在 2008~2011 年列 TPP 国家首位。TPP 国家中，只有中国对澳大利亚和新加坡的直接投资存量破百亿美元。总体而言，中国对 TPP 国家的直接投资不断增长，而对 TPP 发达国家直接投资存量的增长率又普遍高于对发展中国家直接投资存量的增长率。

　　中国对 TPP 地区在 2006 年以后投资的重要性越来越突出，不仅流量数量在增加，流量所占份额也在波动中不断上升（图 2-24）。

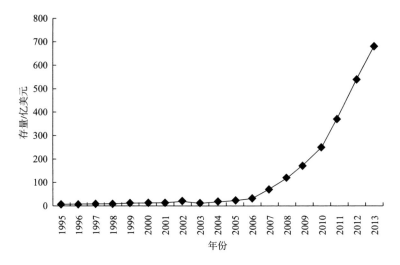

图 2-23　1995~2013 年中国对 TPP 国家直接投资存量情况

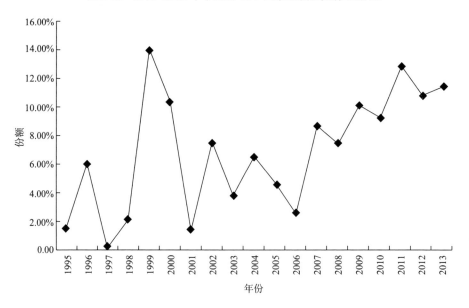

图 2-24　1995~2013 年中国对 TPP 国家直接投资流量占总对外投资流量的份额

2.2.6　RCEP 国家

除了在 2006 年出现一定程度的下降以外，中国对 RCEP 国家的直接投资不断增长（图 2-25）。2013 年的流量已经逼近 120 亿美元。具体来看，中国对澳大利亚、新加坡及印度尼西亚的投资位列前三（图 2-26）。

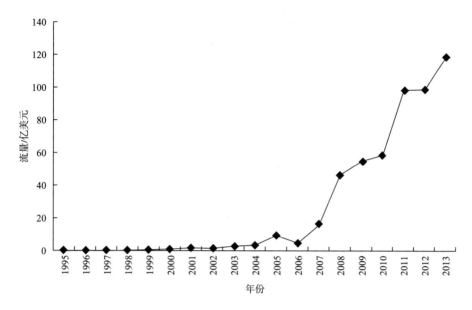

图 2-25 1995~2013 年中国对 RCEP 国家直接投资总体流量情况

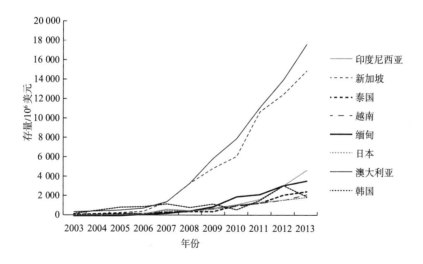

图 2-26 2003~2013 年中国对 RCEP 国家直接投资存量情况

中国对 RCEP 国家直接投资存量一路上升（图 2-27），澳大利亚、新加坡是主要投资目的地，澳大利亚得益于良好的投资环境和丰富的自然资源，而新加坡则主要得益于友好的投资政策。

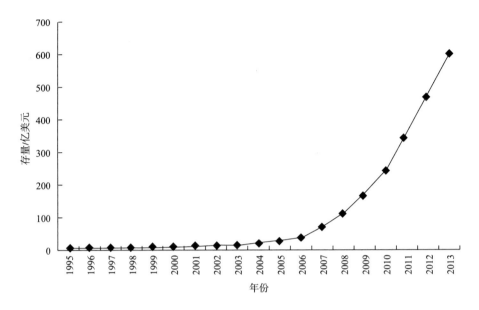

图 2-27　1995~2013 年中国对 RCEP 国家直接投资存量情况

在"走出去"战略实施前，中国对 RCEP 国家的直接投资流量较小，所占份额的波动也较为剧烈。2006 年是一个重要的转折点，之前份额呈下降趋势，而在此之后份额一路走高，最高时已经达到 13.09%（图 2-28）。RCEP 国家已经成为中国重要的对外投资目的地。

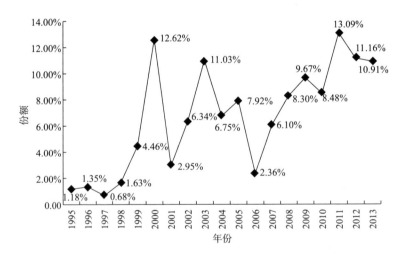

图 2-28　1995~2013 年中国对 RCEP 国家的直接投资流量占总对外直接投资流量的份额

2.2.7　TTIP 国家

中国对 TTIP 国家的直接投资流量在"走出去"战略实施以后迅速提升，在经济危机以后增势依然迅猛，不过 2012~2013 年有所回落（图 2-29）。

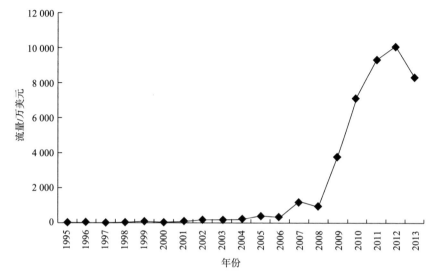

图 2-29　1995~2013 年中国对 TTIP 国家直接投资流量情况

从存量上来看，2008 年以后迅速增长（图 2-30），美国、德国、英国和瑞典是主要投资目的地。

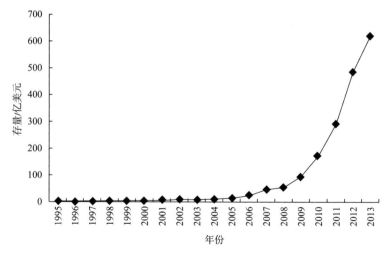

图 2-30　1995~2013 年中国对 TTIP 国家直接投资存量情况

中国对 TTIP 国家直接投资流量所占份额，2008 年以前一直围绕着 4%上下波动，经济危机后份额反而有所上升，但2011年后又有所回落（图2-31）。

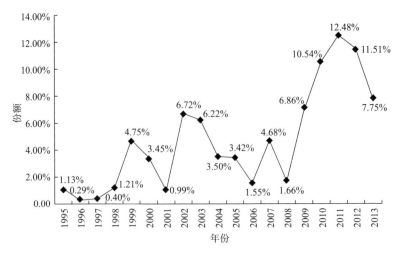

图 2-31　1995~2013 年中国对 TTIP 国家直接投资流量占总对外直接投资流量的份额

2.2.8　与美国、日本、印度、英国的比较研究

中国对外直接投资主要集中于发展中经济体和转型中经济体，而发达国家更倾向于在制度更为完善、政治风险更小的发达经济体进行投资（图2-32~图2-34）。当然，虽然对外直接投资流量主要集中于发达经济体，美国对发展中经济体的直接投资流量仍超过中国。中国对发展中经济体和转型中经济体的直接投资流量一直保持着增长的势头。

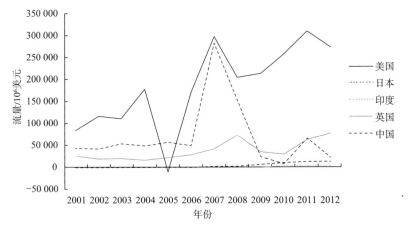

图 2-32　2001~2012 年美国、日本、印度、英国、中国对发达经济体的直接投资流量

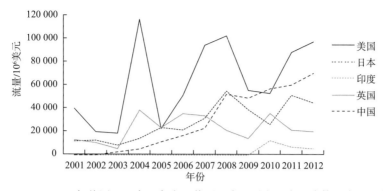

图 2-33　2001~2012 年美国、日本、印度、英国、中国对发展中经济体的直接投资流量

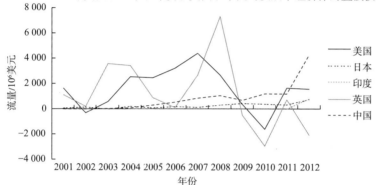

图 2-34　2001~2012 年美国、日本、印度、英国、中国对转型中经济体的直接投资流量

　　美国对欧盟的直接投资一直以来都维持在较高水平，而英国对欧盟的直接投资有所减少，近年来偶有净流入情况（图 2-35）。日本近年来对欧盟的对外直接投资流量已经赶超英国，而且是中国对欧盟直接投资量的数倍。中国对欧盟的直接投资流量虽然一路增长，仍难以企及老牌发达国家。

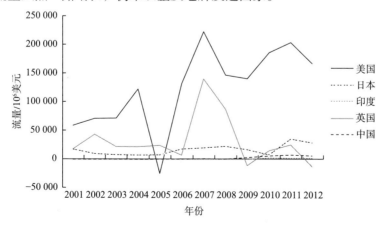

图 2-35　2001~2012 年美国、日本、印度、英国、中国对欧盟直接投资流量

从存量上来看，虽然中国对欧盟的直接投资存量持续增长，但仍难以赶上英美甚至日本（表2-5）。

表2-5 2001~2012年美国、日本、印度、英国、中国对欧盟直接投资存量（单位：10⁶美元）

年份	美国	日本	印度	英国	中国
2001	693 600	68 549		478 897	
2002	767 923	70 219		554 348	
2003	863 024	85 687		633 649	424
2004	1 030 733	101 086		673 240	539
2005	1 079 384	91 758		584 914	772
2006	1 257 767	118 822		617 329	1 283
2007	1 525 334	144 159		825 450	2 963
2008	1 626 439	160 945		748 589	3 195
2009	1 773 824	175 013		773 711	6 330
2010	1 834 531	182 328	15 920	844 873	12 718
2011	2 036 594	215 068	15 711	824 487	20 561
2012	2 239 730	237 169	16 616	809 665	31 840

由于地缘和历史的缘故，英国对非洲的直接投资流量遥遥领先，而中国和美国对非洲的直接投资流量也保持在较高水平，具体来看，美国在经济危机后对非洲直接投资流量有所减少，而中国对非洲直接投资流量有所波动。2010年以前印度的数据不可得，从2010~2012年的数据来看，呈现减少的趋势（图2-36）。

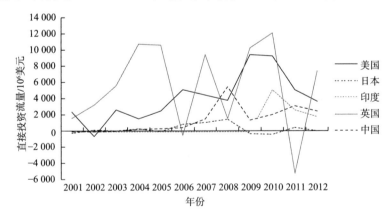

图2-36 2001~2012年美国、日本、印度、英国、中国对非洲直接投资流量情况

五国对非洲直接投资存量均保持增长的趋势。与日本、印度相比，中国对非洲直接投资增速较快（图2-37）。

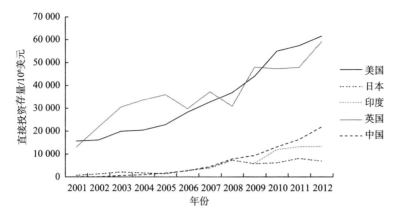

图 2-37　2001~2012 年美国、日本、印度、英国、中国对非洲直接投资存量情况

美国对亚洲直接投资流量 2008 年以后有所减少，而中国对亚洲直接投资流量呈增加趋势，日本、英国对亚洲投资流量起伏较大，印度对亚洲的直接投资流量呈下降趋势（图 2-38）。

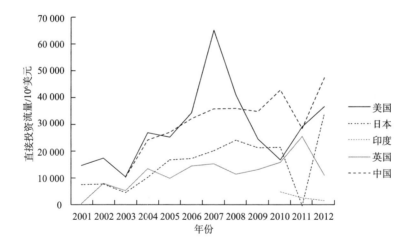

图 2-38　2001~2012 年美国、日本、印度、英国、中国对亚洲直接投资流量情况

2010~2012 年中国对亚洲的直接投资额遥遥领先，而美国、日本对亚洲的投资规模并不大，但总体上都处在上升的趋势中，英国于 2009 年之后大幅度增加对亚洲的直接投资规模（图 2-39）。

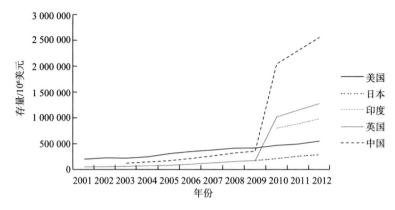

图 2-39　2001~2012 年美国、日本、印度、英国、中国对亚洲直接投资存量情况

2.3　行 业 分 布

2003~2013 年，中国对外直接投资的行业主要集中于租赁和商务服务业及采矿业，基本占据了每年对外直接投资流量的一半左右，此外，批发和零售业、制造业及金融业也占据了较大的份额（表 2-6）。农林牧渔业一直维持较低的份额，而交通运输仓储业总体上呈走低的趋势。

表 2-6　2003~2013 年中国主要行业对外直接投资流量份额

年份	采矿业	制造业	批发和零售业	租赁和商务服务业	农林牧渔业	交通运输仓储业	金融业
2003	48.0%	21.0%	13.0%	10.0%	3.0%	3.0%	
2004	32.7%	13.8%	14.5%	13.6%	5.3%	15.1%	
2005	13.7%	18.6%	18.4%	40.3%		4.7%	
2006	40.4%	4.3%	5.2%	21.4%	0.9%	6.5%	16.7%
2007	15.3%	8.0%	24.9%	21.2%	1.0%	15.4%	6.3%
2008	10.4%	3.2%	11.7%	38.8%	0.3%	4.8%	25.1%
2009	23.6%	4.0%	10.8%	36.2%	0.6%	3.7%	15.5%
2010	8.3%	6.8%	9.8%	44.0%	0.8%	8.2%	12.5%
2011	19.4%	9.4%	13.8%	34.3%	1.1%	3.4%	8.1%
2012	15.4%	9.9%	14.8%	30.4%	1.7%	3.4%	11.5%
2013	23.0%	6.7%	13.6%	25.1%	1.7%	3.1%	14.0%

从存量上来看，中国对外直接投资基本覆盖所有行业（表 2-7）。其中，批发和零售业、交通运输仓储业的存量所占份额大体上呈减少趋势，传输、计算机和软件业在 2003 年达到 33.0%的巅峰后就一直维持在较低水平。其他行业如采矿业、制造业、租赁和商务服务业、金融业等行业的份额一直较为稳定。

表 2-7　2003~2013 年中国主要行业对外直接投资存量份额

年份	采矿业	制造业	批发和零售业	租赁和商务服务业	农林牧渔业	交通运输仓储业	金融业	传输、计算机和软件业
2003	18.0%	6.0%	20.0%	6.0%	1.0%	6.0%		33.0%
2004	13.3%	10.0%	17.5%	36.7%	1.9%	10.2%		2.6%
2005	15.1%	10.1%	20.0%	28.9%	0.9%	12.4%		2.3%
2006	19.8%	8.3%	14.3%	21.5%	0.9%	8.4%	17.2%	1.6%
2007	25.9%	8.1%	17.2%	25.9%	1.0%	10.2%	14.2%	1.6%
2008	12.4%	5.3%	16.2%	29.7%	0.8%	7.9%	19.9%	0.9%
2009	16.5%	5.5%	14.5%	29.7%	0.8%	6.8%	18.7%	0.8%
2010	14.1%	5.6%	13.2%	30.7%	0.8%	7.3%	17.4%	2.7%
2011	15.8%	6.3%	11.6%	33.5%	0.8%	5.9%	15.9%	2.2%
2012	14.1%	6.4%	12.8%	33.0%	1.0%	5.5%	18.1%	0.9%
2013	16.1%	6.4%	13.3%	29.6%	1.1%	4.9%	17.7%	1.1%

2013 年末，中国对外直接投资覆盖了国民经济所有行业类别，其中租赁和商务服务业、金融业、采矿业、批发和零售业、制造业这五大行业累计存量达 5 486.2 亿美元，约占中国对外直接投资存量总额的 83%（图 2-40）。

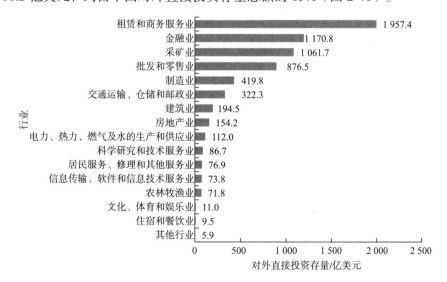

图 2-40　2013 年末中国对外直接投资存量行业分布

租赁和商务服务业（以投资控股为主要目的）的对外直接投资存量为 1 957.4 亿美元，约占中国对外直接投资存量总额的 29.6%。

金融业的对外直接投资存量为 1 170.8 亿美元，约占中国对外直接投资存量总额的 17.7%。其中货币金融服务的对外直接投资存量为 709.2 亿美元，约占金融业存量的 60.6%；资本市场服务的对外直接投资存量为 43.1 亿美元，约占金融业存量的 3.7%；保险业的对外直接投资存量为 74.7 亿美元，约占金融业存量的 6.4%；其他金融业的对外直接投资存量为 343.8 亿美元，约占金融业存量的 29.4%[①]。

采矿业的对外直接投资存量为 1 061.7 亿美元，约占中国对外直接投资存量总额的 16.1%，主要是石油和天然气开采业、黑色金属和有色金属矿采选业。

批发和零售业的对外直接投资存量为 876.5 亿美元，约占中国对外直接投资存量总额的 13.3%，主要为贸易类投资。

制造业的对外直接投资存量为 419.8 亿美元，约占中国对外直接投资存量总额的 6.4%，主要是化学原料及化学制品制造业、通信设备/计算机及其他电子设备制造业、汽车制造业、专用设备制造业、电器机械和器材制造业、纺织业、食品制造业、有色金属冶炼及压延加工业、黑色金属冶炼及压延加工业、医药制造业、纺织服装/装饰业、通用设备制造业、金属制品业、橡胶和塑料制品业等的投资。

交通运输、仓储和邮政业的对外直接投资存量为 322.3 亿美元，约占中国对外直接投资存量总额的 4.9%，主要是水上运输业、装卸搬运及其他运输代理业、航空运输业、管道运输业等的投资。

建筑业的对外直接投资存量为 194.5 亿美元，约占中国对外直接投资存量总额的 2.9%，主要是房屋建筑业、建筑装饰和其他建筑业、建筑安装业的投资。

房地产业的对外直接投资存量为 154.2 亿美元，约占中国对外直接投资存量总额的 2.3%。

电力、热力、燃气及水的生产和供应业的对外直接投资存量为 112.0 亿美元，约占中国对外直接投资存量总额的 1.7%，主要是电力、热力生产和供应业投资。

科学研究和技术服务业的对外直接投资存量为 86.7 亿美元，约占中国对外直接投资存量总额的 1.3%，主要为专业技术服务业、研究试验和发展的投资。

居民服务、修理和其他服务业的对外直接投资存量为 76.9 亿美元，约占中国对外直接投资存量总额的 1.2%，主要是其他服务业以及居民服务业的投资。

---

① 此部分数据进行过舍入修约，相加并不等于100%。

信息传输、软件和信息技术服务业的对外直接投资存量为 73.8 亿美元，约占中国对外直接投资存量总额的 1.1%，主要是软件和信息技术服务业等。

农林牧渔业的对外直接投资存量为 71.8 亿美元，约占中国对外直接投资存量总额的 1.1%，其中农业的存量约占农林牧渔业存量的 28.6%，林业的存量约占农林牧渔业存量的 26.8%，渔业的存量约占农林牧渔业存量的 14.3%。

文化、体育和娱乐业的对外直接投资存量为 11.0 亿美元，约占中国对外直接投资存量总额的 0.2%。

住宿和餐饮业的对外直接投资存量为 9.5 亿美元，约占中国对外直接投资存量总额的 0.1%。

其他行业的对外直接投资存量为 5.9 亿美元，约占中国对外直接投资存量总额的 0.1%。

需要注意的是，中国传统的优势产业——制造业在中国对外直接投资存量中占比并不算高，但必须清楚，不少名为租赁和商务服务业的对外直接投资最终仍是流向制造业等传统优势产业。虽然存量上租赁和商务服务业占比较高，但服务业的含金量要打一定折扣。

2.4 分地区—行业研究

从存量行业的地区分布情况来看，中国对各地区直接投资的行业高度集中（表 2-8）。

表 2-8 2013 年末中国对各地区直接投资存量前五位的行业

地区	行业名称	存量/亿美元	比重
亚洲	租赁和商务服务业	1 398.2	31.2%
	金融业	838.1	18.7%
	批发和零售业	709.8	15.9%
	采矿业	571.7	12.8%
	交通运输、仓储和邮政业	277.2	6.2%
	小计	3 795.0	84.8%
非洲	采矿业	69.2	26.4%
	建筑业	68.4	26.1%
	金融业	36.6	14.0%

续表

地区	行业名称	存量/亿美元	比重
非洲	制造业	35.1	13.4%
	科学研究和技术服务业	13.4	5.1%
	小计	222.7	85.0%
欧洲	租赁和商务服务业	113.1	21.3%
	采矿业	93.3	17.6%
	金融业	89.0	16.7%
	制造业	108.6	20.4%
	批发和零售业	45.1	8.5%
	小计	449.1	84.5%
拉丁美洲	租赁和商务服务业	410.8	47.7%
	采矿业	149.3	17.3%
	金融业	120.7	14.1%
	批发和零售业	85.6	9.9%
	交通运输、仓储和邮政业	22.6	2.6%
	小计	789.0	91.6%
北美洲	金融业	75.0	26.2%
	采矿业	61.3	21.4%
	制造业	49.7	17.4%
	批发和零售业	19.7	6.9%
	租赁和商业服务业	19.5	6.8%
	小计	225.2	78.7%
大洋洲	采矿业	116.9	61.5%
	房地产业	19.0	10.0%
	金融业	11.5	6.0%
	农林牧渔业	8.4	4.4%
	租赁和商务服务业	8.3	4.4%
	小计	164.1	86.3%

2.5　投资主体

如表 2-9 和图 2-41 所示，从数量这个维度来看，从事对外直接投资的企业主体有以下明显的趋势：首先，国有、集体企业所占比重呈下降趋势，而有限责任公司等类型的企业比重呈增加趋势，说明非国有企业在对外直接投资活动上比较活跃，这类企业占据了中国对外直接投资企业数量的一半左右。其次，外商投资和港澳台投资企业、私营和个体经营企业所占份额等均呈现出不同程度的减少。

表 2-9　中国从事对外直接投资的各类型企业按数量所占份额

企业类型	2003 年	2004 年	2005 年	2006 年	2007 年	2008 年	2009 年	2010 年	2011 年	2012 年	2013 年
私营企业	10.0%	12.0%	13.0%	12.0%	11.0%	9.4%	7.5%	8.2%	8.3%	8.3%	8.4%
股份有限公司	11.0%	10.0%	12.0%	11.0%	10.2%	8.8%	7.2%	7.0%	7.7%	7.4%	7.1%
有限责任公司	22.0%	30.0%	32.0%	33.0%	43.3%	50.2%	57.7%	57.1%	60.4%	62.5%	66.1%
联营或其他公司	1.0%	1.0%	1.0%	1.0%	0.7%	2.2%	3.2%	6.6%	0.7%	1.3%	1.0%
股份合作公司	4.0%	3.0%	4.0%	9.0%	7.8%	6.5%	4.9%	4.6%	4.0%	3.4%	3.1%
集体企业	2.0%	2.0%	2.0%	2.0%	1.8%	1.5%	1.2%	1.1%	1.0%	0.8%	0.6%
国有企业	43.0%	35.0%	29.0%	26.0%	19.7%	16.1%	13.4%	10.2%	11.1%	9.1%	8.0%
外商投资企业	5.0%	5.0%	5.0%	4.0%	3.7%	3.5%	3.1%	3.2%	3.6%	3.4%	3.0%
港澳台投资企业	2.0%	2.0%	2.0%	2.0%	1.8%	1.8%	1.8%	2.0%	2.4%	2.2%	2.0%
个体经营企业									0.8%	1.6%	0.7%

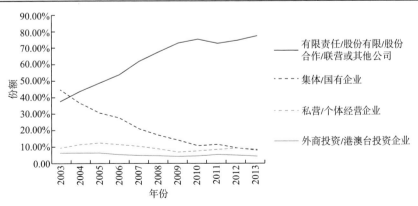

图 2-41　2003~2013 年中国从事对外直接投资的各类型企业按数量所占份额

资料来源：2003~2013 年各年度中国对外直接投资统计公报

2013 年末，中国非金融类对外直接投资存量按境内投资者注册类型的分布，在非金融类对外直接投资 5 434 亿美元存量中，国有企业占 55.2%，有限责任公司以占比 30.8% 位列第二。国有企业虽然在数量上所占份额有所减少，在对外直接投资存量上，仍占据一半以上。股份有限公司占 7.5%；股份合作公司占 2.0%；私营企业占 2.2%；外商投资企业占 1.2%；港澳台投资企业占 0.4%；集体企业占 0.1%；其他占 0.6%（图 2-42）。

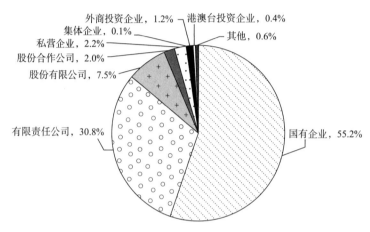

图 2-42　2013 年末中国非金融类对外直接投资存量按境内投资者注册类型分布情况

图 2-41 明显显示出在对外直接投资活动中国有企业在数量比重上越来越小，而从图 2-43 来看，国有企业所占存量的份额也在不断减小，但存量份额的减少则相对缓慢，截至 2013 年，国有企业仍占对外直接投资存量的 55.2%，非国有企业短时间内难以赶超国有企业的投资规模，但是投资主体的多元化趋势日益明显。

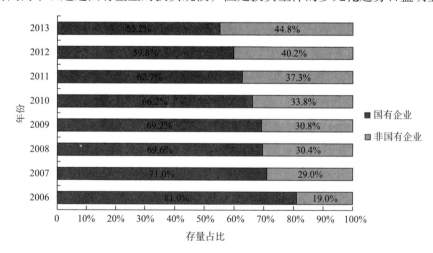

图 2-43　2006~2013 年中国国有企业和非国有企业存量占比情况

2.6　过　剩　产　能

2009 年 9 月 26 日，国务院转发了国家发改委等部门出台的《关于抑制部分行业产能过剩和重复建设引导产业健康发展的若干意见》，该意见指出，我国钢铁、水泥、平板玻璃、煤化工、多晶硅、风电设备等行业存在产能过剩的问题，同时电解铝、造船、大豆压榨等行业产能过剩矛盾也十分突出。

此处根据中国 1982~2014 年上半年的海外并购数据，对过剩产能行业的海外并购进行分析，由于多晶硅和风电行业并购的分类无法与并购数据分类契合，故不予分析。

1982~2014 年，中国产能过剩行业并购共发生 44 起（表 2-10），并购金额 22.05 亿美元，分散于世界各个不同国家和地区。

表 2-10　1982~2014 年中国过剩产能行业海外并购情况

年份	金额	并购数量
1982~1997	15 733 万美元	5
1998	29 195 万美元	1
1999	573.8 万美元	2
2000	1 188.6 万美元	1
2001	小于 100 万美元	1
2002		
2003	680.6 万美元	2
2004	2 345.3 万美元	2
2005	小于 100 万美元	2
2006	小于 100 万美元	1
2007	小于 100 万美元	1
2008	29 548.9 万美元	4
2009	75 549 万美元	4
2010	25 928.3 万美元	5
2011	29 701.1 万美元	8
2012	61.5 万美元	1
2013	9 944.7 万美元	1
2014	小于 100 万美元	3

过剩产能行业并购波动较大。在 2009 年前后并购金额较高，其他年份较低（图2-44）。在2009年《关于抑制部分行业产能过剩和重复建设引导产业健康发展的若干意见》出台后，过剩产能行业海外并购金额反而有所下降，当然，一方面，并购自身存在着较大的波动性，并购金额和数量有大波动并不罕见；另一方面，国外需求疲软也在一定程度上阻碍了过剩产能行业"走出去"。

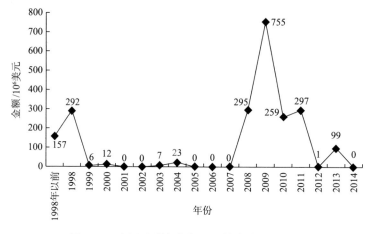

图 2-44　中国过剩产能行业对外直接投资金额

从地区分布来看，亚洲并购13起，金额达4.63亿美元；欧洲并购6起，金额达 3 500 万美元；非洲并购 3 起，金额达 9 945 万美元；大洋洲并购 13 起，金额达10.47亿美元；北美洲并购6起，金额达5.6亿美元；南美洲并购3起，金额不足 100 万美元。

从行业分布来看，煤炭行业金额达 16.37 亿美元，并购 23 起，是过剩产能行业海外并购的最主要目标；大豆压榨并购 1 起，金额不足 100 万美元；钢铁行业金额达 3 869 万美元，并购 12 起；水泥行业金额达 1.25 亿美元，并购 2 起；制铝行业金额达 2.92 亿美元，并购 3 起；船舶制造与维修业金额达 9 954 万美元，并购 2 起；平板玻璃行业金额达 1 189 万美元，并购 1 起。

2.7　中国对外直接投资特征总述

整体而言，中国对外直接投资呈现出以下九个特点。

第一，中国的对外直接投资与政策密切相关，随着政策审批逐步放开，对外直接投资的金额也逐年上升，目前增长势头良好。"走出去"战略实施以后，政策导向从吸引外资逐渐转向对外直接投资。各种政策法规先后颁布，为企业"走出去"扫清了各种障碍。随着过剩产能的矛盾越发突出，政策又转向了向外输出过剩产能。

第二，投资总体规模处于起步阶段。2013 年全球对外直接投资流量和存量分别为 1.41 万亿美元和 26.3 万亿美元，中国仅占 7.6%和 2.5%。与西方发达国家相比，规模仍然很小，可以简单形容为"比上不足，比下有余"。中国对外直接投资还有巨大发展空间，仍需进一步有序加强。

第三，流量变化趋于稳定。在中国对外投资早期阶段，流量并不稳定，起伏较大，近年来随着"走出去"战略的不断深化，投资流量稳定增长，流量变化的震荡区间也相应减小，说明中国对外直接投资逐步进入成熟发展期。

第四，增长势头良好，不仅在发展中国家领先，也遥遥领先世界平均水平。与其他国家相比，中国对外直接投资受到经济危机的影响相对较小。即使全球受到经济危机的影响，在 2009 年，中国以外的其他国家和地区的对外直接投资流量出现严重负增长（-42.64%），中国也能一枝独秀，保持流量增长的势头（1.11%）。从历史投资情况来看，在全球投资疲软的情况下，中国在一些年份也能逆势而为，显示出较高的增长率。而另一个重要的发展中国家印度与中国相比，不仅流量较小，而且增速缓慢。

第五，多流向发达国家和地区，但在亚非等地区投资存量并不逊于发达国家。因为统计上只统计投资的第一目的地而不统计最终目的地，所以造成中国对外直接投资主要集中在发展中经济体的假象。不少对个别地区的投资只是将该地区作为中转站进而投资其他国家的采矿业和制造业。包括不少对避税天堂等的投资模式均与此相同。此外，虽然中国对外直接投资很大一部分流向发达国家和地区，但是在非洲、亚洲等发展中国家较多的大洲，中国的直接投资存量也毫不逊色于美国等传统投资国家。

第六，投资主体仍以国企为主，但是近年来投资主体有多元化的趋势，至少在数量上进行对外直接投资的民营企业已明显增加，在金额上，短时间内民营企业仍然难以赶超拥有政策支持和雄厚资金的国企。

第七，直接投资多流向租赁和商务服务业、金融业、采矿业、批发和零售业、制造业。在不同地区，由于各地区自身比较优势不同，投资流入的行业也有所不同。从存量上来看，我国在优势产业——制造业领域的投资相对不足。虽然商务服务业不少投资的最终流向是矿业和制造业，仅统计第一流入行业的数据并不能完全反映真实情况，但可以肯定的是，金融业、采矿业、批发和零售业、制造业是海外投资的主要行业。

关于为什么中国制造业的海外投资比例如此低，有几个可能原因。一是数据问题，目前数据只记录了第一投资目的地和行业，企业仍可能在此之后进一步转投于其他地区和行业；二是中国制造业尚不具备足够竞争力进行对外投资，也可能尚无足够能力识别合适的制造业投资对象；三是中国对外投资目前还处于初级阶段，企业尽量抢购资产、资源类产品以获取资本利得。

第八，过剩产能"走出去"任重道远。一是过剩产能海外并购额与历年对外直接投资额相比微不足道；二是经济危机以后过剩产能"走出去"受到了相应的影响，企业进行海外并购越发小心谨慎。虽然化解能过剩可以部分寄希望于企业"走出去"，但至少目前的形势仍不容乐观。

第九，按照经济规律，中国对外直接投资未来预计会逐步回归中国具有比较优势的行业、中国长期需要的资产（战略资产）以及外国的优势资产。

本章附件　数据分析中使用的国家分类

"一带一路"国家及地区列表（65 个国家和地区）

2015 年 3 月 28 日国家发改委、外交部、商务部发布的《推动共建丝绸之路经济带和 21 世纪海上丝绸之路的愿景与行动》勾勒出"一带一路"路线图。"一带"指的是"丝绸之路经济带"，是在陆地。它有三个走向，从中国出发，一是经中亚、俄罗斯到达欧洲；二是经中亚、西亚至波斯湾、地中海；三是中国到东南亚、南亚、印度洋。"一路"指的是"21 世纪海上丝绸之路"，重点方向有两个，一是从中国沿海港口过南海到印度洋，延伸至欧洲；二是从中国沿海港口过南海到南太平洋。根据该路线图，基本可以描摹出"丝绸之路经济带"和"21 世纪海上丝绸之路"涉及 65 个国家和地区，包括东亚 1 国（蒙古国），东盟 10 国（新加坡、马来西亚、印度尼西亚、缅甸、泰国、老挝、柬埔寨、越南、文莱和菲律宾），西亚 18 国（伊朗、伊拉克、土耳其、叙利亚、约旦、黎巴嫩、以色列、巴勒斯坦、沙特阿拉伯、也门、阿曼、阿联酋、卡塔尔、科威特、巴林、希腊、塞浦路斯和埃及），南亚 8 国（印度、巴基斯坦、孟加拉国、阿富汗、斯里兰卡、马尔代夫、尼泊尔和不丹），中亚 5 国（哈萨克斯坦、乌兹别克斯坦、土库曼斯坦、塔吉克斯坦和吉尔吉斯斯坦），独联体 7 国（俄罗斯、乌克兰、白俄罗斯、格鲁吉亚、阿塞拜疆、亚美尼亚和摩尔多瓦）和中东欧 16 国（波兰、立陶宛、爱沙尼亚、拉脱维亚、捷克、斯洛伐克、匈牙利、斯洛文尼亚、克罗地亚、波黑、黑山、塞尔维亚、阿尔巴尼亚、罗马尼亚、保加利亚和马其顿）。

TPP 国家列表

澳大利亚、文莱、加拿大、智利、日本、马来西亚、墨西哥、新西兰、秘鲁、新加坡、越南。

TTIP 国家列表

美国、奥地利、比利时、保加利亚、塞浦路斯、克罗地亚、捷克、丹麦、爱沙尼亚、芬兰、法国、德国、希腊、匈牙利、爱尔兰、意大利、拉脱维亚、立陶宛、卢森堡、马耳他、荷兰、波兰、葡萄牙、罗马尼亚、斯洛伐克、斯洛文尼亚、西班牙、瑞典、英国。

RCEP 国家列表

印度尼西亚、文莱、菲律宾、马来西亚、新加坡、泰国、越南、老挝、缅甸、柬埔寨、日本、澳大利亚、新西兰、韩国、印度、中国。

第3章 新常态下中国对外直接投资的理论研究

3.1 国内关于中国对外直接投资理论研究述评

全球经济一体化的发展，极大地促进了资本在全球范围内的流动，中国对外直接投资流量和存量双双进入世界前列。与此同时，中国对外直接投资理论的研究也逐渐由幕后走向台前，指引中国对外经济向更高、更快方向发展。本节就国内关于中国对外直接投资理论做出综述性总结，为进一步开展理论研究提供更好的拓展思路。

3.1.1 中国对外直接投资专题理论研究综述

国内学者关于中国对外直接投资专题理论研究主要集中于动因分析、经济效应、区位选择、行业定位等几个方面。

1. 动因分析

根据国内学者研究，中国开展对外直接投资的动因可归纳为外部动因和内部动因。外部动因主要表现为国家政策、外部环境等。内部动因主要涉及传统对外直接投资理论中的重要因素，即追求利润、寻求市场、获取资源与先进技术等。

中国开展对外直接投资的外部动因可概括为三类：国际市场经济环境、国家发展战略的需要（经济结构调整、产业结构调整等）及东道国相关政策。张耀一和张冬（2013）指出，人民币汇率波动以及中国外汇储备的变化，为中国对外直接投资提供了压力和动力。崔家玉（2010）结合主流对外直接投资理论，指出中国开展对外直接投资的外部动因包括外部竞争压力、国家发展战略的需要、调整经济结构的需要、东道国优惠政策的吸引。

在传统内部动因方面，各大要素对中国对外直接投资产生的影响不同。王海军和宋宝琳（2013）认为市场导向和资源导向是中国开展对外直接投资的明显特征。姚枝仲（2013）认为中国对外直接投资是中国经济与企业发展的长期需要。张耀一和张冬（2013）指出，战略资源获取、中国参与国际分工的模式、企业对风险控制和追求收益的内在要求，都促进了中国对外直接投资的发展。黄静波和张安民（2009）通过实证检验得出能源寻求是中国开展对外直接投资的重要原因。刘阳春（2008）指出，全球经济一体化为中国对外直接投资提供了驱动。何骏（2007）认为技术获取、融入全球供应链是中国实施对外直接投资战略的主要原因。胡朝晖（2006）通过实证检验，得出中国开展对外直接投资的主要动因是市场竞争、寻求资源以及促进产业结构升级。李雪欣（2002）提出中国参与全球范围的对外直接投资主要在于寻求新市场，建立参与世界经济的战略思维。魏东和王璟珉（2005）指出，中国开展对外直接投资的五大动因包括自然资源导向型、市场导向型、效率导向型、战略资产导向型及政治导向型。

最新研究显示，中国企业开展对外直接投资的动因，由资源导向型和市场导向型逐渐向技术导向型和战略资产寻找型转变。牛秀芳（2015）以华为技术有限公司（简称华为）为例，对该论点做了检验。马心竹（2014）在对中国对外直接投资影响因素的分析中加入利润和效率，也得出了相似的结论。

2. 经济效应

中国对外直接投资能够为本国带来较大的经济效应，如产业调整效应、产出效应、贸易效应等。

1）中国对外直接投资的产业调整效应

中国对外直接投资对国内产业结构调整具有正向的促进效应。杨建清和周志林（2013）指出中国对外直接投资与产业升级之间具有长期稳定的比例关系。王英和周蕾（2013）指出相比于吸引外资，中国对外直接投资更能促进国内产业结构升级。李逢春（2012）的实证研究认为，较高的对外直接投资可以更快地促进国内产业升级，对外直接投资的规模对产业升级具有反作用，但较高的市场化程度可以削弱这一反作用。

中国对外直接投资对产业结构调整也存在一定的作用机制。刘斌等（2015）分析了中国对外直接投资的"价值链升级效应"，指出投资发达国家能够促进企业产品升级，而投资发展中国家则更能促进企业功能升级。汪琦（2004）分析了对外直接投资对母国产业结构调整的作用机制，认为对外直接投资通过影响东道国的投入要素、需求结构和资源转换方式等因素，结合相应的传导机制参与母国产业结构调整过程，影响其产业升级的进程。王英（2009）指出，中国对外直接投资对本国产业结构调整主要是通过四大途径，即进口结构、技术进步、就业结构和固定资本来进行的。

中国对外直接投资对产业结构调整的作用程度存在差异性。王滢淇和阚大学（2013）指出中国不同地区的对外直接投资对产业结构升级的促进效应不同，其中东部最为明显，中西部相对较弱。汤婧和于立新（2012）指出中国对外直接投资对不同产业结构的调整效应，其作用效果由高到低依次为信息传输、计算机服务和软件业、建筑业、批发和零售业、采矿业、制造业、交通运输仓储邮政业、租赁和商务服务业。潘颖和刘辉煌（2010）指出，相比于短期，对外直接投资对产业结构升级的作用从长期看会更显著。

2）中国对外直接投资的产出效应

中国对外直接投资对国内具有正的逆向技术溢出效应，但在不同地区和行业表现不同。尹建华和周鑫悦（2014）认为，中国对外直接投资的技术差距影响逆向技术溢出，高技术差距地区存在正的逆向技术溢出效益，中低技术差距区域存在负效应。毛其淋和许家云（2014）指出，中国对外直接投资对企业创新的促进作用具有持续递增效应。仇怡和吴建军（2012）通过实证分析，认为中国对外直接投资能够产生正的技术外溢，但其效应相对于吸引外资较为缓慢。陈岩（2011）通过实证研究指出，中国对外直接投资的逆向技术溢出效应程度，取决于中国跨国公司所在省市的吸收能力。李梅（2010）认为，由于技术获取型投资占比低、技术吸收能力差、国内投资挤出效应等原因，对外直接投资对中国技术进步的推进作用不明显。刘伟全（2010）在实证研究中发现，中国当前对外直接投资对国内技术进步的影响不显著。刘明霞（2009）通过面板数据分析，指出中国对外直接投资的逆向技术溢出具有短期和长期两种效应，短期内对高新技术专利等申请具有显著的逆向溢出效应，长期内对低技术含量的专利申请有显著的逆向溢出效应。

3）中国对外直接投资的贸易效应

中国对外直接投资具有贸易创造效应。唐礼智和章志华（2015）认为中国对外直接投资具有贸易促进效应，但其促进水平尚未充分发挥出来。胡昭玲和宋平（2012）通过实证检验认为，中国对外直接投资的贸易创造效应是有限的。张春萍（2012）指出，中国对外直接投资的进出口创造效应在不同类型的国家表现强度不一样，各类型国家的贸易创造效应由强到弱依次为资源丰裕类国家、发达经济体、新兴经济体、其他发展中国家。柴庆春和胡添雨（2012）指出中国的对外直接投资贸易效应存在区域性差异，对发展中国家具有较大的促进作用；而对发达国家则主要是为了绕开贸易壁垒，从而促进作用较小。项本武（2009）认为，长期来看，中国对外直接投资的贸易促进效应，相比于短期效应更为明显。

相比于整体贸易效应，中国对外直接投资的出口促进效应表现更为显著。王胜等（2014）指出，中国对外直接投资的出口促进效应，在资源丰裕类国家表现较为明显，存在显著的贸易创造效应。蒋冠宏和蒋殿春（2014）通过实证研究验证了中国对外直接投资的"出口效应"有三种情况：第一，中国向高收入国家投资具有较高的出口效应；第二，中国对外直接投资的出口效应呈现倒 U 形（先升后降）；第三，对外直接投资在增加中国出口深度边际的同时也扩展了其广度边际。陈俊聪和黄繁华（2013）指出，中国对外直接投资在制成品出口方面的促进作用十分显著。胡兵和乔晶（2013）通过实证检验发现，中国对发展中国家的直接投资具有正向的出口促进作用，对发达国家则为负向出口效应。项本武（2005）通过实证分析发现，中国对东道国的投资能够促进中国对其出口，但对从东道国的进口却具有替代效应。

3. 区位选择

中国对外直接投资在选取投资地时考虑因素众多，概括来讲有中国与东道国的双边关系、东道国的制度与经济环境、中国企业的海外集群效应等。

1）中国与东道国的双边关系

中国与东道国的双边关系包括政治关系、经贸关系及社会联系，是中国对外直接投资区位选择的重要影响因素。

双边经贸关系是中国对外直接投资区位选择的重要决定因素。刘凤根（2009）指出，向东道国出口越多，中国对其进行的投资也就越多。李伟杰（2008）指出，中国应放弃进军大国思路，选择与本国贸易联系紧密、GDP 总量达到一定规模、政治经济稳定、"心理距离"短的周边国家。

双边投资协定能够促进中国的对外直接投资。易波和李玉洁（2012）认为即使东道国制度环境存在问题，双边投资协定的签订仍可促进中国对其投资。宗芳宇等（2012）指出，双边投资协定可以替补东道国制度的缺位，促进中国企业（尤其是非国有企业）到签约国进行投资。

"文化距离"是影响中国对外直接投资的关键要素。许和连和李丽华（2011）通过实证分析发现，中国与东道国的"文化距离"与中国对其投资之间具有负相关关系。

2）东道国的制度与经济环境

制度环境对区位选择的影响不容忽视。景红桥和王伟（2013）指出，东道国的制度环境起源（金融制度和法律制度）对中国对外直接投资的区位选择具有显著影响，市场主导型金融体系和普通法律起源的东道国对中国对外直接投资更具吸引力。王永钦等（2014）指出，相比于政治制度和政局稳定因素，中国对外直接投资更关注政府效率、监管质量（regulatory quality）和腐败控制（control of corruption）。

经济环境是区位选择的重要决定因素。胡博和李凌（2008）指出中国选择发达国家在于其较高的技术水平，选择发展中国家则在于其丰富的自然资源和潜在的国内市场。杨成平（2009）认为东道国的经济开放度、经济发展类型是中国对其开展直接投资的正向决定因素；而东道国生产成本则为负向决定因素。张远鹏和杨勇（2010）指出，东道国的累计对外直接投资、生产成本、基础设施完备程度是决定中国对其进行投资的主要因素。宋维佳和许宏伟（2012）对上述观点也做出了相应的实证检验。

3）中国企业的海外集群效应

海外集群是中国对外直接投资区位选择的最新发展趋势。邹婷和刘辉煌（2010）通过实证分析，指出中国对外直接投资的区位集中度很高。陶攀和荆逢春（2013）研究表明，一国市场规模越大，越能够吸引更多中国企业对其进行投资。余官胜和林俐（2015）认为中国企业海外集群有助于进一步推动中国企业的对外直接投资。

4. 行业定位

关于中国对外直接投资行业选择问题，国内学者主要集中于两个方面：一是中国开展对外直接投资在行业分布方面存在的问题；二是通过何种模式选择符合战略发展需要的行业。

中国企业开展对外直接投资在行业设定方面存在结构失衡问题。张馨予和张欢（2013）指出了三大产业存在的问题：第一产业农业投资较低，粮食危机难抵御；第二产业下滑过快，影响对外投资发展的平稳过渡；第三产业发展过快，存稳定性质疑。梁静波（2012）认为失衡的行业分布不利于国内产业结构升级。祁春凌和黄晓玲（2012）指出，第三产业日渐成为中国对外投资的主力，产业分布具有异质性特征。

针对中国对外直接投资的行业选择问题，有不少学者提出了具体建议。陈浪南和童汉飞（2005）认为，中国对外直接投资的行业设定应坚持"发展资源开发型产业、鼓励成熟技术行业、扩大对外承包工程和劳务出口类的对外直接投资、促进金融业投资"的原则。吴迪（2013）建议，构建全方位、多层次的对外直接投资行业布局，扩大制造业对外投资、增加对资源耗费型产业的投资等。姜华欣等（2013）提出，根据高资本密集度的内生选择，中国应选择资源类行业大规模"走出去"。

对中国对外直接投资行业选择模式的研究，较为流行的观点是基准圈模式。苏辉（2007）提出，中国对外直接投资产业选择四大基准是"产业比较优势基准"、"产业内垂直贸易量基准"、"产业结构高度化与技术学习基准"和"资源保证基准"，与之相应的产业选择策略为"边际产业转移策略"、"产业内关联策略"、"产业结构高级化策略"和"资源保障策略"。陈漓高和张燕（2007）指出，任何产业的对外直接投资都是在产业内在力量和外部力量共同作用下发生的，基于此，中国对外直接投资产业应选择基准圈模式，其内容包括"对外直接投资产业选择的四个基准"和"各产业群对外直接投资的适用基准"。

5. 其他研究

关于中国对外直接投资理论其他方面的研究，国内学者涉及较少，以下对中国对外直接投资的战略制定、成长模式、与其他理论的关系做简单概述。

1）战略制定

中国对外直接投资发展战略要坚持"发挥优势""整合资源"两大原则。苏辉（2008）认为，中国对外直接投资要坚持以"差异性"和"综合性"的优势为依托，利用国内外两个市场资源，有效整合生产要素，以建立与东道国相匹配的跨国产业增值链，开展差异化的对外直接投资发展战略。欧阳峣（2006）认为中国对外直接投资是资源整合型的对外投资。乔晶和胡兵（2006）指出，中国对外直接投资发展战略的制定要选择直接参与国际分工，并与国内产业结构调整目标相一致。

2）成长模式

中国对外直接投资的成长模式，具有代表性的模型有三种：后发展型、3L发展路径和价值链扩张型。康荣平和柯银斌（2002）认为，后发展型成长模式可划分为两种方式：一是先具备竞争优势再开展对外直接投资；二是在实施对外直接投资的过程中获取竞争优势。吴晓云和邓竹箐（2008）认为中国对外直接投资的成长路径是基于"后发展优势型"的"全球导向—渐进型"，将"标准化""价值链配置""竞争整合"的思想运用于中国对外直接投资战略设计中。范黎波和王肃（2011）提出了中国对外直接投资的 3L 发展路径：Linkage（互联）、Leverage（杠杆化）、Localization（本土化）。在互联阶段，获取实践技能和嵌入能力；在杠杆化阶段，获取专业知识；在本土化阶段，获取内在化的能力。在三个阶段反复循环中，中国对外直接投资获取全球竞争优势。何帆（2013）认为中国对外直接投资模式为价值链扩张型，即通过对外投资在新领域建立竞争优势。

3）与其他理论的关系

其他对外直接投资理论主要是指西方主流对外直接投资理论[①]和发展中国家对外直接投资理论[②]。根据国内学者的研究观点，上述两大理论体系对中国对外直接投资理论的发展有着不同的影响，西方主流对外直接投资理论对中国开展对

[①] 西方主流对外直接投资理论包括垄断优势理论、产品生命周期理论、内部化理论、国际生产折中理论和边际产业扩张理论等。

[②] 发展中国家对外直接投资理论包括后发优势理论、小规模技术理论、投资发展周期理论、技术地方化理论、技术创新和产业升级理论等。

外直接投资借鉴意义不大，发展中国家对外直接投资理论是中国对外直接投资理论的重要依据。

第一，西方主流对外直接投资理论对中国对外直接投资理论借鉴意义不大。夏申（1988）从国家制度视角，指出资本主义国家和社会主义国家（中国）在国际上开展对外直接投资具有本质的区别。薛求知和朱吉庆（2008）认为，对外直接投资的主流理论基本上都以发达国家作为研究出发点，而中国作为发展中国家，并不具备西方国家开展对外直接投资的特定优势，西方主流理论难以借鉴。卢勇（2010）指出，鉴于中国社会主义特殊经济体制，中国将西方对外直接投资理论转化为实践存在很大局限性。

第二，发展中国家对外直接投资理论是中国对外直接投资理论的重要依据。从中国经济发展阶段、竞争优势的角度来看，中国开展对外直接投资的重要理论依据是投资发展周期理论、小规模技术理论、技术地方化理论、技术创新和产业升级理论等。江小涓和杜玲（2002）认为，发展中国家的对外直接投资理论或许不是最适合中国的，但至少在一定程度上是可以借鉴和使用的。

第三，综合借鉴其他对外直接投资理论。李洪江（2004）认为，中国开展对外直接投资应划分为三个层次，从而分别借鉴不同的理论。第一层次为以获取较高技术、优势和国际经验为目标的对外投资活动，可借鉴西方主流对外直接投资理论；第二个层次为拥有一定技术基础的跨国公司，可借鉴技术积累产业升级理论；第三层次为拥有成熟技术、低成本运作经验的对外投资活动，可综合借鉴其他对外直接投资理论。

3.1.2　中国对外直接投资综合理论研究综述

关于中国对外直接投资综合理论，目前在学术界认可度较高的研究主要有全球公司理论、综合优势理论、国际投资合力理论和制度促进理论。

1. 全球公司理论

全球公司理论由王志乐在其 2014 年出版的《全球公司——跨国公司发展新阶段》一书中提出。根据该理论，全球公司是跨国公司全球化发展的新阶段，拥有全球战略、建立全球治理体系、承担全球责任。与一般跨国公司相比，一方面全球公司全球化程度大大提高［跨国化指数（transnationality index，TNI）超过 50%］；另一方面全球公司经营重心在海外，其发展战略、管治结构和理念文化更注重全球，形成了全球经营的思维模式和经营模式。全球公司理论的框架包括三大变化（全球战略、全球治理、全球责任）、一个变量（TNI 超过 50%）（图 3-1）。

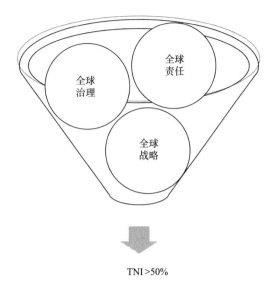

TNI>50%

图 3-1　全球公司理论示意图

1）全球战略：从跨国经营向全球经营转变

全球公司实现全球经营的全球战略，是指企业在全球范围内吸纳整合资源和配置资源，打造全球产业链，利用全球资源参与全球竞争。其实质在于适应全球市场的出现，吸纳整合全球各种资源（资金、市场、原料、技术和人才等），参与全球竞争。具体战略有：第一，跨国公司通过在全球最适宜的地点设置营销服务、制造组装、研发设计等价值增值环节，完善全球价值链；第二，通过外包整合全球资源；第三，通过与其他企业建立战略联盟和并购其他企业，整合全球资源，打造全球价值链和完善全球产业系统。

2）全球治理：全球管理网络与治理结构

跨国公司管治结构的全球调整包括股权全球化、公司治理结构和管理结构适应全球化。

第一，外资股权比例急剧上升，促进股权全球化。股权全球化意味着跨国公司从一个国家的股东负责逐步演变为全球股东负责，是跨国公司管理治理结构全球化的重要原因。

第二，公司治理结构全球化，各个公司在坚持自身治理管理结构优点的基础上，有选择地向其他公司学习长处。

第三，管理网络（公司管理结构的调整）全球化，在全球不同国家和地区设立纵向业务分部以及横向地区总部以形成新的管理架构。这种多中心多节点的网络管理模式有利于全球公司在全球范围经营环境发生变化时迅速做出反应，能够更有效地利用全球资源。

3）全球责任：以责任为核心的公司文化

为适应全球竞争与合作，跨国公司需要调整企业经营理念和文化。

第一，承担公司全面的责任。负责任的商业行为是一个更为广泛的企业责任概念，除了经济、社会和环境责任，还包括商业贿赂以及企业道德等方面的要求。联合国提出的"全球契约"（2000 年）是跨国公司强化公司责任的重要里程碑，使跨国公司强化责任上升到一个新高度。

第二，承担公司全球的责任。走向全球的跨国公司不仅需要为总部所在的母国的经济、社会和环境负责，也要对海外子公司的行为负责，即跨国公司除了承担包括经济、社会和环境责任在内的全面责任之外，还要承担在海外经营规范的责任（包括合规反腐等）。

第三，淡化国籍、强化全球化。全球公司在全球各地分支机构吸纳当地人才，促使其形成"多元文化战略"，从而吸纳多元文化，承担全球责任，使全球公司的理论和文化得到提升。

全球化公司是全球公司与中国经济发展的发动机，是全球公司与中国经济体制转型的催化剂，是全球公司与和平发展新道路的同盟军。其发挥作用的渠道有四种：第一，桥梁—沟通。全球公司是中国经济融入全球经济的桥梁，是中国企业与国际企业合作的桥梁，能够有力地推动国外资源与中国资源的交换。第二，标杆—示范。全球公司的全球战略、全球管理和全球责任是中国企业管理的新标杆。第三，关联—带动。全球公司凭借其技术、资金、全球网络以及著名品牌的强大带动作用，能够从根本上改善中国工业基础，提高中国企业的全球竞争力。第四，竞争—激励。全球公司带来的公平市场竞争，能够为中国市场注入活力，提高中国企业的综合竞争水平。

2. 综合优势理论

经济发展不平衡国家的综合优势理论由孙建中（2000）在《资本国际化运营——中国对外直接投资发展研究》一书中提出（图 3-2）。该理论认为中国所具有的优势并不是传统主流学派的优势，而是一种大国综合优势。这种综合优势表现在三个方面：投资动机的多极化、差别优势的多元化和发展空间的多角化。这三者之间相互作用、相互影响，从而形成对外直接投资的综合优势，取得综合效益。

理论假设：经济发展不平衡、经济高速增长。

理论三要素：多发展目标、多差别优势、多层次并存。

第一，多发展目标之间具有相互激励作用。中国对外直接投资的利益主体包括国家、企业和个人三部分，三大利益主体追求不同的利益目标，构成了中国对外直接投资的内在动力机制。在该动力机制中，不同主体的利益诉求相互作用，产生了有效的系统内部促进体系。

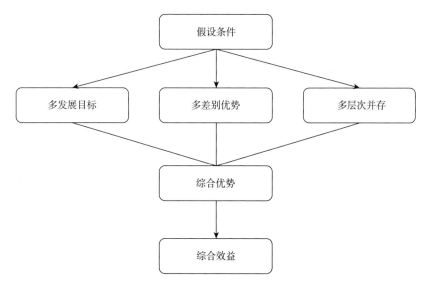

图 3-2　经济发展不平衡国家的综合优势理论示意图

第二，多差别优势要素之间具有倍增效用。中国对外直接投资的差别优势是多层面的，如政局稳定、国际政治地位不断提高、国家宏观调控能力增强等。这一系列的优势要素之间以及各要素内部之间因相互促进与互补产生倍增效用，促进中国对外直接投资的高速发展。

第三，发展空间的多角化（也称多层次并存），各发展空间之间具有相互促进机制。中国经济发展的不平衡性，使中国对外直接投资具备企业国际化经营的各个阶段（跨国生产阶段、国际企业阶段、全球经营阶段等）特征，处于不同阶段的对外投资具有相互促进作用。与此同时，多层次的技术结构使中国对外直接投资在技术水平上具有递进式的促动效应；多元化的投资主体（国企、外资企业、乡镇企业、私营企业等）可以在市场体制的基础上组建联合型跨国公司，通过优势互补实现 1+1 > 2 的主体效益促进效应。

理论模型如下所示。

自变量定义：S —经济增长速度

Q —国家大小、经济体系的健全度

E —经济内在的平衡性

综合优势理论中的三种优势函数表示如下：

多发展目标 $P_1 = f_1(S,Q,E)$

多差别优势 $P_2 = f_2(S,Q,E)$

多层次并存 $P_3 = f_3(S,Q,E)$

综合优势：$P = f(S,Q,E)$

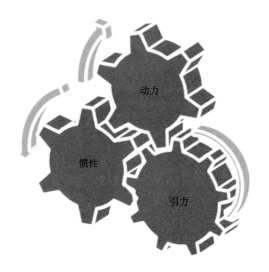

模型结论：第一，经济增长速度越高，对外直接投资的综合优势越强（由多发展目标函数的一阶偏导得出）；第二，经济体系越健全、基础越强，综合优势越强（由多差别优势函数的一阶偏导得出）；第三，经济多样化程度越高，综合优势越强（由多层次并存函数的一阶偏导得出）。

3. 国际投资合力理论

国际投资合力理论由王东京在其 1993 年出版的《国际投资论》一书中提出（图 3-3）。该理论在分析借鉴前人理论的基础上，分别从投资母国和东道国的角度提出动力论、引力论和惯性论。该理论认为国际投资活动是在投资母国和东道国的合力作用下发生的，并为各作用力提供了严谨的量化工具。

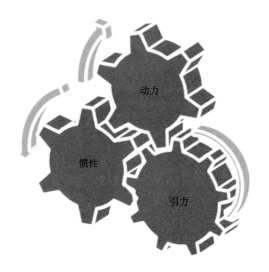

图 3-3　国际投资合力理论示意图

1）对外直接投资动力

对外直接投资动力是指国际投资活动的动机和经济发动力，包括追求利润最大化和存在过剩资本两大要素。

模型假设：第一，除模型中几大主要因素外，忽略其他非主要因素对国际投资的作用；第二，参与对外直接投资的主体均以利润最大化为目标；第三，只针对宏观经济分析。

模型要素：投资利润、银行存款利率。

模型结构：

$$D_t' = \frac{H_t'}{\frac{1}{2} \cdot (R_t' + I_t')}$$

其中，D'_t 表示一个国家的对外投资动力系数，值越大表示动力越大。H'_t 表示一定时期内，对外投资母国的国际投资密度变动系数，即报告期的投资密度与上期投资密度的比值。投资密度是指一个国家一定时期的人均投资额。R'_t 表示一定时期内，对外投资母国的银行存款利率变动系数。I'_t 表示一定时期内，对外投资母国的国内投资利润变动系数。

模型结论：第一，剩余资本是一国开展对外投资的持续动力；第二，对外投资动力的大小与国内投资利润率、银行利率成反比。

2）对外直接投资引力

对外直接投资引力，是指投资对象国对投资国资本的一种吸引和接纳能力，其严格定义为存在于投资对象国内部的某种对国际资本投向起调节和支配作用的客观经济力量。

模型假设：第一，发生资本流动的国家都是外汇管制较为宽松的国家；第二，存在健全的国际金融市场。

模型要素：人均国民收入水平、中央银行利率、行业利润率、行业投资密度。

模型结构：

$$E_{(A/B)} = F_{(A/B)} \cdot \frac{I_{(A/B)} \cdot R_{(A/B)}}{H_{(A/B)}}$$

其中，$E_{(A/B)}$ 表示 A 国对 B 国的总体投资引力系数。$F_{(A/B)}$ 表示 A 国人均国民收入与 B 国人均国民收入的比值，代表 A 国对 B 国的资本引力常数，在短期内相对稳定。$R_{(A/B)}$ 表示 A 国银行利率与 B 国银行利率的比值，只影响国际投资的国别流向，代表宏观引力因子。$I_{(A/B)}$ 表示 A 国某行业投资利润率与 B 国同行业投资利润率的比值，变动比较灵活，代表微观引力因子。$H_{(A/B)}$ 表示 A 国某行业的投资密度与 B 国同行业投资密度的比值，与总投资引力负相关，代表反引力因子。

模型结论：第一，当 A 国对 B 国的总体引力系数 $E_{(A/B)} = 1 \cdot \frac{1 \cdot 1}{1} = 1$ 时，两国间不存在资本流动；第二，当 $E_{(A/B)} > 1$ 时，B 国向 A 国投资；第三，当 $E_{(A/B)} < 1$ 时，A 国向 B 国投资。

3）对外直接投资惯性

对外直接投资惯性是指国际投资活动中客观存在的一种经济现象，它是一种资本流出国的持续力（非原生力），可分为国际零投资惯性和国际正投资惯性。具体来讲，对外直接投资惯性是指一个国家或地区在其他条件（对外直接投资动力、对外直接投资引力及其他外界因素）不变的情况下，该国对外直接投资的规模与速度会保持原来的状态。

模型假设：第一，发生资本流动的国家都是外汇管制较宽松的国家；第二，存在完善且健全的国际金融市场；第三，对外直接投资最终目的是利润最大化。

模型要素：国际投资动力系数、对外直接投资密度、平均关税税率的变动系数。

模型结构：

$$G_{(A/B)} = D_A \cdot \left[M_{(A/B)} + T_{(A/B)} \right]$$

其中，$G_{(A/B)}$ 表示A国对B国的对外直接投资惯性状态值，即是零投资惯性状态还是正投资惯性状态。

D_A 表示A国当期的对外直接投资动力系数。

$M_{(A/B)}$ 表示 A 国的对外投资密度与国内投资密度的比率。其中，对外投资密度是指母国在东道国一定时期的投资总额除以东道国人口总数；国内投资密度是指母国一定时期内的投资总额除以国内人口总数。

$T_{(A/B)}$ 表示B国对A国商品进口的平均关税税率的变动指数，也即平均关税税率与基期平均关税税率的比值。

模型结论：第一，当 $G_{(A/B)} > 1$ 时，母国对外投资处于正投资惯性状态，并且该值越大，正投资惯性就越大，对外投资的速度也会加快；第二，当 $G_{(A/B)} < 1$ 时，母国对外投资处于零投资惯性状态，并且该值越小，零投资惯性就越大，对外投资的速度就会放慢。

4. 制度促进理论

制度促进理论由裴长洪和郑文（2011）、洪俊杰等（2012）提出，该理论是在总结国内外学者关于制度因素各微观角度研究的基础上，通过综合、系统的思维考量与现实检验得出的。制度促进理论认为中国对外直接投资不再具有资源优势，而制度因素成为影响中国对外直接投资的关键。

理论前提：中国政府在宏观经济政策、经济制度建设等方面发挥重要作用。

理论三要素：母国制度因素、母国—东道国制度因素、东道国制度因素。

第一，母国制度因素。母国制度因素对一国开展对外直接投资的影响主要体现在两个方面：一是国家策略的推动作用，中国的"走出去"战略是该理论的可靠实践检验；二是国家关于对外直接投资制度安排的指向性，使一国企业开展对外直接投资更具有针对性。该因素对国有企业开展对外直接投资具有重要的影响作用。

第二，母国—东道国制度因素。一国对外直接投资，同时也受到母国—东道国之间的联动影响，即双边制度联系的影响。这一双边联系主要表现在两个方面：双边投资协定、双边文化联系。双边投资协定弥补了母国制度环境的不足；双边文化联系（如东道国的华人）则延伸了中国特有的"关系网"触角。双边联系为企业开展对外直接投资建立了充分的制度流通渠道，从而促进企业的海外发展进程。

第三，东道国制度因素。东道国的制度环境稳定与否，对企业开展对外直接投资具有最为直观的影响。同时，企业能否适应东道国的各方面制度也决定了企业的生存。

重要结论：制度促进理论认为，制度因素对于一国（尤其是中国）开展对外直接投资具有重要作用，在开展对外直接投资时要在坚持"政府引导、企业主导"的前提下，做到以下两点。

第一，对于开展对外直接投资的企业而言，在考虑如何建立特定资源优势的同时，还应注重如何在现有的市场环境和制度框架下获取竞争优势。

第二，对于一国政府而言，要制定完善的经济政策、市场管理条例，签订全方位的国际投资保护协定，搭建有效的企业"走出去"发展平台。

3.1.3　中国对外直接投资理论研究分析与评价

在前述综合分析了中国对外直接投资综合理论和专题理论的基础上，本部分旨在从整体视角做出综合分析与评价，并以此为基础提出潜在的研究视角。

1. 综合理论研究分析与评价

国内学者关于中国对外直接投资综合理论的研究既表现出了研究思路紧跟中国实践步伐、理论研究方法严谨互补的特点，又存在综合理论研究体系框架尚未形成的不足，在整体研究水平上与西方理论仍存在很大差距。

1）研究思路紧跟中国实践步伐

国内综合理论研究思路能够紧跟中国对外直接投资实践步伐，具备较高的实践意义。以制度促进理论为代表，能够根据中国对外直接投资开展形式以及国际市场环境提出针对性的理论方法。同时，理论研究假设是基于中国的经济环境设定的，对中国开展对外直接投资具有较强的实践意义。

2）理论研究方法严谨互补

国内综合理论研究方法不仅严谨，且各理论之间形成彼此互补的架构体系，使其实践意义进一步增强。国内学者对综合理论的研究方法集中表现在两个方面：一是站在宏观战略的制高点定性研究中国对外直接投资，以制度促进理论为代表；二是站在客观经济指标的视角定量研究中国对外直接投资，以综合优势理论和国际投资合力理论为代表。两大理论研究体系，共同为国家支持、企业开展的对外直接投资战略制定提供了互补的参考视角。

3）综合理论研究体系框架尚未形成

国内学者关于对外直接投资理论的研究焦点分散，尚未形成完整的框架体系。究其原因，可从三个方面加以解释：第一，中国对外直接投资起步较晚，实践基础和理论基础均薄弱；第二，中国企业开展对外直接投资的产业、国别和形式多样，难以形成涵盖各层面、统一度较高的中国对外直接投资理论体系；第三，中国学者长期接受西方对外直接投资理论，存在先入为主的固化思想，在理论创新方面尚存不足。

4）主要综合理论评价

全球公司理论，最大的贡献在于将中国对外直接投资理论研究推向了新高度。该理论提出跨国公司发展的新阶段——全球公司，归纳总结出这一新阶段的特征，为对外直接投资进入新的发展高度提出规范的目标设定及具体操作方法。但是，该理论的不足之处在于其衡量指标（TNI 超过 50%）缺乏论证依据。

综合优势理论，其贡献是能够对中国对外直接投资做出高度提炼，将中国资金"走出去"存在的各方面差异都融入理论模型中，对于中国如何高效开展对外投资活动给予重要的宏观指引。其问题在于其较强的理论假设（经济发展不平衡、经济高速增长），在当前经济发展水平下，该理论对中国具有较强的适用性，但随着中国产业结构的不断调整，经济发展不平衡已不再是问题，随之该理论的实践就会出现问题。

国际投资合力理论有两大重要贡献：一是揭示出国际投资活动客观存在的社会规律；二是为各国参与国际投资提供了重要的计量工具。具体来讲，对外直接投资动力理论从列宁资本输出理论出发分析了对外直接投资产生的动因，既揭示了国际投资的必然性也反映出了其可能性，同时也为各国计量国际投资动力的大小提供了方法论工具；对外直接投资引力理论，揭示了国际投资流向的原因，帮助人们认识到对外直接投资的一般规律，为发展中国家调整吸引外资的引力程度提供了一个量化依据；对外直接投资惯性理论，反映了对外直接投资过程中的运动规律，为投资国在理论上预测和调节自身对外投资的后续行为提供了方法论依据。但该理论的不足之处在于，整个理论模型基于单纯的市场经济活动，忽视了政治等其他社会因素对国际投资的影响，因而理论模型仍需完善。

制度促进理论对中国对外直接投资理论发展起到重要的推动作用。第一，制度促进理论首次将中国对外直接投资的制度因素提炼为理论，是对中国理论研究的重要补充。第二，该理论将中国对外直接投资的关注点由经济活动本身转移到宏观制度上，提升了对外直接投资的实践企业及研究学者的边际广度，进而能够更好地调控经营活动风险。第三，该理论首次将"母国制度因素""母国—东道国制度因素""东道国制度因素"融合在一起，并将制度因素的研究提升到理论层面。但该理论存在的问题在于，理论发展尚未完善，缺少重要的实践指引。

2. 专题理论研究分析与评价

国内学者关于中国对外直接投资专题理论的研究，在研究视角和方法论上均有很大提升，其不足之处在于缺乏创新。但总体来讲，中国对外直接投资专题理论研究是比较完备的。

1）专题理论研究视角由宏观转向微观

从历史发展的角度来看，国内学者对中国对外直接投资专题理论研究可分为两个时期：第一时期（1978~2007 年）的宏观主导研究和第二时期（2008 年至今）的微观主导研究。

在第一时期，中国对外直接投资发展较为缓慢，中国对外经济政策主要以引进外资为主，因而在这一阶段学者研究的焦点在于他国如何开展对外直接投资，以及中国如何在宏观经济层面展开对外直接投资。在第二时期，国内学者的关注点逐渐向对外直接投资的微观实证视角转变（如动因、贸易创造效应、产出效应等），将对外直接投资活动自上而下划分为各个环节，并且对各个环节做出了较为充分的研究，并在重要研究领域达成一致。

学者研究焦点发展转变的原因可从三个方面来解释：一是自 2008 年后中国对外投资在国际舞台已形成规模，驱使国内企业及学者总结中国"走出去"的客观发展规律；二是以跨国公司为代表的对外直接投资的发展，为微观视角的研究提供了大量的经验数据；三是国内计量经济学、数理经济学等研究工具的推广为微观经济学层面的研究提供了方法论的指导。

2）实证研究成为专题理论方法论的主流

中国学者将实证研究方法充分应用到中国对外直接投资理论研究中，在方法论上表现成熟，并逐步发展成为主流。其发展原因有二：一是中国跨国公司大量的微观经济数据为国内学者实证研究提供了极大便利；二是西方实证研究已难以解释中国对外直接投资现象，为揭示中国对外直接投资的客观发展规律，国内学者发挥其实证研究优势，就中国对外直接投资的动因、经济效应等展开实证研究。

3）专题理论研究创新不足

国内学者对专题理论的研究存在着严重的创新不足问题，具体表现在以下几个方面：第一，研究视角有待拔高。国内学者对中国对外直接投资的研究主要集中于动因分析、经济效应、区位选择、行业定位等几个方面，而对于对外直接投资与跨境产业链（cross-border industrial chain，CBIC）的微观关系等鲜有涉及。第二，研究结论不够新颖。国内学者在专题理论研究方面，大部分都是通过实证方法进一步验证前人的结论，而对理论的进一步推进缺乏动力。第三，在专题理论研究方面没有形成完善的理论架构。专题理论研究尽管具备分散化的特质但仍是存在研究主线的，遗憾的是，从国内学者的研究结果来看，很多学者往往多向突击，忽略主线。

3. 未来研究视角

中国对外直接投资在综合理论研究和专题理论研究方面已经取得了很大成绩，但仍然存在部分研究视角的缺失。在综合分析两方面理论研究的不足后，本书提出三个潜在研究视角以供参考。

第一，综合理论研究仍旧存在很大发展空间。中国对外直接投资综合理论架构不完善、定量研究及深入的案例研究缺失是综合理论研究面临的两大主要问题。未来，学者如果能够摆脱西方经典理论的限制，从中国或者发展中国家的实际出发，形成一系列发展中国家范畴的理论体系，仍是大有可为。

第二，专题理论研究缺乏中外对比研究、定量与定性结合研究。任何理论的研究都应做到形散而神不散，而专题理论的研究尽管层出不穷，但研究重复性高、连贯性缺失依旧是当下国内研究的主要问题。未来，如果能够为中国对外直接投资专题理论研究设定一个广为接受的主线，使专题理论研究真正做到根深蒂固、枝繁叶茂，将会是一个很好的研究切入点。

第三，探寻理论研究的中观视角。国内关于对外直接投资的研究主要局限于宏观理论和微观探索两个方面，而两者之间缺乏相互联系的桥梁，导致理论研究断层。未来，如果能够找寻某一特定中观视角，作为联系上述二者的桥梁，将对国内研究的上下整合以及全部理论的融会贯通具有重要的里程碑意义。

3.2　国外关于中国对外直接投资理论研究述评

3.2.1　中国对外直接投资动因理论

一个国家对外投资的动因是多种多样的，仅从跨国公司理论、外国直接投资理论和各个国家对外投资的实际情况来看，就有大量研究成果。早期的研究从一般的视角研究发展中国家对外投资的动因和模式，随着中国对外投资规模的不断扩大和排名的迅速上升，国外对中国对外直接投资的研究逐渐增多，大量领域内的研究将视角集中在中国企业投资动因的特征上。

1. 资本市场不完全性理论

Buckley（2004）在研究中国企业投资特点后，提出资本市场不完全性理论，试图揭示中国对外直接投资的产生动因。该理论认为，中国这样的新兴市场经济体，由于利率受到管制，国内实际利率往往低于市场均衡利率，这就在相当长的时间内造成了资本市场的不均衡。利率差的存在使潜在投资者有动机进行对外投资活动以获得额外收益。从这种意义上来说，资本市场不完全性导致了一些中国企业存在对外直接投资的所有权优势。主要有：国有企业能够以低于市场均衡利率的成本进行融资（Warner et al.，2004；Scott，2002；Lardy，1998）；银行系统的无效率，导致潜在投资者可以获得软性贷款，这种无效率可能来自银行系统本身，也可能是政策引致的；集团企业可以经营一个低效的内部资本市场（中国的多元化企业集团如海尔），对其外国直接投资活动进行补贴；家族拥有的企业可能从家庭成员处获得廉价的资本（Erdener and Shapiro，2005；Child and Pleister，2003）。

资本市场不完全理论认为，以上四种市场不完全性在中国都是存在的。Buckley 指出，总体来看，地方党政官员向国有企业提供了普遍性软预算约束，维持了许多低效中国企业的生存，银行和其他金融机构无力迫使企业重组或退出（Lardy，1998）。此外，政府部门给予一些国有企业"相当大的风险资本"，如国务院指令中信集团探索资源产业的海外投资机会。资本市场不完全可能导致这些中国企业存在海外投资动机。

该理论还指出，中国跨国公司的过度竞价行为可以归因于缺乏私人股东，对相关的技术、商业和政治风险过度乐观，对失败的恐惧有限，政府紧密支持以及较低的融资成本。国家支持的软预算约束使中国企业通过收购和渗透进入东道国经济可能成为一种"正常"模式。

2. 制度引致理论

许多研究从制度层面考察对外直接投资的动因，从体制角度研究中国及其他新兴经济体的文献日益增加（Meyer and Nguyen，2005；Wright et al.，2005；North，1990），并形成了制度引致理论。该理论认为，新兴经济体的体制结构能够决定国内企业在海外投资的能力和意愿。一个简单、一致的和宽松的政策将鼓励对外直接投资，而自由裁量、经常性的政策调整可能具有相反的效果。这有可能解释中国企业行为的独特性。制度引致理论认为，中国的经济体制和对外投资政策对企业的对外直接投资行为产生了非常重要的引致效应，特别是近年来对海外投资的鼓励导致了中国企业大量的投资行为。

该理论指出，母国的体制性因素对企业的决策有重大的推动力。政府及其代理执行的"游戏规则"影响着投资行为的规范，当然也包括对外投资（Scott，2002）。高水平的政府支持，如优先获得原材料和其他投入、低成本的资金（前文所述）、补贴以及其他形式福利有助于新兴国家的企业在国外弥补所有权和区位劣势（Aggarwal and Agmon，1990）。同时，这些投资者也经常会遇到高度官僚化和烦琐的对外直接投资审批行政程序。各级政府均试图影响对外资本流动的数量、方向和范围。如果这些体制因素与某些行业或所有制形式的歧视性政策工具相结合，对外直接投资流量可能被扭曲。在这种情况下，可能会出现（或者说事实鼓励）通过非正式或非法路径的对外直接投资。

考虑到中国经济受到政府管制的程度，体制因素有可能会对中国企业的国际投资决策产生长久和深远的影响。起初，中国的各级政府掌握对外直接投资的审批权，因此可以确定的是中国跨国公司的对外投资的发展、强度及导向都受到了政策因素影响。随着中国跨国公司管理体制的不断改革，有经验表明中国跨国公司的目标已经转向更好地获得国外的专有技术、战略性资产、能力（如品牌、分销渠道、外国资本市场等）以及探索新的市场。可以看出，这一发展是与中国的开放政策与自由化相伴而生的。中国的投资能力特别是在发展中国家的投资呈现出以下特点：从现有数据可以看出，防御型与进取型投资（前者更具有进口替代的特点而后者则着重于新市场的开拓）比例正在逐渐下降（Buckley et al., 2007a）。此外在发展中国家的国际直接投资还有资源导向的特点。而出口和出口导向型的投资依然有所上升。该理论的一个推论是，国内制度和政策演变对中国企业的对外直接投资的规模和结构产生了深远影响，这一点可以被数据所印证。但是，该理论可能过度强调了制度这一外生因素对企业投资行为的影响，在考虑中国企业对外直接投资动因时还应考虑更多因素，特别是企业方面的因素。

3. 市场导向投资理论

东道国市场的特点，如市场规模，通常被认为是决定外国直接投资流向的显著因素。随着市场的大小增加，对资源、外国直接投资、规模经济和范围经济的开发等机会也随之上升（Nachum，1999）。大量的研究（Chakrabarti，2001）显示，外商直接投资流量和市场规模呈正相关。最近的研究工作指出，寻求市场的动机推动了中国跨国公司的崛起（Taylor，2002）。此外，中国企业对外直接投资活动可能会越来越以大型市场为目标。市场导向投资理论认为，市场导向型外商直接投资的水平肯定会随着需求的增长而上升，快速增长的经济体具有更多的利润产生机会（Lim，1983）。

4. 资源导向投资理论

该理论认为，中国企业的动因是寻找海外重要的战略性资产或母国相对稀缺的自然资源。该理论将中国企业对外直接投资动机分为资产寻找型和自然资源获取型。例如，资产寻找型投资动机指出，中国引导其资产寻找型对外直接投资流向人力和智力资本水平显著的经济体，特别是工业化国家，帮助这些企业在其他地方加强自身的竞争力（Dunning，1997，1998）。近年来，中国政府引导对外直接投资的一项明确目标是通过绿地投资和跨国并购获取先进的专有技术，以及不可移动的战略性资产（如品牌、本土分销网络）和其他海外能力（Warner et al.，2004）。大量实证研究显示，中国对外直接投资的目的是通过国际化经营取得信息和知识，尤其是在 20 世纪 80 年代（Buckley，2004）。需要注意的是，许多中国并购企业，特别是在欧洲和美国，其目标企业是处于困境或无力偿还债务的企业，如果将这些投资行为纳入资源导向投资理论的分析框架，将很容易解释这些投资行为。

而自然资源获取型投资动机可以解释大量中国企业（资源密集型行业企业）对自然资源丰富的国家，特别是一些发展中国家进行直接投资的动因。例如，Kolstad 和 Wiig（2012）使用联合国贸易和发展会议（United Nations Conference on Trade and Development，UNCTAD）发布的中国 2003~2006 年对 142 个东道国的对外直接投资数据以及世界银行学院的政府治理指数，对中国对外直接投资的动因进行了分析。他们的研究认为，东道国制度因素和自然资源对中国对外直接投资具有交叉项影响。东道国的制度环境越差，中国对这些国家的投资就越呈现出自然资源引致的特征。他们认为，中国的资源获取型对外直接投资具有利用较差经济制度国家的特点，可能导致对这些东道国的"资源诅咒"。他们同时指出，总体来看，影响中国对外投资的因素是多方面的，并随时间呈现阶段性变化。

5. 中国企业"关系资产"说

该理论认为中国以及其他新兴市场经济体的跨国公司具有一种所有权优势，这种优势使企业在国外进行活动相对于母国更有效率。这种优势可能包含灵活性、更有效率的资本使用、母国具有的天然优势（母国与东道国的市场结构和商业文化更为接近）、与当地企业更为有效的合作等。与当地企业更为有效的合作又称为"关系资产"（Erdener and Shapiro，2005；Dunning，2002），如中国企业显示出的网络技能，以及具有与中国民族迁徙相类似的优势，等等。当这些条件长期存在时，就为中国企业提供了一种半永久性的所有权优势。该理论指出，"关系资产"可能给中国企业带来所有权优势，进而从所有权视角分析了中国企业进行海外直接投资的动因。

在企业的早期投资中，其东道国经常具有与母国相似的文化背景（Johanson and Vahlne，1977），或者东道国特定的少数民族人口族群或家庭关系具有的"关系资产"能被利用（Wells，1977；Lecraw，1977）。在这样的网络中，最合适、最有利可图的投资机会的市场信息可以很容易流通，可以建立有利于市场进入和发展、富有成果的商业关系。如果中国的对外直接投资具有鲜明的地域特点，如有明显的中国裔族群的存在，或者东道国相关的网络技能被认为是中国企业的特殊的所有权优势，那么这一理论的成立将是显而易见的。但是，这一理论不被中国加总的对外直接投资数据所支持。此外，即使这一理论能够成立，该理论也只能解释对特定东道国的投资行为，具有一定的局限性。

3.2.2 中国对外直接投资模式理论

1. 投资主体理论

研究指出，中国企业所有权结构会影响企业对外直接投资模式。大量文献指出中国的对外直接投资呈现出一种独特模式，具体包括两点。一是在投资目的地的选择上与传统理论预测有所不同（Ramasamy et al., 2012），中国对最不发达国家的投资较理论预测的水平要高；二是中国的对外直接投资东道国选择更体现出产业特点（Amighini et al., 2013）。大量文献从中国对外直接投资主体的所有权结构出发对此进行了分析，认为中国跨国公司的所有权结构对其对外直接投资战略和行为具有重要影响。国有企业和民营企业的对外投资战略可能会有所不同，原因有以下两点。

第一，与民营企业相比，国有企业在国内市场面临着不同的商业和经济状况。国有企业在某些资源部门和战略性部门享有一定的特权，这种特权可能来源于政策原因、资本市场不完全，也有可能是因为企业的垄断地位等。这种特权导致国有企业不必考虑资本和投资规模的限制，更有能力投资资源丰富的不发达国家或地区；而私营企业相对来说规模较小，资本的约束使其更愿意投资资本充裕的国家或者避税天堂。

第二，与民营企业相比，国有企业在投资时更有可能考虑多重目标。国有企业对外投资既有可能考虑经济目标，也有可能考虑政治目标。国有企业的管理者通过投资行为向其委托人显示自身能力，或者向东道国展示企业实力，或者是为国家战略服务。这三种情况都有可能导致国有企业在对外直接投资时优先考虑政治目标，而非经济目标。与之相比，民营企业在投资时则不大可能考虑政治目标。

Amighini 等（2013）指出，与民营企业相比，国有企业更多投资资源丰富的东道国；与国有企业相比，民营企业在东道国选择上更有可能受到地理距离和政治稳定性（political stability）的影响。

2. 投资方式理论

该理论从投资方式的角度对中国企业的对外直接投资模式进行了分析。投资者面临的一个关键战略问题是如何选择合适的对外直接投资方式：是在东道国建立一个新企业（绿地投资），还是选择并购在东道国已经建立的企业（兼并与收购）。传统理论认为，投资者将选择最具有盈利可能的方式来进入国外市场。

现有的文献认为，以下因素将影响绿地投资或收购（Slangen and Hennart, 2007）的盈利能力：先行优势、市场增长速度和互补性资产。与绿地投资相比，并购最明显的优势是这种方式允许相对快速进入国外市场。当进入速度具有更大的经济价值时，企业会获得较强的先发优势。先发优势的经济学解释是，先进入者能够建立起某种市场优势壁垒，使后进入者难以盈利。在增长相对缓慢的市场，并购有可能是首选项，因为这种方式不会创造新的产能，从而在其他因素不变的条件下限制价格下行的压力。因此，在增长缓慢或者具有先发优势特征的市场，并购优于绿地投资。

投资者的投资动机与这两种投资方式是相适应的。海外投资的一个主要动机是获取那些已经由外国企业建立，可以提高投资者效率和竞争力的"互补性资产"。原则上，互补性资产可以通过收购"化整为零"或整合到现有的组织中。互补性资产的例子包括东道国的营销和分销网络，东道国具有技术和管理知识的居民等。海外投资的另一个重要动机是建立在东道国的竞争优势。

如果这种优势以公司特定知识或其他无形资产的形式存在，利用这种优势的最佳方式是将公司收购为全资子公司，并内化和利用这种优势。然而，无形资产的开发使用通常需要当地的市场情况和东道国环境等其他方面的知识。当外国投资者对东道国市场不熟悉或存在文化隔阂时，收购将是海外投资中最有利的方式，而不是进行绿地投资。

在资本市场较为有效的地区如美国，投资者获得的优势可以通过在资本市场上支付的溢价得以体现，另外，由于资本市场发达，投资者享有相对较低的融资成本。Globerman 和 Sharpiro（2009）指出，中国的国有企业具有相对低成本的政府资金支持，因此中国国有企业在美国资本市场具有优势。国有企业通常更可能通过收购而不是绿地投资方式进入美国资本市场。此外，技术和管理资源的收购很可能是中国直接投资美国资本市场的一个重要动机。在美国和中国之间"文化距离"相对较大的背景下，中国企业具有的经验相对有限，因此，美国经理人在具体经营环境中的经验对中国投资者非常有价值。

虽然外商直接投资可以采取绿地投资和并购两种形式，但需要看到的是，OECD 国家中，外国直接投资的 80% 是通过兼并和并购的方式达成的。未来中国在发达国家的对外直接投资更有可能以并购的形式出现。

总体来看，大多数研究都倾向于认为中国表现出了一种独特的海外投资模式。国外对中国对外直接投资模式的理论分析范式依然与传统理论相一致，但是重点考察了中国企业的产权属性（Amighini et al.，2013；Globerman and Sharpiro，2009）、投资目的（Slangen and Hennart，2007）及东道国的制度环境（Amighini et al.，2013；Ramasamy et al.，2012）。这些理论认为，中国独特的投资模式可以被以上三种因素解释。

3.2.3　国外关于中国对外直接投资理论研究评价

随着新兴经济体特别是中国等国家对外直接投资的迅速增长，以"老牌"跨国公司投资理论为核心的传统跨国公司理论能否解释中国对外投资的动因、模式、趋势和特点值得怀疑。目前，在这个问题上，国外理论界存在两种观点。

一种观点认为，包括中国在内的新兴经济体的跨国公司对外直接投资最终将与发达国家跨国公司投资一样，呈现出相同的特点。中国对外直接投资表现出的特征是阶段性的，可以被纳入邓宁的生产折中理论等传统理论的分析框架加以分析。例如，在投资动因方面，市场导向投资理论尝试从区位优势角度解释中国对外直接投资的动因，认为中国市场导向型外商直接投资会随着国外市场需求的增长而上升。而资源导向型理论则将投资动因纳入区位（自然资源和其他原材料导向）和内部化（战略资产、海外能力等收购）的分析框架。在投资模式方面，有研究认为中国企业在并购美国企业中具备所有权优势，如 Globerman 和 Sharpiro（2009）等。

另一种观点则认为，考虑中国的对外直接投资，必须结合中国的自身特点和当今世界经济贸易发展的时代背景。一方面，中国作为全球最大的发展中经济体，其对外直接投资具有自身特点；另一方面，在全球价值链深入发展，生产网络化的背景下，中国对外直接投资的迅速发展必然会带有鲜明的时代特征，这些都是传统的理论不能解释的。

国外对中国对外直接投资的理论研究具有以下几个特点。

一是在投资动因方面，认为国内资本市场不完全是中国对外直接投资的重要动因之一，随着中国国内投资机会的变化，这部分投资也可能产生变化。例如，Buckley（2004）指出，预算软约束使中国企业通过收购和渗透进入东道国经济可能成为一种"正常"模式。

二是认为对外投资政策与管理体制会对中国对外直接投资产生决定性影响。几乎所有涉及这一问题的研究都承认，中国的投资管理体制和政策会对中国对外直接投资产生根本性的影响，在分析中国对外直接投资动因和模式时不能忽略制度背景和政策因素。

三是认为所有权结构对中国企业的投资模式具有显著影响。例如，有研究认为，在东道国选择方面，国有企业更多投资于资源丰富的东道国，与之相比，民营企业在东道国选择上更有可能受到地理距离和政治稳定性的影响。而在投资方式方面，国有企业通常更可能通过收购而不是绿地投资方式进入美国等国家市场，而民营企业则更偏好于绿地投资。

综合来看，国外关于中国对外直接投资理论的研究还在快速发展中，并可能呈现出新的特点。同时，这一部分也是发展中国家对外直接投资理论中变化最快、成果最丰富的部分，值得进一步关注和研究。

3.3　中国跨国公司主导的跨境产业链理论

进入 21 世纪，中国成为对外直接投资大国，但仍处于全球价值链低端的尴尬境地，面临着全球资源整合困难、价值链跃升受阻等难题，中国对外直接投资面临严重的可持续性发展危机。由此，卢进勇等（2015）提出构建中国跨国公司主导的跨境产业链，即由中国跨国公司通过对外直接投资等途径构建多环节国际产业网络。

3.3.1　改革开放后中国企业参与国际分工的主要特征

改革开放后，中国企业参与国际分工可分为三个阶段，各个阶段表现出不同特征。根据特征分析，得出价值链升级与构建中国企业主导的跨境产业链同等重要的结论。

1. 由浅入深、由低到高的三个发展阶段

国际分工指的是不同国家（地区）之间不同部门、不同产品或不同生产工序之间的分工合作。按照参与国际分工的方式划分，改革开放以后的四十年可划分为三个阶段：1979~1991 年，以对外贸易为主要方式参与国际分工的阶段；1992~2010 年，以对外贸易和引进外资两种方式并举为主的阶段，这个阶段除了贸易方式外，还通过大量引进外资嵌入跨国公司全球价值链参与国际分工；2010 年至今，对外贸易、引进外资和对外投资三种方式并存的阶段。伴随对外直接投资的异军突起，中国参与国际分工的主要方式除了对外贸易和引进外资外，又新增了对外投资，方式由两个变为三个，更加立体化和多层次化。

1979 年，中国开始实行改革开放政策，主动参与国际分工，承认国际分工的积极作用和基本公平的性质。在实施改革开放政策的前十几年里，中国主要通过对外贸易（进出口贸易）方式参与国际分工。当时，开始引进外商投资，但数量不多，且引进外资的一个重要目的就是扩大出口规模和对外贸易规模。这个阶段是改革开放后中国参与国际分工的第一阶段，以有形的货物贸易方式为主，国际直接的生产要素移动和投资合作已经出现了，但比较少，是辅助性的。1991 年，中国进出口总额为 1 357 亿美元，其中出口总额为 719 亿美元；当年批准设立外商投资企业 1.3 万家，但实际使用外资金额仅为 44 亿美元；当年对外直接投资额很少，只有 10 亿美元，境外企业累计也只有 1 000 多家。截至 1991 年底，引进外商投资累计额为 217 亿美元，对外直接投资累计额为 20 亿美元。

1992 年，邓小平南方谈话的发表和党的十四大召开，促使中国掀起了新一轮

改革开放和经济发展的高潮。在这一轮高潮中，引进外商投资持续增长，跨国公司大举进入中国，大进大出式的加工贸易快速发展。中国参与国际分工的方式由前一阶段的以贸易为主演变为贸易与外商投资并举，开始进入一个新阶段，外资的作用越来越大，中国企业和产业开始嵌入跨国公司的全球价值链，在其中主要担任生产车间、组装车间或加工厂的角色，负责零部件生产和产品组装。中国逐步成为世界工厂、全球加工制造业中心或基地。2001 年中国加入 WTO，国内市场进一步开放，中国企业嵌入跨国公司全球价值链的程度进一步加深，中外经济开始走向生产一体化和市场一体化，部门内贸易、公司内贸易和价值链不同环节间贸易迅速增长。跨国公司全球价值链向中国的延伸，促进了中国对外贸易尤其是加工贸易的发展，增加了 GDP，扩大了就业，推动了产业和技术升级，繁荣了经济。从 1994 年开始，中国一直是发展中国家中最大的引进外资国，在世界上也多年排列引资国第二位（其中 2001 年排列世界第一位）；同期，中国逐步成为世界上第一大出口国和第二大贸易国。2010 年，中国进出口总额为 29 740 亿美元，其中出口总额为 15 778 亿美元；当年批准设立外商投资企业 2.74 万家，实际使用外资金额为 1 147 亿美元；当年对外直接投资额为 688.1 亿美元（约为外商投资的 60%）。截至 2010 年底，引进外商投资累计额为 11 044 亿美元，对外直接投资累计额为 2 838 亿美元（约为外商投资的 26%）。

2011 年，伴随"走出去"战略的加快实施，中国企业对外直接投资规模不断扩大，中国跨国公司开始在世界各地办厂开店，买矿置地，并购入股，设立境外分支机构和网点，开始尝试构建自己的生产经营网络，形成自己主导的全球价值链和产业链，在全球范围整合利用资源和组织生产经营活动。这是中国参与国际分工的一种新方式，由于这种方式的出现，中国进入了改革开放后参与国际分工的第三阶段。这是一个全新的阶段，一方面除了对外贸易与外商投资两种原有的参与方式外，新增了对外直接投资方式，使三种方式并重并举；另一方面，因为提出和实施了全球价值链提升战略，前两种方式也开始优化结构和升级，开始从价值链的中低端迈向中高端。2011 年，中国对外直接投资接近 750 亿美元，以后几年持续扩大，到 2015 年非金融类对外直接投资连续两年突破千亿美元，达 1 180.2 亿美元，当年引进外资 1 262.7 亿美元（不含金融类）。再加上企业通过第三地的投资，总额超过引进外资，实际上中国已成为资本净输出国，涉外资本流动格局发生根本性变化。截至 2015 年底，中国引进外商投资累计额为 16 423 亿美元，对外直接投资累计额为 8 630.4 亿美元（约为外商投资的 52.55%）。

2. 三个发展阶段的主要特征分析

在第一个发展阶段，中国参与的国际分工主要是部门间或产品间，参与国际分工的主要方式是对外贸易，涉及的领域主要是流通领域，生产要素是物化在商品中实现国际移动的，直接的生产要素移动与组合比较少，引进外资和跨国公司比较少，企业"走出去"投资比较少，中国跨国公司也比较少。在国际分工体系中，中国是新进入者和参与者，主要是熟悉和适应。

在第二个发展阶段，中国参与的国际分工除了部门间或产品间以外，发展到主要是零部件间、生产工序间和价值链不同环节间，参与国际分工的主要方式除了对外贸易外还增加了引进外商投资，涉及的领域从流通领域扩展到国内生产领域。政府鼓励外资进入，支持企业嵌入跨国公司的全球价值链或产业链。以国外跨国公司为主体，各种生产要素开始直接向中国移动并与中国当地的生产要素组合配置，形成新的贸易生产力，加工贸易快速扩张，支撑了贸易规模的持续增加和经济的腾飞。外商投资企业在进口中所占的比重从1993年超过40%以后一直持续到现在，2006 年曾经达到高峰值 59.7%；在出口中所占的比重从 1996 年超过40%以后也一直持续到现在，2005 年曾经达到高峰值58.29%。这一阶段，多数参与国际分工的中国企业没有自主技术和自主品牌，没有自己独立构建的全球价值链，在外国跨国公司构建的全球价值链中处在低端或中低端位置，获利相对较少，主要是跟随者和嵌入者。但大批中国企业在这一阶段在本土就加入了国际分工体系，并且在生产者驱动型价值链和采购者驱动型价值链中获得了一定的发言权和管理权，得到了锻炼、学习与提高的机会。

在第三个发展阶段，中国企业参与国际分工的方式开始多元化和立体化，除了对外贸易和引进外资，增加了对外直接投资方式，涉及领域除流通领域和国内生产领域外，还包括国外生产领域。中国企业开始在一些地区构建自己主导的全球产业链或价值链，利用产品、技术、品牌或管理的相对优势，在海外设立分支机构，并吸纳当地企业或第三国企业参加。中国企业把自己的全球价值链或产业链向海外延伸，把自己构建和主导的公司内国际分工体系（包括产品间、零部件间、生产工序间和价值链不同环节间的分工）推向海外，形成属于自己的国际生产分工体系或生产经营网络。这个阶段，中国在国际分工中的角色出现三大变化：一是参与方式多样化和多层次化；二是由参与变为部分引领；三是由适应和嵌入变为独立构建。第三个阶段既有自己的特征也包括前两个阶段特征和方式的叠加，中国的身份已经不仅仅是参与者、跟随者和仿效者，还是主导者和引领者，是五重身份并有。目前这个阶段还处在起步期，仅是部分行业的企业开始行动了，今后肯定会有更多的企业加入其中。中国的角色不再仅仅是世界市场、世界工厂或世界办公室，还将成为世界的投资者，在世界范围内布局产业，实现生产要素的直接移动与重新组合配置。这些变化在对外开放进程中无疑是历史性的事件。

3. 价值链升级与构建中国企业主导的跨境产业链同等重要

价值链与产业链两者关系密切，有时两者通用。严格来讲，价值链研究的是同一产品不同生产环节与工序之间的关系，产业链研究的是相互关联的不同产品之间的关系，产业链涉及的范围大于价值链。跨境产业链分工是一种综合性的国际分工，也称为公司内分工或国际生产经营网络，它包含不同产品之间和同一产品不同生产工序之间的分工。跨境产业链的发展延长了国际分工产业链条，使全球价值链分工获得了更快的发展。

当前，中国产业发展面临着双重任务，既要升级在全球价值链中的地位（主要针对第一个和第二个层次参与国际分工方式），又要构建属于自己的跨境产业链（主要针对第三个层次参与国际分工方式）。中国对外开放的新常态之一就是参与国际分工的三种方式并举，对外直接投资成为一种新的发展更快的方式。中国正在推进的"全球价值链提升工程"既要包括提升企业在现有国际分工体系中地位的任务，也应包括加快建设中国企业主导和引领的跨境产业链的任务。

3.3.2 构建中国跨国公司主导的跨境产业链的作用与条件

1. 中国为什么要加快构建这个产业链

加快构建中国跨国公司主导的跨境产业链的意义和作用可以从以下几个方面来认识。

（1）借助这个产业链可以实现国内外产业互联互动互促，推动国内产业转型升级，使"走出去"战略进入提质、增效和升级的新阶段。

建设中国跨国公司主导的跨境产业链，到海外整合与延伸产业链，有助于转移化解国内富余优势产能，促进高科技与战略产业发展，加快国内产业转型升级。"走出去"的实质之一就是中国富裕和优势产业的对外转移，就是构建中国企业的国际分工体系，用跨境产业链连接中外产业，释放中国的产能，提升产业国际影响力。

（2）有利于增强我国企业对全球产业转移和布局的掌控能力，掌控全球价值链的高端，摆脱"低端锁定"。

构建属于企业自己的跨境产业链，发展自己控制的国际分工体系或生产经营网络，可以整合与利用全球资源，提高国内外资源的配置效率，规避经营风险。另外，还可以克服长期处于全球价值链低端的不足和尴尬，摆脱"低端锁定"，改变产品附加值低的状况，走向价值链的高端，实现中国企业在国际分工和价值链中的地位跃升。参与他国建设的产业链或价值链，升级自己在所参与的价值链中的地位，最多只能走到中端，只有自己构建才能把握高端。

（3）有利于推动"一带一路"倡议的实施。

"一带一路"建设的内容包括基础设施互联互通、跨境产业园、富余和优势产能的输出及国际合作、并购与新建投资、工程承包、重大装备"走出去"等。

而建设跨境产业链可以把其中的部分内容连接起来和包括进去，促进和服务于"一带一路"建设。

（4）可以防止国内产业空心化和就业机会的流失。

把价值链中的部分高端环节（设计、研发、广告、销售、服务等）保留在国内，把部分原材料、关键零部件的生产保留在国内，可以防止对外投资导致的国内产业空心化与就业机会流失，可以减少税收损失。例如，纺织行业可以把纱锭和工厂搬迁到产棉区，把服装设计和品牌运营等高端环节保留在国内。

（5）有利于实现境外投资与对外贸易的相互促进，推动中国对外开放由简单买卖型向相互投资复合型转变。

企业依据价值链或产业链进行的对外投资，主要特点是贸易创造型而非完全替代型，投资与贸易是相互补充与促进的。这方面的案例有中韩、中日、中美、中欧间的投资与贸易，其中很多都是相互补充相互推动的关系。贸易背后有投资，贸易分工的背后是产业分工与价值链分工，贸易与投资依靠生产经营网络连接起来。

（6）推动中国从国际投资大国走向国际投资强国。

中国已经是国际投资大国，2015 年引进外资额和境外投资额均居世界第三，兼具吸收外资大国与资本输出大国的身份。但中国距国际投资强国还有差距，需要努力解决以下六个问题：缺少世界一流的跨国公司、缺少自主技术与国际知名品牌、处在国际分工和价值链的低端（目前主要是参加外国企业构建的价值链）、缺少自主构建的跨境产业链或价值链（国际生产与经营网络）、缺少对国际投资规则制定的发言权、境外投资成功率与效益有待提高。构建跨境产业链可以一定程度上缩小这些差距。

（7）有利于贯彻互利共赢的开放战略，帮助东道国加快工业化和基础设施现代化步伐。

相对于出口商品而言，东道国更欢迎外来投资，中国企业通过投资进入东道国，可减少出口贸易导致的摩擦与纠纷，化解东道国的不满。近年来，发达国家实施再工业化计划，发展中国家推进工业化和基础设施现代化。通过构建跨境产业链可帮助东道国推进工业化进程，加快基础设施建设，促进当地技术进步与就业，为东道国经济社会发展做出贡献，赢得东道国欢迎，从而实现互利共赢。

2. 中国当前有没有条件构建这个产业链

中国已经具备构建这个产业链的条件。

（1）中国企业的实力和国际竞争力已有明显提升，已经拥有一批在国际上享有信誉的企业。

伴随着经济发展和国际竞争的锻炼，中国企业的实力提高了，产业（特别是制造业）的国际竞争力提升了，一批各行业的跨国公司也出现了。2015 年，入选世界 500 强的中国企业达到 110 家，占比高于 20%，排列前 10 名的企业中有 3 家中国企业（国家电网、中国石油和中国石化）。这些企业管理科学，经营机制先进，信誉较好，有一定的跨国经营和海外投资办厂经验，比较优势明显。此外，中国的大多数大中型企业或企业集团都已制定了国际化经营战略，这也将有力地促进和推动中国海外投资事业的发展。

（2）中国具有充足的外汇储备，人均 GDP 已经超过国际上公认的企业主动开展对外投资的标准。

最近 5 年中国的外汇储备都在 3 万亿美元以上，2016 年 3 月底达到 3.21 万亿美元，居世界第一位。充足的外汇储备为企业开展对外投资提供了有力保障。根据国家统计局发布的《2015 年国民经济和社会发展统计公报》，2015 年中国人均GDP 已达到 49 351 元（约合 7 533 美元），超过国际上公认的一国企业主动开展对外投资的人均 4 750 美元的标准。这说明中国企业大规模"走出去"，积极开展对外直接投资已是大势所趋，具备了 GDP 基础。2015 年，中国对外直接投资（不含银行、证券、保险）总规模为 1 180 亿美元。对外直接投资规模的不断扩大，为构建跨境产业链提供了坚实基础。

（3）中国企业在技术、设备、管理和人才等方面也具有比较优势。

进行海外投资不一定要具有绝对优势，只要相对于东道国来说具有优势就可以进行投资。中国在一些技术领域拥有国际先进水平，而且还具有大量的适用技术、特色技术和传统技术，技术商品的价格相对便宜，这些技术在广大发展中国家受到欢迎。同样，在高铁、核电、水火电、通信设备等成套设备方面中国也具有相对优势。另外，中国企业在管理和国际化人才方面也积累了一定的优势。

（4）国家实施鼓励与扶持企业"走出去"的政策，制订了一系列有利于跨境产业链发展的计划。

2001 年，实施企业"走出去"战略；2009 年，制定"鼓励装备制造业和优势产能走出去"政策；2013 年，提出"一带一路"倡议；2014 年，开始组建"两行一金"（亚洲基础设施投资银行、金砖国家银行、丝路基金）；2015 年，国务院制定《关于推进国际产能和装备制造合作的指导意见》。另外，中国政府还提出了《中非工业化伙伴计划》等计划。这些战略和计划的实施，为中国跨国公司构建跨境产业链提供了动力和环境。

（5）东道国推出了一些有利的政策、战略或计划。

近年来，美国开始实施再工业化战略，德国提出了工业 4.0 计划，日本也提出要升级工业制造业水平。许多发展中国家也都在推进工业化和基础设施现代化。为了振兴经济，各国注意营造安商和富商环境，努力扩大产业开放度，普遍欢迎外来投资。新一轮国际产业结构的调整、产业转移和产业分工体系的重构，增加了我国企业构建跨境产业链的机遇。

3.3.3　如何构建跨境产业链

跨境产业链理论（图 3-4）的核心是：由中国跨国公司主导，通过发展不同产业、开发不同地区，以由点及面的方式在全球构建由中国企业引领的跨境产业链。

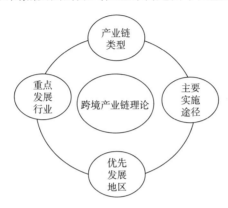

图 3-4　跨境产业链理论示意图

1. 中国企业在构建跨境产业链方面存在的问题

客观来说，近年来一部分中国跨国公司开始注意打造自己的跨境产业链或全球价值链，如中国石油、中国石化、宝钢集团、华为、海尔、比亚迪、匹克公司、中国银行、中粮集团和双汇集团等企业，已经在这方面进行探索并有所进展。

但从构建跨境产业链或全球价值链角度观察，中国企业仍存在以下问题：一是缺少由中国跨国公司主导构建的跨境产业链或全球价值链，企业构建产业链或价值链意识差；二是已经设立的境外企业缺少国际著名品牌的引领，产品和服务的知名度与影响力不足；三是国内与国外产业上下游脱节，多数境外企业与国内母公司的核心业务和主导产业关联性不强，境外企业"单打独斗"，未能通过对外投资实现公司核心业务和主导产业向海外的扩展与延伸；四是对外投资与国际贸易脱节，对外投资对促进公司内、产业内、产品内国际贸易的增长作用不明显。

2. 构建跨境产业链的重点行业

中国跨国公司应当在那些自身具有优势（比较优势、垄断优势、竞争优势、潜在优势）、产业链比较长、价值链环节比较多的行业构建跨境产业链。未来5~10 年，这样的行业主要包括以下几种。

1）富余产能型行业

这些行业在国内已经处于产能富余和过剩状态，是长线产业，急需向境外转移。其中一些行业属于"边际产业转移型"行业，向外转移的主要目的是寻求新的市场和新的发展空间。我国企业在这类行业中具有比较优势有钢铁、有色冶金、电子、电器、轻工、纺织服装、机械、建材、建筑、制药、汽车等行业。

2）优势发挥型行业

这类行业以装备制造业为代表，相对于东道国而言，具有技术、设备、管理和标准等方面的比较优势，或者在全球范围具有垄断优势，我国具有自主知识产权，在国内不一定产能过剩。这类行业属于"比较或垄断优势型"行业，境外投资的主要目的是扩张企业规模，掌控市场，提升效率，构建全球网络。例如，高铁、核电设备、工程机械、电力设备、通信、船舶、石化、化工、光伏、基础设施建设、电子商务、民航、承包劳务等行业。

3）国内短缺型行业

以资源与能源产业为主，国内属于短线产业，产品供不应求，需要到国外投资布局以确保稳定供应和安全。这些行业"走出去"的主要目的是寻求自然资源，属于"自然资源寻求型"的对外投资行业。例如，石油、天然气、铁矿、铜矿、铝矿、有色金属矿、耕地、林地、牧场等行业。

4）战略资产寻求型行业

这类行业在国内处于空白、弱势或起步阶段，如高科技产业、战略性新兴产业、传统产业升级换代的关键环节等，投资海外是为了获取相关技术、品牌、专利、设计、研发、信息、营销网络等战略性资产，培育和形成竞争优势。对这类行业的投资属于"稀缺要素寻求型"、"先导型"或"学习型"投资。涉及的行业包括 3D 打印、大数据、智能工厂、数控机床、新能源、新材料、汽车设计、服装设计、建筑设计、工业设计等行业。

5）商业存在型行业

主要指的是服务业。由于服务是无形商品，不易运输和储存，生产与消费往往都是同时间同地点进行，所以服务的出口主要依靠设立境外机构，也就是依靠商业存在的形式提供。例如，银行、保险、餐饮、酒店、批发零售、专业服务、医疗、教育、房地产、快递等行业。

3. 构建跨境产业链的优先地区

根据不同产业链对资源与要素的不同要求，我国企业可以选择适合建设产业链的国别或地区。现阶段应优先在以下国别或地区打造我国企业主导的跨境产业链（即区域国际分工体系）。

1）东南亚地区

属于"一带一路"倡议覆盖的地区，同中国已经签署自由贸易协定和投资协定，经济贸易联系密切，自然资源丰富，经济发展潜力巨大，与中国产业互补性强，中国产品和技术在当地受欢迎，中国企业在当地已有相当规模的投资与产业合作，已经建设了一批境外经贸合作区。

2）中亚地区

属于"一带一路"倡议覆盖的地区，同中国已经建立了良好的外交关系和密切的经济贸易联系，当地自然资源丰富，经济处在发展和振兴之中，与中国产业互补性强。2014 年，在李克强总理和哈萨克斯坦马西莫夫总理的共同努力下，"中哈产能合作"计划开始实施，项目总金额达 236 亿美元，涉及钢铁、有色金属、平板玻璃、炼油、水电、汽车、基础设施、公路、住房等广泛领域的产能合作。

3）非洲地区

同中国已经建立了良好的外交关系和密切的经济贸易联系，当地自然资源丰富，经济发展水平和基础设施滞后，具有巨大的经济发展潜力，中国产品和技术在当地受欢迎，产业互补性比较强。近年来中国企业对非洲投资逐步扩大，已在一些国家开始建设境外经贸合作区。另外，中国政府已经提出《中非工业化伙伴计划》和《关于非洲跨国跨区域基础设施合作行动计划》，将积极参与非洲高速铁路、高速公路、区域航空等基础设施三大网络的建设。

4）中东欧地区

属于"一带一路"倡议覆盖的地区，同中国已经建立了良好的外交关系和比较密切的经济贸易联系，经济处在发展和振兴之中，产业升级愿望强烈，是欧洲新兴市场国家集中的地区，共包括16国，与中国具有较强的经济和产业互补性，双方合作发展潜力巨大，但当地基础设施比较落后。近年来，为了强化经济与产业合作，双方已经举办过三次"中国—中东欧国家领导人会晤"，已经签署《中国—中东欧国家合作布加勒斯特纲要》《中国—中东欧国家合作贝尔格莱德纲要》《中欧合作 2020 战略规划》《中国—中东欧国家合作中期规划》，计划以基础设施建设为牵引，以产能合作为抓手，以金融合作为支撑，共建产业、工业和技术园区，拓展双方产业合作新空间。

4. 构建跨境产业链的主要途径

构建跨境产业链的主要途径有以下几种。

1）通过股权对外直接投资方式构建

这是国际上公认、主要的和通行的方式，包括并购投资与新建投资两类。借助并购或新建途径，通过合资、合作或独资等企业形式，设立境外分公司、子公司或代表处等分支机构。构建跨境产业链，境外网点的布局是关键的一环。中国跨国公司开展的对外投资是构建跨境产业链的主要方式和基础，有了境外分支机构，企业就有了自己控制的生产经营网络，就可以形成自己掌控的国际或区域分工体系。

2）通过非股权对外投资方式构建

非股权对外投资指的是虽然没有在境外企业直接投资入股，但可通过一些措施控制或管理该境外企业。控制这些企业后，将它们纳入跨国公司的生产经营网络，使它们成为产业链上的一个环节或价值链上的一个节点。具体形式有特许经营、技术授权、技术服务、许可转让、合同制造、管理合同、订单农业等。

3）通过货物与服务外包方式构建

通过外包方式吸收部分境外企业加入本企业的产业链或价值链中。在外包业务中，接包企业基本上受发包企业的左右，会按照发包企业的安排组织生产经营活动，实际上已经成为发包企业跨境产业链中的一部分。

前一种方式是在企业内部打造跨境产业链，后两种方式有属于内部打造的也有属于外部打造的。构建产业链的企业主要由龙头企业牵头，一般都是跨国公司或大中型企业，俗称领导厂商或产业领袖。这些企业有品牌和主打产品，有技术和专利，是价值链的设计与组织者，是全球生产经营网络的主要发起者、构建者、引领者和主导者。苹果、三星、IBM、波音、空客、丰田、耐克、麦当劳、沃尔玛、华为、海尔等企业就是这类企业。

3.3.4 加快构建跨境产业链的政策措施建议

1. 落实相关政策

将相关战略规划、投资便利化措施和支持企业"走出去"的金融政策落到实处。近年来，中国政府先后制定了与跨境产业链建设相关的一些战略规划，如《推动共建丝绸之路经济带和 21 世纪海上丝绸之路的愿景与行动》、《中非工业化伙伴计划》、《关于非洲跨国跨区域基础设施合作行动计划》和《建营一体化计划》等，应加强与相关国家的沟通和国内各单位之间的协调，使这些战略规划落地生根，开花结果。2015 年，在对外投资领域，中国已经推广实施"备案为主、核准为辅"的管理方式，除敏感国家（地区）和敏感行业外，一律改为备案制。这是一项重要的改革措施，减少了环节，缩短了时间，大大提高了企业境外投资的便利化水平，要确保落实到位。另外，2013 年和 2014 年，国务院先后出台了支持企业"走出去"的金融政策，如《关于金融支持经济结构调整和转型升级的指导意见》和《金融支持企业走出去一揽子政策》，这些金融政策涉及简化审批手续、拓宽融资渠道和健全政策体系等三方面的内容，也要保证见到实效。

2. 制定跨境产业链建设扶持政策

为了推进跨境产业链建设，建议政府相关部门制定《中国境外投资产业指引》（从母国角度鼓励和引导企业构建跨境产业链或全球价值链）、《产能富余行业"走出去"项目目录》和《外汇储备转化为境外实业投资具体政策》等政策法规。今后，还应借助投资促进机构对"走出去"的企业进行产业链与价值链培训，提高企业对产业链和价值链的认识和把握程度，提升企业设计、治理和管控产业链与价值链的水平。

3. 协调好各方力量，避免境外恶性竞争

不论是在境外投资领域，还是在工程承包招投标或成套设备出口领域，近年来我国企业在境外经常会出现恶性竞争、互拆墙脚的现象。这种状况亟须改变，应由政府部门或行业协会出面进行有效协调，维护正常经营秩序和正常竞争，反对不正当竞争和恶性竞争。

4. 加快各类境外园区建设

境外经贸合作区、科技园区、工业园区和产能合作园区等是我国境外企业的聚集地，是企业集群式"走出去"的有效方式，也是跨境产业链建设的重要载体和有机组成部分。应结合"一带一路"建设，在相关国家进一步布局各类园区的建设。截至目前，我国已经在世界上 15 个国家先后设立了境外经贸合作区，有的已经初具规模，需要认真总结建设经验并加以推广。

5. 加快培育世界一流跨国公司和国际知名品牌

跨国公司是产业链或价值链的设计者、建设者和组织者，是产业领袖，尤其是世界一流跨国公司，它们都拥有自己的专利、品牌、技术优势和生产经营网络。建设跨境产业链，离不开世界一流跨国公司和国际知名品牌。中国已经有一大批跨国公司和品牌，但是缺少世界一流跨国公司和国际知名品牌。为此，要认真分析世界一流跨国公司的管理经验和国际知名品牌的成长历程，结合中国的实际加以学习借鉴，加快培育世界一流的国有或私营的中国跨国公司，培育中国自主的国际知名品牌。

6. 推动中国标准、技术与服务"走出去"

建设跨境产业链，仅仅有中国资本"走出去"还远远不够，还必须要有中国标准、中国技术和中国服务"走出去"。标准、技术和服务"走出去"，可以更好地带动中国资本、中国企业和中国装备走向世界。标准、技术和服务虽为软实力，但有时候比硬实力还重要。要实施"走出去"标准化战略和国际专利商标战略，特别是在工业生产、高铁和核电等标准领域，要抢占标准制高点，打好"走出去"的技术基础。中国标准、中国技术和中国服务"走出去"，能够加快国内优势富余产业的转移和"走出去"战略的转型升级。

7. 从东道国实际情况出发

企业要认真研究东道国的投资环境，关注东道国制定的产业发展战略或工业化规划等。中国企业在决定"走出去"开展对外投资、建设产业链或价值链时，一方面要了解母国有关产业转移、产业调整、产业关停、产业升级和产业促进等方面的政策法规、战略规划与扶持鼓励措施；另一方面也要熟悉东道国的投资环境，特别是有关产业发展战略或工业化规划等方面的规定。这方面的规定包括：东道国国民经济和社会发展战略，新的经济政策或计划，农业、工业、高科技等行业的发展或升级规划，各类园区或开发区建设计划，基础设施更新规划等，企业要在这些规定中寻找合作机会，加以配合与利用。

3.4 中国企业对外直接投资综合动因理论

对外直接投资作为国际经济活动的主要方式，已被各国企业广泛接受。任何一个国际投资项目往往都是母国企业、东道国环境、母国环境及世界经济等四个因素综合发挥作用的结果（图 3-5），其中发挥主要作用的是母国企业动因和东道国环境动因，而母国环境动因和国际环境动因往往起到辅助作用。但在部分情形下，对某些类型的国家、某些类型的企业或某些类型的投资项目，后两个因素也可能发挥主要作用。本节就中国开展对外直接投资的综合动因做出以下分析。

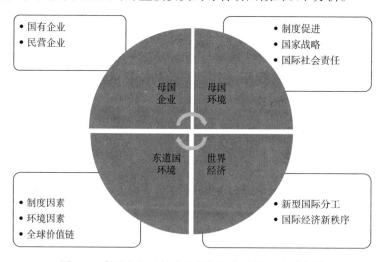

图 3-5 中国企业对外直接投资综合动因理论示意图

3.4.1　母国企业动因

母国企业作为对外直接投资活动的主体，在国际市场中扮演着重要角色。就中国企业开展对外直接投资而言，母国企业动机具有多样化的特点。根据企业属性划分，中国企业可分为国有企业和民营企业两大类。上述两类企业因其属性不同，参与国际市场的动机也不同，国有企业因其国有属性，主要是代表国家意志开展对外投资；民营企业则主要在利润驱动下参与国际分工。

1. 国有企业

国有企业作为开展对外直接投资的主力，因其国有属性往往代表国家意志在海外开展投资，以国家长期发展战略为目标。其开展国际投资的主要动因可归纳为三点，即获取国际战略资源，掌握国际资源的国际定价权；调节外汇储备存量，提高资本利用水平；利用对外直接投资改善中国产品出口结构。

1）获取国际战略资源，掌握国际资源的国际定价权

中国地大物博、自然资源丰富，但整体资源配置存在两大问题：一是人均资源远低于世界平均水平。中国矿产资源储量居世界第三位（潜在总值为 16.56 万亿美元），但人均矿产储量只有世界平均水平的58%，排世界第 53 位，而且人均资源数量和资源生态质量仍在继续下降和恶化。例如，35 种重要矿产资源人均占有量只有世界人均占有量的 60%，其中石油、铁矿、铝土矿分别只有世界人均占有量的 11%、44%、10%。二是缺乏国际战略资源。中国是资源进口大国，原油和天然气供需矛盾较大，石油对外依存度超过 50%；国内生产的铁矿石品位较低，因而是铁矿石第一进口大国，世界三大铁矿石供应商主导全球价格走势。

部分国有企业以"获取五大战略资源①、掌控全球定价权"为目的开展对外直接投资。第一，逐步建立在全球范围内的战略资源储备体系，尤其是实现长期对关系国家命脉资源（如石油、铜、铁矿石等）的储备。第二，引进国际先进技术，提高对国内资源的开采效率，尤其是提高对国内优势矿产（如煤、稀土）的开采和供应。第三，开展国家资源竞争与合作，在全球形成资源多元化供应体系。第四，通过国有企业开展对外直接投资，将国外优势能源和国际战略能源融合在一个利益互联的定价平台，实现对重要战略资源的国际定价权。

2）调节外汇储备存量，提高资本利用水平

中国过高的外汇储备给国内经济带来了一些问题。第一，2005 年以来，中国外汇储备保持高速增长，规模已超出合理水平。1978 年中国外汇储备仅为 1.67 亿美元，2006 年突破万亿美元，2015 年中国外汇储备累计约 3.4 万亿美元，居世界

---

① 五大战略资源为：包含石油、天然气及煤炭在内的能源资源，基本金属及贵金属，铁矿石，稀土，以粮棉油糖为主的重要农产品及农业资源。

外汇储备第一位。根据国际两个不同的指标，一国国际储备应与它的贸易进口额保持一定比例关系，一般以 40%为适度，20%为低限；或者外汇储备占 GDP 的 10%以上即有可能是外汇储备量过多。自 2006 年以来中国都处于过度持有外汇储备的阶段。第二，过高的外汇储备给国内经济带来一系列问题，包括外汇持有成本不断攀升，且不能转化成实际的生产资料，造成资源浪费和资金闲置；大量的外汇储备有可能会导致通货膨胀和本币升值，从而降低中央银行实施货币政策（monetary policy）的调控效果；中国的外汇储备有 65%左右是美元，而美元的不断贬值，将使中国的外汇储备面临贬值风险。

以国有企业为主要代表开展对外直接投资可以有效调整我国外汇储备。第一，利用外汇储备开展对外直接投资，从而直接减少其储备。国有企业因其国家属性在利用国家资金方面具有更高的利用效率和实践经验，因而在开展对外直接投资方面更具优势。第二，对外直接投资通过调整国际收支降低外汇储备。第三，发挥我国高额外汇储备优势，提供国有企业开展对外直接投资的综合竞争力。

3）利用对外直接投资改善中国产品出口结构

中国出口规模大，但存在严重的结构问题。2015 年中国出口额达 2.27 万亿美元，排名世界第一，远高于排名第二的美国（1.5 万亿美元），但中国出口产品附加值严重偏低。根据对中国出口商品结构的测算，中等技术产品是中国第一大出口商品，高技术产品在中国出口中所占份额较低，一直维持 5%左右的份额。在国际市场上，中国占世界低技术商品出口总额的比例日益提高，且具有一定的垄断地位。中国占世界中低技术、中等技术商品出口总额的比例也比较高。中国占世界中高技术特别是高技术商品出口总额的比例较低，与发达国家的差距很大，且有日益拉大的趋势。

国有企业开展对外直接投资能够有效地带动中国高技术产品的出口。第一，以对外直接投资的方式实现贸易促进作用；以提供设备、物资、技术作为投资方式，扩大中国成套设备和物资的出口；以技术入股投资，带动专利、专业技术和软件技术的出口。第二，在国际工程项目上开展投资，使用中国产品标准，进而加大国际市场对中国优势产品的需求，如高铁行业等。

2. 民营企业

改革开放以来，中国市场经济发展如火如荼，涌现出一大批民营企业，2015 年中国民营企业数量占总企业比重高达 86%，逐步成为拉动中国经济增长的主力。目前，中国已形成极具影响力的民营企业，如华为、恒大、吉利等企业。民营企业开展对外直接投资日渐成为中国企业"走出去"的中坚力量。综合分析，不同于国有企业，民营企业的对外直接投资动机可具体划分为四个方面：拓展企业国际生存空间，开拓新市场；绕开国际贸易壁垒，提高经营活动效率；获取国际新技术和企业创新活力；跟随大型企业参与国际分工。

1）拓展企业国际生存空间，开拓新市场

随着经济全球化的不断发展，国内市场已不能满足国内民营企业的需求。第一，产能过剩成为中国当前经济面临的重大问题，众多民营企业只有不断开拓国际市场才能实现其可持续发展；第二，由于产品存在生命周期等问题，受经济政策、市场环境影响，民营企业部分产品会面临淘汰或更新换代压力，国际市场在一定程度上延长了其产品生命周期，避免了产品大量积压或过多的固定资产投资带来的资本紧张压力。

2）绕开国际贸易壁垒，提高经营活动效率

近年来全球各国频繁发起针对中国出口产品的贸易救济调查，给中国出口企业带来很大的应对压力。1995~2014 年全球对中国发起 1 571 起贸易救济调查，其中反倾销案件 1 061 起、反补贴 90 起、保障措施和特别保障措施 421 起，仅 2014 年就发生了 99 起案件。由此给中国企业带来巨大的经营压力：第一，企业如果发起应诉则会发生很大的应诉成本（人力、物力、财力），同时还面临着应诉失败的巨大压力；第二，企业如果不应诉，则会被要求缴纳倾销税，严重降低企业出口产品在当地的竞争力。

民营企业开展对外直接投资，能够有效绕开国际贸易壁垒，提高企业的对外经营效率。一方面通过投资替代出口，进而减少出口贸易，从而以最直接的方式避开贸易壁垒；另一方面对外直接投资可以有效地调整中国同其他国家贸易不平衡的现状，进而从根源上规避贸易摩擦。

3）获取国际新技术和企业创新活力

随着中国大众创业的热情高涨，中国创新型企业层出不穷，但中小民营企业的核心技术水平仍有待提高。第一，中国研发投入已有所提高。2015 年全国研发经费投入总量为 1.4 万亿元，投入强度（研发经费占 GDP 的比例）为 2.10%，已达到中等发达国家水平，居发展中国家前列，但与北欧先进国家（3%~3.5%）相比还存在很大差距。第二，企业研发投入不足，中国规模以上企业研发投入占销售比例为 0.9%，远低于发达国家平均水平（2%）。第三，研发科技成果转化不够，贡献率有待提升。第四，企业核心技术和关键零部件对外依存度过高，其中高端产品开发技术对外依存度达 70%，重要零部件对外依存度达 80%。

民营企业开展对外直接投资能够有效地学习国际先进技术，为企业成长注入新活力。第一，通过跨国并购等投资方式直接获取外国企业高新技术；第二，利用对外直接投资的技术逆向溢出效应，加强企业的技术获取能力；第三，通过参与国际竞争、提高研发水平、改善企业经营策略，从而提高企业的创新成果转化率。

4）跟随大型企业参与国际分工

从当前企业经营水平来看，国有大型企业仍旧是开展对外直接投资的领头军。部分中小民营企业因其资本积累不足、风险承担能力弱等原因，在对外业务上仍旧比较保守，从而跟随大型企业参与国际分工，成为其规避国际经营风险的有效方式。第一，通过大型企业的经营成效，了解当地的经商环境及市场容量；第二，通过与大型企业合作（如分包等形式），循序渐进地进入国际市场。

3. 企业案例

1）中国石油

中国石油是国有重要骨干企业，是以油气业务、工程技术服务、石油工程建设、石油装备制造、金融服务、新能源开发等为主营业务的综合性国际能源公司，是中国主要的油气生产商和供应商之一。

中国石油自开展海外投资以来，以获取石油战略资源为导向。中国石油的"三步走"跨国发展战略为：第一步（1993~1997年），起步阶段。以小项目运作为主，以寻求油田开发项目和老油田提高采收率项目为主，重在熟悉国际环境，积累国际经验，在实践中培养国际化人才。第二步（1997~2002年），成长发展阶段。这一阶段，要拿储量，拿产量，形成海外资源替补区。第三步（2003年至今），规模扩张阶段，开始涉及勘探领域，并初步建成中亚、中东、非洲、美洲和亚太五个海外油气合作区和亚太、欧洲、美洲三大国际油气运营中心。海外合作综合一体化发展格局初步形成、优势充分发挥，合作领域从上游勘探开发拓展到炼油化工、管道储运、销售贸易、工程技术服务等。

中国石油海外投资逐渐体现出其国家意志力。第一，其战略选择较为明晰，中国石油将海外投资业务定位为国家石油公司（National Oil Corporation，NOC）和国际石油公司（International Oil Corporation，IOC）的优选合作伙伴，通过自主开发和战略联盟相结合的方式进入非常规油气领域；通过兼并收购获取符合海外发展战略的油气公司和资产，着力完善全球业务布局，优化油气资产结构。第二，提高一体化综合能力，保证对国内市场的供应。中国石油重点加强海外油气勘探开发，谨慎、有效、适度发展中下游业务，积极推进资源进口来源多元化，扩大国际油气贸易的规模，形成国际竞争力较强的跨国公司；加快建立经济、安全、稳定的国外油气生产、供应基地；积极延伸服务价值链，加快向技术研发、制造、服务等一体化方向发展；优化资源配置，提高多专业协同作战能力，拓宽业务范围，提高一体化综合能力。

2）华为

华为于1987年在广东省深圳市成立，是一家由员工持股的民营通信科技公司，总部位于中国广东省深圳市龙岗区坂田华为基地。其产品主要涉及通信网络中的交换网络、传输网络、无线及有线固定接入网络和数据通信网络及无线终端产品，为世界各地通信运营商及专业网络拥有者提供硬件设备、软件、服务和解决方案。目前，华为是全球最大的电信网络解决方案提供商，全球第二大电信基站设备供应商，也是全球第六大手机厂商。

华为开展对外直接投资的目的之一是开拓海内外市场。其发展思路为地域渐进式战略，由近及远、由沿海到国外、由易到难，先开拓邻近区域市场和发展中国家市场，再向发达国家市场拓展。具体过程分为四步：第一步，瞄准的是深圳的近邻香港；第二步，考虑发展中国家的市场开拓，重点是市场规模相对较大的俄罗斯和南美地区，建立合资公司；第三步，2000 年之后，开始在其他发展中国家和地区全面拓展；第四步，进入发达国家市场和欧美主流高端市场。

华为开展对外直接投资的目的之二是获取国际先进技术。第一，建立国际研发战略，自主研发与国际合作研发并行。华为一方面强调自主研发；另一方面采取非常开放的战略，面向一流的合作伙伴，进行战略合作，与众多西方公司按照国际惯例达成了一些知识产权的交叉许可协议和合作开发协议，使华为能用自己有限的研发团队和研发技术，迅速赶超世界先进水平。第二，通过收购获取研发资源。

华为等高科技企业为中国高科技企业"走出去"做出了良好的示范。其目标明确的对外直接投资战略使华为在中国乃至全球价值链中保持优势地位，使中国电信也在国际市场取得话语权。

3.4.2　东道国环境动因

东道国作为母国企业投资的接受者，在国际经济活动中扮演重要角色，其对对外直接投资动因的影响可概括为三个方面：制度因素、环境因素及利用外资加入全球价值链的动因。

1. 制度因素

东道国的制度因素直接影响其对外资的吸引水平。本部分就制度环境和制度距离加以讨论。

1）东道国的制度环境对企业开展投资影响较为复杂

一般来讲，当把东道国划分为发达国家和发展中国家时，制度环境对企业开展投资的影响程度是相反的。

当选取发达国家作为投资对象时，其良好的制度环境对投资具有促进作用。发达国家多为法治国家，投资企业开展业务前能够充分了解当地的市场环境，能够尽可能地将各类风险考虑到，从而能够顺利地开展投资业务，即便遇到各类问题，也能利用当地有效的制度体系保护自身合法权益。以中国企业投资美国和欧盟为例，因上述地区均为法制化国家，其政治经济制度完善程度较高，企业按照市场规则能够很好地适应当地经济环境。根据中国全球投资追踪,中国对外直接投资的最大接受国是美国,2016 年上半年,中国对美国直接投资额达 350 亿美元,同比几乎翻了一番。

当选取发展中国家或者相对不发达的国家作为东道国时,其较差的制度环境反而能够给企业投资带来机遇。具体来讲,第一,中国经济尚未达到完全市场化的水平,对经济活动中的非市场行为具有灵活的处理能力及方式,而国内商业习惯的关系网在这类市场中能够很好地发挥其"寻租"作用;第二,当投资企业为国有企业时,因为其代表国家意志在外开展业务,以国家作为后盾,因而对企业经营过程中遇到的各类风险具有较强的承受力;第三,制度环境较差的国家,中国与其签订双边投资保护协定也能够很好地促进投资。以中国企业投资非洲基础设施为例,非洲作为全球最不发达的地区,大部分地区法律法规不完善,但中国企业 2015 年在非洲承包的工程业务在海外市场占比大于 1/3,营业额同比上涨 3.4%。

2)制度距离在一定程度上制约国际投资业务

东道国与投资母国的制度距离对国际投资具有重要的影响作用。本部分将制度距离划分为三部分来分析,即制度环境距离、产业距离及历史联系距离。

第一,东道国与母国的制度环境距离对国际投资业务会产生很大的影响。当两国处于相似的制度环境下,会对投资产生较大的促进作用。一方面企业能够很好地适应东道国法律体系、经营理念等。以中国企业在亚太地区开展投资为例,相比于欧美地区,亚太地区在国家治理理念、法律体系、经济制度及文化环境方面存在或多或少的相似性,进而中国企业开展投资时能够充分地了解市场需求及当地的营商环境。另一方面,能够增强东道国对投资企业的信任程度,进一步加深双方合作。

第二,东道国与母国产业距离适度是推动对外直接投资的又一动因。企业开展对外直接投资首先要了解东道国的经济环境、产业环境,对双方经济合作的营利性、可持续性做深入分析。具体来讲,只有当东道国与母国实现良好的产业对接,两国资本才能发生自由高效的流动。一是上下游产业对接,母国企业对东道国进行投资,能够很好地延伸产业链,并同时促进两国经济发展;二是同水平行业互补性对接,母国和东道国分别在资源、土地、技术、成本、辐射市场等方面具备同比竞争力,二者的合作(即母国对东道国开展对外直接投资)能够实现这一产业的深度发展。

第三,母国与东道国的历史联系距离对国际投资也有很大的影响。一是经济联系,当两国存在长期经济合作关系时,母国在东道国开展对外直接投资将会更加便利,包括对市场环境的熟悉程度、经济合作伙伴的信誉水平、当地的风土民情等;二是文化联系同样能够促进对外直接投资的发展,两国相近的文化传统能够提高双方的亲和度,进而促进双方经济合作,相近的法律体系同样也能促进东道国对外资的吸引水平。

2. 环境因素

东道国的环境因素主要包括区位环境和经济环境两方面。

1）东道国的区位环境

东道国的区位优势在吸收外资方面扮演着重要角色，具体包括地理位置、市场规模、资源禀赋及基础设施建设等四个方面。

一是东道国的地理位置决定着企业是否投资，当一国在全球占有的地理位置越重要（如重要国际交通要道、接近目标市场等），越能够吸引跨国公司进行投资。

二是东道国的市场规模直接影响企业的对外投资，当其市场规模越大时，越容易产生规模经济，越有利于企业投资。此外，随着中国国际产能合作的不断深化，中国优势产能在国际市场中再次获得发展活力，从而通过拓展市场的发展延长中国产品的生命周期。

三是东道国的资源禀赋也具有重要意义，尤其是对以获取资源为动机的母国企业。丰富的自然资源对外资具有吸引作用。人力资源也是企业开展对外投资的又一重要动因，一方面是东道国廉价的低端劳动力成本；另一方面是东道国的具有较高科研实力或者企业经营管理能力的高端人才，都是企业发展的重要考量因素。以华为为例，华为建立国际研发战略，就是为了能够在国际舞台上挖掘人力资源。

四是东道国的基础设施建设（如交通设施、通信条件、水电供应等）对企业投资与否也有一定影响，因为这直接关系到企业经营的便利化程度。

2）东道国的经济环境

东道国的营商环境和对待外资的态度在很大程度上决定了母国企业的投资水平。

一是东道国的营商环境直接影响企业的对外投资，具体包括市场化水平、企业运营成本、金融市场开放程度、当地法律环境、企业税收等。大量学者研究分析稳定的经济政策、完善的产权保护、宽松的所有权限制和廉洁的官僚体系，有利于吸引跨国公司进行投资。

二是东道国对待外资的态度直接决定了母国企业投资与否。一方面当东道国规章制度对外资流入管制相对宽松或者对外资持欢迎态度时，企业有可能会加大投资力度；另一方面东道国吸引外资的优惠政策是企业开展对外直接投资的重要因素，具体包括财政优惠政策、金融鼓励措施和其他鼓励措施。

3. 利用外资加入全球价值链

中国企业对外开展直接投资，对东道国（尤其是发展相对滞后的国家）具有很大的技术溢出效应，对东道国参与国际分工、加入全球价值链具有很大的促进作用。

第一，东道国利用外资为参与国际分工做好准备工作。母国企业在东道国开展投资，对东道国的经济增长、产业结构调整起到推动作用。一方面母国企业的技术溢出效应，为当地市场带来新的发展动力，当地企业如果能够很好地吸收并转化新技术，将极大地促进其经济增长；同时新技术也能够推动产业向高新技术水平发展，从而优化产业结构。另一方面母国企业能够为东道国市场带来竞争活力，当地企业因为竞争企业的存在，会在市场的合作与竞争中不断完善，并逐渐培养新的核心竞争力。

第二，东道国利用外资加入全球价值链体系。母国企业能够站在全球视角帮助东道国挖掘其企业经营优势。母国跨国公司作为全球国际分工的主导者，在全球范围内配置资源，一方面利用东道国的优势资源开展国际业务，并将东道国纳入国际分工体系；另一方面使东道国看到了其在全球价值链体系中的位置，因而能够更好地挖掘其自身优势，从而在国际分工中获取更大收益。

第三，东道国利用外资向全球价值链体系的高端跃升。东道国在获取了母国企业的先进技术及经营管理理念后，将其转化为自身企业发展的重要生产力，提高企业核心竞争力，有利于向全球价值链的高端环节跃升。

3.4.3　母国环境动因

一国开展对外直接投资顺利与否，与本国环境息息相关，其中涉及投资母国的经济外交、国家发展战略、国际核心竞争力及承担国际社会责任等。下面就企业开展对外直接投资的母国环境动因加以探讨。

1. 制度因素

母国的制度因素对企业开展对外直接投资具有重要的引导作用。本部分内容就母国制度安排、国家发展战略、经济外交、培养国际核心竞争力等四个方面加以阐述。

1）国家关于对外直接投资的制度安排

中国一系列的对外直接投资制度安排，极大地促进并保护了中国海外投资者。中国与其他国家签订的"双边投资协定"、"避免双重征税协定"、"自由贸易区协定下的投资规定"、"双向投资促进协定"和"境外经贸合作区"等五种双边及区域制度规则比东道国单边政策制度具有更高的可信性，能够为投资者提供有效的法律保障，从而降低交易成本和风险。截至2015年底，中国已与104个国家签订了双边投资协定；对外正式签署101个避免双重征税协定，其中97个协定已生效。

2）推行国家发展战略

改革开放以来，为促进中国经济发展，中国政府先后制定了一系列"走出去"发展战略，促进中国开展对外直接投资；同时，通过企业的对外直接投资业务逐步实现中国的对外发展战略。

一是"一带一路"倡议。2015 年国家发改委、外交部、商务部联合发布了《推动共建丝绸之路经济带和 21 世纪海上丝绸之路的愿景与行动》，积极利用现有双多边合作机制，充分发挥沿线各国资源禀赋差异性、经济互补性，实现政策沟通、设施联通、贸易畅通、资金融通、民心相通。

二是"国际产能合作"战略。受全球产业结构加速调整、基础设施建设方兴未艾、发展中国家大力推进工业化和城镇化进程影响，2015 年国务院发布了《国务院关于推进国际产能和装备制造合作的指导意见》，推进国际产能和装备制造合作。其目标是力争到 2020 年，与重点国家产能合作机制基本建立，一批重点产能合作项目取得明显进展，形成若干境外产能合作示范基地；推进国际产能和装备制造合作的体制机制进一步完善，支持政策更加有效，服务保障能力全面提升。形成一批有国际竞争力和市场开拓能力的骨干企业。国际产能和装备制造合作的经济和社会效益进一步提升，对国内经济发展和产业转型升级的促进作用明显增强。

三是"境外经贸合作区"战略。境外经贸合作区是指在中华人民共和国境内（不含香港、澳门和台湾地区）注册、具有独立法人资格的中资控股企业，通过在境外设立中资控股的独立法人机构，投资建设的基础设施完备、主导产业明确、公共服务功能健全、具有集聚和辐射效应的产业园区。最终以创新合作区的发展模式，支持国内企业"走出去"，更好地发挥金融对经济结构调整和转型升级的支持作用。截至 2015 年底，中国已与 13 个国家和地区建立了境外经贸合作区。

3）开展经济外交

进入 21 世纪，中国成为国际经济体系的重要成员，逐步踏上经济外交的舞台。中国经济外交内涵丰富，但其主要目的是促进中国乃至全球经济的和平发展，具体来讲就是通过经济手段实现中国以经济建设为中心的发展目标。中国企业开展对外直接投资从某种角度上来讲，也是中国开展经济外交的一种重要方式，一方面促进了中国和东道国经济的共赢建设；另一方面也加强了双方经济往来、建立良好的互信合作关系。

4）培养国际核心竞争力

长期以来，中国在全球被冠以"世界工厂"的称号，究其原因在于中国缺乏具有影响力的核心企业。中国经济要实现可持续、健康有序的发展，必须通过对外直接投资培养一批具有国际核心竞争力的跨国企业。一方面，中国企业通过对外直接投资可以间接获取国外先进的企业经营理念、高新技术、创新模式等；另一方面，对外直接投资为企业充分利用国际资源提供了更好的平台，在全球各大地区设立高效的生产网络，实现真正的跨国运营。对外直接投资使得中国企业在塑造国际核心竞争力的同时，也为中国构建由中国跨国公司主导的跨境产业链奠定了重要的网络基础。

2. 加快构建跨境产业链

中国推行的"全球价值链提升工程"，是提升企业在现有国际分工体系中地位的任务、加快建设中国企业主导和引领的跨境产业链的任务。

母国企业作为国际经济活动的主导者，在海外开展投资业务能够促进中国跨境产业链的建设，从而实现以下目标：第一，借助这个产业链可以实现国内外产业互联互动互促，推动国内产业转型升级，使"走出去"战略进入提质、增效和升级的新阶段；第二，有利于中国企业掌控全球价值链的高端，摆脱"低端锁定"；第三，有利于推动"一带一路"倡议的实施；第四，可以防止国内产业空心化和就业机会的流失；第五，有利于实现境外投资与对外贸易的相互促进，推动中国对外开放由简单买卖型向相互投资复合型转变；第六，有利于贯彻互利共赢的开放战略，帮助东道国加快工业化和基础设施现代化步伐。

3. 承担国际社会责任

中国企业开展对外直接投资的另一重要原因是承担国际社会责任。随着中国经济的不断发展，中国有责任也有义务为欠发达地区提供经济援助，而对外直接投资是一种很好的实现方式。中国企业代表国家通过"援助＋投资"的方式支持特定国家的经济建设。

一是对非洲发展滞后国家的支持。中国国有企业通过"优买优贷"等途径，自筹资金为其提供公共基础设施建设，通过"资金+技术"的援助方式实现中国对外经济援助的效益最大化。

二是对周边国家和地区的支持。在周边国家和地区进行国际通道工程建设和农林开发建设，充分利用外汇储备，通过援助、投资的方式，以战略通道、产业基地、合作平台、交流窗口为重点，推进国际大通道建设，是构建合作与发展新格局的重要内容。

3.4.4 世界经济动因

世界经济市场作为国际投资活动的舞台，对企业投资活动也会产生很大影响。本部分从两方面内容加以探讨。

1. 新型国际分工推动对外直接投资

伴随科技进步，国际合作的地理距离已不再是问题，生产工艺更加细化、资源配置更加便利，全球范围内建立起新型国际分工体系，再一次成为促进国际经济合作的推动力。

1）跨国公司的对外直接投资活动主导着新型国际分工

新型国际分工是基于跨国公司关系网络的国际分工。新型国际分工是指跨国公司在全球范围内合理配置资源，是基于跨国公司的全球生产网络的产品内分工。也就是说跨国公司全球生产网络的每一部分都由分工链组成，从而将世界各地的个人、企业、国家、地区以及世界各种资源整合到国际分工体系中来，形成一个基于分工网络的共同利益体。新型国际分工体系有两大特征，一是由跨国公司主导；二是民族工业逐步向国际工业转变。所以新型国际分工的直接动力是对外直接投资和跨国生产。

新型国际分工是跨国公司生产体系的拓展。新型国际分工将发展中国家纳入分工体系，形成全球范围内的"资本—生产—商品"网络体系，由此发展中国家越来越多地与世界经济体系生产部门相关联。也可以说新型国际分工是国际经济活动向发展中国家扩展的体系。

新型国际分工是基于全球价值链的国际分工。跨国公司整合进入全球价值链参与国际分工，使得其链条越来越庞大，其作用开始逐渐超越国家政府之间的经济交往作用。

新型国际分工是市场价格引导的国际分工向跨国公司引导的国际分工的转变。跨国公司改变了传统国际分工的性质，使当代国际分工出现了转型：在由盲目的市场机制协调的国际分工中，出现了由跨国公司内部有意识、有计划地予以协调的企业内部国际分工。

2）新型国际分工促进母国企业的对外直接投资活动

新型国际分工通过延伸价值链促进对外直接投资。新型国际分工能够促进全球价值链的分化与整合，从而为商业模式创新提供机遇。跨国公司在新商业模式下拆分价值链实现业务创新，进一步延伸全球价值链，从而为更多的企业提供参与机遇。

新型国际分工构建新型产业链促进对外直接投资。新型国际分工将企业生产经营严格专业化，在全球范围内布置运营网络，对部分产业形成了新的产业价值链。一方面使得全球价值链主导者向多元化发展，为更多的新加入者提供机会；另一方面推进全球价值链产业化发展，逐步将构建价值链培养成为企业的经营理念，提高经营效率。

新型国际分工有利于构建由中国跨国公司主导的跨境产业链，进而改善中国企业被动参与全球价值链的局面。

2. 国际经济新秩序促进企业国际投资

当前的国家政治经济环境是影响一国企业开展对外直接投资的重要因素。本部分就世界格局多元化、经济全球化、国际区域组织以及国际资本市场等几个角度加以阐述。

　　第一，世界格局多元化为各国参与国际经济活动提供了公平契机。一方面，政治格局多元化使得国际秩序向公正合理的方向发展，世界各国参与国际分工、国际规则制定方面更加公平；另一方面，经济格局多元化使得发展中国家和转型经济体有更多的机会参与国际经济活动。因此，世界格局多元化是推动国际投资的重要因素。

　　第二，经济全球化推动中国对外直接投资。经济全球化是指世界经济活动超越国界，通过对外贸易、资本流动、技术转移、提供服务、相互依存、相互联系而形成的全球范围的有机经济整体的过程。经济全球化的加深，使全球各个国家和地区得以充分发挥自身比较优势，在全球价值链和生产体系中找准自己的位置，培养自身的核心竞争力。因而，各国在国际经济活动中培养了综合竞争力，为将来参与对外直接投资提供了更好的经济、技术等基础。中国开展对外直接投资是参与经济全球化的重要途径；同时经济全球化也推动了中国企业在全球范围内开展投资活动。

　　第三，国际区域组织为对外直接投资活动提供了良好的秩序保障。近年来，国际区域组织（如自贸区、境外产业园等）发展如火如荼，再一次为国际投资活动提供了便利。其一，为企业开展对外直接投资提供了区域性导向；其二，为国际投资活动提供了规范且公平的竞争市场；其三，为国际投资活动提供了大量的优惠政策及便利化服务。因此，国际区域组织的发展对国际投资活动注入了新的增长活力。

　　第四，国际资本市场推动了中国对外直接投资的发展。国际资本市场的发展加速了国际资本流动，能够更广泛地吸引国外资本或国际资本，提高资本使用效率及跨空间调配速度，为企业开展对外直接投资提供了极大便利。以跨国公司为主的对外直接投资经营活动，一方面可以充分利用国际资本市场规避风险，逃避各国的金融、外汇管制及税收问题；另一方面能够充分利用这一平台在全球范围内合理配置资本，实现高效投资，成为世界经济增长的引擎。

3.5　新常态下中国对外直接投资理论的创新发展

　　随着中国整体经济发展进入新常态模式，对外开放领域也出现了新特点。近年来，中国吸引外资增长趋缓，而对外直接投资增长迅猛。未来，中国对外直接投资增速将继续快于吸收外资，中国成为净对外直接投资国，这是一个历史性的转变。然而，我们在为中国跨国公司迅速成长叫好的同时，也深感中国跨国公司走向世界道路之艰难。中国跨国公司刚刚走出国门，面临的就是全球化时代新的竞争环境和竞争规则。中国跨国公司不得不从跨国经营一步迈向全球经营。不少企业缺乏适应全球竞争和经营所需要的全球战略、全球治理管制结构及全球责任理念，由此导致海外投资失败。近年来，中国跨国公司所面临的投资经营环境也越来越复杂。除了常规的市场风险以外，对一些国际惯例和规则的不熟悉、文化差异风险及受冲突影响和高风险地区投资的复杂性等非市场风险越来越成为困扰中国企业"走出去"的重大问题。在中国对外开放的新常态下，我们需要转变思维方式，创新中国对外直接投资的理论和实践。

首先，本节阐述企业对外投资面临的政治风险，以及这些政治风险对企业对外直接投资决策与绩效的影响。其次，为适应全球竞争与合作，全球公司不断调整企业经营理念和文化。基于吸纳多元文化和承担全球责任的目标，对外投资企业通过加强社会责任投入来缓解在东道国面临的政治风险。最后，在新常态背景下，境外经贸合作区成为中国企业对外投资的新模式，对中国企业在海外的成功经营起到推动作用。

3.5.1　东道国政治风险对企业对外直接投资决策与绩效的作用机制

一般来说，跨国企业对外直接投资面临着四类风险。第一类是宏观经济风险。这类风险包括如战争和自然灾害等在内的无法预见的事件，也包括工资水平、利率、汇率及商品价格等宏观经济指标的偶然波动。第二类是竞争风险。这里指的是竞争对手反应的不确定性。一方面，竞争对手面对同一事件既可能做出不同类型的反应，也可能在不同市场做出相同的反应；另一方面，竞争对手可能推出新技术，使跨国经营企业在市场中的相对竞争力下降。以上两方面的竞争风险都有可能影响跨国企业的经营绩效。第三类风险是资源风险。跨国经营企业采用某种战略进行国际经营时，可能面临着无法获取所需资源的风险。这些资源包括管理人才、技术及资本。第四类是政治风险。政治风险主要源于国家政治环境的改变，包括政府首脑、政府政策或国内安全局势的变化等（Cosset and Suret，1995；Fitzpatrick，1983；Frynas and Mellahi，2003）。以上四类风险无不对跨国企业对外直接投资的绩效产生至关重要的影响。企业如何处理前三类风险已经在经济、金融及管理领域有了广泛的讨论。对政治风险的讨论则明显较少。然而，自2000年"走出去"战略正式提出至今，中国对外经济合作规模不断扩大，中国企业越来越多地参与到了对外投资活动之中。由于中国跨国企业很大比重的对外投资集中于亚洲、非洲等地区的发展中国家，这些国家相较于发达国家总体上政治风险较高。企业在东道国的经营活动很大程度上受当地政治制度环境稳定性的影响。政治制度环境的改变可能阻碍企业的经营活动，从而降低企业的投资绩效。因此，探究政治风险如何影响企业的对外直接投资决策与绩效，以及如何减少政治风险带来的负面影响对于中国企业格外重要。本部分集中研究此问题。

本部分共分为三个方面。第一个方面以科伦坡港口城项目为例，举例说明东道国政治风险对跨国企业国际经营的重要影响。第二个方面阐述政治风险的类型与主要表现。第三个方面从企业和政府两个层面阐述政治风险的应对策略。

1. 典型案例——科伦坡港口城项目

1）项目概况

科伦坡港口城项目是由中国交通建设股份有限公司（简称中国交建）与斯里兰卡国家港务局共同开发的大型建设项目，也是两国深化经济合作的一个重要标志。该项目由中国交建授权中国港湾工程有限责任公司（简称中国港湾）代表其进行管理。项目签约日期为 2014 年 9 月 16 日，一期工程开工日期为 2014 年 9 月 17 日。项目开工时，习近平主席前往科伦坡参加剪彩仪式。

科伦坡港口城项目是斯里兰卡目前最大的外商投资项目，集填海造地、基础设施综合投资、城市综合体开发运营、特色房地产开发为一体，意义重大。中国交建聘请 JLL、ATKINS、AECOM、SWECO 等世界一流工程与建设顾问公司，以国际一流水准，将科伦坡港口城规划为科伦坡未来的城市中心。规划建筑规模超过 530 万平方米，集商务、商业、娱乐、居住等多种业态为一体，并提供学校、幼儿园等生活配套设施。

该项目计划 3 年完成填海造地 276 公顷，5~8 年初步形成规模，20~25 年全部建设完成。项目直接投资 14 亿美元，带动二级开发投资 130 亿美元；创造超过 8.3 万个就业机会；带动旅游业发展（通过科伦坡港口城项目，游客在科伦坡平均停留天数有望由 1.2 天增加到 2.7 天）。

斯里兰卡自古以来就是海上丝绸之路一个重要的交通和贸易枢纽。但是长期以来，科伦坡的发展一直受到"核心区商业开发土地不足"这一瓶颈的制约。科伦坡港口城的开发，将满足科伦坡长久以来对中央商务区（central business district，CBD）的扩充需求，并且将成为斯里兰卡经济的增长极，提升斯里兰卡在南亚区域的国际地位和竞争力，推动科伦坡成为南亚的商务中心、海上丝绸之路的商业中心、全球旅游休闲中心。可以说，科伦坡港口城的建设能够极大地促进斯里兰卡国民经济的发展。

2）项目暂停与复工

2015 年初斯里兰卡国内政治局势风云突变，时任总统拉贾帕克萨连任失败，反对党共同候选人迈特里帕拉·西里塞纳（Maithripala Sirisena）当选新总统。西里塞纳上台后，新政府宣布暂停前政府与多个国家签订的多个项目，其中就包括科伦坡港口城项目。

斯里兰卡现任总统西里塞纳在竞选时承诺，要对其前任拉贾帕克萨所签署的一系列中资参与的大规模项目进行调查。新政府 2015 年 1 月执政后开始复审包括科伦坡港口城项目在内的外国投资项目，称上届政府签署的外资协议中存在大量腐败、违规操作、环评缺失等行为。2015 年 3 月 5 日；斯里兰卡新政府以项目"是否履行了适当的程序"和"缺少相关审批手续"为由，停止了科伦坡港口城一期建设项目。项目停工导致斯方一千多人失业，中方则每天承受约 38 万美元的直接经济损失。

经过多方周旋，斯方同意在修改项目合约的基础上允许项目复工。最终，中斯双方签署科伦坡港口城项目新协议，该项目在停工 18 个月后终于复工。然而，18 个月的停工给中国港湾造成了极大损失。

2. 政治风险的类型与主要表现

以上案例展现了政治风险对企业投资和发展可能的影响。本书将政治风险定义为跨国企业在东道国经营时面临的东道国政府为了满足自身目标（不一定是最大化东道国的国家利益）而强制改变跨国企业行为的可能。政治风险多数是各种政治力量的利益博弈而导致的。其中，政治力量不仅包括东道国国内的政治团体、政治势力，也包括第三国甚至国际的政治压力，以及国际组织的影响；不仅包括政府等国家行为，也包括个人敌对、恐怖活动等社会及个体行为。

政治风险的主要表现可以分为以下几类。第一类是东道国对跨国企业海外资产的没收、征用和国有化。这类政治风险是指东道国政府无偿或以很小代价占有外国企业的财产，或通过制定一系列法令逐步将外国企业收归东道国控制。随着国际经济一体化进程的加深，由于双边或多边的协议限制，东道国直接对外国资产进行征用或国有化的可能性极大减少。但是，东道国政府间接的蚕食式征用风险（expropriation risk）相对增多。例如，东道国政府采取各类措施限制外国投资者作为股东的权利，从而构成事实上的征用。第二类是政府部门腐败。这类政治风险是东道国法律制度的不完善而导致的政府部门贪污腐败或不作为，从而使跨国企业的经营面临不确定性。第三类是政府违约。这类政治风险是指东道国政府违反部分或全部协议条件，导致跨国企业无法按原合同或协议继续执行相关投资约定，并导致跨国企业重大经营损失。前文的科伦坡港口城案例便属于此类政治风险。第四类是东道国政府歧视性干预。该类政治风险包括税收歧视、政策歧视、立法歧视。东道国政府为了调整国家产业结构，或为适应经济全球化和让本国经济健康发展，抑或是为保护本国企业或产业目的，通过立法或行政命令改变原有政策，增加外国跨国企业的税负或者增加准入限制。第五类是外汇管制。该类政治风险是指东道国政府禁止或限制跨国企业将投资本金、利润及其他合法收益转出东道国。例如，埃及中央银行曾在 2012 年 1 月和 12 月两次对国内进口商和外汇进出实施严厉的资本管制，限制外资企业将利润转回母国，同期埃镑大幅贬值。外汇管制与货币贬值使在埃及经营的中国跨国企业蒙受了不小的损失。第六类是战争。由于政局不稳，东道国发生革命、内乱、暴动、战争。东道国的战争可能造成外国跨国企业面临财产、人员遭受破坏、损失、被夺取或被留置的风险。第七类是社会抵制。该类政治风险是指政治、社会或文化等原因引起东道国对跨国企业反感或反对，导致东道国社会强烈波动，最终导致跨国企业经营受阻，蒙受损失。

文献中的另一种分类将政治风险分为征用风险、汇兑风险（transfer risk）及政治暴力风险（political violence risk）。其中，征用风险取决于东道国的法制、产权制度（property right）、政府干预（government intervention）及腐败控制。汇兑风险取决于东道国的监管质量、货币政策、投资自由（investment freedom）及金融自由（financial freedom）。政治暴力风险取决于东道国的法制、政治稳定性及话语权和问责制（voice and accountability）（图3-6）。由此可见，政治风险是由其他类型的风险（如宏观经济风险）导致的。

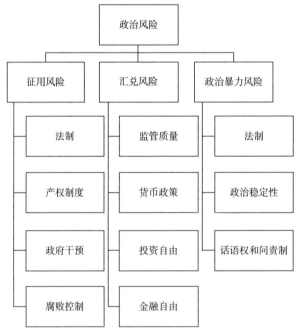

图 3-6　政治风险程度的影响因素

资料来源：Ferrari 和 Rolfini（2008）

3. 政治风险的应对策略

政治风险是跨国企业绩效的重要影响因素之一。能否良好地应对政治风险对跨国企业在海外投资能否取得成功至关重要。对政治风险的应对策略，我们认为应当从企业与母国政府两个层面来考量。

1）企业层面的应对措施

第一，进入模式。在企业决定进行国际经营后，企业面临着如何进入东道国的选择。一类选择是进行出口；另一类选择是进行对外直接投资。出口与对外直接投资的本质区别在于跨国企业的生产地点不同。选择出口时，跨国企业的生产地点不在东道国，但选择对外投资后，跨国企业就要在东道国设立企业。一般而言，跨国企业选择对外投资时，在东道国的资产投入要比出口大。若东道国的政治风险很大，跨国企业可以选择以出口的方式进入东道国市场。选择出口的方式可以在东道国政府采取征用跨国企业海外资产、间接剥削外国股东权益、限制外汇流出等措施时减少损失。

如果跨国企业选择以对外直接投资的方式进入东道国市场，那么跨国企业还可以选择是独资还是与当地企业合资。以往文献发现当东道国内部动荡时，外国企业比本土企业更容易受到影响，因为相较于本土企业，外国企业对本国政治社会关系的复杂性缺少了解，难以见微知著，防患于未然（Bucheli and Kim，2012）。为了减少跨国企业在国际经营中相对于本土企业的劣势，跨国企业在进入东道国市场时可以选择与本土企业合资经营。当地的合作伙伴在东道国越有影响力，合资企业在面临政治风险时越有可能减少损失。

第二，国际投资组合。在进行对外直接投资时企业面临着另一个战略选择。企业需要决策是将所有可用资源全部投到一个国家，还是将可用的资源投到不同的国家。在考虑政治风险时，这类战略决策格外重要（Cosset and Suret，1995；Dastidar，2009）。通过以往文献发现当企业的对外直接投资组合中有不同国家时，相对于仅投资一个国家，企业可以有效地减小政治风险给企业绩效带来的负面影响，而对外直接投资产生的平均收益不会因分散投资而减少。与此同时，通过文献还发现分散化投资不仅可以帮助跨国企业降低政治风险给绩效带来的负面影响，还可以使跨国企业在不同的国家和事件中提升自己对政治风险的应对能力，从而使跨国企业更好地处理政治风险（Jimenez et al.，2015）。综上所述，当跨国企业进行对外投资时，可选择分散化的投资策略，一方面增强自身处理政治风险事件的能力；另一方面降低政治风险对企业绩效造成的不确定性。

第三，强化企业社会责任。在东道国进行经营活动时，强化企业社会责任、与当地的相关者分享利益以及努力融入当地社会可以减少政治风险（Lim and Tsutsui，2012）。在东道国的企业社会责任行为可以包括如下几个方面。其一，做到诚信经营，保持良好的企业信誉。对外直接投资企业最基本的社会责任就是诚信经营。对外，要充分保证产品服务质量，保障当地消费者的权益，保证企业经营合规法。对内，要重视工会，保障员工的权益。其二，增加聘用当地员工的比例，解决当地就业问题。对外直接投资企业通过聘用、培训东道国的员工，可以为当地解决一部分人的就业问题，为东道国政府减轻本国就业压力。同时，也提升了当地员工的工作技能，提高了东道国员工的素质。其三，企业可以参与东道国的社会建设，助力东道国的医疗、教育、卫生事业和基础设施建设。在自然灾害发生时，为东道国提供援助。对外直接投资企业在东道国积极承担社会责任，可以使东道国的政府和社会认为企业的到来不仅是为了获得经济利益，还对东道国的国家发展和社会进步大有裨益。这样，跨国企业在东道国的政治风险会相应减少。

第四，避免参与政治纠纷和社会矛盾。跨国企业在进行对外直接投资的过程中，应当坚持商业主体的定位，避免参与东道国当地政治集团的纷争，在东道国当地的社会矛盾中也应当保持中立态度。这一点在存在多政治集团的国家中尤为重要。在政治集团互相斗争的过程中，处于领导地位的政治集团不断变化。当跨国企业所支持的政治集团处于劣势时，该跨国企业有可能成为众矢之的。这样，在东道国的经营一定会受到严重的负面影响。因此，避免参与政治纠纷和社会矛盾，能够有效地保护进行对外直接投资的跨国企业，降低其受到政治风险的影响。

第五，增加媒体宣传。中国一些企业在进行对外直接投资的过程中，不善于与当地媒体合作宣传企业。我们的调研发现，有些企业在社会责任方面投入很多，但没有充分进行宣传，导致东道国当地社会与政府对企业并没有太多印象。更有甚者受到其竞争对手负面宣传的影响。中国企业应该提高运用媒体的意识，与东道国的媒体进行合作，充分利用媒体进行宣传。通过媒体，中国的对外直接投资企业可以将自身的真实情况传递给东道国的政府与公众，消除误解，赢得理解和支持。这一点对于进行对外直接投资的国有企业尤为重要。

2）政府层面的应对措施

第一，积极推进双边或多边合作。双边或多边合作存在多种形式，如 WTO和双边投资协定。双边或多边合作可以有效地规范成员方政府的行为，减少跨国企业在东道国因政治风险而遭受的损失。例如，与对外直接投资相关的双边合作包括双边投资协定。双边投资协定是两个国家为促进相互之间的投资发展，而签署的包含一系列保护措施的协定。双边投资协定对投资的定义、准入和待遇，收益的汇出、征收、补偿、争议解决途径等方面进行了规定。双边投资协定生效后，签约的两个国家会按照协定内容，对在本国进行对外直接投资的外国企业进行保护。在政治风险发生时，双边投资协定涉及的两个国家应当以双边投资协定为依据来解决由政治风险引发的问题，维护企业的合法权益。已有文献同样指出，双边投资协定能够替补东道国制度的缺位，并且对政治风险较高的国家效用尤其明显。同时，双边投资协定还能够弥补母国制度支持的不均衡性，对帮助进行对外直接投资的非国有企业有着积极的作用（宗方宇等，2012）。

第二，加强预警系统的建设。在调研过程中，企业反映我国政府应当进一步加强政治风险预警系统的建设。虽然政治风险的程度存在明显的国别差异，但单个国家的政治风险并不是稳定不变的。为了更加有效地应对政治风险对企业经营带来的负面影响，监控政治风险情况变动的预警系统便不可或缺。若企业能够及时了解东道国政治风险的变化，准确判断，快速采取措施，便可以减少政治风险引起的财产损失和人员伤亡。然而，建设政治风险预警系统往往需要各方面的资源，如人才和信息。但单个企业往往很难做到。因此，政府有义务加强政治风险预警系统的建设，帮助企业更好地规避政治风险带来的负面影响。

第三，积极帮助受政治风险影响的企业。当政治风险损害到跨国企业对外直接投资的利益时，政府应当及时出面，积极帮助受影响的企业。以往文献研究发现，虽然母国政府通过外交等手段救助受政治风险影响的企业时会产生较高的成本，但政府应当不惜代价救助受困企业，并且应当态度强硬。因为这种强硬的态度可以对东道国及其他国家的政府产生威慑，从而减少该类事件发生，长期来看这种做法降低了母国政府和跨国企业的总体成本（Duanmu，2014；Knutsen et al.，2011）。

3.5.2　母国与东道国之间的政治关系与企业在东道国的社会责任投入

随着越来越多的中国企业进入海外市场，中国企业在海外的社会责任问题逐渐成为理论界和实务界共同关注的话题。与此同时，国与国之间的政治关系，以及不同的国家迥异的政治、经济和文化差异，使得企业在东道国的经营和社会责任实践都面临巨大的挑战。虽然有部分文献关注到东道国制度环境对企业社会责任的影响，然而关于国与国之间政治关系与企业社会责任之间互动关系的研究则有很大的空缺。在本书中，结合已有文献和案例，我们认为企业在与母国政治关系好的东道国应该加强社会责任投入，尤其是当东道国的政治风险较大的情况下，社会责任投入可以减少母国与东道国往届政府间关系对企业可能产生的不利影响，保证企业在东道国的合法性。同时，我们认为企业在东道国的社会责任应该更注重社会影响和经济效益并重，通过在东道国履行社会责任，获得广泛的社会支持和拥护，从而实现企业的可持续发展。进一步，我们认为在东道国的社会责任投入会反哺东道国和母国之间的关系，为企业在东道国顺利经营提供良好的环境。

本部分主要由三个方面的内容构成。第一个方面回顾了企业社会责任和国家间政治关系的相关文献。第二个方面以中油阿克纠宾案例为切入点，探究中国企业在海外的社会责任投入情况。第三个方面从政府和企业层面对中国企业在海外社会责任的实施提出政策建议。

1. 文献回顾

1）企业社会责任

学术界多数学者认为企业社会责任完整的概念最早是 1924 年英国学者 Oliver Sheldon 于《管理哲学》中提出的，他认为企业在创造利润、对股东承担法律责任的同时，还要承担对员工、消费者、社区等利益相关者（stakeholders）的责任，包括遵守商业道德、保障生产安全、参与社区建设、保护劳动者的合法权益、节约资源等。企业社会责任也不再只是针对发达国家的跨国公司，发展中国家的企业也面临着社会责任问题。关于企业社会责任，有很多相关的理论，其中支持企业承担社会责任的理论主要有以下几个。

一是长期利益理论。反对企业承担社会责任的理由之一是企业承担社会责任会损害企业为股东创造财富的能力。对此，20 世纪 70 年代初的一些研究（Johnson，1970）将企业的利益区分为短期利益与长期利益，并且认为企业承担社会责任有利于企业长期利益的最大化。Lee（2008）认为，这一理论提出后，20 世纪 70 年代企业社会责任的研究重心不再是企业是否应该承担社会责任，而是承担什么样的社会责任，以及如何承担社会责任。二是利益相关者理论。与"股东至上"理论相反，利益相关者理论认为，虽然公司的所有权属于股东，但公司也需要考虑雇员、客户、供应商、债权人等与公司存在利益关系的各方的利益。利益相关者理论始于Dodd（1932）。1932 年在与 Adolf Berle 的辩论中，Merrick Dodd 认为，商业公司是一个既为赢利也为社会服务的经济组织，公司的目的不仅是为股东赚钱，而且要为雇员提供更加稳定的工作，为消费者提供高质量的产品，为整个社会福利做出贡献（Dodd，1932）。三是团队生产（team production）理论。该理论认为，企业的生产需要投入土地、劳动力、资金等多种不同资源，企业的产品并非相互合作的各种不同资源产出的简单相加，生产所需的各种资源通常并不属于同一个人所有。基于团队生产理论，一些研究者（Blair and Stout，1999）认为，公司的所有人并非只有股东，雇员、债权人、客户、供应商也是公司的所有人，公司应该承担照顾雇员、债权人、客户、供应商等各个所有人利益的责任。四是企业公民（corporate citizenship）理论。该理论起源于 20 世纪 50 年代，但在 80 年代后期开始流行。该理论认为，与自然人一样，企业也是公民，享受法律赋予的权利，也承担相应的义务，并与其他公民共同形成社区（Matten et al.，2003）。基于这一理论，一些研究者认为，社会赋予企业生存的权利，让企业受托管理社会资源，那么，企业就应该为社会的更加美好而行使这项权利，合理地利用这些资源；而一个美好的社会不仅需要经济的繁荣，还需要政治的稳定、道德伦理的和谐。因此，企业应该为创建稳定和谐的社会做出贡献。五是战略管理理论。20 世纪 90 年代后期开始，一些管理学家（Porter and Kramer，2006）将企业战略管理理论与企业社会责任问题结合起来。哈佛大学著名竞争战略学者 Michael Porter 认为企业可以通过承担社会责任而获得竞争优势（Porter and Kramer，2006）。

2）国家间的政治关系

国家间的政治关系对企业对外投资的影响已经受到了相当一部分研究者的关注。当两国之间的外交关系恶化到禁止国民互访的地步时，进行跨境投资将无从谈起。当两国之间国家主权互相承认的程度越高，国家和国民的投资安全环境就越好，跨境投资就越可能顺利安全地展开。Knil 等（2012）发现，两国双边关系对主权基金投资区域选择具有重要影响。Gupta 和 Li（2007）与 Li 和 Vashchilko（2010）的研究发现，双边政治关系与外国直接投资存在显著的正相关关系。其中 Gupta 和 Li（2007）指出，外国和美国的投资者在做投资决策时都会将两国双边关系的改变纳入考量因素，双边关系的恶化将显著减少双边的贸易投资额。而 Li 和 Vashchilko（2010）则指出，政治关系与感知的政治风险正相关，越高的政治风险将带来越高的投资成本与越低的投资资金流入。该研究指出，双边关系会从两个渠道影响双边投资：其一，双边关系会影响跨境投资政策；其二，双边关系的改变与感知的政治风险相关。无论从哪个渠道，更加疏远的双边关系都预计会带来更少的跨境投资额。Martin 等（2008）发现两国外交关系紧密将减少国家之间战争的可能性，从而提高双边贸易投资额。

　　结合这些已有的文献，我们发现关于国家间政治关系和企业在东道国的社会责任相互作用的研究较为缺乏，所以我们的研究关注点主要可以概括为两点。其一，因为国家间利益关系的可变性，两国之间的紧密政治关系既可以成为企业在一定时期在该国投资的福利也可能成为绊脚石。尤其是当东道国的政治风险较大，发生较大政治变动的可能性较大时，新当权的政府可能视过去政府与跨国企业母国间的政治关系为桎梏。在这种情况下，企业在东道国的社会责任投入则可以为企业带来合法性（Darendeli and Hill，2016），保证企业在东道国的顺利经营。承担社会责任可以帮助企业了解当地社会关系，处理好与当地的利益平衡与再分配，与当地结成利益共同体，从而有效降低海外投资风险。如果关注日本等发达国家企业在海外扩张的过程，我们可以看到，它们在进行全球性扩张的过程中，采取了长期性发展战略，主动融入当地社会，投入大量的公益事业，承担社会责任，最大限度地减少非经济因素造成投资失败的可能。这种情况下，即便东道国的政治环境发生了较大的变动，且之前的友好政治关系不再是对企业的利好，企业也能够保证在东道国社会和民众当中的较高合法性。其二，在东道国承担社会责任可以反哺东道国和母国之间的政治关系。因为即便是在政治不稳定的东道国，新当权的政府也需要尽可能多地获得民众和社会的支持。如果企业因为在当地的社会责任投入而在当地社会具有较高的声望和合法性，那么政府也必将顺应民意去改善与该企业及其母国的政治关系。

　　2. 中油阿克纠宾案例

　　1）哈萨克斯坦政治环境
　　哈萨克斯坦国家独立以来，政治逐渐转型，法律体系也不断地完善。但是，对于中国投资者来说，赴哈萨克斯坦投资仍需要注意几个方面：其一，哈萨克斯坦根据本国经济发展的实时需要不断调整利用外资的政策，投资者应多注意投资政策的更新和变化；其二，哈萨克斯坦商业环境与国内差距较大，其商业环境仍有很大的改进空间，部分权力机构存在工作效率低下、工作标准不统一的现象，地方政府工作人员对法律的理解缺少统一认识，因此，中方企业需要做好相应的准备工作。

2）中国和哈萨克斯坦的政治关系

中国于 1991 年 12 月 27 日承认哈萨克斯坦独立。一周后（1992 年 1 月 3 日）两国正式建立外交关系。建交 25 年来，在双方共同努力下，中哈关系始终保持健康稳定发展的良好势头。特别是 2005 年 7 月建立战略伙伴关系后，两国关系得到新的快速发展，高层和各部门交往频繁。从 2009 年至 2011 年上半年共一年半时间里，时任国家主席胡锦涛对哈萨克斯坦进行三次国事访问，这在中国外交史上比较罕见。习近平总书记更是在哈萨克斯坦首次正式提出了"一带一路"倡议，使中国和哈萨克斯坦在政治、经济等各领域更加紧密地连接在一起。

3）中油阿克纠宾公司

中油阿克纠宾公司是中哈合作的一个典范，其全称为中油阿克纠宾油气股份公司，是中国石油在中亚地区获得的第一个油气合作项目，也是目前中国石油份额最大的海外油气项目。公司位于哈萨克斯坦西北部阿克纠宾州，经营业务集油田气勘探开发、油气处理与集输、商品油与天然气销售、工程建设、油气工业领域科学研究和后勤服务于一体。截至 2011 年底，公司拥有正式员工 6 663 人，其中中方员工 124 人。目前，公司原油产量和油气当量分别在哈萨克斯坦位居第四位和第五位。中油阿克纠宾公司不仅具有创新精神且为两国创造了巨大的财富，其在哈萨克斯坦的社会责任投入更是独树一帜。

多年来，中油阿克纠宾公司切实履行社会责任，积极参与当地社会公益事业，有力扶持文化体育事业，赢得了当地政府、社会各界和民众的广泛支持和尊重，营造了和谐的内外部发展环境，树立了中国石油海外企业的良好形象。其在当地的社会责任投入主要有以下几个方面。

一是扶危济困，积极参与社会公益事业。2003 年 5 月 8 日恰逢世界反法西斯战争胜利 58 周年纪念日，中油阿克纠宾公司在阿克纠宾市中心购买了 80 套住房送给哈萨克斯坦卫国战争退役的老战士，为英雄们安度晚年提供了舒适的家；同时，公司每年出资 6.37 万美元为他们订阅了报纸杂志，并赞助举办了"老兵节"，在社会上引起了强烈反响。中油阿克纠宾公司始终坚持与哈萨克斯坦"互利、共赢、和谐、友谊"的发展理念，积极响应哈萨克斯坦总统纳扎尔巴耶夫提出的"2002 健康年"的号召，向公司所在州、市、区的各级医疗机构捐赠了新型救护车，持续资助当地医疗事业，累计捐赠救护车 57 辆，极大地改善了当地的医疗条件。2010 年，公司投资 2 373 万美元，用于阿克纠宾州及阿斯塔纳市的基础设施、医院、文化和宗教场所的建设和维修项目。同时，中油阿克纠宾公司大力扶持阿克纠宾州的社会文化事业，向当地教育机构捐赠电脑 1 000 多台，极大地改善了当地的教育条件。同时，中油阿克纠宾公司经常向当地妇女儿童基金会、疗养院、残疾人协会、新闻媒体等社会机构提供各种赞助，使哈萨克斯坦人民真正接受了来自中国的石油投资者。

二是大力扶持文化体育事业。1997 年以来，中油阿克纠宾公司采取有效措施大力扶持当地文化体育事业，包括赞助阿克纠宾州足球俱乐部，投资建设当地博物馆和纪念碑，举办学术会议、艺术展览和音乐会，资助学术机构等，获得了很好的反响。2006 年，中油阿克纠宾公司出资 79.31 万美元修建了哈萨克斯坦音乐家茹巴诺夫纪念碑和博物馆，并举办了全国性的纪念活动。同时，中油阿克纠宾公司还积极支持举重、游泳、曲棍球和散打等大众体育和职业体育事业的发展，并出资从中国请来两名高水平乒乓球教练到阿克纠宾州乒乓球队执教。近年来，中油阿克纠宾公司持续赞助的阿克套足球俱乐部正在不断取得优异成绩。

三是造福于民，打造中哈合作成功范例。2000 年，中油阿克纠宾公司购买了位于阿克纠宾市北郊的儿童夏令营，投入大量资金进行改造，如今，这里已经成为哈萨克斯坦最好的夏令营。每年盛夏来临，儿童夏令营都要举行盛大的开营仪式，2 000 多名当地儿童免费在这里度过三个月的快乐暑假。2001 年，中油阿克纠宾公司刚刚走出困境，便投资287.3 万美元建设了一座面积为4 400平方米的现代化温室蔬菜大棚，一年四季可提供新鲜蔬菜 90 吨，极大地丰富了公司员工和当地居民的物质生活，宣传了中国的农业种植技术，成为中哈多领域合作的成功范例。

四是设立教育基金，支持人才培养。中油阿克纠宾公司十分注重对未来技术管理人才的选拔培养。1997 年以来，中油阿克纠宾公司投入大量资金，通过设立专项教育基金、赞助高校学术会议、举办全国大学生辩论会、选派哈萨克斯坦优秀学子出国留学等形式，大力支持哈萨克斯坦教育事业。根据公司与阿克纠宾州政府之间签订的《经济合作备忘录》，中油阿克纠宾公司 2000 年出资 100 万美元设立了专项教育基金，选派公司先进生产者和特困职工子女中的优秀高中毕业生到哈萨克斯坦、中国和俄罗斯的石油高校学习，当年资助了 14 名优秀学生出国留学。2011 年，公司共投入年轻专业人才培养费用132 万美元，选派了 13 名哈萨克斯坦优秀高中毕业生到中国石油大学（北京）读本科。迄今为止，公司已先后选派 165 名哈萨克斯坦优秀学生出国留学，如今已有 85 人学成归来；在哈萨克斯坦、俄罗斯等高等院校培养青年专业技术人才64 人。其中，不少人逐渐成长为公司的生力军、中哈文化的传播者和中哈友谊的纽带。

中油阿克纠宾公司履行社会责任的诸多举措赢得了善良豪放的哈萨克斯坦各族人民的信任和赞扬。他们感动地说："中国石油公司不仅救活了我们的油田，还给老百姓做了那么多实事，我们欢迎这样的投资者！"鉴于为哈萨克斯坦社会做出的杰出贡献，中油阿克纠宾公司三届总经理汪东进、王仲才和徐可强都被哈萨克斯坦总统纳扎尔巴耶夫授予"友谊勋章"。2009 年，该公司荣获哈萨克斯坦"义务杯"企业社会责任竞赛年度最佳社会项目银奖。2010 年 12 月 21 日，该公司总经理徐可强从哈萨克斯坦总统纳扎尔巴耶夫手中接过哈萨克斯坦 2010 年度企业最佳社会贡献金奖，这是哈萨克斯坦有史以来首家外资企业获得这一殊荣。

可以说，中油阿克纠宾人的特殊贡献，赢得了中哈两国人民和政府的尊重。2001 年，时任中国国务院总理朱镕基访哈时把阿克纠宾项目称为"中哈经济合作的典范"；2002 年，哈萨克斯坦总统纳扎尔巴耶夫访华时称之为"中哈合作的典范"。

耸立在阿斯塔纳的市中心、充满中国风情的北京大厦更是一个生动的例证。2008 年 12 月 12 日，由中油阿克纠宾公司兴建的北京大厦在哈萨克斯坦首都阿斯塔纳开业，纳扎尔巴耶夫总统成为第一位尊贵的客人。开业的当天，《哈萨克斯坦真理报》进行了重点报道，文章的标题是"中哈关系得到加强"。

中油阿克纠宾公司的社会责任投入也使我们坚定一点，中哈两国虽然在经济合作领域偶尔会出现一些摩擦，但这些问题都可以在双方友好协商的基础上加以解决。中国石油在哈萨克斯坦所奠定的深厚社会基础，会成为其在哈萨克斯坦顺利展开经营活动的有力保障。与此同时，中国石油在哈萨克斯坦的社会责任投入会进一步促进中哈两国友好关系的巩固。

3. 政策建议

我们从企业和政府两个层面提出了关于如何加强企业在海外社会责任投入管理的建议。

1）企业层面

一是企业应进一步提高海外社会责任意识，树立负责任的文化价值观，把承担社会责任作为增强企业国际竞争力和软实力的有效途径，把企业商业战略和社会责任结合起来，使二者互相支持。根据麦克波特的理论，企业应当增强社会责任的经济效益和社会效益的重合，如对当地教育的投入可以很好地为企业未来储备人才，是一举两得的举措。

二是企业应了解和熟悉国际企业社会责任评价标准，增强企业国际化经营能力。这些标准和准则都是我国企业国际化发展过程中可能会遇到的障碍。我国企业应在充分学习和遵守国际标准的基础上，将其应用在对外投资合作的活动之中，提高企业社会责任质量。并且完善企业社会责任制度建设，建立专门的企业社会责任监管部门，将社会责任文化建设与企业日常工作相融合。

三是企业除了与当地政府建立关系之外，更多地应与当地社区、民族部落、工会、行业协会及媒体等利益相关者维持良好关系，促进当地对中国企业和中国人民的了解，增进感情。这些举措都有利于为企业海外经营创造和谐氛围，降低海外经营风险，对于中国对外投资合作的顺利开展十分有益。

2）政府层面

一是加强制度建设。目前，中国在企业社会责任实施机构的设置和实施标准的制定上都十分薄弱。政府应进一步发挥政策导向职能，要求企业遵守当地法律法规，加强对中资企业经营行为的指导和监督，制定海外企业投资管理办法，将企业社会责任作为考察企业海外投资发展的重要指标，不断完善对境外投资企业社会责任行为的绩效评估和检查。

二是进一步完善相关法律法规。目前，我国对外投资法律法规还不健全，尤其是在对外投资环境和环境保护方面。今后政府应继续加强法律制定工作，为我国企业海外社会责任活动提供监督和管理依据。

三是政府除了继续组织专家参与企业社会责任国际标准的制定，增强中国在企业社会责任问题上的国际话语权之外，还应根据中国企业"走出去"的现实需要，制定中国版本的企业社会标准。

四是政府应继续为我国企业对外投资合作活动提供相关服务信息，帮助企业熟悉当地投资合作环境，为我国企业海外履行社会责任保驾护航。我国各驻外使领馆也应充分发挥熟悉当地情况的优势，为我国企业提供帮助和指导，并在企业遇到纠纷或困难时及时协助解决。

3.5.3　新常态下中国企业对外投资的新模式——境外经贸合作区

1. 中国境外经贸合作区的兴起

境外经贸合作区是指在境外有条件的国家或地区建设或参与建设的基础设施较为完善、产业链较为完整、带动和辐射能力较强、影响力较大的工业、农业或服务业园区，以吸引中国或其他国家企业投资兴业。

产业园区建设是中国改革开放以来经济快速增长的重要经验，是"中国模式"的重要特征。伴随着中国企业"走出去"步伐加快，国内建设工业园区的经验开始向全球复制，影响力和作用不断增强。近年来，有40多个国家提出希望中国与其共建合作区。境外经贸合作区与所在国在经济、政治、社会、文化等领域的深入合作，使合作区模式受到东道国政府和当地社会民众的认同，成为中国发展模式、管理理念、文化和价值理念等软实力输出的重要渠道和"走出去"的重要名片。

中国政府支持有实力的企业到境外开展多种形式的互利合作，以促进与东道国的共同发展。中国企业在境外投资建设经贸合作区，以企业为主体，以商业运作为基础，以促进互利共赢为目的，主要由企业根据市场情况、东道国投资环境和引资政策等多方面因素进行决策。通过建设经贸合作区，吸引更多的企业到东道国投资建厂，增加东道国就业和税收，扩大出口创汇，提升技术水平，促进经济共同发展。

境外经贸合作区契合所在国经济和产业发展诉求，成为"一带一路"倡议的重要抓手，也是中国实现产业结构调整和全球产业布局的重要承接平台，并让世界理解了中国共赢的投资理念。境外经贸合作区对于促进中国企业特别是中小企业"走出去"作用明显。中国"走出去"企业往往对国外政治制度、政策法律、语言文化不熟悉、不适应，也面临着工业基础设施薄弱、产业配套差、水电路等外部配套条件不足等诸多困难。合作区为中国企业"走出去"搭建公共平台，积极拓展海外发展空间，为发挥产业集群和投资规模效应效益创造了条件，以便实现互补协同、共同抵御风险，对推动中资企业"走出去"具有较强的带动作用。

2. 中国境外经贸合作区的基本情况

自 2006 年以来，商务部会同有关部门，积极推动企业建设境外经贸合作区，制定合作区考核办法，开展合作区确认考核和年度考核工作；制定了关于加强合作区风险防范工作有关问题的通知；完成了与朝鲜、柬埔寨、白俄罗斯、马来西亚、老挝、印度尼西亚、赞比亚、埃塞俄比亚、匈牙利等国家政府商签合作区协定；在广交会、宁波浙洽会、厦门投洽会、南宁东盟博览会上开展了合作区招商活动；举办了合作区所在国相关人员培训活动等。

1）整体情况

目前中国企业正在建设 75 个境外经贸合作区，其中 17 个合作区通过了确认考核，分别是：巴基斯坦海尔-鲁巴经济区、泰中罗勇工业园、柬埔寨西哈努克港经济特区、越南龙江工业园、赞比亚中国经贸合作区、埃及苏伊士经贸合作区、尼日利亚莱基自由贸易区-中尼经贸合作区、埃塞俄比亚东方工业园、俄罗斯乌苏里斯克经贸合作区、中俄托木斯克木材工贸合作区、俄罗斯龙跃林业经贸合作区、中俄农业产业合作区、匈牙利中欧商贸物流园、中国·印度尼西亚聚龙农业产业合作区、中匈宝思德经贸合作区、乌兹别克斯坦"鹏盛"工业园、老挝万象赛色塔综合开发区（表 3-1）。

表 3-1　17 个通过确认考核的中国境外经贸合作区区位分布情况

序号	名称	所在地区
1	巴基斯坦海尔-鲁巴经济区	巴基斯坦拉合尔市
2	泰中罗勇工业园	泰国罗勇府
3	柬埔寨西哈努克港经济特区	柬埔寨西哈努克省
4	越南龙江工业园	越南前江省
5	赞比亚中国经贸合作区	赞比亚铜带省
6	埃及苏伊士经贸合作区	埃及苏伊士湾
7	尼日利亚莱基自由贸易区-中尼经贸合作区	尼日利亚拉各斯州

续表

序号	名称	所在地区
8	埃塞俄比亚东方工业园	埃塞俄比亚杜卡姆市
9	俄罗斯乌苏里斯克经贸合作区	俄罗斯乌苏里斯克市
10	中俄托木斯克木材工贸合作区	俄罗斯托木斯克州
11	俄罗斯龙跃林业经贸合作区	俄罗斯犹太自治州、滨海边疆区
12	中俄农业产业合作区	俄罗斯滨海边疆区
13	匈牙利中欧商贸物流园	匈牙利布达佩斯市
14	中国·印度尼西亚聚龙农业产业合作区	印度尼西亚加里曼丹岛、苏门答腊岛
15	中匈宝思德经贸合作区	匈牙利东北部包尔绍德州卡辛茨巴茨卡市
16	乌兹别克斯坦"鹏盛"工业园	乌兹别克斯坦共和国锡尔河州
17	老挝万象赛色塔综合开发区	老挝首都万象市

资料来源：商务部境外经贸合作区专题网站资料收集整理

2）区位分布特点

中国境外经贸合作区大都分布在与中国地理接壤或有友好经济往来和深厚友谊的周边国家。由表 3-1 看出，中国境外经贸合作区选择发展的区位并不是随机的，都是企业结合自身优势与当地有利资源做出的决策。例如，巴基斯坦、柬埔寨、泰国这类国家，地理上与中国接壤或接近，其有着较低的劳动力成本和亟待开发的市场；而赞比亚、埃塞俄比亚等一些非洲国家，其拥有丰富的自然资源，并且与中国政府保持着友好合作关系与政治经济往来。境外经贸合作区的区位选择主要有以下考量因素：地理距离、政府间政治关系、东道国的投资环境、劳动力、自然资源和市场。

首先，中国境外经贸合作区处于探索阶段，选择地理上与中国接壤或接近的国家，便于开展合作区建设工作和企业前期运营工作，地理距离的考量符合传统国际贸易的"引力模型"。其次，这些国家与中国有着深厚的友谊和良好的政治经贸关系，中国企业在这些地方开展投资活动可以避免海外投资的政治风险。同时，这些国家非常欢迎来自中国的投资，当地政府为中国企业提供投资便利。最后，中国企业可以利用当地的劳动力和自然资源，继续保持中国商品的价格优势，亟待开发的市场也为中国企业提供了广阔的产品销售渠道。

3）产业选择特点

从表 3-2 可以看出，中国 17 个通过确认考核的境外经贸合作区的产业选择主要集中在相对于发展中国家具有比较优势的纺织、家电、机电、微电子等产业，另外也有资源开发和农业加工等产业。巴基斯坦海尔-鲁巴经济区由青岛海尔集团电器产业有限公司领投，以家电产业为主。柬埔寨西哈努克港经济特区由江苏太湖柬埔寨国际经济合作区投资有限公司与柬埔寨国际投资开发集团有限公司共同组建，地处东南亚交通枢纽位置，拥有较低的用工成本和宽松的贸易环境，使得江苏的产品快速在该区域流通，并走向国际化。中国有色矿业集团有限公司在非洲赞比亚投资的谦比希园区是基于矿产资源的工业园。俄罗斯乌苏里斯克经贸合作区由康吉国际投资有限公司投资 20 亿元建设，将成为中国鞋业打造国际品牌、辐射全球的一个重要根据地。

表 3-2   17 个通过确认考核的中国境外经贸合作区产业选择情况

序号	名称	产业
1	巴基斯坦海尔-鲁巴经济区	家电、纺织、建材、化工等
2	泰中罗勇工业园	汽配、机械、建材、家电、电子等
3	柬埔寨西哈努克港经济特区	纺织服装、机械电子、高新技术等
4	越南龙江工业园	轻工、纺织、建材、化工、食品等
5	赞比亚中国经贸合作区	谦比希园区以铜钴开采、冶炼、加工为主导产业；卢萨卡园区以商贸服务、现代物流、房地产、加工制造、新技术为主导产业
6	埃及苏伊士经贸合作区	纺织服装、通用机械、汽车、高低压电器、配套服务等
7	尼日利亚莱基自由贸易区-中尼经贸合作区	加工制造、商贸物流、石油仓储等
8	埃塞俄比亚东方工业园	轻工、纺织、冶金、建材、机电等
9	俄罗斯乌苏里斯克经贸合作区	轻工、机电、木业等
10	中俄托木斯克木材工贸合作区	木材加工、销售，建筑材料销售服务等
11	俄罗斯龙跃林业经贸合作区	森林采伐、木材初加工和精深加工等
12	中俄农业产业合作区	农产品生产加工、仓储服务、农业生产配套等
13	匈牙利中欧商贸物流园	商贸、物流等
14	中国·印度尼西亚聚龙农业产业合作区	油棕种植开发、精深加工、收购、仓储物流
15	中匈宝思德经贸合作区	化工、生物化工、聚氨酯化工
16	乌兹别克斯坦"鹏盛"工业园	瓷砖、制革、制鞋、手机、水龙头阀门、宠物食品和肠衣制品等
17	老挝万象赛色塔综合开发区	能源化工、农畜产品加工、电力产品制造、饲料加工、烟草加工、建材科技、物流仓储等

资料来源：商务部境外经贸合作区专题网站资料收集整理

总体而言，入驻境外经贸合作区企业的投资项目往往会结合入驻企业类型和所在国家或地区的国情和资源条件，因此不同地区的境外经贸合作区的产业分布兼具东道国和本国产业发展的特色。例如，分布在俄罗斯乌苏里斯克的经贸合作区，吸引了以温州民营企业为主的国内企业入驻，所涉及的投资项目以鞋类、服装、家具、皮革、木业、建材等产业为主；分布在非洲的经贸合作区以金属冶炼、陶瓷烧制及制造业为主要发展产业，充分利用了非洲当地丰富的矿产资源、木材、橡胶等自然资源和低锐、少限制的优越贸易条件。在东南亚建设的经贸合作区以服装纺织、机械电子、建材等劳动密集型产业为主，充分利用当地劳动力价格低的优势。

3. 中国境外经贸合作区的功能

境外经贸合作区是我国对外直接投资的一种创新模式，深化了我国与东道主国家的双边务实合作。它为企业搭建起分享国际市场资源和参与国际经济合作的平台，使我国出口可以有效地绕过贸易壁垒，减少贸易摩擦。同时，境外经贸合作区还能为企业消化过剩产能、缓解国内生产经营成本压力等提供有效渠道（李春顶，2008；赵星，2015）。

1）境外综合公共服务平台

首先，境外经贸合作区为入区企业提供高效和高水平的园区管理服务，搭建企业集群式国际化发展平台。合作区建立规范园区管理制度，增强园区团队建设，为入区企业投资运营提供政策法律咨询、优惠政策申请、投融资服务、商业注册、规划设计咨询、物流清关等"一站式"服务，解除了企业的后顾之忧。

其次，完善基础设施条件，节约企业自身基建大量投资，使企业可以集中精力从事主业经营。合作区主要负责园区"七通一平"等基础设施建设，同时进行配套服务用房以及工业厂房"孵化器"等建设，为我国中小企业入驻开展生产创造良好的环境，克服了外部配套条件制约，降低了企业建设成本和难度，缩短了投资周期。

最后，帮助企业"集体出海、抱团取暖"，有效增强了应对风险的能力，有利于争取所在国优惠政策。合作区改变了企业各自为战的局面，实现"抱团出海"，加强了我国企业对当地政府、社会的整体影响力，提升了话语权，形成了"避风港"，有效抵御了可能面临的政局动荡、社会安全和政策变动等风险（Bräutigam and Tang，2014）。

2）多形态功能服务平台

中国境外经贸合作区虽然没有固定的发展模式，但是从各个园区的发展情况和主导产业来看，其为中资企业提供了多形态的功能服务平台（肖雯，2014），具体可以划分为以下三类。

第一，市场寻求型。该类型的合作区企业拥有特有的生产技术优势且国内市场已经进入成熟期。而合作区的东道国自身市场需求大，且相关生产要素成本较低，有利于中国企业的专业化生产和经营，提高劳动生产率，扩大企业品牌效应，提升企业的国际竞争力。例如，巴基斯坦海尔-鲁巴经济区以家用电器制造业为主。

第二，出口导向型。该类型的合作区以出口加工贸易为主导产业（如纺织服装和家具等产业），园区所在东道国在国际贸易中关税偏低，产生的贸易摩擦相对较少，也较少受到反倾销、反补贴的限制，如俄罗斯乌苏里斯克经贸合作区。

第三，资源开发型。该类型的合作区以东道国特有优质的自然资源和能源为基础，吸引着中国因资源短缺而发展受阻的企业。中国企业在进入该类合作区时会考量东道国资源禀赋的程度、牵头企业和当地政府间关系的密切程度及劳动力成本，如中俄托木斯克木材工贸合作区和赞比亚中国经贸合作区。

3）产能合作与社会责任

境外经贸合作区契合所在国发展诉求，是中国实现产业结构调整和全球产业布局的重要承接平台，为国内经济结构调整创造空间，有力地推动了装备"走出去"和国际产能合作。非洲、东南亚地区资源丰富，并处于快速城镇化过程中，对钢铁、水泥、电解铝等需求旺盛，国内优势产能转移到这些地区有广阔的市场空间。

一方面，通过境外经贸合作区建设，我国建立了有效利用境外矿产、油气、森林、农业等各类资源的渠道，有利于保障海外资源的长期、稳定供应；另一方面，境外经贸合作区立足于资源综合开发利用，有力地回击和驳斥了一些国际舆论认为我国开展境外资源合作是"掠夺资源"、搞"新殖民主义"的不实之词。境外经贸合作区定位于加强资源综合开发利用，发展下游生产加工，增加资源产品附加值、推动东道国经济和产业发展，把更多利益留在当地，留给当地人民，是一种互利共赢的合作。

境外经贸合作区的发展有力地促进了当地经济的发展，履行了企业社会责任，树立了中国企业负责任形象，巩固和深化了中国与相关国家的友好关系。合作区为东道国带来了巨大的经济产值和税收收入，并创造了大量的就业岗位。合作区还通过积极参与社会公益活动，如赞助修建市政道路，援建校舍、图书馆和体育文化设施，捐助公益基金，组织语言和技能培训及文化交流等活动，在所在国政府和社区民众中树立了良好口碑，得到社会舆论的好评。

4）"一带一路"的重要抓手

自党中央和国务院提出统领未来我国对外开放的"一带一路"倡议以来，"一带一路"倡议得到沿线国家积极响应，已成为兼顾各方利益、反映各方诉求的共同愿望。境外经贸合作区作为"创新商业运作模式"，受到国家高度重视，在对外投资合作中发挥重要作用，将大力推动发展，引导国内企业"抱团出海"、集群式"走出去"。

"一带一路"沿线国家和地区大多处在工业化进程初期，市场潜力巨大，吸引外资意愿强烈，境外经贸合作区将成为"一带一路"的重要抓手，深化与沿线国家的产业合作，促进高效、顺畅的区域价值链连接，使我国与沿线国家合作更加紧密，利益更加融合。通过产业通，带动道路通、政策通，从根本上促进贸易通、货币通，最终实现民心相通、和谐发展和合作共赢。

第4章　新常态下中国企业对外直接投资的经营理念和社会责任研究

4.1　中国企业对外直接投资的问题及研究目标

根据商务部的数据，2014 年，我国的对外直接投资总量首次超出了吸引外商投资总量，成为资本净投资国，实现了历史上的首次突破。2015 年我国对外非金融类直接投资创下 1 180.2 亿美元的历史最高值，同比增长 14.7%，超额完成全年10%的增长目标，实现我国对外直接投资连续 13 年增长，年均增幅高达 33.6%。2015 年末，我国对外直接投资存量首次超过万亿美元大关，大型项目显著增加，在境外经贸合作区建设、基础设施建设、对外承包工程等领域都有突出表现，这有效地促进了我国经济转型升级和对外合作互利共赢。随着我国"走出去"战略和"一带一路"倡议的逐步实施与深入推进，我国对外投资必将取得长期、更大的增长。

根据《中国对外投资市场报告——2015 年回顾》，中国对外投资总额规模最大的国家由高到低依次为美国、澳大利亚、马来西亚、法国、英国、新加坡、比利时、日本、意大利。由此可以看出，中国目前对外投资的目的地多集中于发达国家，这些国家对企业的社会责任要求往往较高，如果海外中资企业无法满足，则会给其经营失败埋下伏笔。

这种对外投资的"新常态"，既是机遇也是挑战。对于很多中国企业而言，在国外投资和经营，不仅要面临比国内复杂得多的国际经济、政治环境和市场规则，还要与先进的本土对手正面竞争。特别是当中国企业的经营理念、管理水平、治理结构和责任文化建设等方面还没有与国际接轨时，国际化与全球化之路就会更加曲折。

本书的主要目的是分析中国企业在跨国经营中可能遇到的经营理念和责任、

文化摩擦或冲突，研究分析全球公司经营理念和文化的转型及发展趋势，重点围绕全球公司如何形成跨越国界的文化，如何承担包括经济、社会和环境在内的全面责任，如何承担合规反腐责任、建立合规制度体系、形成合规文化等方面的内容，为中国企业建立适应全球价值链下的责任文化提出对策措施；研究如何为政府提供政策建议，推动对外投资管理体制改革，引导和规范中国企业提升经营理念和责任文化。本书不仅能够丰富企业社会责任理论，还能够帮助中国企业积极调整经营理念，适应新时期全球社会意识和竞争环境的新变化，降低对外投资的风险。

在研究过程中，遇到的一个问题是企业社会责任的理论基础与内涵并没有一个统一的框架。"企业社会责任"最早源于《管理的哲学》一书。从 20 世纪初期开始，企业社会责任受到消费者权益保护运动、劳工运动和环保运动的推动，逐渐由企业家的个人慈善行为发展成企业行为，并于 70 年代左右在全球范围流行开来。此后，涌现了大量研究企业社会责任的学者，他们对企业社会责任做出不同定义，争论的焦点是企业承担社会责任的理论基础和内涵，有的是从企业和社会的关系给出定义，有的是根据契约理论给出定义，有的是从伦理学的角度给出定义，有的是从管理学的角度给出定义。各种国际组织，如世界可持续发展工商理事会（World Business Council for Sustainable Development）、世界银行、欧洲委员会、联合国工业发展组织（United Nations Industrial Development Organization）、世界经济论坛、商务社会责任国际协会（Business Social Responsibility），也分别给出了自己关于可持续发展（或企业社会责任）的定义。

在研究过程中，遇到的第二个问题是企业的绩效与企业社会责任之间并没有一个明确的关系。引导企业提升责任文化，一个关键点是要说服企业承担社会责任，开发可持续发展战略，不会成为企业的一项负担，而会有利于企业的长期发展。但是从理论上说，一方面，企业承担社会责任可以为企业树立形象、开拓市场、降低融资成本，从而提升企业的绩效；另一方面，企业承担社会责任也可能会增加企业的负担，从而降低其绩效。

在研究过程中，遇到的第三个问题是促进跨国公司的企业社会责任与促进国内企业的企业社会责任存在差异。跨国公司中企业社会责任相对较自由，跨国公司可以主动选择重视哪些利益相关者（Phillips，2003），也可以自主选择采取何种活动，从而在极少变动现有结构的基础上实现最大化盈利。

针对上述问题，本书遵循以下研究思路：我们不想让研究陷入概念或各种企业社会责任策略类型的纷争中，正如 Carroll（1999）所指出的从 20 世纪 90 年代后期开始，关于企业社会责任的研究已主要从概念的定义方面转变到研究企业社会责任的实践模式和效果方面。我们总体的研究思路，是让实践说话，通过研究跨国公司的行为、研究发达国家的政府行为，从而总结提升我国"走出去"企业履行社会责任的策略和路径。本书重点关注的方向是各个行业、各大洲的跨国公司在社会责任方面具体都有哪些行为。对这些具体行为进行摘录，可以为我国的"走出去"企业提供具体的可操作的工具集，通过模仿和干中学可以最快地提升我国"走出去"企业在社会责任方面的实践水平。

从实践上看，跨国公司履行社会责任是普遍行为。与国际相比，中国企业的社会责任意识不强，社会责任方面的工作准备不足。这从企业社会责任报告的发布比例上可以得到佐证。KPMG 在 2015 年的企业社会责任调查报告显示，全球最大的 4 500 家公司中 73% 的公司发布了企业社会责任报告，其中最大的 250 家公司中，92% 的公司发布了企业社会责任报告。中国最大的 100 家企业中发布企业社会责任报告的企业比率为 76%，而英、法、日的比率都接近 100%，美国的比率稍低，为 86%。此外，润灵环球责任评级（Ranking CSR Rating，RKS）监测报告显示，2014 年 A 股年报披露期内，沪深两市只有 681 家上市公司在披露年度报告时，同步披露其年度企业社会责任报告（含可持续发展报告），只占沪深两市 A 股上市公司总数的 27.6%，披露比例仍处较低水平。

发布企业社会责任报告在一定程度上有助于企业提高绩效，因此在企业社会责任方面有优异表现的企业一般都有动力，通过企业社会责任报告向社会展示它们在企业社会责任方面取得的成就。这也给我们的研究提供了一个契机，我们可以通过研究跨国公司的企业社会责任报告，从而总结它们在企业社会责任方面的实践。为了提炼企业社会责任报告中的有用信息，我们通过文献调研，试图理解跨国公司履行企业社会责任的主要动机、策略和趋势，从而提炼出调研跨国公司企业社会责任报告需要关注的重点。

从文献上看，跨国公司履行企业社会责任的主要动机可能至少包括：①迫于母国及东道国政府、国际社会及民间团体、贸易伙伴、同行等各利益相关者的压力或自身的意识（吴先明和周伟，2009）；②为了改善企业形象，获得竞争优势和回报；③企业社会责任的制度化不仅发生在社会层面，也发生在跨国企业的内部（Bondy et al.，2012）；④企业社会责任行动可以从降低成本和风险、创造竞争优势、提高声誉和合法性以及获得双赢结果四个方面为企业创造价值；⑤在政府关系对企业经营活动至关重要的国家，跨国企业会通过履行企业社会责任来处理与当地政府的关系；⑥改善业务绩效，改善与利益相关者的关系，提高企业的合法地位。

总体来说，跨国公司履行企业社会责任的主要动机来自强制压力、模仿压力、规范压力和管理者的决定（DiMaggio and Powell，1983；King and Pearce，2010）。强制压力来自政府的规制，模仿压力来自同行，规范压力来自社会，管理者的决定来自企业决策者的理念。同时企业社会责任创新能够帮助企业利用社会问题发现未满足的需求、开发新市场、实现企业自身的提高。跨国公司具有规范压力不明显、强制压力较小、跨国的性质，从狭义的投机利益及广义的创新动力上来看，企业社会责任建设能为跨国公司在打开市场、获取经济利益、提高声誉等方面带来机会、创造条件。

在跨国公司如何履行企业社会责任方面，研究主要集中在企业社会责任策略的选择上，包括母国与东道国标准之间的选择，以及全球化标准和差异化标准的选择。例如，经济制度距离、法律制度距离、文化制度距离、进入模式、经营经验，以及制度逻辑（而非策略逻辑）等决定了跨国公司在东道国的企业社会责任策略；全球化的企业社会责任策略会影响地方化的战略，但影响力会被稀释；通过战略性企业社会责任来帮助其子/分公司在东道国获得合法性；采取与东道国制度环境相一致的边缘价值与企业的核心价值相搭配的方式履行企业社会责任（Tan and Wang，2011）；分支机构会权衡母公司的内部合法性与东道国的外部合法性来选择最有利的企业社会责任策略；公司治理的因素对不同企业社会责任策略的影响以及地方响应型企业社会责任策略向跨国（综合）型企业社会责任策略的转变（Filatotchev and Stahl，2015）；通过等级机制、关联机制、文化机制和协作机制等四种机制，实现横向企业社会责任管理策略；横向企业社会责任结构（策略）有利于企业总部与分支机构的整合；在供应链中如何履行企业社会责任战略及其经济影响；通过"买入企业社会责任"来改善跨国企业的企业社会责任的履行情况。

根据上述分析，我们从以下几个方面对样本跨国公司的企业社会责任行为进行总结：外部约束、合规、可持续产品与服务、工作环境、保护环境与能源、公民责任。其中外部约束主要是指跨国公司面对的全球性契约、地区/国家性契约、行业性契约、非营利性组织的监督；合规主要是指跨国公司履行企业社会责任的主要内部架构和流程；可持续产品与服务是指企业产品设计、生产过程中节能环保的战略和措施；工作环境主要侧重于劳工的权利；保护环境与能源主要是指企业的产品对环境的影响；公民责任则侧重于企业对社区发展的贡献。本书对16个行业的跨国公司的企业社会责任行为进行了总结。

此外，在国家政策研究方面，我们注意到企业社会责任具有多重含义，其中既有法律责任也有道义责任。如果我们把企业的法律责任和道义责任混淆，企业被强制着也去承担道义责任，这不但不利于企业道义责任的生成和发育，反而会导致企业因为反感政府的行为而更加不愿意承担道义责任，导致企业社会责任缺失的恶性循环。但是学术界和国际组织对企业社会责任没有一个统一的定义，事实上企业社会责任的含义本身也是不断变化的，企业社会责任的概念发展过程伴随着企业社会责任的法制化过程，如早期企业社会责任运动提出的消费者保护问题、劳工问题、环境问题都渐渐从软法变成了硬法。因而企业社会责任是一个有时间维度的变量。政府推动企业社会责任必须考虑到它的这个特点，不能操之过急。本书主要研究思路是：首先梳理我国政府在企业社会责任方面的主要法律与举措；其次根据国际上发达国家推动企业社会责任的经验总结，找出政府可用的工具集；最后通过对标于欧盟推动企业社会责任发展的主要进程，给出我国政府推动"走出去"企业提升企业社会责任实践可以采取的行动路线图。

4.2　中国"走出去"企业的企业社会责任调研分析

研究期间，在"走出去"企业可持续发展的实践情况方面，重点调研了中国国际工程行业的企业，发现它们主要在欠发达国家和地区开展业务；同时本书子课题的负责人和主要成员随总课题组深入走访调研了一些知名的、国际化程度较高的国企和民企。国企包括中国中车、中铁建、中信银行等，民企包括吉利、华为、碧桂园、美的等。本节选择对中信银行、华为、吉利进行案例分析。华为和吉利作为优秀民营企业的代表，对外投资主要集中在较发达国家，反映了企业社会责任对中国企业在较发达国家投资和经营管理的重要性。而中信银行作为国有股份制银行，体现了企业社会责任在银行国际化经营中的特殊意义。所以本节选择的案例既有代表性，又有综合的考虑。对中国国际工程企业的分析则侧重于整个行业的特点、共性和问题。对中信银行、华为、吉利的案例分析将主要从外部约束、合规、可持续产品与服务、工作环境、保护环境与能源、公民责任等六个方面进行展开。

4.2.1　中国国际工程企业

1. 国内相关规制情况

国内目前对中国国际工程企业履行社会责任的有关规制主要包括以下几类。

（1）行政法规：《对外承包工程条例》（国务院令第 527 号）、《对外劳务合作管理条例》（国务院令第 620 号）。

对于违反行政法规中规定事项的，对违反主体在法律责任上采取的惩罚措施有不超过 100 万元的相应罚款、没收违法所得、资格吊销等。

（2）部门规范性文件：《商务部、外交部、发展改革委、公安部、国资委、安全监管总局、全国工商联关于印发〈境外中资企业机构和人员安全管理规定〉的通知》（商合发〔2010〕313 号）、《对外承包工程项目投标（议标）管理办法》（商务部 银监会 保监会令 2011 年第 3 号）、《商务部关于印发〈对外承包工程行业社会责任指引〉的通知》（商合函〔2012〕779 号）、《中国银监会关于印发绿色信贷指引的通知》（银监发〔2012〕4号）、《商务部、外交部、国资委关于规范对外承包工程外派人员管理的通知》（商合函〔2015〕877号）。

（3）行业规定及其他：《中国对外承包工程和劳务合作行业规范（试行）》（2000年2月18日，中国对外承包工程商会发布）、《对外承包工程项目投（议）标协调办法实施细则》（2000年5月1日，中国对外承包工程商会发布）、《中国企业社会责任报告编制指南》、《中国对外承包工程企业社会责任绩效评价管理办法》（2012年6月7日，中国对外承包工程商会发布）。

上述规制文件对中国国际工程企业在实施国际业务中涉及维护国家利益和社会公共利益，保障外派人员的合法权益做出了原则性要求。其中对以不正当的低价承揽工程项目、串通投标或者进行商业贿赂行为、分包质量安全行为、外派人员保险及劳动合同保护违规等问题做出了惩罚性规定。

在指导企业正确履行社会责任方面，2012年实施的《中国对外承包工程行业社会责任指引》对社会责任定义及原则、社会责任管理、核心议题等内容进行了规定。2009年发布的《中国企业社会责任报告编写指南（CASS-CSR1.0）》对企业社会责任报告编写内容进行了规范，2012年启动了分行业新版编写工作，其中建筑业指南于2014年10月正式出版。2012年出台的《绿色信贷指引》明确提出要求银行业有效开展绿色信贷，大力促进节能减排、环境保护，对于发挥银行业引导社会资金流向绿色环保方向配置资源具有重要意义，其中对中资银行对海外项目授信安排也提出了遵守国际规则及当地安全环保、健康方面的规定。2012年出台的《中国对外承包工程企业社会责任绩效评价管理办法》系行业协会针对国际工程业务特点及指引要求对企业社会责任工作设立指标体系、评分标准，进行分级评价。整个评分体系相对较为严格，旨在对行业内企业的工作效果进行绩效评价，评价不设名次限制，而是根据评分分值将企业分为社会责任领先型、进取型、达标型和准备型四个等级。

2. 企业社会责任实践整体情况

2010年，中国对外承包工程商会首次向海内外发布企业社会责任报告，2012年出台的《中国对外承包工程行业社会责任指引》，体现了外部市场对国际工程企业履行社会责任的需求，也标志着中国国际工程企业开始正式重视并提倡发展此项工作。该指引的推出较社会责任国际（Social Accountability International，SAI）2001年发布的SA 8000国际社会责任标准滞后达十余年，中国国际工程企业在履行社会责任方面刚刚起步发展，社会责任工作在行业内的普及程度及相关法律法规等需要长期通过实践工作去提炼规范。

根据2015年对外承包工程企业社会责任绩效评价结果，仅有16家企业达到社会责任领先型评分标准、15 家企业达到成长型评分标准。申报参与评级的企业往往是社会责任工作相对比较自信的单位，而中国国际工程业务的企业数量为 4 000 多家，仅 31 家企业进入评级并达到准备型及以上水平，这一方面说明行业内企业对社会责任工作的整体重视度有限，参与度较低；另一方面说明行业内企业的社会责任工作距离评价要求存在较大差距，客观上反映了中国国际工程企业的社会责任工作整体水平较低。

中国国际工程企业在从事国际业务时，因履行社会责任不当，不仅会导致国际工程项目的直接经济损失，也会带来巨大的社会负面效应，限制和阻碍企业在当地继续发展，也给其他中资企业在当地经营带来负面影响。例如，中国海外工程有限责任公司 2011 年与波兰的高速公路项目合同终止后，不仅公司被禁止三年内在波兰开展工程竞标工作，也使公司在欧盟其他国家的拟授标项目受到波及而被叫停，同时使其他中资企业在波兰项目投标资格审查时遭到严格对待。

中国国际工程企业是在 20 世纪 50 年代援外工程中起步并发展起来的大型央企和外经窗口型企业，"走出去"时间久，国际化程度相对较高，部分标杆型企业在社会责任工作方面意识较早，为适应国际化规则而早早建立了自身的社会责任工作体系，是行业内企业社会责任工作的引领者。在 2015 年绩效评选结果中，我们也看到具备领先型评分标准的企业已达到 16 家，反映出中国国际工程企业在履行社会责任方面存在部分标杆型企业。

3. 企业社会责任工作滞后的原因分析

1）监管因素

对于对外承包工程业务的监管，国家虽然制定了相应的行政法规，但对违法行为的惩罚措施相对较弱，部分违法行为的定性较模糊。例如，2008 年制定的《对外承包工程管理条例》，对于未取得对外承包工程资格而擅自开展工程业务的，最高罚款 100 万元；对于不正当低价承揽工程、串通投标或进行商业贿赂的，最高罚款 30 万元，对于拒不改正的，采取不高于 5 年的对外业务禁止处罚。2007 年中国对外承包工程企业完成营业额前 50 强的平均营业额为 5.5 亿美元，而这一数字在 2015 年已达到 17.42 亿美元，2008 年制定的条例不仅当年惩罚力度低，相对于当前国际工程项目动辄数亿美元的合同额而言，企业的违法成本则显得更低。对于不正当低价承揽工程这一违法行为的边界本身缺乏量化和定性的认定标准，也给监管执行造成困难。另外，中国对于国际工程业务违法企业的监管惩罚措施仅限于对外工程承包经营资格的限制性管理，这对企业本身的经营发展影响极为有限，对国际工程企业违法行为未构成强有力的制约。在监管环境相对滞后的情况下，中国国际工程企业整体上在满足法律法规这一必尽责任的基础上，社会责任水平要求与实际执行程度相对较低。

2）市场因素

中国国际工程企业开展业务所在市场主要在非洲等地区的发展中国家，当地国家的经济水平不高，主要以价格为决定因素，中国企业适应当地市场竞争环境，往往采取低价竞争的策略，在投标定价与实施过程中，为了赚取利润，自然极大地在人工费、设备费、材料费及管理措施费上压缩成本，这极易对劳动者的利益和客户的利益造成侵害。

同时，市场所在欠发达国家的法治环境也相对落后，政府治理不透明，交易成本极高，中国企业为了获取工程项目，从经济角度出发，很容易走上"寻租"的道路。

再则，国际业务劳动收入相比国内收入高，国内职工及劳务工人普遍对在国外工作的机会非常珍惜，而对自身的劳动保护需求大大减弱，为了保住境外工作机会，对一些不安全的作业环境和不健康的工作强度往往选择沉默，客观上造成部分国际工程企业在没有外部约束性的情况下牺牲劳动者的权益赚取工程利益。

中国国际工程企业内部对待市场因素的处理应对结果不同，形成了各企业间社会责任工作的差异，但行业整体还是受到市场因素影响较多，造成整体上履行社会责任不足的问题。

3）组织因素

国际工程业务以工程项目为单元，工程项目本身的特点决定了项目部必须在特定的时间、预算、资源限定内依据规范完成目标，形成了项目的功能效益目标性、资源约束性以及组织独立性和临时性特征，也决定了项目的管理者（项目经理班子）围绕项目目标开展相关活动时的专一性、功利性、短期性特点，而并不会像国际工程企业的总部那样，注重项目结束后对环境、社区、项目人员的后续影响。

长久以来，项目部与境外机构及总部机关在项目组织的成本安排上存在较多分歧，社会责任工作的职责推诿成为机构内部矛盾的焦点，而项目部是利润中心，如果职责与绩效分配处理不当，项目所在境外机构的社会责任工作将会很难开展。

社会责任的履行不仅存在于项目部和总部的目标问题上，在企业组织内部各团体间，只要绩效目标存在差异又缺乏统一的规范要求，就容易造成社会责任在组织内部的履行困难。

中国国际工程企业将社会责任工作融入整个组织管理体系的有效性的不同也决定了企业社会责任的效果存在较大差异。例如，中国建筑股份有限公司（简称中国建筑）等领先型标杆企业在组织体系上责任分工明确，取得了较好的实践效果。

4. 国内标准与国际主要标准的差异比较

除监管法规外，针对中国国际工程企业，国内制定的企业社会责任标准及相关规则主要是 2009 年发布的《中国企业社会责任报告编写指南》、2012 年实施的《中国对外承包工程行业社会责任指引》以及 2012 年出台的《绿色信贷指引》。

考虑到 SA 8000 专门针对人权、劳工保障，以下内容主要就相对综合的 ISO 26000 国际社会责任标准、联合国"全球契约"与《中国对外承包工程行业社会责任指引》进行标准比较。

《中国对外承包工程行业社会责任指引》在制定过程中借鉴了联合国"全球契约"和 ISO 26000 国际社会责任标准等国际标准的核心思想，因此在主体内容上与国际标准趋同。其原则及主要内容比较情况见表 4-1。

表 4-1　《中国对外承包工程行业社会责任指引》和 ISO 26000 国际社会责任标准的比较

《中国对外承包工程行业社会责任指引》		ISO 26000 国际社会责任标准	
原则	主要内容	原则	主要内容
（1）遵守法律法规	（1）社会责任管理	（1）尊重法治	（1）组织治理
（2）尊重利益相关方	（2）工程质量与安全	（2）尊重利益相关方的利益	（2）消费者问题
（3）透明和道德经营	（3）客户（业主）权益	（3）透明度	（3）人权
（4）坚持共同发展	（4）员工权益与职业发展（其中，包括"依据当地法律和惯例，建立劳资双方的协商机制，支持员工参与企业管理"）	（4）道德的行为	（4）劳工实践（其中，包括"结社和集体谈判的自由"）
（5）持续改善绩效	（5）供应链管理	（5）担责（强调责任影响的承担）	（5）公平运行实践
	（6）公平竞争	（6）尊重国际行为规范（强调避免同谋行为）	（6）环境
	（7）环境保护	（7）尊重人权	（7）社区参与和发展全球所有组织自愿参照执行和对外披露
	（8）社区参与和发展中国国际工程企业自愿参照执行和对外披露		

从表 4-1 中可以看到，在履行社会责任的原则方面，ISO 26000 国际社会责任标准比《中国对外承包工程行业社会责任指引》多了担责、尊重国际行为规范、尊重人权等三项，强调组织对社会环境影响的责任承担以及对法律原则之外的国际行为规范的尊重，包括坚持避免同谋行为。《中国对外承包工程行业社会责任指引》则相对强调了坚持共同发展、持续改善绩效两项原则。

在标准涵盖的主要内容方面，联合国"全球契约"主要针对人权、劳工标准、环境及公平竞争（反腐败）四个方面，少于 ISO 26000 国际社会责任标准及《中国对外承包工程行业社会责任指引》。其中，在涉及员工权益与职业发展方面，国际标准（ISO 26000 国际社会责任标准、联合国全球契约）均明确强调了结社自由和劳资谈判的基本权利，使国际标准的执行者在掌握国际工程所在地相关法规之前就已树立尊重员工结社自由和劳资谈判权利的意识，从而降低违规风险。而《中国对外承包工程行业社会责任指引》未提到结社的权利，只提出在当地依据当地法律和惯例，建立劳资双方的协商机制，这就需要中资企业自身在"走出去"后注意及时进一步掌握当地法律法规关于结社与劳资谈判的规定，避免错误行为发生。

总体上看，国际标准更加注重组织主动对社会、经济、环境影响的责任承担及接受监督，对人权、环境及公平竞争更加关注，并强调社会责任在产业链的延伸，避免同谋，责任意识更强，责任深度更广。

从国际工程项目业主（客户方）的需求来说，执行国际标准的工程公司更易获得其认可。这对于企业而言，执行国际标准也成为一项重要的竞争优势。但 ISO 26000 国际社会责任标准与《中国对外承包工程行业社会责任指引》均采取组织自愿参考原则，并不具备认证标准，因此在国际工程中，联合国"全球契约"由于其采取承诺式和可查询的特点，在公共信息方面给企业的正面帮助更大。

5. 中外企业在标准应用方面的执行比较

根据美国工程新闻纪要（Engineering News-Record，ENR），2015 年全球TOP 250 国际工程承包商中的前 50 名企业中，中国企业有 8 家，通过对这 8 家中国企业以及前 50 家企业的企业社会责任报告（或可持续发展报告）调研信息的进一步梳理和比较分析，中外企业间执行国际标准的异同情况如下。

（1）中国企业与其他企业一样在报告编制中遵循了全球报告倡议组织（Global Reporting Initiative，GRI）可持续发展报告指南。

（2）前 50 家最大的国际工程企业中，中国企业加入联合国"全球契约"的比例低于其他国家。中国企业入围 8 家，其中加入联合国"全球契约"的只有 3 家（中国中铁、中国铁建、国机集团），占比约为 38%，而剩余 42 家国外企业中加入联合国"全球契约"的有 24 家，占比约为 57%。

（3）虽然在企业社会责任报告中未做专门披露，但国际企业主要执行的企业社会责任标准为 ISO 26000 国际社会责任标准，而中国企业入围的 8 家单位中，专门披露参考 ISO 26000 国际社会责任标准的企业有 4 家，分别为中国交建、中国电建、中国建筑、国机集团。

（4）中国企业中 3 家企业披露经过中国社会科学院经济学部企业社会责任研究中心的报告评级，其中，中国建筑同时披露了第三方审验报告，其余 5 家企业未披露报告是否通过第三方鉴证；而其他国际工程企业均有毕马威、安永、德勤等国际知名会计事务所出具的鉴证意见（assurance statement）。

另外，中外企业在执行企业社会责任标准的宣传策略方面也存在一定的差异，国外的工程企业更加注重通过参加国际公益组织、披露企业伦理守则（code of conduct）、参加环保认证等间接方式披露企业所执行的社会责任标准。

关于企业伦理守则，只有中国交建披露了其海外业务员工合规行为准则，其他中国企业没有披露，而其他国际工程企业均在报告或网站上披露其企业伦理守则，并且更新发布。

关于绿色建筑认证事宜，中国企业未披露所参与项目是否获得世界有关绿色建筑组织的绿色认证；而其他国际工程企业大部分披露了在全球开展绿色建筑业务，获得相应地区的绿色认证情况：澳大利亚绿色建筑委员会的 Green Star 认证、德国可持续建筑委员会的 DGNB 认证、美国绿色建筑协会制定的 LEED 认证、英国建筑研究院的 BREEAM 评估、新加坡建设局的 Green Mark 认证等。

关于参与国际公益性非政府组织（Non-Governmental Organizations，NGO）的情况，中国企业未披露，而其他国际工程公司在这方面比较积极，披露了大量参与国际公益性 NGO 以及支持 NGO 活动的情况，如排名第二的德国霍克蒂夫公司（Hochtief）参与国际劳工组织（International Labour Organization，ILO）、反腐败相关的国际透明组织（Transparency International）以及有关国际环保组织的情况。

6. 国际标准规则的应用借鉴

通过上述标准内容与实践应用的比较分析，可以看到中国国际工程营业额最为领先的 8 家中国企业与国外其他国际工程企业相比，不仅国际营业额占比较低（前 50 家企业的国际营业额占企业本土及国际营业总额比重为 43.79%，其中 8 家中国企业的国际营业额占本土及国际营业总额比重为 14.39%，其他国家所属企业的国际营业额占比为 64.59%，中国企业的国际业务占比较低），在参与国际组织活动、企业承诺、国际绿色认证等方面均相对落后，有很多国际化经验值得借鉴。

1）把握国际标准与《中国对外承包工程行业社会责任指引》的内容异同点，主动提高责任意识

通过上述国际标准与《中国对外承包工程行业社会责任指引》的原则、内容上的差异性比较，ISO 26000 国际社会责任标准与国内标准《中国对外承包工程行业社会责任指引》存在一定的相同性，值得中国国际工程企业继续关注和推广应用。但同时通过上述分析可看到 ISO 26000 国际社会责任标准要求组织对社会责任的反应意识更加主动，并强调组织对其所造成的社会环境影响要承担责任，突出了主体责任意识，并且在尊重国际行为规范中强调避免同谋行为，这也是中国国际工程企业提升社会责任主体意识并延伸管理所要进一步关注的地方。

在人权与劳工保障方面，ISO 26000 国际社会责任标准及联合国"全球契

约"均做了更多篇幅的强调与细化，特别是关于员工结社自由以及劳资谈判权利的规定更加超前，对于避免劳资问题发生具有预防作用，值得参考借鉴。

2）制定企业准则和践行企业承诺

企业参与国际合作并获得国际相关方认可，较快的方法是执行国际共同标准与原则，并结合自身的企业发展特点做出相应承诺。结合国际先进工程企业经验，中国国际工程企业可以制定各自的企业准则并通过准则实施，向国际社会践行企业责任承诺。例如，2015年全球国际承包商排名第一的西班牙ACS集团根据其长期文化提炼向社会公布其诚信、专业、敬意的公司准则，并在实践中积极落实公司准则，得到了客户的普遍认可；2015年全球国际承包商排名第三的美国Bechtel公司采取问答手册的方式将企业运营中遇到的伦理性问题与企业要求的做法一一展现，在工作实践中具有较强的操作性，获得了利益相关方的认可。

3）积极争取第三方认证

中国企业虽然在有关绿色建造项目的完成质量上满足了相关绿色认证要求，但并没有寻求第三方机构认证，导致报告的公信力下降。国际工程市场相对而言是一个买方市场，基建工程的使用周期较长，买方对工程的质量要求通常较高，因此，买方在考察供应商的能力时，除了关注承包商以往业绩，也看重国际第三方公信机构的认证和鉴证。欧美等国际工程承包商在此方面就比较重视，积极落实有关认证并将其作为企业的标签和能力证明，这值得中国国际工程企业学习和借鉴。

认证的种类包括但不限于项目的绿色认证、企业工程师的专业能力认证、企业社会责任报告（可持续发展报告）的第三方机构鉴证、来自优质项目的业主（客户）的验收认证以及细分行业方面的专业认证，需要中国国际工程企业结合企业实际选择业务合适的认证、鉴证。

4）参与国际公益事务

与中国国际工程企业不同，欧洲企业普遍积极参与国际公益组织，并作为会员切实履行国际公益事务，通过国际公益组织关系传递企业品信、宗旨，获得正面宣传及赢得潜在客户。中国国际工程企业在国内参与的社会组织较多，但国内组织在国际的认可度并不高，另外，国际组织本身虽然是公益性，但少数公益组织也成为欧美工程企业的重要工具，以限制非会员的市场开拓。这需要中国国际工程企业予以科学甄别，在国家的统一指导下，寻找价值观相同的公益性组织并积极参与，获得正面效应。

7. 中外国际工程企业社会责任实践案例分析

在前文对国内外企业社会责任标准的内容比较与应用分析的基础上，本部分专门围绕ISO 26000国际社会责任标准及《中国对外承包工程行业社会责任指引》中共同的关于企业社会责任保障及7项主要议题（包括工程质量与安全、员工权益与发展、客户权益、供应链管理、公平竞争、环境保护、社区参与和发展）的中外国际工程企业实践做法进行案例分析（既有成功经验，也包含失败教训），进一步探寻中国国际工程企业社会责任提升的具体方法。

1）案例：中国建筑打造社会责任工作体系，建立组织保障

企业社会责任工作的有效推进首先离不开坚实的组织保障以及有力的考核机制，在中国国际工程企业实践中，中国建筑和中国中铁分别在社会责任工作体系建设方面和安全考核指标体系建设方面进行了实践融合。

中国建筑是全球最大的建筑地产集团，拥有 76 家二级控股子公司，主营业务涉及房建、地产开发、基建投资、设计勘察及国际工程承包等领域，业务分布 40 多个国家和地区。2014 年度完成营业额超过 1 100 亿美元，全球排名第二位。

为保障企业社会责任工作的有效推进，中国建筑专门建立了涵盖公司总部和成员单位的社会责任工作体系，其架构如图 4-1 所示。具体来说，公司总部建立社会责任委员会，由公司董事长和总经理亲自担任委员会主任和执行主任、分管领导担任副主任、各部门负责人担任委员，委员会负责领导公司整体社会责任工作；在社会责任委员会下设立专门的社会责任工作办公室，具体负责制定社会责任工作规划、管理制度，负责社会责任实践工作组织实施、对外交流、报告编制与发布等；将社会责任管理工作架构延伸到职能部门事业部一级，实现社会责任工作在系统各级组织全覆盖。

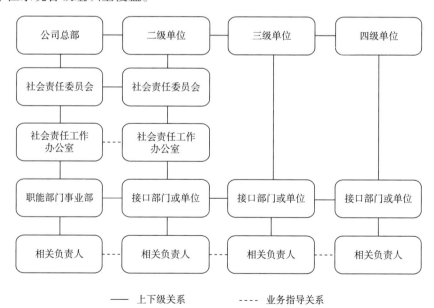

图 4-1　中国建筑社会责任管理工作架构

资料来源：中国建筑 2012 社会责任报告

中国建筑作为一家大型中央企业，组织庞大，而社会责任管理工作是一项系统工程，涉及企业的方方面面，需要联系法律合规、财务资金、人力资源、环境保护、安全生产、科技创新、企业文化、党委、工会等多个部门，中国建筑正是通过社会责任委员会和社会责任工作办公室的组织架构建设，一是使中国建筑的社会责任体系横向到边、纵向到底，自上而下地覆盖全系统部门、子公司、分公司、项目部，使社会责任相关的工作从部署到执行监督、反馈形成有效的组织链条，工作传递井然有序，避免了部门之间职责不清和推诿现象，也提高了上下级单位之间的传递效率，有力地保障了社会责任工作在庞大的企业内部组织实施；二是其通过常态化的体系工作，使社会责任工作不再是一种临时性工程，而是贯穿企业战略，融入日常经营的一项日常工作持续进行，使得中国建筑社会责任工作对外部环境变化做出的反应更加及时，现有工作得到不断的补充和优化，保障了社会责任工作的持续改进效果。

2）案例：中国中铁建立安全考核指标体系，加强责任考评

中国中铁是中国工程行业特大型企业集团，主营工程承包、设计咨询、地产金融及资源开发等业务，2014年度完成营业额超过1 130亿美元，全球排名第一位。

对于铁路施工企业而言，工程项目战线长、环境恶劣、作业人数多、安全威胁多，工地的安全生产是事关员工生命和企业健康持续发展的核心问题，也是企业履行社会责任的首要工作。对此，中国中铁为引导各级企业重视安全生产问题，建立有效的激励和约束机制，专门在业绩考核管理办法中将成员企业的业绩考核纳入"安全生产指标"，并提出对"造成严重社会影响的企业"进行特定考核。中国中铁业绩考核指标由预算指标、核心指标、发展指标和监控指标组成，根据成员企业特点，将企业安全生产指标的考核分为三类，对于第一类（工程施工类企业）、第三类（其他类别企业），将安全生产列为核心指标，对于第二类（金融、研究院类企业），将安全生产列为监控指标，对于出现安全生产问题的企业，在年度业绩考核中予以扣分或降级。中国中铁所属二级分公司、子公司相应将安全生产指标纳入下级考核中，逐级分解实施。

通过将安全生产指标纳入业绩考核的办法，中国中铁逐级分解安全生产责任，把责任和压力层层传递，明确到人，狠抓落实。通过严肃考核标准的执行，强化约束机制，提高各级领导干部的认识，督促各级主动堵塞管理漏洞，消除麻痹大意、拖而不办、得过且过的执行力衰减现象，警示各级管理人员尽职履责，维护和保障企业安全。这种方法从组织层面有效地保障了安全生产这一社会责任工作的持续有效开展。

3）案例：泰国海洋平台项目暴露安全生产意识缺乏问题

泰国某海洋平台制造项目是由美国某跨国石油公司在泰国湾投资开发并计划

于 2006 年 10 月 1 日正式出油的大型油田项目，也是中国某石油公司承接的中国首个国际海洋工程总包项目，该项目自 2005 年 2 月 15 日开工，工期 1 年，合同金额超过 5 000 万美元。

在项目的实施过程中，项目业主对安全生产管理要求极严，要求项目承包方执行严格的作业程序，而国内承包商并不熟悉国际安全质量与环境规则。经过反复多次修改和业主的帮助，国内总承包商所编报提交的项目健康、安全与环境（health safety & environment，HSE）风险管理的程序文件勉强通过。虽然报送文件得到批准，但国内承包商在生产中并无严格按照提交文件所列程序操作执行的意识，导致项目在执行中反复因安全程序而停止，严重影响工期进度并造成大额损失。除了在工程作业中，类似大型浮吊的安全验收程序不符导致大额罚金外，国内承包商也出现了因违规在施工船舶上吸烟而引发火灾的情况。最终，国内承包商不仅因项目工期严重滞后而被业主终止合同，产生巨大亏损，在后期项目中也被业主取消了投标资格，使中方公司履约信誉受到负面影响。

项目安全生产是工程质量的保障，主要包括 HSE 三个方面。在这个项目上，一方面 HSE 报告要求的精细化程度比国内更加严格；另一方面在项目实施过程中，HSE 报告要求的安全管理工序并不是停留在纸面上，而是严格执行，这对习惯中国内地安全管理的中国企业而言是巨大的困难，也暴露出中国企业在国际 HSE 方面的意识与经验不足。

4）案例：中国港湾多哈新港实施 HSE 管理体系，实现安全工时

中国港湾在多哈新港码头及内防波堤项目中，面对项目工期紧、规模宏大、施工组织复杂、分包施工接口多、项目参建者来自不同国家和地区的情况，如何在保证项目质量的同时，对 3 000 名参建者进行有效的 HSE 行为规范，保障安全生产，是公司面临的巨大挑战。对此，中国港湾组建了专职 HSE 团队，通过完善 HSE 管理体系，对作业人员进行专业的 HSE 培训，建立 HSE 作业环境，规范员工作业行为，确保了项目安全生产与成功交付。在项目管理过程中，中国港湾充分发挥管理和企业文化方面的优势，通过"创造奇迹，有你有我"的口号及安全活动营造精神文化，提升员工从"要我安全"到"我要安全"的意识转变，最后达到"我会安全"的境地。通过 QCS 2010、项目技术规格书 HSE 要求编制 HSE 管理体系文件并实施安全生产责任制等方式完善制度体系，通过坚持"安全第一，预防为主，综合治理"的方针引导员工程序化和标准化作业，培育员工良好的行为文化，通过在工地作业区设置警示标识、配备安全防护用品等方式打造物质文化，将 HSE 文化建设真正融入项目生产管理中，完成了 HSE 管理目标执行力由强制性到自觉性的转变，实现了多哈新港项目 10 005 695 个安全工时，有力地保障了员工的生命安全，凝聚了队伍，也进一步提升了中国港湾在卡塔尔和海湾地区的品牌影响力和竞争实力。

海港地区经济相对发达，不仅对工程交付质量结果要求较高，对工程作业的过程管控，特别是 HSE 非常严格，这也是中国国际工程企业在进入发达国家所必然面临的问题。中国港湾首先自身高度重视 HSE 工作，并充分运用企业的文化优势和国际化管理能力，将 HSE 管理充分融入生产过程，植入每个参建者的心中，真正将管理要求从管理者的工作任务变成参建者的自觉意识，以点带面，最终实现了工程项目顺利交付，效果显著。

5）案例：威海国际大力投资培训当地员工，实现社区共同发展

威海国际经济技术合作股份有限公司（简称威海国际）在刚果（布）针对当地劳动力资源丰富但职业技能缺乏的现象，通过投资创办职业技术学校、捐赠支持当地学校建设、工地现场培训传授经验等方式，在当地投资培训了大量木工、瓦工、钢筋工、架子工、给排水工、电气工、施工机械操作手等专业化技术工人，不仅解决了自身企业属地化所需的技术劳动力问题，也提升了当地居民的职业能力和就业能力，解决了当地居民的谋生问题，实现了企业自身与当地居民的共同和可持续发展。

员工是企业发展的重要资源，也是企业的利益相关方。企业在发展中应尊重和保护员工的权益。威海国际在刚果（布）尊重当地员工职业发展，通过属地化发展的方式在当地承包工程，不仅是单一工程项目的服务提供商，也是工程技能的传播方，这使当地员工这一重要利益相关方的发展权益得到保障，并与当地社区和谐共进，受到当地的欢迎，为企业在当地的可持续发展奠定了基础。

6）案例：西班牙 ACS 集团构建信息化客户关系管理系统

西班牙 ACS 集团是全球大工程承包商之一，2014 年完成营业额 461 亿美元，其中国际工程营业额以 387 亿美元排名全球第一位。作为国际大型工程承包商，ACS 集团认识到它的项目订单金额相对较大，客户数量相对集中并且单一客户的影响力都比较大，如果向某个单一客户提供的工程服务得不到对方满意，可能波及今后其他项目实施，甚至其他客户。因此，ACS 集团建立了客户管理制度并实施信息化客户关系管理系统支持客户管理工作，包括所属项目实施责任主体时刻关注客户需求、反馈客户问题，该系统不仅是客户投诉、反映问题的地方，也是接受客户建议和解答客户疑问、了解客户需求的地方。

除了客户需求互动外，ACS 集团也注重客户满意度调查，每天开展客户满意度调查工作，以了解客户管理工作的效果情况。通过实施客户关系管理系统，ACS 客户满意度逐年提高，2014 年调查结果为"满意"和"非常满意"的比例已达到 87.11%，而 ACS 集团对客户问题意见的反馈率达到 99.9%，其中客户对问题意见反馈的满意度达到 90%。

另外，除了运用客户关系管理系统保障满足客户需求外，ACS 集团也充分运用客户反馈信息，分析管理中的优势和问题，进行管理上的提高。例如，ACS 集

团一期调研分析发现，客户觉得 ACS 集团最需要关注的三个问题是：偶尔出现的工程进度滞后问题、对项目分包商和供应商的控制问题、工程项目质量和成本间的匹配问题，随即上述问题被 ACS 集团列为当年重点事项要求解决，使得 ACS 集团工程服务质量不断改善。

此外，ACS 集团通过客户需求系统，也积极向客户推荐最新的工程模式并主动向客户提出项目新建或改扩建建议，为客户服务的同时获得新项目需求和合约机会。

7）案例：巴布亚新几内亚某房建项目劣质材料暴露供应链管理问题

巴布亚新几内亚地处南太平洋地区，属于英联邦国家，首都莫尔兹比港。随着液化天然气项目的投资开发，该国经济持续向好，首都市中心的高档写字楼近年来也陆续开发。2013 年，中国某大型建筑企业承揽了市中心由巴布亚新几内亚社保局出资建设的写字楼项目，但在装修完毕后移交时，由于大楼监测出致癌物质引出项目建筑材料质量问题，引起当地的广泛关注，项目终止后由澳大利亚房建公司接手重新装修。

该项目所用装修材料的实验数据满足当地工程要求，但总承包商在后期材料管理上没有监督到位，供应链的质量管理出现漏洞，导致项目失败，使该中国企业最终背负了经济与社会责任方面的负面影响。该项目的经验教训：中国国际工程企业应树立百年大计、质量为先的经营宗旨，同时采取措施确保供应链安全，对客户负责。

8）案例：中国建筑联动协同打造责任供应链，实现合作共赢

供应链也是"伙伴链"，只有与合作伙伴发生"链式反应"，携手共同进步，双方的可持续发展之路才会越走越宽广。中国建筑秉承着这样的合作发展思想，坚持与优秀的合作伙伴建立全面、长期、稳定的战略合作关系，联动协同打造责任供应链。

中国建筑对供应商的选择是非常谨慎的，通过严格的供应商审核机制，2014 年，中国建筑供应商/分包商通过质量、环境和职业健康安全管理体系认证的比率达到 100%。同时，中国建筑也通过建立健全供应商保护机制，遵守运营所在地法律法规，保障供应商的合法权益。另外，中国建筑积极响应政府节能减排等各项可持续发展政策及客户需求，在确定开发方案及施工时，主动选择新材料、新工艺，淘汰浪费资源或存在严重污染的材料和供应方式，并尽可能对合作供应商的采购来源、生产过程、工艺流程、仓储和运输等环节中的环境行为进行监督和管控，加强进场材料的环保检测，在供应链的上下游传递可持续发展的价值观，实施负责任的采购。

所属中建三局总承包公司出台《供应商诚信评级管理办法》，对所有合作伙伴进行诚信评定，发放"诚信身份证"。"诚信身份证"详细列明供应商的诚信

等级、权利义务及有效期，结合供应商分级情况分别给予不同的采购条件。等级差的供应商将逐步被排除在外。

所属中海地产公司针对房地产项目的电梯设计、选型常由项目设计部门/建筑师完成而造成的电梯产品型号各异、种类繁多，既不利于供应商批量化快速生产，也不利于现场安装和后期保养维修的问题，专门对电梯的生产技术、使用状况进行深入调研，与供应商多次沟通，推出《住宅/商业电梯标准化设计方案》《电梯移交物业工作指引》等设计、施工标准，并联合战略合作伙伴三菱电梯、通力电梯进行电梯产品标准化研发，形成一整套标准化执行方案，极大地缩短了设计、生产、供货周期，提升了生产效率，降低了产品损耗和工程造价，有效地解决了难题，实现了与供应商的共赢（中国建筑股份有限公司，2015）。

9）案例：世界银行采购黑名单暴露中国工程企业的腐败问题

根据世界银行公布的工程采购禁入名单（世界银行黑名单），其中因涉及违反世界银行欺诈及腐败规定而禁入的中国企业有 35 家，其中含 2014 年新入名单企业 8 家、2015 年新入名单企业 18 家，突出了被世界银行查禁的中国企业数量增多的趋势，境外欺诈及腐败形势较为严峻。另外，世界银行黑名单企业以国有企业为主，包括中国交建（前身中国路桥总公司，禁入 8 年）、中国葛洲坝集团公司所属多个工程子公司（禁入 1 年）、中国水利电力对外公司（禁入 3 年）、中国江苏经济技术合作公司（禁入 3 年）、湖南建工集团（持续禁入）、中水电力发展有限公司（禁入 3 年）、大庆油田路桥工程有限责任公司（禁入 6 年）等大型中央企业、地方省级国有外经公司。

中国国际工程企业应加强纪律管理，建立反对商业贿赂的制度，在中资企业共同市场建立反对商业贿赂共识，促进建设公平市场，包括在国际市场开发中，与当地合作伙伴商签合作协议或代理协议时，将反贿赂条款纳入协议约定，约束项目开发的资金用途，避免商业贿赂行为。

10）案例：波兰 A2 高速公路项目暴露中方环保意识缺乏问题

波兰 A2 高速公路项目是由波兰共和国国道和高速公路总局组织的国际招标建设项目，项目因作为 2012 年欧洲足球杯联合举办国波兰境内连接西欧的重要交通通道而广受关注。2009 年中国中铁所属中海外公司组建联营体成功中标并签署其中两个标段的协议，总价 4.5 亿美元，成为中国中铁系统在欧盟国家首个大型工程项目。

作为中国企业在欧洲承揽的第一个大型基础设施项目，波兰 A2 高速公路项目在实施过程中受到了欧洲工程承包商、供应商、媒体舆论的联合围堵，并且中国企业本身存在对施工环境不熟悉、环保意识淡薄、语言、低价中标等问题以及项目合同条件苛刻等因素的影响，最终项目于 2011 年 6 月终止合同，中海外联营体与业主方进入诉讼程序，给中国中铁走入欧洲带来了巨大冲击。

波兰 A2 高速公路项目成为中国国际工程公司进入欧洲先进市场因水土不服而失败的典型案例，项目失败的因素很多，而其中也暴露出中国企业普遍的环保意识不足的问题。

该项目为设计—施工总承包项目，由承包商根据业主方招标文件中的包括设计在内的相关要求进行报价并在中标后组织详细设计与报批，并按设计批复组织施工。由于该项目为高速公路项目，为封闭道路，跨度大，在业主招标文件中提到承包商所提交的详细设计应符合当地环评报告要求，而招标期间环评报告正在编制过程中，这需要承包商与当地环保部门提前沟通，了解当地的环保要求及预计公路沿线的环评情况。但中国企业初入当地市场，并不了解当地的一般水平，在投标时仅按照标书中的有关环评最低标准取一定的上浮系数进行测算。例如，在 A 标段 8 处涵洞（动物通道）相应要求中提到涵洞尺寸为"$H >1.5$ 米，$D >2.0$ 米"，但报建设计时，环保部门要求实际尺寸达到了"$H >5.5$ 米，6.0 米$< D <16.0$ 米"远高于标书中的下限以及承包商上浮系数后的数值，造成施工成本倍增。

根据环评报告，中海外施工标段涉该路段沿途一共生存着七种珍稀两栖动物，包括珍稀蛙类及一种叫"普通欧螈"的动物。2010 年入冬前项目正值分秒必争的工程抢工期，但由于初期施工组织对环保预计不足，不得不在抢工期停下日常作业，赶在两周后当地降温结冰和蛙冬眠前，全体员工下工地池塘亲手帮助珍稀蛙类搬至安全地带，使项目工期更加吃紧。

波兰 A2 高速公路项目突出的环保问题，由于中国企业缺乏环保意识，没有及时主动采取相应的环保措施，在项目工期与成本上付出了巨大的环保代价。

11）案例：柬埔寨茶润水电站项目突出原居民与生态问题

柬埔寨茶润水电站原名柴阿润水电站，位于柬埔寨西南部斯登茶润（Stung Cheay Areng）河上。坝址距首都金边市公路里程约 294 千米。电站开发任务为水力发电，电站总装机容量108 兆瓦，总投资约4.5 亿美元，计划以"建设—运营—移交"（build-operate-transfer，BOT）方式进行投资建设，系中国工程企业由传统单一工程承包模式向投资建设运营模式转型升级的重要项目。中国企业 2008 年开始追踪和运作该项目，先后由中国南方电网、中国国电集团组织可行性研究及补充工作，2013 年由中国电建集团所属海外投资公司接手。其间，2010 年 11月，在吴邦国委员长和柬埔寨洪森首相的见证下，国电集团与柬埔寨工业部正式签署项目备忘录；2012 年 3 月，项目完成了《柬埔寨王国茶润水电站可行性研究报告（审定本）》，水规总院以水电规水工〔2012〕12 号文审查通过；2012 年 4月，中国水电顾问集团中南勘测设计院专家到柬埔寨现场考察和对《柬埔寨王国茶润水电站可行性研究报告》进行优化咨询；2012 年 6 月，项目的环境评价及社会影响报告已经获得柬埔寨环保部的审查批准（柬埔寨环境部第 243 号），批复要求该项目编写综合环境和社会影响评估报告书并上交环保部审阅，同期移民安置工程报告已完成；2013 年，项目投资协议草稿完成；根据项目推进计划，中国电建集团海外投资公司组织安排详细设计工作及地勘工作、柬埔寨环境部所属 SAWAC 公司继续开展《茶润水电站工程综合环境与社会影响报告书》的编制及环评工作。其中，环境影响报告书经过对社会环境的调查分析，认为工程建设对社会环境的影响主要以有利影响为主："工程建设可提供大量的就业机会，并为当地居民带来商机；电站建成后，可为柬埔寨王国提供电能，成为该国电能的主要来源之一；为柬埔寨王国增加大量的税收，提高当地的土地价值，促进当地旅游业的发展；工程区道路交通设施将得到改善。"

在中国企业作为项目组织方投入大量资源进行了可行性研究、环境影响评估、电价商务洽谈、移民征地洽谈等工作后，2014 年，当地数百名含少数民族在内的民众向当地省政府提交请愿书，要求政府停止茶润水电站项目。理由是茶润水电站将会迫使该地区少数民族迁移，这给依靠自然资源生活的他们造成了巨大困难，柬埔寨也将会因此而失去少数民族人民的文化。除此之外，生活在森林和湄公河里的野生动物同样也会失去生存的空间。在民意压力之下，2015 年 2 月，柬埔寨首相洪森正式公开承诺其任期内停止上马该项目。中国电建集团也因此被迫暂停了该项目。

作为中国国际工程企业"走出去"实施的业务升级之作，由传统工程承包到投资运作项目来获取项目设计建造总承包，中国电建集团在项目运作前期需要垫资投入前期费用，根据国家发改委及国家外汇管理局有关境外投资规定，投资项目前期费用通常不超过项目总投资的 15%。而茶润水电站项目中社区居民及环保人士的干预，导致中国企业的项目前期投入在短期内很大程度上无法收回，反映出中国国际工程企业在传统区域（发展中国家）开展高端运作类项目遇到的企业社会责任问题更加不容忽视。

12）案例：美孚公司巴布亚新几内亚液化天然气项目资助企业中心培育当地分包商

埃克森美孚石油公司在巴布亚新几内亚投资建设液化天然气项目时，在当地公司能力范围内充分利用当地企业实施项目，包括普工雇佣、油料分发、物资运输、并资助企业中心培育其所属当地分包商，提高分包商雇员的职业能力，进而提高分包商的履约水平，实现属地化发展。企业中心 2010 年成立，主要由美孚巴布亚新几内亚公司资助支持，旨在提高当地企业的管理水平，包括对管理人员的项目管理培训、财会税务培训、人力资源管理培训、劳资关系培训、客户服务培训以及对企业的管理评估与指导等。经过 5 年的发展，企业中心已完成 378 次商业测评、16 600 日时的职业培训、1 200 日时的企业管理咨询工作，培训对象中有相当比例为女性雇员，通过企业中心，美孚公司为当地企业的管理水平提升做出了巨大贡献，也保证了液化天然气项目的顺利建设和运营。

通过企业中心，美孚公司建立了当地培训雇员及分包供应商数据库，实现了专业分包商和合格供应商管理，在管理评估中，通过美孚公司资助的企业中心服务培训，提高潜在分包商和供应商的管理水平，大大提高合同分包商、供应商的数量和工作内容，确保了供应链质量，也实现了社区的和谐发展。

8. 中外国际工程企业实践案例分析总结

通过上述中外国际工程企业的实践案例分析及可鉴经验的提炼，可以看到中国国际工程企业提升企业社会责任可采取的具体措施包括：①构建全系统覆盖的社会责任工作体系，形成社会责任工作组织保障；②将社会责任指标纳入企业业绩考核中，提高社会责任工作的执行力；③在国际工程项目上组建 HSE 团队，明确职责并落实到项目各个环节、各个人员，打造项目 HSE 文化，保障项目实施；④可以建立信息化客户关系管理系统，掌握客户所需以持续改进工作及培育合格的分包商、供应商；⑤制定合格供应商认定和评价制度，严格把握供应链安全，以保障终端产品安全；⑥在工程项目的投标造价中应当学习掌握当地的环保规范与惯例，重视和科学计算环境保护成本；⑦工程投资项目的可行性研究应首要关注项目实施对社区与环境的影响；⑧国际工程项目中严格执行国际规则，在与当地合作伙伴开展市场开发活动时明确项目开发资金的用途，避免商业贿赂行为；⑨注重属地化员工的职业发展以及社区企业培育，实现企业与社区的和谐共存及可持续发展。

9. 中国国际工程企业提升企业社会责任的主要建议

综上所述，中国国际工程企业提升履行社会责任能力对于完成行业转型升级、消除低价恶性竞争、实现可持续发展具有重要意义。中国国际工程企业为适应当前的竞争变化，实现从发展中国家向发达国家和地区拓展、从传统工程业务向高端模式的顺利转型升级，需要从根本上提升履行社会责任的能力，满足市场需求。

中国国际工程企业的社会责任工作整体偏低的现状主要受到监管因素、市场因素及组织因素等客观因素的影响，但在相同的环境下企业所做出的履行社会责任的不同选择决定了企业间的个体差异，少数中国国际工程企业在社会责任工作方面达到领先型水平，成为行业标杆。

中国国际工程企业提高履行社会责任能力，既要关注国内外企业社会责任标准的相同点，也要进一步把握标准中的差异之处，灵活借鉴国际标准，缩小与国外国际工程企业在标准应用上的差距。

中国国际工程企业要提高履行社会责任能力的具体方法，可以向国内外国际工程领先企业学习先进实践做法，汲取成功经验，从企业社会责任组织管理上以及核心议题方面改进落实。同时也需要转变思想，改变以往在履行企业社会责任过程中对安全生产、环保、供应链管理、社区原居民及反腐败等问题的错误认识，避免重蹈覆辙。

中国国际工程企业提升企业社会责任意识与履行水平是国际国内形势发展对提高企业综合竞争力的要求，是国内企业真正向跨国强企迈进的需要，这不仅需要企业加强自身建设，也需要国家层面及行业组织的领导与支持。从国家及行业组织层面来说，有以下几点建议。

（1）加强国内企业信用制度建设，从监管角度督促企业提高履行社会责任的意识。

就像美国贝泰公司所陈述的，"如果没有诚信，我们将没有任何业务"。中国国际工程企业要在国际社会实现可持续发展，信用建设是第一位的。但信用建设易受环境影响，需要国家和社会整体加强信用制度建设，通过科学的监督体系，营造良好透明的信用环境，真正促进企业提高履行社会责任的意识。

（2）加强国内行业协会对国际相关标准的引入和推广，帮助企业提高履行社会责任的水平。

目前，虽然中国国际工程企业普遍认可中国行业协会所推出的企业社会责任指引，但对国际相关标准的认可及参与还比较少，一方面需要行业协会向国际推广《中国对外承包工程行业社会责任指引》标准，提高中国标准的国际认可度；另一方面也需要行业协会牵头向国内国际工程企业引入和宣传国际标准，指导中国国际工程企业科学使用这些标准，以赢得国际市场的认同。

（3）加强国内行业协会与国际认证组织的联系，形成国内国外有关认证的互认，帮助企业打通国内资信、国外认可。

通过国内行业协会加强与国际工程有关的认证组织的联系，推进国内国外认证体系的趋同和互认，为中国国际工程企业"走出去"提供资质通道。

从企业层面来说，建议如下。

（1）企业内部应设立企业社会责任工作机构，完善组织实施及考核制度，为企业社会责任工作改进提供组织保障。

建议结合企业治理结构和经营实际，指定或设置社会责任管理的决策与日常工作机构，将企业社会责任工作纳入企业战略并融入日常运营工作中，确保战略和政策实施的一致性，并完善工作制度和考核体系，真正为企业的社会责任工作常态化、持续改进提供组织保障。

（2）加强对自身企业核心文化建设，构建可持续发展的企业准则。

中国国际工程企业需要自身对核心理念予以归纳，对企业社会责任相关的问题处理原则予以统一规范，执行统一的标准，对外树立统一、负责任的企业形象，以赢得国际市场客户及合作伙伴的信赖。

（3）加强企业的供应链、分包商管理，确保企业上游的质量安全。

中国国际工程企业在加强自身建设的同时，也需要加强对上游供应链、分包商的管理，确保上游中间产品、服务的质量安全，保障企业对外建筑服务的整体质量。

（4）加强企业的客户关系管理，提供客户满意的工程服务。

中国国际工程企业在项目实施过程中，通过建立信息化客户关系管理系统加强对客户的关系管理，及时掌握客户需求，为客户提供满意的服务，实现工程产品的持续改进和企业长久发展。

（5）加强企业对工程项目所在社区文化的了解及与社区的沟通，构建和谐的社区环境。

中国国际工程企业在境外开展大型投资建设项目时，在加强经济评价与技术论证的同时，应加强对投资区域社区文化的了解，提前识别风险并采取有效措施化解风险。

（6）加强企业对工程项目所在地区的环保调研，做好项目环保工作的成本预算与执行。

中国国际工程企业在境外实施基建项目时，应注重对当地环保规范的调研，做好项目环保成本测算，并确保执行有效，既保障项目收益，又为当地可持续发展创造条件。

（7）在国家统一指导下，加强与国际公益组织的联系，提高中国国际工程企业参与国际公益活动的深度与效益。

中国国际工程企业真正"走出去"，让国际社会接纳，除了遵循基本的国际法律法规外，作为负责任的跨国企业，也需要积极参与国际社会公益活动，让国际社会通过公益组织来真正认识中国企业，消除对中国企业的陌生感与认识上的误区，但如何选择价值观一致的组织和活动，这需要国家的统一指导和支持，建议国家主管部门予以关注和支持。

4.2.2　中信银行

中信银行是中国改革开放中最早成立的新兴商业银行之一，是中国最早参与国内外金融市场融资的商业银行。该银行的企业社会报告于 2011 年首次获得了 GRI 的最高等级 A+的水平，该行履行社会责任和编制社会责任报告跨入上市公司第一方阵。

早在 2009 年初，中信银行即表示以"积极履行社会责任，建设最受尊重的企业"为社会责任目标，以"促进社会可持续发展，促进环境及生态可持续发展，促进经济可持续发展"为历史使命。这为中信银行履行企业社会责任提供了战略指导思想，同时中信银行对企业社会责任与商业银行发展战略的深入理解为之后的企业社会责任工作指明了道路：一方面，要积极采纳国际社会责任准则，制定明确的社会责任规划；另一方面，要将履行社会责任嵌入银行发展战略和业务流程再造之中。更重要的是，形成自身履行社会责任的专注领域，才能卓有成效地开展社会责任活动。

通过中信银行的不懈努力，企业在关爱小企业、为小企业搭建"避风港"以及推动绿色金融发展方面做出了一定成绩。

为了突破小企业担保融资瓶颈，根据市场变化和小企业的特点，中信银行不断加大产品创新力度，积极开发了一系列有市场、有需求、适应小企业特点的特色授信产品。同时，中信银行多年以来都坚持以风险控制为核心，以产业链、产业集群、专业市场内的优质小企业为客户定位，以专业化经营为方向，以管理创新和产品创新为重点，以营销平台搭建为手段，加快专业化管理体系建设，积极开展小企业金融业务。不仅如此，中信银行在小企业融资方面，还积极探索和搭建政府、担保机构、行业协会等外部合作平台；参与小企业集合债券发行试点工作，以及在结算、网银、理财、财务顾问等方面提供综合金融服务。

为了给小企业搭建"避风港"，中信银行建立了小企业"未来之星"俱乐部，在满足小企业客户日常融资需求的基础上，为成长型小企业提供"一站式"金融解决方案。这个俱乐部整合了中信银行的公司银行、投资银行、零售银行、私人银行、信用卡等综合金融产品与服务，并借助中信集团综合金融平台及外部合作机构，提供包括债权、股权等多种融资支持。

在国内银行业中，中信银行是较早提出并将"绿色信贷"理念付诸实践的商业银行。中信银行认为，坚持绿色贷款方向能给企业自身开拓长远的可持续发展空间。于是中信银行对环保不过关的企业和项目坚决不予授信支持；严格禁止对国家发改委《产业结构调整指导目录》中涉及的淘汰类产品授信。其中广为人知的做法就是中信银行实行环评"一票否决"制度，即对不符合环保政策的项目、国家明确淘汰落后产能的在建项目以及违规建成的项目，中信银行不提供任何形式的新增授信支持。在集体的授信审批中，中信银行要求审批人员坚持做到四个"不贷"：一是对未通过环评部门审批的项目不贷；二是对限制类的新建项目和淘汰类项目不贷；三是对"区域限批""流域限批"地区的项目不贷；四是对存在环保违法问题的企业和项目不贷。"一票否决"和四个"不贷"的实施让中信银行"两高一剩"行业[①]贷款得以大量压缩，中信银行也期望通过绿色信贷来促进我国产业的更新换代与技术的升级并对我国环保事业进行支持。

以下从企业社会责任六大方面来分析中信银行的具体表现。

①　"两高一剩"行业指的是高污染、高耗能和产能过剩行业。

1. 外部约束

中信银行企业社会责任报告在外部约束方面只是简单介绍了公司治理机构设置和运行情况与《中华人民共和国公司法》（简称《公司法》）以及中国证监会和香港联交所的相关规定要求不存在差异，并涉及一些常规性的国际标注，并未有更多的信息披露。

2. 合规

2014 年，中信银行进一步加强企业文化建设，制定企业文化手册，明确企业社会责任目标（即企业履行作为银行金融机构应承担的经济责任、社会责任、环境责任，努力塑造绿色银行、人文银行、爱心银行、诚信银行、价值银行、品牌银行，促进经济、社会、环境的可持续发展），将企业社会责任管理不断融入经营管理之中。围绕社会责任目标，通过与企业文化相结合，进一步提炼成"履行社会责任，追求持续发展"的社会责任理念。

中信银行引入人力资源组织架构及岗位职责咨询，根据社会责任岗位职责要求，在党群监保部下设"企业文化处"，负责集团社会责任管理工作。同时中信银行于 2014 年首次将"社会责任"纳入分行考核指标，指标重点引导分行加强对小微企业的信贷投放力度。中信银行依照《中信银行对外捐赠管理办法》和《中信银行对外捐赠管理实施细则》，进一步加强对外捐赠行为的统一管理。中信银行依照《中信银行社会责任报告工作管理办法》，进一步优化社会责任数据的渠道管理、统计口径规范和流程管理。将各分支机构按季度向总行报送社会责任数据的模式制度化和常规化，提升了集团社会责任数据的真实性和可追溯性。

中信银行从 2009 年起定期披露社会责任报告，聘请毕马威华振会计师事务所（特殊普通合伙）对中信银行社会责任报告进行独立有限鉴证，对报告中的重要陈述及关键性数据进行真实性审验，并对中信银行社会责任管理提出意见和建议。自 2010 年起连续 4 年聘请 GRI 官方机构对中信银行社会责任报告进行应用等级检查，分别获得一次 B+、三次 A+ 的等级评定。

3. 可持续产品与服务

2014 年，为加强风险管理顶层设计，经中信集团董事会审批通过，中信银行下发了新的风险管理体制改革方案，拟按照全面、独立、统一、专业的要求，进一步完善风险管理体制。通过明确各级分支机构的风险管理责任主体、建立风险管理的"三道防线"等为银行理清风险管理的职责边界，提升银行风险管理能力，增强风险管理的全面性、独立性和专业性，为银行进一步发展提供有力保障。

在保护客户权益方面，中信银行通过设立消费者权益保护职能部门并配置具有消费者权益保护专业能力和综合工作能力的专职人员，依据《银行业金融机构消费者权益保护工作考核评价办法（试行）》开展日常工作，完善机制体制建设；参照《中信银行服务品质管理手册》指定服务标准细则，参照《中信银行营业网点服务营销检查办法》制定检查办法，针对新老员工和不同岗位指定服务培训计划，通过多种渠道检查方式对网点服务开展检查，强化服务品质管理。

在保障客户信息安全方面，中信银行建立了基本完备的信息科技风险管理制度体系，制定了近 200 项信息科技管理制度和技术规范，覆盖了应用开发、质量控制、系统运行、应急管理、网络管理、安全管理、第三方管理等信息科技风险管理工作的各个环节；严格落实监管、行业标准中的安全要求，制定了《信息系统客户信息安全管理办法》，加强了采集、传输、保存、使用客户个人信息的技术保障，通过定期组织开展安全检查，持续开展安全渗透测试，主动排查发现并消除因数据管理和使用不规范造成的风险点，防止因技术漏洞导致系统遭受黑客攻击，提高信息系统的安全性。

在保障用户资金安全方面，中信银行使用由第三方独立认证机构（中国金融认证中心，China Financial Certification Authority）认证的网银证书，保障网上信息传递双方身份的真实性、信息的保密性和完整性等；加强与第三方支付机构合作业务管理，通过加强客户身份认证、防范伪卡欺诈、资金变动即时通知、对客户实施风险提示等措施，保障客户资金安全。

在改善服务品质方面，中信银行重新修订了《中信银行信用卡服务品质管理办法》，进一步明确客户投诉处理的部门职责、处理流程、处理时效等内容，提高投诉处理能力；开展了客户满意度调查，主动改进服务；等等。

4. 工作环境

中信银行通过执行国家或各地区政府制定的相关社会保险政策，为合同制员工提供五险，建立企业年金计划体系，保障员工基本福利。按照《中华人民共和国劳动法》（简称《劳动法》）、《中华人民共和国劳动合同法》（简称《劳动合同法》）相关规定，不雇佣童工，坚持员工同工同酬。积极举办健康讲座，为员工定期安排身体常规检查，关心员工的身体健康。

通过执行《中信银行员工内部等级管理办法》《中信银行专业技术序列管理办法》及相关实施细则，按照管理、专业技术、专员等 3 个序列对应 14 个职位，26 个专业技术子序列对应设置初级、中级、高级、资深级等职业晋升阶梯，为员工职业生涯发展提供科学的晋升通道；加强总分行干部队伍的交流力度，开展总分行纵向和横向交流，使更多干部积累基层和市场一线的管理经验，促进干部队伍快速成长；开展干部岗位竞聘，建立总分行后备干部库，提高干部选拔任用的公开、公平和公正性，进一步扩大选人范围，拓宽选人渠道，把素质过硬、业绩突出、员工公认的干部选拔出来，并加强青年业务骨干和后备干部的选拔、培养

和考核；继续推进员工岗位资格培训体系建设工作，在原有中信银行风险管理师
（China Certified Risk Manager，CCRM）认证培训体系的基础上，全面启动公司
金融板块和零售金融板块的员工岗位资格培训体系，其他各条线的岗位资格培训
体系也在有序的规划与建设之中。

5. 保护环境与能源

中信银行坚持绿色信贷理念，强调并高度重视环境污染治理、资源节约利用
和生态保护建设等领域的可持续发展，提出"践行绿色信贷，严格限制产能过剩
行业融资需求"的授信政策，使绿色信贷理念贯穿化解产能过剩的全过程，确保
信贷投向符合技术升级要求、碳排放约束和绿色标准的领域，大力支持绿色经
济、循环经济、低碳经济发展。在受理涉及环境风险的授信项目审批时，要求申
请人必须提供项目相应等级的环评报告，根据报告质量判断项目环境风险的程
度，将其作为授信审批决策的重要依据之一。积极支持符合绿色信贷标准的鼓励
类项目，重点向优质绿色项目贷款、绿色汽车金融、绿色房地产和建筑、绿色信
用卡等领域提供金融支持，稳步探索绿色信贷中间业务等新兴业务创新，加强与
中国清洁发展机制基金管理中心的业务沟通与联系，积极参与清洁基金节能环保
项目合作。

中信银行继续从严控制对"两高一剩"行业的信贷投放，密切关注国家政策
导向，进一步强化钢铁、有色金属、船舶、光伏等产能过剩行业的信用风险管
理。该行依据授信政策，对"两高一剩"行业采取谨慎态度，严格审批标准，挑
选行业中的优质企业进行信贷支持，对于产能低、能耗高、工艺技术落后的企业
坚决逐步压缩退出，不予以新增授信支持。

在现金管理业务方面相继开发推出了跨境现金管理系统、企业全流程商事通
产品、电子招投标系统等多项创新金融产品，逐步构建起包括现金管理、银企直
联、手机银行和电话银行在内的完善的公司电子银行服务渠道，为企业提供更加
绿色环保的电子化金融产品和服务。中信银行现行电子商业汇票业务可以替代传
统纸质商业汇票，利于环保，且节省了纸质汇票流转过程中人工传递、查询所需
要的交通往来，有利于减少碳排放。

中信银行大力倡导视频会议，努力控制现场会议的数量；加大对节能产品
的采购力度；鼓励员工减少使用复印纸，减少纸质定期报告、会议资料印刷数
量；加强公务车管理；减低物流能耗；等等。中信银行通过以上方式身体力行
地实践节能减排。

6. 公民责任

中信银行主要从响应国家战略和参与国家发展两个方面来体现自身在公民责
任方面的价值。

其中，响应国家战略方面，中信银行紧跟国家京津冀协同发展政策导向，制定《中信银行京津冀协同发展规划（3-5 年）》，提出"实现京津冀地区的规模增长、效益产出、资产质量高于全行平均水平，提高京津冀地区的业务和利润占比，将京津冀地区打造成为银行重要的利润区和增长点"的战略目标。中信银行积极推动并大力支持"上海自贸区"实体经济发展，加大对跨境投资和贸易的金融支持，加大产品创新力度，加大对服务贸易和企业"走出去"的支持力度，在中国银行业率先推出跨国企业集团跨境人民币资金集中运营业务。在风险可控的情况下，中信银行大力支持符合国家产业政策、行业标准、技术升级、产品结构和区域布局优化调整的信贷需求。积极支持绿色经济、循环经济、低碳经济发展，支持龙头企业兼并重组的信贷需求。在信贷政策上，中信银行重点推进西部大开发，优化东部地区经济结构，促进中部地区崛起，助力区域经济结构优化。采用重点扶持的政策，通过信贷资金安排，积极推动产业结构的调整升级，加快经济发展方式转变，支持战略新兴产业和文化产业的发展。

在行业发展方面，中信银行大力参与行业协会发展工作，积极参与中国银行业协会及其自律工作委员会常务委员会、消费者权益保护高层指导委员会、托管委员会、养老金委员会、保理专业委员会等 5 个专业委员会的日常活动，参与了中国内部审计协会、中国金融学会金融采购专业委员会、银行间市场交易商协会理事单位、中国国债协会常务理事会、中国证券投资基金业协会、中国社会保险学会企业年金分会、全国金融标准化技术委员会等 16 个社会团体的学术交流活动，为行业的发展贡献了力量。

中信银行通过资金归集、电子对账等结算服务提升公益慈善组织资金管理效率，优化资金管理。中信银行提供的资产保值增值方案，在确保客户资产安全性、流动性的基础上，提升了公益慈善组织资金运作收益。截至2014 年末，中信银行累计为 330 家基金会、慈善总会提供了金融服务。2014 年，继设立专用残障通道、开设爱心窗口、制作助盲识币卡、公示服务内容之后，中信银行进一步优化爱心服务措施。截至 2014 年末，中信银行累计已在全国 17 个省（自治区、直辖市）共开设了 17 个高中自强班，资助了 12 个民族 21 个县（自治旗）的 850 名贫困高中生，成为中国扶贫基金会"新长城高中生自强班"项目历史上标准班级开班最多、受益学生数量最多、覆盖地区最广的捐赠企业。中信银行在全国大力开展反假币、防止电信诈骗、信用卡使用技巧、银行业务知识等金融知识普及活动。截至2014 年末，中信银行开展分行进社区活动超过 1 600 次，超过 1.6 万人次员工向约 217 万公众进行了金融知识普及。

综合以上企业社会责任六大方面来看，中信银行除了在外部约束方面有所欠缺外，在其他五个方面都有不错的表现。

第一，在合规方面，中信银行设立了一个专门的部门来管理企业社会责任工作，这样有助于规范企业的经营活动，并使企业社会责任工作能够更加系统地推进。但是如果说有不足的地方，则可以总结为虽然中信银行设立了专门的部门来负责企业社会责任工作，但是目前并未形成一个上下联动的体系，可能会造成企业在不同层级方面的社会责任工作开展中出现或多或少的问题。所以企业在这个方面需要进一步完善。

第二，在可持续产品与服务方面，中信银行非常注重风险控制和客户的信息、资金安全问题，这也是作为一家金融机构最为重要的一点。中信银行通过建立基本完备的信息科技风险管理制度体系、依据《银行业金融机构消费者权益保护工作考核评价办法（试行）》开展日常工作、完善机制体制建设等方式保障自身金融体系的稳定和安全。

第三，在工作环境方面，中信银行的人才培养方式十分有特色，其通过执行《中信银行员工内部等级管理办法》、《中信银行专业技术序列管理办法》及相关实施细则，在原有 CCRM 认证培训体系的基础上全面启动公司金融板块和零售金融板块的员工岗位资格培训体系等方式，为企业员工提供个性化的发展通道，有助于实现员工的自身价值。

第四，在保护环境和能源方面，中信银行主要是在大力推进绿色信贷方面做出努力。通过控制信贷投放的领域，能够有效控制能耗大、污染大的企业继续进行破坏环境的生产和经营。

第五，在公民责任方面，中信银行主要从响应国家战略和参与国家发展两个方面来体现自身的价值，作为一家金融机构，中信银行为国家各项发展提供资金支持，在响应国家战略和参与国家发展这两个方面做出努力就是在公民责任方面做出的巨大贡献。

但是在外部约束方面，中信银行目前在全球性契约和国家性契约两个方面都采用了常规的管理标准，所以并没有更多的亮点和规范。同时，中信银行在行业性契约和非营利性组织这两个方面并未涉及（或报告中没有涉及），所以其在外部约束方面存在很大的缺陷，需要进一步的努力。

在履行企业社会责任方面做出突出贡献的背景下，中信银行除了品牌价值不断提升外，经营业绩也获得了良好的回报。截至 2014 年末，中信银行"两高一剩"行业贷款余额 492.19 亿元，降幅 22.30%，在公司贷款中占比较 2013 年末下降了 1.12%。

从企业社会责任报告的撰写方面来说，中信银行的报告写得较为常规，没有突出的亮点。但是作为一个银行金融机构，中信银行并不涉及实体经济等的经营，所以在企业社会责任报告中有些类别可能不会过多涉及，如在可持续产品与服务以及保护环境和能源两个方面并不能做出有效的区分。中信银行大力推动绿色信贷等，既可以将其当作可持续的产品，也可以将其归入保护环境甚至公民责任方面，所以在这些方面的划分界限并不是很明确。但是作为金融行业，中信银行通过很大篇幅披露推进绿色信贷、推动小企业发展等方面的信息，让读者可以得知其确实在这些方面做出了很大的努力并获得了一定的成效。

4.2.3 华为

华为是一家全球领先的信息与通信解决方案供应商企业，作为一家全球领先的信息和通信技术（information and communication technology，ICT）企业，华为深知自己所肩负的使命和责任，将可持续发展全面融入公司运营中，切实履行可持续发展承诺并开展相关实践。

2014 年，华为围绕可持续发展战略，推进可持续管理体系的高效运作，并开展了一系列可持续发展项目和活动，在达成工作目标的同时，也为社会创造价值。

华为通过开发成熟度评估工具，全面评估可持续发展各领域的成熟等级，从而找出改进点，推动业务优化；通过启动"可持续发展金种子"培训项目，提高各级员工的意识和能力，打造领先的可持续发展文化；通过举办华为可持续发展大会，搭建起利益相关方沟通与经验分享的平台，共同探讨可持续发展方向，应对未来挑战。

华为始终为促进人们平等地进入信息社会而不懈努力，通过在赞比亚、肯尼亚、新西兰等国家的偏远地区建设基站、实施移动教育项目、覆盖 4G 网络等方式，让人们享用更加丰富的内容与服务，提升人们的数字技能，消除社会各阶层的信息使用鸿沟。

华为在全球范围内提供网络设施与解决方案，在任何条件下，即使在最极端的条件下，始终站在第一线，保障网络安全稳定地运行。华为 2014 年对索契冬奥会、巴西世界杯、中国鲁甸地震等 150 个重大活动及事件、自然灾害进行过网络保障。华为将网络安全要求融入内部业务流程，构建了一个可审计、可持续且可靠的网络安全保障体系。

华为将绿色 ICT 的理念融入产品生命周期全过程，持续创新提高产品绩效，打造绿色通信网络。由于传统的经济发展模式会造成资源短缺、环境污染和生态环境破坏等问题，循环经济商业模式越来越受到各方的关注。华为 2014 年继续深入开展"摇篮到摇篮"的循环经济实践，推动资源价值最大化的可持续利用。

作为一家国际化公司（international corporation），华为一直倡导多元化的员工队伍建设，并提供多种渠道，帮助员工实现个人价值。2014 年，华为在全球范围推行时间单位计划（Time-Unit Plan，TUP）激励机制，让更多优秀员工分享公司长期发展的收益；建立完善的保障体系，除了法律规定的各类保险外，还为员工提供各种商业保险；等等。

华为认识到，企业可持续发展绝不是几个人、几个部门的事情，它需要全体华为人共同为之付出和努力。未来，华为将进一步使可持续发展要求与各部门业务相匹配，并能够为业务创造价值，让人人都成为可持续发展的贡献者。

下面从企业社会责任六大方面分别来分析华为的具体表现。

1. 外部约束

华为积极携手合作伙伴和客户等利益相关方，共同推进行业可持续发展。作为联合国宽带委员会、联合国"全球契约"、全球电子可持续性倡议组织（GeSI）、QuEST 论坛、商务社会责任国际协会和欧洲企业社会责任协会（CSR Europe）等全球及区域组织成员，华为不断与业界交流分享最佳实践，探索合作领域并推动标准发展。同时华为自 2013 年基于 ISO 26000 国际社会责任标准建立可持续发展管理体系以来，制定和发布了规章制度、流程和基线等一系列管理方法和工具，确保可持续发展管理体系在业务领域得到落实和执行。

2. 合规

华为可持续发展战略分为四个部分：消除数字鸿沟、保障网络安全稳定运行、推进绿色化环保和实行共同发展。华为每年初都会召开可持续发展战略研讨会，基于内外部环境的发展和变化来审视和梳理可持续发展战略，确保战略始终领先并具有前瞻性，以更加明晰的方向来指导企业的可持续发展工作。为了保证可持续发展战略的落地，企业每年都会进行战略解码，将战略细分为可执行的工作和目标，并有相应的部门承接，使战略的执行可以被监控和度量。

华为专设公司法务部对出口管制、网络安全、贸易竞争、人力资源管理、反贿赂与反腐败等合规业务提供法律指导、识别、评估（如《华为员工商业行为准则》等），明确遵从要求，并提示内外部法律风险，协助各部门开展合规经营活动。同时，华为大力推动海外各子公司的合规体系建设，设立子公司监督型组织，对海外子公司的合规经营进行监督管理。

3. 可持续产品与服务

华为将网络安全视为工作的重中之重，并将网络安全置于公司商业利益之上。华为一贯主张开放透明，并乐意与客户、同行、政府、媒体等利益相关方分享其端到端网络安全体系、以嵌入流程为向导的管理方法以及"不假定任何事情，不相信任何人，检验所有的东西"的理念，并把公司的文档和方法提供给客户，以满足他们的网络安全需求。

4. 工作环境

华为一贯重视员工福利保障，为员工创建健康安全的工作环境，并推行物质激励与非物质激励并行的员工激励政策，使奋斗者得到及时、合理的回报。在企业持续成长的同时，华为关注员工的职业发展，为多样化的员工提供多种价值实现通道，帮助员工实现个人价值。

华为将关爱员工作为企业的重要责任，融入公司运营的方方面面，包括提供有竞争力的薪酬，提供多样化的培训，提供相对舒适的环境，购买社会保险和商业保险，营造尊重、信任、快乐的工作氛围等，让员工能够快乐工作，快乐生活。

华为的业务遍及全球 170 多个国家，有一支多元化的员工队伍，华为从员工的国籍、性别、年龄、民族、宗教信仰等方面，全方位地制订并实施多元化计划。

华为为员工提供充分且平等的培训和晋升机会，帮助员工成长和实现自身价值。每天都有众多的培训课程在华为大学、各地培训中心、各部门培训教室开展，这些培训包括通用的知识技能及专业能力培训。2014 年，华为全球培训总人次超过 172 万，人均培训 28.16 个学时。

华为推行具有市场竞争力的薪酬制度，让人人都能分享公司成长的收益。华为人力资源管理部与 Hay Group、Mercer、Aon-Hewitt 等顾问公司长期合作，定期开展薪酬数据调查，并根据调查结果和公司业绩、员工个人绩效对员工薪酬进行及时调整，员工的薪酬标准不因性别而有任何差异。华为员工的奖金采取获取分享制，并与公司经营状况、员工所在部门的业绩以及其个人的绩效贡献密切相关。根据薪酬政策，华为每年对奖金方案进行审查和修改。华为通过长期激励机制，与全球员工一起分享公司的经营收益和成长。长期激励机制将公司的长远发展和员工的个人贡献有机地结合在一起，形成了长远的共同奋斗、分享机制。

华为通过 OHSAS 18001 体系认证，并在全球运营所在地推行安全管理要求，树立担责与问责的强有力的安全文化，最大限度地降低安全风险，竭尽全力保障员工、分包商及其他相关方的健康和安全。

5. 保护环境与能源

华为在提高产品能效、开发利用新能源方面持续创新，开发了多种节能产品和解决方案，帮助客户提高能效，降低碳排放。华为在绿色技术创新方面与业界及各高校积极合作，并主导能效标准和相关技术规范的规定，推进业界绿色 ICT 技术创新和发展，提升节能减排竞争力和影响力（如国际电信联盟电信标准分局正式批准 G.fast 宽带标准）。华为使用 Quick-LCA 方法来进行产品设计的环境影响评估，将其应用于企业发展和产品设计、生产、销售环节中，为消费者提供更为环保的产品（如全球首款手机产品水足迹报告）。同时，华为通过对生物基塑料、大豆油墨（用于印刷）等新型环保材料的应用以及在包装材料选择、制造、使用和废弃等生命周期的各个环节严格遵守环保要求，保证对生态环境和人类健康无害。

华为通过全面推广更加节能的 LED 照明、推广绿色建筑等更加节能的空间以及推广更加清洁的能源，持续减少自身能源消耗和二氧化碳排放。同时企业基于 ISO 14064 国际标准来识别温室气体排放，并开展有效的节能减排活动。

华为通过指定节水目标、调整用水结构、改进用水方式等提高水的利用率；严格遵守各国废弃电子设备管理法规，推动废旧产品的回收及循环利用，减少废弃物填埋率；将循环经济要素纳入产品生命周期管理，建立起循环经济商业模式，开展"摇篮到摇篮"的循环经济实践，实现资源可持续利用。

6. 公民责任

在消除数字鸿沟方面，为了使全球不同地区的人均能便捷地接入通信网络，华为积极为偏远地区的人提供最基本的语音通信，将他们与信息社会连接起来，并由此增加他们改善生计的机会（如赞比亚偏远地区的"普遍接入"项目）。为确保人人享受宽带连接，华为积极与各方合作，参与不同区域宽带建设，促进人人享有宽带，使宽带处处可及，消除全球宽带鸿沟，使尚未联网的人获得更多的知识、更好的教育和更广阔的发展空间（如在南苏丹帮助当地学校接入互联网项目）。华为还致力于 ICT 知识和技能的传递与共享，培养 ICT 人才，消除各社会阶层的信息使用鸿沟，实现信息技术平民化的目标（如华为在全球建立了 45 个培训中心、开展"未来种子"项目等）。华为积极推动 ICT 技术在政府、公共、交通、能源等领域的应用，远程医疗、在线教育、高清会议等技术的应用和普及，大大提高了资源使用效率，降低了资源消耗，推进了社会可持续发展进程。

在保障网络稳定安全运行方面，华为坚定不移地加大投入，从组织、人员、流程及 IT 工具等方面全方位构建客户网络保障体系，在全球范围内保障人们随时随地获取和分享信息、通信的权利（如 2014 年，华为对索契冬奥会、巴西世界杯、中国鲁甸地震等重大活动和自然灾害及特殊事件进行网络保障）。

当然还有一些常规性的公益事业，如为赛事等重大活动提供赞助、为贫困地区捐赠善款等。

综合以上企业社会责任六大方面来看，华为在工作环境、保护环境与能源以及公民责任三个方面的表现还是不错的。

首先，在工作环境方面，华为有着自己独特的物质激励和非物质激励的员工激励政策，同时华为也通过和各高校合作以及采取网络课程对员工进行个性化的培养，有助于帮助员工成长和实现员工自身价值。

其次，在保护环境与能源方面，华为在提高产品能效、开发利用新能源方面持续创新，开发了多种节能产品和解决方案，帮助客户提高能效，降低碳排放。

最后，在公民责任方面，除了一些常规性的公益活动之外，华为在消除数字鸿沟以及保障网络稳定安全运行方面做出了很大贡献，这也是其他行业或者企业不能够做到的。

但是在外部约束方面，华为虽然加入了一些非营利性组织并参照了一些国际标准，但是全球性契约采用的是常规的管理标准，并没有更多的亮点和规范。华为在国家性契约和行业性契约这两个方面并未涉及（或报告中没有涉及），所以其在外部约束方面存在很大的缺陷，需要进一步努力。

在合规方面，虽然可以看出华为十分明确的可持续发展的四个战略，也可以看出华为在这四个战略方面所做的努力，但是华为并没有建立健全一套完整的社会责任管理体系。完整的体系有助于在公司的决策过程中整合企业社会责任和可持续发展因素，从而提高经营效率，创造品牌价值，探索市场新机遇，所以华为在这方面有很大的进步空间。

在可持续产品与服务方面，从报告当中并没有看到华为在这个方面有过多的作为，所以华为在这一方面急需改进。

从企业社会责任报告的撰写来说，华为最大的亮点在于它是按照自己可持续发展的四大战略分为不同的部分来叙述的，这样可以清晰地看出华为在自己可持续发展战略上所做出的努力及取得的成绩。但是问题在于，这样分类使得企业社会责任六大方面的内容相互混杂，界限不够清晰，同时有的方面并没有进行有效的信息披露，这一点使报告有一定的缺陷。与此同时，华为的报告在企业社会责任行为对企业在海外经营是否有帮助方面仅进行有限的信息披露，所以我们很难看出履行社会责任到底对华为有何种程度的帮助，这需要华为来进一步完善。

4.2.4 吉利

2013 年 1 月，中国著名高等学府清华大学和全球领先的公关公司罗德公关联合发布了《汽车行业企业社会责任指数报告》，报告显示，吉利的企业社会责任指数在中国自主品牌中排名第一，这一结果是对吉利多年来致力于企业社会责任建设最好的肯定。

吉利认为，企业的社会责任第一是经济责任，即"把企业做好"，让企业得到健康、快速、可持续的发展；第二是法律责任，即企业要守法经营，如照章纳税、合法用工等；第三是道德责任，即企业应该努力使其运营活动，产品及服务不会主动对外界造成放任的消极影响，如积极提高汽车的排放水平；第四是慈善责任，如公益、环保、慈善、教育、文化等。吉利认为，履行好企业的经济责任、法律责任是义不容辞的，但是对企业的道德责任、慈善责任，吉利也积极地履行。

随着吉利不断寻求超越与突破，其产品规划更加科学，技术路线更加清晰，商业计划更接地气，人才组合更加多元。站在更高的平台上，吉利不仅要求取得商业上的成功，还要求将社会、环境可持续发展的理念融入运营过程，将企业的生存与社会发展、生态环境紧密联系起来，与人类社会、地球生态、国家民族共荣。

吉利主要从产品质量、环境表现及社会和谐三个层面来回馈社会，履行企业社会责任。在产品质量层面，吉利致力于在全球范围内提供优质产品，不断提升产品科技含量和安全性能。同时，不断完善服务网络，缩短服务半径，为用户提供便捷、高效的售后服务体验。在环境表现层面，吉利持续推动绿色研发，在生产各环节提高能源效率，加强循环利用，降低污染排放，控制环境风险。同时在产品使用环节，不断提升整车环境性能，增强产品耐腐蚀性，降低挥发性有机化合物、多环芳烃的排放。在社会和谐层面，在商业活动方面，吉利的商业模式不断创新，同时始终恪守商业道德，依法诚信经营，为各利益相关方创造更多价值，推动整个价值链体系的共同发展。在人才培养方面，吉利一方面集团通过吉利学院为社会培养适用型人才；另一方面创造多元就业机会，为人才提供广阔成长空间。在社会事业方面，吉利关注社区和公益事业发展，努力实现企业与社会的和谐统一。

下面从企业社会责任六大方面分别来分析吉利的具体表现。

1. 外部约束

吉利各制造公司在 ISO 9001 质量管理体系建设的基础上，按照 TS 16949 技术规范的要求进行完善，先后启动了"TS 16949+OHSMS+EMS"三标一体建设。集团及旗下九大基地先后通过 TS 16949：2009 质量管理体系认证，旗下杭州湾基地及研究院通过 ISO 9001：2008 质量管理体系认证。在行业性契约方面，吉利引入沃尔沃第三方评价机制强化感知项目，改善落实。

2. 合规

吉利依靠众多跨职能团队，对整个公司的企业社会责任事务进行高效管理，建立了一套完整的社会责任管理体系。在公司的决策过程中整合企业社会责任和可持续发展因素，从而提高经营效率，创造品牌价值，探索市场新机遇。

集团董事局办公室和浙江省李书福资助教育基金会承担集团整体企业社会责任和可持续发展事务。总裁办公室、人力资源部、质量管理部、安全保卫部等相关职能部门以及采购、销售、研究院等核心子公司参与协作。由集团投资创办的北京吉利学院、三亚学院、浙江汽车职业技术学院等五所高等院校，充分结合中国社会的发展需求，培养综合型人才。

吉利依据联合国"全球契约"的十项原则、主要经济区域国家反商业腐败的法律法规要求、全球公司合规管理最佳实践以及吉利控股集团（全球整合型企业）发展战略，制定了《合规行为准则（试行）》以及《合规文化建设制度汇编（试行）》。规定了吉利在人权、产品质量、安全与环境保护、礼品与招待管理、利益冲突、公司资产合规使用、与商业伙伴和社区的关系、关键岗位风险识别与预防、公平竞争与反垄断、信息披露与数据保护、合规咨询与举报、合规管理考核等方面的核心要求和管理制度。

2014年，吉利组织协调集团七个相关部门，对集团七个合规体系运行支持文件进行讨论评估，《资金管理制度》《固定资产管理制度》《信息资产管理制度》《知识产权管理条例》经修订予以重新发布。2014年9月，吉利首次举行合规管理人员培训，培训内容包括相关法律法规、集团合规体系制度文件、合规管理实践经验以及相关专业知识技能等。

3. 可持续产品与服务

在安全技术管理方面，吉利安全开发健全的管理体系——吉利汽车全方位安全管理（Geely-Total Safety Management，GTSM）评价体系，从高标准的车辆初期策划、车型研发到严格的生产控制环节，最后到积极的安全教育以及优良的销售环节，在汽车的全生命周期内都进行了全方位综合的安全管理，真正体现出吉利"安全第一"的宗旨。

在车内环境管理方面（以吉利博瑞为例），吉利博瑞按照最高的环保要求开发了一套严格的监测体系和评价标准。内饰中使用的胶水等辅料均采用水性级别，配备 $PM_{2.5}$ 空气净化装置，采用驻极体材料、静电吸附及多种吸附混合离子，对空气中的大颗粒以及 $PM_{2.5}$ 颗粒过滤效率高于97%。在感知方面，按照欧洲VDA 270气味测试标准，博瑞气味水平达2.5级，为吉利气味要求最高车型。

在用户体验方面，吉利以"六大关爱体系"为载体服务用户，重视维修保养与售后服务、道路救援、投诉反馈以及用户关爱等指标，形成尊重用户的文化，持续提升用户体验。

除此之外，吉利积极研发和应用新能源汽车技术，加大在纯电动车、甲醇车、混合动力车等领域的研发投入，推进新能源战略布局，不断探索绿色动力。推出"微公交"租赁模式，结合城市出租车、私家车、城际自驾租车和传统公交模式等优点，集可充换电智能立体车库和平面站点于一体，实现了动态交通和静态交通的协调，创造了一种全新的城市公共交通运营模式。吉利的"个人租赁"模式适合固定地点上班族和偏远地区居民长期租赁，不需要依靠充电桩等基础设施建设，可以实现220V民用电源充电。

4. 工作环境

吉利通过"元动力"工程全面展开人才战略，倡导民主、公平、正气的企业文化氛围，理顺员工的气，凝聚员工的心，发挥员工的主动性、创造性，调动员工的工作积极性，把员工的所想所为化为企业的发展动力，形成企业的核心竞争力。

吉利通过建立健全薪酬和福利制度，开展"快乐经营体"的业绩管理和薪酬激励模式,将法定和弹性福利相结合,全方位给予员工温暖和关怀。

吉利拥有较为完整的人才培养体系。吉利通过启动"航项目"(集团高层领导的"领航项目"、集团中高层干部的"远航项目"和集团基层干部的"启航项目",以及各分公司中高层干部的"微远航项目"和基层干部的"微启航项目")进行领导力培养。吉利有自己的技能等级鉴定中心,能够对一线员工进行多种标准化作业训练,有效满足员工的任职资格,并提升员工的专业能力,通过为员工搭建完善的职业发展体系,评估岗位核心要求和员工现有资质能力,配套相应的培训体系、课程辅导和资格认证,并鼓励员工参加国际和地方专业技能大赛,提升员工能力和岗位核心能力。吉利通过"双轨制"高潜项目培养模式(变学校培养为学校与企业共同培养及学校理论教学与企业实践为一体,定制定岗)进行高潜人才培养。

在员工健康安全保障方面,吉利先后建立并推行公司、分厂、班组三级《HSE 管理体系评价规范》,每半年开展一次评价和整改,经过三年努力,在安全基础管理、机械设备安全、电气设施安全、热工燃爆安全、作业环境和职业健康等五方面工作上取得了显著成效。在人才使用、培养与发展上,吉利倡导民族平等、男女平等、城乡平等,禁止种族、国别、宗教信仰、年龄、性别、学历等方面的差别化对待或歧视。

5. 保护环境与能源

吉利通过强化腐蚀试验、提升禁用限用物要求以及加入欧盟汽车材料可回收 RRR 认证体系提升整车环保性能;通过推广太阳能等清洁能源的使用,在生产工艺建设上推动无害于环境的绿色工厂建设,进行清洁生产实践;通过实施节能降碳的一系列行动进行对能源的保护;通过对排放物进行严格的控制,并运用全生命周期理念进行生态设计,贯彻循环经济的"3R"原则,从源头上削减废弃物排放,对废弃物进行安全处置,切实保护环境。

6. 公民责任

除汽车产业外,吉利积极推进教育事业发展,投资数十亿元建立北京吉利学院、三亚学院、浙江汽车职业技术学院、湖南吉利汽车职业技术学院等高等院校,为中国汽车工业和社会输送了宝贵人才。

吉利成立以"让世界感受爱"为公益价值主张的公益体系;成立浙江省李书福资助教育基金会帮贫助学,资助教育公益事业。"吉利 HOPE"公益行动聚焦人的"教育成长"和"潜能发展",致力于帮助贫困地区的孩子和优秀学生获得平等的教育机会,帮助他们获得身心健康和全面发展。并通过产教协同,整合优质教育资源,创新中国传统教育模式。吉利也携手韩红爱心慈善基金会,为"百人援青"公益行提供全程车辆保障。

吉利积极参与社区共建，同时不遗余力地支持国防和军队建设发展，与海军7412工厂军民融合深度发展。

综合以上企业社会责任六大方面来看，吉利除了在外部约束方面有所欠缺之外，在其他五个方面都有不错的表现。

第一，在合规方面，一套完整的社会责任管理体系有助于吉利在公司的决策过程中整合企业社会责任和可持续发展因素，从而提高经营效率，创造品牌价值，探索市场新机遇。

第二，在可持续产品与服务方面，吉利更加注重新能源汽车技术的研发和应用，并且通过自身努力形成了别的企业不具备的亮点，通过采用"微公交"、"个人租赁"以及混合动力等新能源技术的应用，来达到企业在产品和服务方面的可持续发展。

第三，在工作环境方面，无论是人才培养、机会平等，还是员工福利，都十分具有吉利特色，可以看出吉利十分关注员工权益，关注员工发展，这有利于吉利长久地经营与发展。

第四，在保护环境和能源方面，从汽车防腐、耐老化性能，到汽车生产过程中禁用、限用物的控制，到汽车回收再利用，再到污染物排放的控制，最后到推动清洁能源的使用，吉利都采取了一定的措施。

第五，在公民责任方面，突出亮点的部分是吉利在推进教育产业方面做出了巨大的努力，成立了五所高等院校，培养专业技术人员，为汽车工业不断输送专业型人才，这是其他企业所不具备的。

但是在外部约束方面，吉利目前在全球性契约和行业性契约两个方面都采用常规的管理标准，所以并没有更多的亮点和规范。同时吉利在国家性契约和非营利性组织这两个方面并未涉及（或报告中没有涉及），所以吉利在外部约束方面存在很大的缺陷，需要进一步的努力。

在社会责任工作不断的推动下，目前吉利已逐步完成从国际化向全球化战略的重要转型，实现了全球研发、全球制造、全球销售，积极优化海外市场布局和服务网络，并结合当地市场实际情况推出新产品。吉利通过履行企业社会责任（主要体现在可持续产品与服务及公民责任方面），推动海外相关产业链发展，推出适合当地需求的新产品，不断提升吉利国际品牌影响力，有利于自身更进一步的海外经营。

从企业社会责任报告的撰写来讲，吉利最大的亮点在于每个部分都有相应的责任绩效的信息披露，使读者能够清晰地了解吉利在每个部分做出的努力及取得的成果。不足的地方在于报告中有些部分相互混杂，界限不够清晰明确，并且在可持续产品与服务以及保护环境与能源方面缺乏资金投入的信息披露，希望吉利在这方面能够进行完善。

4.3　全球跨国企业的社会责任成功实践分析

本节概括了全球知名跨国企业在全球履行社会责任的情况。采用的分析方法是：从各个行业挑选有代表性、在行业内排名靠前、企业社会责任表现较为突出的跨国企业，分析它们最近发布的企业社会责任报告，从报告中提炼重要信息，再将这些信息进行归纳与汇总，形成行业概览。每份概览基本上都从外部约束、合规、可持续产品与服务、工作环境、保护环境与能源、公民责任等六个方面对行业内排名靠前的跨国企业的社会责任情况进行概括性总结。行业概览能帮助我们发现中国企业在履行社会责任时与国外优秀的同行业跨国企业存在的差距，以及中国企业存在的问题的根源，从而为中国"走出去"企业如何具体地履行社会责任提供对接和参照的标准。由于中国"走出去"的企业大多集中在贸易、资源开采、交通运输、工程承包、旅游餐饮、农业种养和原料加工、家电制造等低附加值的传统行业，所以我们重点以建筑、森林和纸产品、纺织及成衣、旅游休闲、金属制品、农业、采矿业、玩具等八个行业为例，通过概括这些行业中著名跨国企业的社会责任报告，为中国企业海外社会责任实践提供对标的行业标准①。

4.3.1　建筑行业

1. 行业概况

建筑行业是专门从事土木工程、房屋建设和设备安装以及工程勘察设计工作的生产部门。其产品是各种工厂、矿井、铁路、桥梁、港口、道路、管线、住宅及公共设施的建筑物、构筑物和设施。从全球范围看，建筑行业是各国国民经济的支柱行业，具有影响力的跨国建筑企业一般为行业领先者，在产品质量、技术水平和公司治理方面都体现了较高的水平，这些公司多有较长的发展历史和广泛的业务范围，它们注重社会责任与企业形象。

2. 公司选择

在近年来发布企业社会责任报告或可持续发展报告的跨国建筑企业中，结合全球建筑企业综合实力排名，我们从各地区遴选了具有地区典型、社会贡献较大、影响较为广泛或报告质量较高的 8 家企业，其来自欧洲、亚洲、北美洲、大洋洲与拉丁美洲，具体信息如表 4-2 所示。

---

① 项目组总共分析了包括建筑、传媒、森林和纸产品、烟草、汽车制造、纺织及成衣、计算机、医药和保健品、旅游休闲、耐用消费品、金属制品、农业、民航、采矿业、医疗服务、玩具等在内的 25 个行业。

表 4-2　建筑行业代表性跨国企业

序号	地区	企业名称	所属国	报告年份	年收入/亿美元	员工规模/人	2013 年排名
1	欧洲	Hochtief	德国	2014	9.53	68 426	4
2	欧洲	Skanska	瑞典	2014	210	57 866	8
3	亚洲	Taisei	日本	2015	130	13 701	11
4	亚洲	Hyundai E&C	韩国	2015	96.8	5 615	34
5	北美洲	Brechtel	美国	2015	372	58 000	9
6	北美洲	Jacob	美国	2015	127	66 000	39
7	大洋洲	Leighton	澳大利亚	2013	176	55 990	27
8	拉丁美洲	Andrade Gutierrez	巴西	2014	20	37 022	83

3. 具体分析

1）外部约束

建筑行业除了遵循联合国"全球契约"、国际透明组织原则、ILO 原则等一般跨国公司都遵循的相关规定外，在环境方面，其特别受到环境管理系统 ISO 14001、能源管理系统 ISO 50001、碳信息披露项目（Carbon Disclosure Project）、道琼斯可持续发展指数、MSCI 世界环境-社会-管理（Environment Social and Governance，ESG）指数和富时可持续发展指数（FTSE4Good）的约束；在商业运作方面，存在来自国际商业责任行为规范、世界绿色建筑委员会、世界可持续发展工商理事会等全球性组织的管理。这些全球性组织与契约由跨国企业自愿加入遵循，或者以在达到一定标准后得到认证的方式被纳入，所参与的全球性组织和契约越多，一定程度上说明企业全球化水平越高、生产过程的标准化程度也越高，同时在行业中的影响力越大，相对来说，欧洲和亚洲的跨国建筑企业加入的全球性组织和契约越多。

跨国建筑企业还需遵循母国的相关法规，这些法规为母国制定的涉及环境保护或公司治理的标准，如在德国，建筑企业受到联邦环境管理协会、德国可持续准则、德国节能规范等外部约束；也有上市公司相关规则，如瑞典纳斯达克 OMX 斯德哥尔摩证券交易所上市规则；还有职业安全规定，如韩国 KOSHA 18001 安全管理标准、澳大利亚 AS、NZS 4801：2001 职业健康安全管理系统等。

行业中的认证、评估标准与奖项等在建筑行业十分丰富，其中影响力最大的是能源与环境设计先锋奖（Leadership in Energy and Environmental Design）和英国建筑研究院环境评估方法（Building Research Establishment Environmental Assessment Method），几乎在所有遴选报告中均有提及。

跨国建筑企业还与全球性的 NGO 建立合作关系，履行其社会责任，同时获得社会认可度，其中北美洲、大洋洲和欧洲企业更为注重与 NGO 建立合作伙伴关系，这些跨国企业合作的对象一般为致力于改善房屋条件、教育培训、医疗设施等方面的 NGO，如 Bridges to Prosperity、DiscoverE、Engineer Without Borders、FIRST® Robotics 等。

跨国建筑企业的外部约束一般不存在强制性，所以在企业社会责任报告中声明得越清晰具体，越能体现该企业的社会责任意识与自身标准。从总体上看，欧洲和北美洲的企业披露的全球化信息更多，亚洲国家企业更多地体现了本国的相关约束。

2）合规体系

从合规体系的总体特点来看，全球范围内的建筑企业大致上遵循一种"自上而下，层层下放"的合规管理体系，一般企业最高层设有合规或伦理道德委员会，由董事或高层管理人员组成，下设各部门层次的合规办公室，任命合规经理对其负责，具体的层次因不同的公司治理结构而存在差异，但最底层一般都会延伸到各建筑工地的合规小组，由施工单元负责人领衔，开展定期合规培训、巡查、监督和汇报等工作，信息的上传下达和对外公开推动体系发挥作用。

在具体的运作机制中，各跨国公司企业社会责任报告均体现了企业内设立《行为准则和指引》等文件、常规化培训和合规调查等举措，特别地，所有公司都设立独立反馈热线，旨在实现内部举报和违规的及时反馈。部分公司还设立了道德规范记分卡，如瑞典 Skanska；设立综合合规管理系统，如巴西 Andrade Gutierrez，形式多样，保证渠道的畅通。

3）可持续生产

可持续生产是 GRI 契约中环境责任方面的重要体现，在建筑行业中涵盖生产环节中的能源有效利用、污染控制、废弃物排放管理、生态系统保护、水资源节约以及供应链管理等多个方面。

能源有效利用在建筑行业中主要体现在节能措施和使用可再生能源两个方面。节能措施主要包括更换办公场所和工地的照明及空调系统，LED 节能灯、自体供暖制冷系统等设备是全球建筑商的选择。使用可再生能源方面，澳大利亚 Leighton 在网点和城市提供了汽车充电桩，巴西 Andrade Gutierrez 开发生物柴油和汽油无水乙醇混合动力货车，德国 Hochtief 采用水力发电和太阳能空调系统，等等，均为已实现的可持续举措。

建筑行业中污染的主要来源包括温室气体污染、水污染、土壤污染、噪声污染和无线电波干扰等方面。随着社会对环境保护的重视以及舆论监督风潮的兴起，全球建筑企业在控制污染方面做出了各种各样的努力。瑞典 Skanska 从垃圾填埋场转移的废弃物平均总量达到 94%，极大地减少了土壤污染源。日本 Taisei 参与"零二氧化碳行动"以减少环境影响，二氧化碳排放量同比减少 57%；韩国

Hyundai E&C 在工地安装了粉尘壁垒和自动洒水装置，设置废水处理挡土墙、隧道和批处理装置等，使用低噪声设备，安装隔音和防震措施。企业社会责任报告中披露的这些行动展现了跨国建筑企业对控制环境污染做出的努力。

生态系统保护在建筑行业中占有重要的地位，其中，亚洲跨国公司在这方面给予了高度的重视，日本 Taisei 设立了生态计划，检测所在地为期十年的生物多样性发展，为海内外八个参与濒危动物和森林保护的组织提供支持；韩国 Hyundai E&C 在占用地附近打造人工植物岛，创造生态湿地，为动物建立逃生和迁徙通道，使用低震建筑方法，缩减桥梁基础规模，以上披露体现了跨国建筑企业对生态环境保护的重视，其付出的行动也是实实在在、收效颇丰的。

水资源节约通常是指建筑和办公场所节水和水的循环利用，巴西 Andrade Gutierrez 运用节水系统循环利用四隧道钻井系统 80%的水，在一年的作业中节约了 700 万升水；瑞典 Skanska 用饮用水代替可选质量等级，尽可能地重用和回收水，设计节水办公建筑和基础设施。相比其他方面，水资源的节约在企业社会责任报告中着墨较少，但仍可看出部分跨国企业将其作为负责任生产中重要的环保举措。

除了上述几个方面外，瑞典 Skanska 将"绿色商业"放在开发首位，美国 Bechtel 参与了国家能源部核废料的处理，以上行为都在企业社会责任报告中得到披露。

此外，GRI 契约中要求企业公开供应链政策和具体操作，包括对供应商和承包商的能力建设、培训和合规等方面。在建筑行业企业社会责任报告中以上部分均有呈现，但篇幅的多寡因企业而异，涉及的具体内容也不尽相同。

其中，欧洲的跨国建筑企业尤其注重对供应链和承包商的管理。德国 Hochtief 对供应商和次承包商进行评估和甄选。供应链中通过合作伙伴资格预审和验证的比例为：美洲地区 99%，亚太地区 81%，欧洲地区 99%，通过预审的合作伙伴多达 89 547 家。瑞典 Skanska 则实行"绿化建筑供应链"环境工作组管理，建立"Deep Green 原材料途径"，宣布供应商产品透明度要求，Skanska 北欧采购单位还设立了废弃物管理框架协议，实现地区和承包商中更清晰的废弃物统计和对比，其欧洲住宅开发项目 Ostrobramska 还令分包商同时参加废弃物管理培训。

在遴选的企业中，美国 Bechtel 特别提到其在全球 70 个不同国家超过 14 000 家承包商和供应商的产品和服务中投资了超过 170 亿美元。

总体来说，这些企业在企业社会责任报告中均描述了按照一定的理念、标准对承包商和供应商进行培训和筛选的过程，但该过程在这些企业管理中的地位差异较大。

4）工作环境

工作环境在 GRI-G4 契约中属于企业社会责任的范畴，是事关利益相关方中员工群体的重要因素。建筑行业除了遵循 ILO 的相关规定以外，因其本身的作业性质，特别强调员工工作环境的安全问题，大部分建筑企业都将安全生产放在首要位置。此外，员工健康与福利、平等与多样性、职业培训、个人发展、生活工作平衡和绩效薪酬等方面也囊括在内。

工作环境在企业社会责任报告中尤其受到不同地区和企业文化的影响，欧洲企业更加注重员工的社会保障与薪酬计划，同时强调不同年龄层员工的整合和个人发展，设立多样的教育培训项目供员工自由选择；亚洲企业则特别强调施工网点的安全，为员工的健康提供保障，同时强调员工工作-家庭的平衡；北美洲企业社会责任报告着重呈现员工的多样性构成和企业提供的发展培训；大洋洲与拉丁美洲企业关注当地土著或居民的雇佣与职业发展。

这些跨国建筑企业将自身的工作环境标准与企业文化带到海外所在地，在不同程度上为国家文化和企业文化的交流提供了途径，这些交流尤其体现着跨国建筑企业的社会责任感。

5）环保节能

环保节能部分关注建筑企业提供的产品和服务，这些产品及服务在生产完成移交使用者后即形成各种生产性和非生产性的固定资产，它是国民经济各物质生产部门和交通运输部门运行的物质基础。由于建筑行业在全球范围内影响着自然环境和人类生活，所以企业往往会在社会责任报告中对环保节能产品与服务进行披露，陈述产品的发展、进步与创新并说明对社会所产生的影响。

在这一方面影响最为突出的是欧洲和大洋洲的跨国建筑企业。瑞典 Skanska 已将零能耗住宅设计投入使用，运用诸如太阳能板和能源井等现有技术，但建造过程中使用了能源优化和成本-效益的结合方式。该技术能够提供能源绩效合同来保障客户未来的能源储蓄。Skanska 负责建造的华沙中心 LEED 白金认证办公大楼是中东欧最节约资源的建筑，它包含 Skanska Deep Green 建筑冷却技术，比波兰准则能源消耗少 40%。Skanska 是住宅能耗设计的领导者，在这个领域走在了节能减排产品的最尖端。澳大利亚 Leighton 公司作为德国 Hochtief 在当地的独立分公司，其企业社会责任报告中所披露的获得 LEED 白金认证和 BEAM 认证的项目为遴选报告之最，多为高速公路、机场、医院和车站等遍布全球的重要城市基础设施。

此外，日本 Taisei 致力于通过不同战略层面的新技术开发贡献社会，在报告中特别披露 2015 年的研发支出达 0.11 亿万日元，专利应用注册率达到 89%。

跨国建筑企业正将建筑行业的产品和服务引向超低能耗、零排放的方向，对人类的居住和生活环境将产生革命性的影响，也对全球变暖、能源短缺等一系列环境问题具有重大意义。

6）公民责任

企业作为社会公民，不能只满足于做一个达到自身盈利目标的"经济人"，同时还要做一个有责任感和道德感的经济主体，承担起推动社会发展的义务。跨国建筑企业的公民责任主要体现在为当地社会与环境发展做出贡献。

从跨国建筑企业的企业社会责任报告中，我们可以将它们履行公民责任的措施归为以下几个方面：社区服务、环境保护、教育培训和保护当地文化等。其中，澳大利亚 Leighton 在可持续发展报告中特别披露了 2013 年战略社区投资 690 万澳元，分布在包括土著、教育、健康、艺术与文化、环境和弱势青少年等 6 个优先领域。

4. 行业评述

跨国建筑企业在全球建筑行业中有着举足轻重的作用，从八家企业披露的企业社会责任报告中，不同区域的企业有着不同的侧重点与文化，但相似的是，它们都将环境因素和社会因素放在报告的重要位置，占据最大的篇幅，而经济因素的相关披露因为年报的存在而略显单薄。从这些企业的社会责任报告中，我们可以看出欧洲、亚洲和大洋洲的跨国企业影响最为广泛，贡献也更加突出，其中欧洲跨国建筑企业可作为建筑行业的标杆，为其他企业树立了典范。

4.3.2 森林和纸产品行业

1. 行业概况

森林和纸产品行业包括所有以森林木材为原材料生产纸质产品的企业，从普通的复印纸到新型材料容器，行业产品多种多样。随着材料技术的不断创新，森林和纸产品行业也在飞速发展。森林和纸产品行业的整个生产流程涉及木材原料的砍伐，废纸的回收利用，生物多样性的保护，等等，使得该行业的企业社会责任问题显得尤其重要。

2. 公司选择

在跨国公司的大前提下，该行业选择了八家企业社会责任报告内容相对充实，同时对中国企业很有借鉴意义的公司，其中，非洲三家，亚洲两家，欧洲、拉丁美洲和北美洲各一家。具体情况如表 4-3 所示。

表 4-3　森林和纸产品行业代表性跨国公司

序号	地区	公司名称	所属国	员工规模/人	2013 年排名
1	非洲	Sappi	南非	13 665	13
2	非洲	Mondi	南非	约 26 000	12
3	非洲	Masonite	南非	约 8 000	
4	亚洲	Nippon	日本	约 14 000	11
5	亚洲	APP	印度尼西亚	40 072	
6	欧洲	Billerud Korsnas	瑞典	约 4 300	31
7	拉丁美洲	Empresas CMPC	智利	约 16 700	18
8	北美洲	RockTenn	美国	约 26 000	10

3. 具体分析

以下从六大方面来对森林和纸产品行业的企业社会责任行为进行评述与总结，包括外部约束、合规、可持续产品与服务、工作环境、保护环境与能源、公民责任，详细分析如下。

1）外部约束

全球性契约主要包括企业社会责任行为的报告准则，企业环境管理方面的认证及其他认证。这些代表性公司共同遵守的全球性契约主要包括：GRI，联合国"全球契约"，世界人权宣言，ISO 原则，碳排放披露项目，OHSAS 18001 认证，ISO 50001 认证，ISO 9001 认证，ISO 14001 认证，AA 1000 审验标准（2008），HACCP 认证，ISEGA 认证。

母国相关法规与各个公司所在国家有关，主要包括非洲的"国王"公司实践与行为准则、NOSA 五星标准、欧洲木材法规（European Union Timber Regulation，EUTR）和欧盟排放交易体系（European Union Emission Trading Scheme）。

行业标准主要涉及森林认证的相关标准，包括 PEFC 认证、FSC 认证、SFI 认证、FSSC 22000 认证、SVLK 认证。

合作组织及 NGO 因公司而异，主要包括一些行业组织及公益组织，如可持续林业倡议组织、纸浆产品委员会（Puld and Paper Products Council，PPPC）、欧洲纸业联合会、美国森林和纸业协会（American Forest & Paper Association，AF&PA）、世界基金组织、联合国儿童基金会（United Nations International Children's Emergency Fund）等。

2）合规

为了保证落实可持续发展理念，在合规方面，各个公司主要进行了三类工作：设立公司行为准则；确定公司治理结构，尤其是可持续发展治理结构；建立举报制度。

这八家公司都有自己的行为准则和相关可持续发展政策，其中日本 Nippon 出台了信息披露政策，印度尼西亚 APP 规划了可持续发展路线图。

公司治理结构各家公司各不相同，但主要有以下代表：建立可持续发展委员会，对公司的可持续发展表现负责；建立执行委员会，确保可持续发展战略的执行；建立可持续发展管理体系；建立有效的内部控制体系，内控和审计部门对可持续性进行审查；这些与企业社会责任相关的治理制度都值得我们参考。其中，日本 Nippon 推行环境双向审计，充分发挥了跨国公司的特殊性，由集团内的公司互相参与环境审计工作。

在举报制度方面，除了南非 Masonite 和 Sappi，其他公司都建立了举报制度，增强员工及其他利益相关方的参与程度和监督力度。其中，Mondi 的机密报告热线由独立的第三方运营，切实保证了热线的有效性。

总体来说，森林和纸产品行业在合规方面，各个代表性公司通过出台具体的行为准则，建立严谨的公司治理结构，完善举报相关制度，保证了企业社会责任行为在公司内的实施。

3）可持续产品与服务

森林和纸产品行业的可持续发展重点在于生产过程和供应链的可持续性，因此可持续产品与服务是该行业的重点关注内容。

生产工程的可持续性在报告中主要体现为四个方面：能源可持续和温室气体的排放、生物多样性保护、水资源可持续利用、废纸回收。在能源可持续和温室气体的排放方面，这些公司大量使用可再生能源，通过生物质能发电，水力发电，控制物流等手段减少温室气体排放；该行业的特殊性使生物多样性保护显得尤其重要，综合来看，各个代表性公司通过重点保护林地中的高保护价值（high conservation value）区域和高碳储存（high carbon storage）区域以及建立基因库等手段保护生物多样性；在水资源可持续利用方面，各代表性公司都十分重视污水处理过程，对污水中的化学成分实施监测；废纸回收也是该行业的特色项目，各代表性公司普遍实施废纸回收政策。

供应链管理方面，这些公司主要通过 FSC-COC 认证、SFI 认证、PEFC 认证等本行业认证体系，保证供应商提供的木材原料，收割方式等符合国际标准，不使用非法木材，包括濒危树种和转基因树种等。除了以上强制规定和认证外，这些公司还采用供应商打分卡或评价制度，对供应商进行评价。

同时，绝大多数代表性公司重视信息的披露，参与相关信息披露计划或组织，包括碳信息披露项目、欧盟排放交易体系、联合国政府间气候变化专门委员会（Intergovernmental Panel on Climate Change，IPCC）等，通过独立第三方检测温室气体的排放，并披露相关信息。

总体来说，该行业在可持续生产方面做得很优秀，结合行业的特点，强调了生物多样性保护和废纸回收的重要性。

4）工作环境

各家公司秉承以人为本的理念，针对员工的工作环境做了多方面的努力，概括来说主要包括三个方面：员工发展及权利保护、平等与多样性、工作环境和员工福利。

这些公司强调员工的发展，保护员工的权利。大部分公司给予员工自由加入工会的权利，并与工会合作、定期交流、开展论坛等。开展多项培训活动，包括工作技能、领导能力、法律法规培训、健康安全培训、环境保护培训、新员工培训、退休转职培训、专业技术培训等。

尊重平等和多样性，致力于提高女性员工比例，保障女性员工享有平等地位。

创建安全健康的工作环境，重视员工福利，这些公司多采取组织体检、提供医疗保险、设立诊所、关注艾滋、建立安全和疾病预防委员会、每年定期进行设备的维护和检测等手段保障员工的安全和健康。

5）保护环境与能源

由于森林和纸产品行业的产品比较特殊，其可降解性及能源使用量直接关系到环境保护的各个方面，因此保护环境和能源显得比较重要。但多数企业的可持续报告重点关注了生产过程方面，因此产品的相关介绍比较少。从已有的内容来看，各个公司都致力于开发环保可持续型产品，包括开发可降解产品替代塑料产品等，避免污染；产品质量更轻，强度更大，节约能源；提供优质的包装服务，优化包装流程，节约能源；研发可降解材料；食物包装更环保安全；设计可循环使用的环保纸袋；提供回收利用服务。

6）公民责任

森林和纸产品行业的生产活动或多或少会对周围的社区产生影响，同时也需要社区的支持与配合。这八家代表性公司的社区服务活动十分丰富，主要包括以下几种。

（1）帮助社区进行灾后重建。

（2）促进社区教育：开设林业学院、提供奖学金、与学校合作开展双向教育、赞助社区体育赛事和体育队伍、开展文化活动等。

（3）帮助孤儿和弱势群体，关注早期儿童教育。

（4）基础设施建设：建设社区基础设施，修建、维护道路和桥梁。

（5）社区健康：开设移动诊所，义务进行诊断咨询；建立公共卫生中心，提高社区卫生水平。

（6）社区就业与收入：通过购买商品和服务，加入商会以及担任发展团体的顾问等方式促进社区商业发展；征用当地劳动力，提高社区就业率；支持少数民族和女性创业：赞助少数民族或女性企业，或与其合作，促进这些企业发展成为供应商，尊重多样性。

（7）促进社区林业发展。

4. 行业评述

综合来说，森林和纸产品行业在外部约束、可持续产品与服务和公民责任三个方面表现良好，尤其是可持续产品与服务和公民责任，基本所有的公司都很重视能源的使用、废气废水的处理以及森林资源和生物多样性的保护，同时，每家公司都对自己的社区活动做了详细的披露。但需要注意的是，这些公司在保护环境和能源方面表现一般，多数报告没有对产品的社会效益做出说明，这一点需要进一步改进。

4.3.3 纺织及成衣行业

1. 行业概况

纺织及成衣行业范围比较广阔，基础的外销代工类成衣制造、高端奢侈品制造、洗手间产品服务方案、地垫定制服务、酒店餐饮布草洗涤服务、制服工装洗涤与定制服务等均涵盖在内。

2. 公司选择

纺织及成衣行业跨国公司主要分布在欧洲和亚洲，行业综述主要对 2013~2015 年跨国纺织及成衣行业企业社会责任报告进行筛选分析，其中大洋洲无数据，南美洲仅两家企业且均为非英文报告，非洲仅有一家 African & Overseas Enterprise 企业，但其企业社会责任报告多为财报数据，不具有分析价值。因此在亚洲选取三家企业进行分析，分别为：Asics（亚瑟士）、Delta Galil（德达盖立内衣）、Makalot Industry（聚阳实业有限公司）。选取两家欧洲企业：Prada（普拉达）、CWS-boco Group（海特斯）。五家企业主营业务均有一定差异，以便进行对比分析，尽可能涵盖纺织及成衣行业企业社会责任报告的通性。但因为细分行业差异，且该行业大多数企业并没有受到社会太多关注，所以忽略企业排名（表 4-4）。

表 4-4　纺织及成衣行业代表性企业

地区	企业名称	所属国	主营业务	员工规模/人
亚洲	Asics（亚瑟士）	日本	体育用品生产与销售	6 585
	Delta Galil（德达盖立内衣）	以色列	内衣及袜子等	8 500
	Makalot Industry（聚阳实业有限公司）	中国	成衣制造，外销为主	649
欧洲	Prada（普拉达）	意大利	设计、生产及经销名贵手袋、皮具用品、鞋履、服饰及配饰，也根据特定许可协议经营眼镜及香水业务	12 173
	CWS-boco Group（海特斯）	德国	洗手间产品服务方案、地垫定制服务、酒店餐饮布草洗涤服务、制服工装洗涤与定制服务	7 549

3. 具体分析

以下从外部约束、合规、可持续产品与服务、工作环境、保护环境和资源及公民责任等六个方面进行阐述。五家企业中仅有三家按照 GRI 条例来撰写企业社会责任报告，所以部分信息并不全面。

1）外部约束

全球性的条约或认证约束主要有 GRI、ISO 9001、ISO 4001、SA 8000、OHSAS 18000 等，除了以上环境、产品质量的认证，纺织及成衣行业大多企业会考虑到员工的利益诉求，如职业健康安全管理体系、ILO 的主张也被普遍采纳。

行业方面主要有世界体育用品业联合会（World Federation of the Sporting Goods Industry，WFSGI）、欧洲体育用品联合会中环境委员会成员（Federation of the European Sporting Goods Industry，FESI）、OEKO-TEX®国际环保纺织协会标准 100 认证（OEKO-TEX Standard 100）、环球服装生产社会责任组织（Worldwide Responsible Apparel Production）、国际濒危物种贸易公约（the Convention on International Trade in Endangered Species，CITES）、FSC 认证等与原材料或产品成品相关的法条法规。

每家企业合作的 NGO 各不相同，主要有 ILO、可持续服装联盟（Sustainable Apparel Coalition，SAC），其余均有极强的地域色彩。

2）合规

总的来说，企业均会根据相关企业社会责任法律条例总结出适合本公司的一套内部审核条例，每年根据条例对员工及供应商进行审核。部分公司专门成立了企业社会责任合规小组，如 Prada 和 Asics，Delta Galil 也有专门负责的"绿色官员"，但大部分企业的企业社会责任合规小组归属于日常审计小组。其主要行为均为每年根据公司条例对员工和供应商进行调查与审核。沟通渠道良好的企业如 Makalot Industry，还会不定期对员工满意度进行调查，并且委托外部顾问协助收集与分析，且设立由董事长直接收件的法兰克信箱和由人资部直接受理的人资服务信箱。部分公司如 CWS-boco Group 会对员工进行合规培训。

3）可持续产品与服务

纺织行业作为制造业的一种，产品是否可持续是关键。这部分主要包括原材料的选用、科技的使用、新产品的开发三个方面。在原材料的选用方面，如 Prada 购买珍稀皮料，原料 100% 从认证的渠道购得，严格遵守国际对引进和利用濒危物种的标准；CWS-boco Group 使用高品质材料进行毛巾制造，使其能经受反复多次清洗而不产生质量问题。在科技的使用方面，将科学与技术应用在产品生产的可持续性中，可以事半功倍，是最高效的可持续发展方式之一，如 CWS-boco Group 使用漂浮器洗衣；Asics 在跑鞋中使用新的无缝式缝合技术，以减少残留等。在新产品的开发方面，Prada 产品开发阶段推出优化的原材料使用和切割的创新模式——将初步的研究结果发送给工业生产商，使其用最小块的皮料进行制造试验，从而减少原材料浪费；Delta Galil 设计开发新型弹性尺码的袜子等。

厂址选择和设计也是影响可持续生产的重要因素，资金雄厚、资源丰富的 Prada 十分重视厂房的设计，对厂房进行全自然化布置，大量覆盖植被，使用节能设备，并且其是唯一一个提到"节省土地"概念的企业，在厂址的选择中，在被废弃的建筑基础上修复是其偏好的选择。

4）工作环境

许多企业都强调人是企业的核心，所有企业都以平等为前提，Prada 尤其强调女性的平等权利。每个企业都强调对员工的培训，主要是培养员工的专业知识和业务能力，主要形式为讲座，有个别企业采取 Mentor（导师）制。另外员工的安全与健康也是企业着重关注的重点，Delta Galil 有工人健康和安全委员会，Makalot Industry 提供体检和健康讲座甚至员工健康追踪服务。每家企业员工福利有所差异，如 Makalot Industry 的特点是活动形式广泛多样，涵盖各个层面，其他公司难以企及，但其员工人数远远低于其他几家公司，因此其活动适合中小规模企业模仿。其他企业的福利主要体现在津贴、休假制度、补贴等方面。员工发展方面大多数企业没有详细说明，但 Prada 和 Delta Galil 都鼓励签长久合同刺激员工内部晋升，允许并鼓励员工在全球范围内流动。

5）保护环境和资源

在保护环境和资源方面，各企业均大同小异，从碳排放、用水量、垃圾产生量、回收利用、耗电量、节省纸张、包装、雨水收集等方面进行开源节流。通过使用更优质燃料、减少开车、降低能源消耗等措施减少碳排放；更换用水系统、清理废水、员工节水，收集利用雨水以减少水资源浪费；降低垃圾产生数量，重复利用可回收资源；换用 LED 灯泡，降低耗电量；优化包装结构，使用环保认证纸质包装。

6）公民责任

企业的普遍关注点都在教育方面，分为两种形式，一种是开设纺织类型课程发掘人才；另一种是进行普通教育资助。第一种如 Prada 在托斯卡纳将设立一所学校进行专业的奢侈品制造教学，Delta Galil 与纺织业大学建立合作关系；普通教育资助形式则是通过公益机构进行合作捐助。企业社会责任的关注点和自身特性有关，如 Prada 支持修复文化遗址以及支持美术展览与其产品的艺术气质相符合；Asics 发起"棒球治疗"帮助患病儿童见到心中的棒球英雄项目则与其生产运动用品有关；CWS-boco Group 作为清洁类型的企业，进行的是幼儿园洗手教育。

除教育外，其他活动则是通过对 NGO 或协会赞助间接进行。

4. 行业评述

纺织及成衣行业在可持续产品与服务、工作环境及公民责任方面做得比较好，这与该行业注重产品及劳动力密集的特征有关。纺织及成衣行业大多生产日用消耗品，因此可持续性的生产方式使产品质量得到保证，同时能减少不必要的损耗。良好的工作环境使得以人力为基础的纺织及成衣行业能够保证员工的工作成果，解决健康安全及亲属问题，保障员工无后顾之忧，能为企业带来更高的生产效率。公民责任方面的优良表现一方面可以在教育方面储备人才；另一方面可以积累良好的口碑。而同时行业特征也使这些企业在节能减排和环境保护方面有所缺失，水污染、碳排放等都是该行业的伴生因素，只能通过千篇一律的节能措施进行改善。这些企业对外部约束和合规有各不相同的理解，但都比较欠缺，尤其是行业内规范及母国规范，与其他行业差异不大。

4.3.4　旅游休闲行业

1. 行业概况与公司选择

旅游休闲行业主要是以酒店服务、娱乐设施、旅游服务等为主要业务的行业，因为各个企业的业务关注点有所不同，有以经营酒店为主的，有以提供旅游指南服务等为主的，因此企业社会责任报告差异相对较大，并且因为提供的主要业务不同，企业的性质也差异较大，不便进行行业排名，因此没有介绍排名的内容，这里选取的企业概况如表 4-5 所示。

表 4-5　旅游休闲行业代表性企业

序号	地区	企业名称	所属国	报告年份	行业标准
1	亚洲	H.I.S	日本	2015	GRI-G3.1
2	亚洲	Banayan Tree Hotels and Resorts	新加坡	2013	
3	非洲	Wilderness	南非	2014	GRI-G4
4	欧洲	Rezidor Hotel Group	比利时	2015	GRI-G3
5	北美洲	The Walt Disney Company	美国	2016	GRI-G3.1
6	大洋洲	Crown Resorts Limited	澳大利亚	2017	

下面以这六家公司作为旅游休闲行业的代表，进行企业社会责任的分析和研究。拉丁美洲并没有相关合适的企业社会责任报告，因此这里不做分析。

2. 具体分析

旅游休闲行业的企业社会责任分析，主要从外部约束、合规、可持续产品与服务、工作环境、保护环境、保护能源及公民责任这几个方面进行。

1）外部约束

外部约束主要分为国际约束和国家约束两部分。国际约束部分，主要以 GRI 为标杆性约束，各个企业基本上均有提及。ISO 原则作为员工方面的指标性约束，也是提及较多的。对于这部分，旅游休闲行业基本上都没有大篇幅的介绍，其中比较突出的属于 H.I.S 和 Rezidor Hotel Group，H.I.S 在国家约束方面提及日本旅行社协会，这也是与日本株式会社的经营模式相适应的协会约束，体现了国家特色。在国际约束方面，H.I.S 对联合国世界旅游组织及全球旅游道德规范的提及表现出对公司国际业务的重视和相关行业的约束性。Rezidor Hotel Group 则是在此基础上详细介绍了与之合作的非营利性组织，主要是儿童和环境保护方面。

外部约束一般不存在强制性，所以在企业社会责任报告中表现得越具体，越能体现该企业的社会责任意识与自身标准，从总体上看，欧洲和亚洲的旅游休闲企业对这部分更为看重，亚洲企业更多地体现了母国的相关约束，而欧洲企业则是强调了与非营利性组织的合作。

2）合规

关于合规问题，与外部约束一样，整个行业都没有进行太多的介绍，Wilderness 和 Crown Resorts Limited 就审计委员会和董事会的组成等进行了简略介绍，日本 H.I.S 应该是做得最好、最全面的，不仅进行了详细的介绍，而且从社会责任委员会、公司管理、内部控制和风险管理四个方面进行了详尽的介绍，在合规方面可谓一家独秀。

3）可持续产品与服务

这部分在旅游休闲行业中可以说是一大重点，因为作为服务业，旅游休闲提供的产品与服务直接与它自身的利益密切相关，在整个行业的竞争中是关键竞争要素，所以对这部分大多企业都进行了详细的介绍，包括食品供应、客户服务、可持续能源、相关委员会和准则的设立等。

在这部分，6 家企业除了 Wilderness 没有相关介绍，其他 5 家企业都有各自的关注点。例如，H.I.S 提供的主要是旅游指南等服务，因此其强调比较多的是对相关手册的介绍，包括海外服务标准，以及机场地图和入境填写指南手册等，并且其不断致力于这些手册的更新和细化，以提高使用方便度和利用度。而 Redizor Hotel Group 是酒店性质，因此在食品供应、房屋建造等方面比较看重。

4）工作环境

工作环境可以说是和可持续产品与服务相对应的内部可持续性发展，作为服务业，这也是体现公司价值的一个重要方面，对这部分，大体上各企业的强调点都是一样的，无外乎员工健康和安全，培训的能力提升，奖惩制度，注重多元化的工作环境，以及强调对各种族的非歧视等，基本大同小异。需要一提的是 H.I.S 对有孩子的女性员工，提供了极其完善和人性化的帮助和支持，不管是财务上的支持还是休假上的支持，这点是很少有企业能够做到的。而 Redizor Hotel Group 的开普敦纽兰兹雷迪森公园酒店是世界上第一个拥有 30% 失聪的团队成员的酒店，虽然各个企业都注重残疾人的就业，但是能做到如此程度的只有 Redizor Hotel Group，其在这方面可以说是先导。

就不同地域而言，我们可以看出，工作环境与洲际环境还是存在很大联系的。非洲地区，由于环境相对恶劣，疾病容易爆发，因此 Wilderness 特别强调艾滋病的防护，对疾病和医疗保护的相关措施也是最为具体的；亚洲地区的企业，比较注重员工的个人发展和与福利相关的措施安排，包括前面提到的 H.I.S 针对有孩子的女性员工的措施可谓尽善尽美；北美洲地区以美国企业为代表，因为国家成员复杂，所以在员工平等性上比较看重，针对退伍军人和女性员工的社会地位采取了专门性的措施；大洋洲地区的企业着墨较多的是对本地居民和残疾人就业的保护，可以看出其对地区性就业的保护措施相当得力，这也体现了该地区的自我保护性很强；相比较而言，欧洲地区的企业，地区特色格外明显，其对人事制度、员工多样性和医疗卫生等都有相对均等的提及，措施也较完善。

工作环境是服务业的一个重要方面，对员工的服务也是其服务能力和工作环境重视度的一大体现，因此各个企业对此部分都有大篇幅的介绍，因为员工的满意度和幸福度上升，有助于提升员工服务他人的热情和信心，所以这是体现公司服务力的重要指标。

5）保护环境

对环境的保护是企业社会责任的一个重要组成部分，但是自愿性更强，企业对这方面投入越多，是它社会责任意识越强的表现。但是对于旅游休闲行业而言，对这部分的重视程度都较大，这部分主要包括废物处理、栖息地保护及企业特色活动。

废物处理主要分为有机物的降解处理和非降解物的填埋措施，也有创意思维，通过蠕虫农场（或者称为蠕虫培养）来管理有机废物，如 Wilderness。对栖息地的保护，主要是从增加植被、水资源保护来体现的。这里值得一提的是各个企业的特色活动，尤其是拥有野外度假村的企业，在这方面的相关措施都很完善，如 Banyan Tree Hotels and Resorts 从绿化社区、志愿者清理活动到回收等都有具体的措施介绍，内容详细，步骤具体。Wilderness 提到了高水位地区的废水管理方法，介绍了地面污水处理厂的作用，是一大特色。Crown Resorts Limited 为客人推出了碳抵消项目，这在旅游休闲行业属于首创。

对环境的保护是企业完全自愿的自发性行为，因此这与企业社会责任的关联度较大，从以上措施介绍可以看出，旅游休闲行业对这部分的重视度很高。

6）保护能源

这部分是六家企业的重中之重，对于旅游休闲行业而言，必要的能源节约和有效利用是节省成本的重要举措，因此在保护能源这部分六家企业的措施都相当具体，措施数目也相当可观。从栖息地监测、自由保护活动和演讲、反偷猎到节电技术，以及水资源二次利用等措施一应俱全。

在这一方面主要是 Banyan Tree Hotels and Resorts 和 Rezidor Hotel Group 表现

比较显著。值得一提的是 Rezidor Hotel Group 成为第一个签署联合国 2014 年 CEO 水资源管理的酒店类企业。而 Banyan Tree Hotels and Resorts 则是专注于相关演讲和保护活动的宣传方面。

这一部分同保护环境一样，属于公司自愿性的活动，但是可以看出各个企业对这两个部分都相当重视，把服务社会当作自己服务业范围的一个重要方面，不仅局限于各项措施的具体阐述，而且有具体的投资数据来作为参考，如 2014 年 Rezidor Hotel Group 投资了约 250 万欧元用于 LED 照明项目，既从措施上具体可行，又有投资数据的具体参考，是企业责任化环保的重要体现。

7）公民责任

公民责任这一部分，主要分为公司志愿活动和员工志愿活动，这是公司特色和地域特色的着重体现。主要方式包括捐赠、志愿者活动等。例如，迪士尼根据自身娱乐场的优势和卢卡斯影业与坏机器人合作，推出了《星球大战》，为联合国儿童基金会创新实验室和项目筹集了超过 400 万美元的重要资金，这方面每个企业的总体思路基本相同，措施也相当具体，是继保护环境、能源之后的第三大侧重点。

3. 行业评述

综上所述，可知旅游休闲行业对保护环境、能源，公民责任及工作环境几个方面比较关注，而外部约束、合规等方面都较少介绍。整体来说，日本 H.I.S 在各个方面都表现出色，措施具体得力，可以作为旅游休闲行业的标榜企业。

4.3.5 金属制品行业

1. 行业概况与公司选择

金属制品行业是指包括结构性金属制品制造、金属工具制造、集装箱及金属包装容器制造、不锈钢及类似日用金属制品制造等产品制造类别的行业。根据可持续性披露数据库网站（http://database.globalreporting.org/）提供的信息，金属制品行业共有 669 篇可持续发展报告，跨国公司的可持续发展报告为 175 篇，其中非洲 0 篇，欧洲 87 篇，亚洲 46 篇，拉丁美洲 6 篇，北美洲 22 篇，大洋洲 14 篇。通过一定条件的筛选，最终对位于 4 个洲的 6 家企业进行分析并形成了 6 篇独立的企业报告。

拉丁美洲可得且符合条件的企业 Acindar Grupo ArcelorMittal（阿根廷）是法国 ArcelorMittal 在拉丁美洲的分支机构，因此没有对拉丁美洲的企业进行分析；非洲没有符合条件的公司，因此也没有对非洲的公司进行分析。选取的企业的基本信息如表 4-6 所示。

表 4-6　金属制品行业代表性企业

地区	企业名称	所属国	报告标准	营业收入/10^6 美元	主营业务
欧洲	ArcelorMittal	法国	GRI-G4	79 282	生产并销售钢铁产品，包括炼铁、炼钢、轧钢与下游深加工流程
欧洲	Componenta	芬兰	GRI-G3.1	4 952	铸铁、铸铝等铸件加工、机械制造
亚洲	CSCC	中国	GRI-G4	523.09	生产并销售厂房钢架、高楼钢架、桥梁钢架及其他钢制品贸易
亚洲	Posco	韩国	GRI-G4	2 571.20	生产及销售炼铁、钢铁及轧材
北美洲	Aleris	美国	GRI-G4	4 300.00	生产及销售铝制品、回收铝及制造合金产品
大洋洲	PanAust	澳大利亚	GRI-G3.1	350.00	生产及销售银矿与铜矿、开采金矿与银矿

注：营业收入换算成美元的汇率换算使用报告期当日汇率

2. 具体分析

在各企业的独立报告中，分析内容主要包括报告信息、企业简介、外部约束、合规、可持续产品与服务、工作环境、保护环境、保护能源、公民责任几个方面。独立报告中某些板块记录了企业的资金投入和所获奖项，并针对上述部分做了小结，针对每个公司做了综合评价。

1）报告信息

报告信息包括报告年份、遵循的行业标准和外部审计机构。根据筛选结果，分析的 6 家企业的可持续性报告年份均为 2014~2015 年，大部分企业遵循的都是 GRI-G4 行业标准，均聘请了独立的第三方审计机构对企业进行审核。

2）企业简介

企业简介包括企业所属行业、所属国家、相关财务信息等方面。其中金属制品行业摘录的六家企业中大部分企业的主营业务均为生产及销售金属制品，金属制品涵盖钢、铁、铝、铜等各类常用工业金属。

3）外部约束

外部约束主要从全球性契约、地区/国家性契约、行业性契约和非营利性组织四个方面进行摘录。6 家企业中大部分都遵循的全球性契约为 GRI-4、《AA 1000 审验标准 2008》及《温室气体议定书》（Green House Gas Protocol）。地区/国家性契约各个企业均不相同，行业性契约各个企业提及的较少。非营利组织（Non-Profit Organization，NPO）虽然重复出现的不多，但是 6 家企业均会与当地金属制品协会合作联系，如位于澳大利亚的 PanAust 与澳大利亚的矿产资源委员会合作，位于韩国的 Posco 与韩国钢铁协会合作，位于美国的 Aleris 与美国/欧洲/德国铝业协会合作等。

4）合规

企业一般的合规流程均为制定企业内部的《道德行为准则》，设立审计和风险管理委员会来控制企业的财务经营风险。需要注意的是有些企业设立了专门的部门来监管企业的可持续发展问题。例如，CSCC 制定了《内部控制制度自行检查程序》和《利益冲突回避要点》两个不同的文件来处理不同的内控问题，还专门设立了直接隶属于董事会的稽核部门；PanAust 专门设立了可持续发展委员会来处理企业有关可持续发展问题，还制定了《价值声明》强调贿赂与腐败的问题，要求员工与管理者不得滥用职权等。

5）可持续产品与服务

金属制品行业的产品品质会在很大程度上影响企业的口碑与利润，因此 6 家企业均在可持续产品与服务方面做了较为详尽的描述。一般做法有制定《供应商责任准则》并要求供应商遵循，在选择供应商时会根据准则的考核结果来决定是否合作。突出亮点在于，PanAust 要求产品集中审查并使用规定的运输舰队按照严格的集中运输过程运送产品，以确保更高的安全性并减少安全风险。Posco 实施供货商品质认证（Posco Supplier Quality Certification）制度，分为 Q1~Q5 共 5 个等级，对获得 Q3 等级以上优秀评价结果的企业授予单独的品质认证书，同时进行约 50 项的品质管理评估，可以细分为 Beginning、Improving、Succeeding、Controlling、Leading 5 个阶段，此外每年向供应商颁发品质评估大奖，鼓励供应商提供优质的产品。

6）工作环境

工作环境主要分为人事制度、人才培养，多样性、机会平等及员工福利三个方面。其中，人事制度、人才培养方面，一般措施为设立业绩评价制度，并且为员工及管理者提供技能和管理能力培训课程；多样性、机会平等方面，各个企业均会涉及员工种族、性别、年龄、国籍、文化背景、宗教信仰、残疾与否等方面的多样性；员工福利方面，一般包括医疗补助、退休福利等，不同之处在于欧洲公司更加注重女性员工的晋升途径及员工的归属感，亚洲公司提供的福利大多与节假日及婚丧嫁娶事宜相关。例如，位于北美洲的 Aleris 设立了 HSE 小分队和 SLP 项目来确保员工的人身安全，同时还在不同地区为员工提供不同类型的福利保证。位于欧洲的 ArcelorMittal 鼓励女性进入公司管理层，在卢森堡、波兰、美国的培训部门提供服务于女性雇员的女性领导力项目；Componenta 定期对员工的工作满意度进行调查，特别是工作氛围等指标将成为企业的考察因素。位于亚洲的 CSCC 为员工提供生日奖金、五节奖金（劳动节、端午节、中秋节、春节、国庆节）、加班奖金、死亡慰问金、员工遗孀慰问金、伤残慰问金、住院慰问金、火灾补助、生育补助、结婚补助、子女教育补助、婚丧花圈花篮等。位于亚洲的 Posco 也为职员提供了子女奖学金、选择型福利待遇、婚丧支援金、残疾家属支援金等。位于大洋洲的PanAust则通过改善作业过程中的通风问题以及使用全球定位系统（Global Positioning System，GPS）和可视化映射系统来解决粉尘污染和热噪声污染问题等。

7）保护环境

金属制品行业涉及的环保问题较多，一般均涉及尾矿和废石处理、碳排放等问题。行业通常做法是检测碳排放数量并确保碳排放符合要求，尾矿和废石优先考虑回收或转化为其他能源，之后也可以出售给相关行业或者专业的机构代为处理。例如，PanAust 成立了独立的尾矿和岩土审查小组，定期监测评估设备的风险和性能，此外还创立了"红绿灯"（红色、黄色、绿色）管理计划用于代表每种废石的类型，确保其位于正确的位置并进行处理。PanAust 还与国际氰化物管理研究所合作，通过制造、运输和使用氰化物生产黄金从而有效处理了剧毒物质氰化物。CSCC 在厂房内设置密闭式喷砂机（内含滤袋式集尘器），以及装有活性炭滤材的气流亭，防止喷砂及安装过程中产生的空气污染物直接逸散到大气中。CSCC 还通过揽污、沉淀、生物处理、过滤、加氯消毒再排入生态池，经过水生植物的二阶段净化从而每年回收水资源等。

8）保护能源

金属制品行业的企业在保护能源方面一般都会涉及保护水资源这个内容，基本举措为：企业使用自来水公司供应的水，不私自汲取地下水、山泉水或伏流水等非自来水水源，同时使用相关设施回收水资源并减少浪费。需要注意的是，PanAust 每年会设立专门的机构培育幼苗，成熟后将幼苗栽种在开采过后的土地上以实现土地恢复。Posco 利用废弃的盐田建成第三批太阳能发电基地，同时提供能源储藏系统，构建与太阳能发电相连的独立电力网从而达到节约电能的效果。ArcelorMittal 在印第安纳州港口成立的头脑风暴小组提出了工人离岗后关闭工厂设备、减少压缩机"泄露"问题等方法来减少能源消耗问题。

9）公民责任

金属制品行业 6 家企业中大部分企业在公民责任方面的表现良好。值得注意的是，位于北美洲的 Aleris 与 NPO 为美国退伍老兵提供翻新房屋及生活援助的服务，还支持俄亥俄州的灾区破损建筑修复工作以及为灾区人民提供抚慰金；位于亚洲的 Posco 员工会将从外部获得的社会讲师费再次归还给社会，用于教育、医疗支援、帮助不幸邻居、发展中国家疫苗支援、非洲儿童后援等方面，并且于 1988 年起以光阳下广村为起点，开始了"姐妹村结缘"的活动，目前共有 211 个村、学校及团体缔结了"姐妹关系"；位于大洋洲的 PanAust 更多关注当地基础设施建设情况，在老挝成立了社会发展基金（Community Development Fund，CDF），该基金款项主要用于教育、农业、卫生、基础设施、小额贷款和中小企业发展等方面，并且公司支付 222 000 美元支持智利的社区发展项目，包括为偏远乡村提供医疗服务，修整乡镇的学校和教堂，开展圆桌会议讨论如何促进社区的开发等。

3. 行业评述

综合来看，金属制品行业在可持续产品与服务、保护环境和公民责任三个方面表现良好，在企业保护能源方面的举措较少。部分企业对保护环境和公民责任有具体的资金使用状况，大多数企业所获奖项分布在可持续产品与服务、保护环境方面。

4.3.6 农业行业

1. 行业概况与公司选择

农业是以土地资源为生产对象的重要产业部门，是通过培育动植物产品从而生产食品及工业原料的产业。农业属于第一产业，提供支撑国民经济建设与发展的基础产品。从事农业生产的跨国企业来自广义的农业部门，以种植业、畜牧业为主。在全球可持续披露数据库网站发布的报告中，我们选择了来自亚洲、欧洲、北美洲和非洲的 9 家跨国企业最新社会责任报告，它们的主要业务不完全相同，以棕榈油、橄榄油、灌溉系统和动物食品业务为主，具体信息如表 4-7 所示。

表 4-7 农业行业代表性企业

地区	企业名称	所属国	报告年份	主营业务	年销售额/亿美元	员工规模/人
亚洲	Indofood Agri Resources Ltd.	新加坡	2014	棕榈油	15	41 244
亚洲	Jain Irrigation Systems Ltd.	印度	2013	微滴灌系统、食品加工和可再生能源	7.43	9 007
亚洲	Netafim	以色列	2013	滴灌系统		3 279
欧洲	R.E.A Holdings Plc.	英国	2014	棕榈油	1.26	9 790
亚洲	Sovena	葡萄牙	2013	生物柴油、橄榄油、油籽、日用品	13	1 311
北美洲	Agrium	加拿大	2014	化肥生产、制造、销售	157	17 568
北美洲	Monsanto	美国	2014	转基因种子、农业技术产品、除草剂	158	21 183
北美洲	Novus International Inc.	美国	2014	动物饲料、保健食品	10	754
非洲	Crookes Brothers Ltd.	南非	2015	甘蔗、落叶果树、夏威夷果和香蕉等	5.26	3 500

下面从 GRI-G4 为企业社会责任报告提供的规范性框架出发，将跨国农业企业社会责任报告的内容从外部约束、合规体系、可持续生产、工作环境、环保节能（产品效应）和公民责任等六个方面进行详细阐述，它们分别归属于该框架中的环境因素、经济因素与社会因素三大部分。

2. 具体分析

1）外部约束

以下摘录农业跨国企业遵循的不同类型外部约束，其中典型、较具有影响力的部分如表 4-8 所示。

表 4-8　典型外部约束

分类	外部约束
全球性契约	联合国"全球契约"原则 ISO 原则 ISO 9000 国际质量标准管理体系 ISO 14000 国际环境标准管理体系 ISO 14064 国际温室气体计算验证标准 ISO 22000 国际食品安全管理体系 ISO 50001 国际能源管理体系 OHSAS 18001 国际职业健康安全管理体系 经济合作与发展组织（OECD） 世界可持续发展工商理事会（WBCSD）
地区/国家性契约	国际可持续性和碳认证标准（ISCC） 国际食品标准（IFS） 食品安全管理体系（HACCP） 药品生产质量管理规范（GMP） 南非公司法案 印度工商业联合会（ASSOCHAM） 孟买商会（Bombay Chamber of Commerce） 印度尼西亚污染控制、评估和评级项目认证（PROPER） 印度尼西亚可持续农业伙伴关系项目（PISAgro） 印度尼西亚可持续棕榈油标准（ISPO） 英国公司治理准则（UK Corporate Governance Code） 俄罗斯国家标准验证（GOST） 加拿大肥料研究所（CFI） 美国饲料行业协会（AFIA） 欧盟饲料添加剂认证（FAMI-QS）
行业性契约	《联合国首席执行官水资源要求》（UN CEO Water Mandate） 斯德哥尔摩国际水资源研究中心 可持续棕榈油发展圆桌会议（RSPO） 《棕榈油可持续发展宣言》（SPOM） 国际橄榄油协会（IOC） 葡萄牙橄榄油生产者协会（Casa do Azeite） 美国肥料研究所（TFI）
非营利组织	甘地研究基金（GRF） 非洲联盟 印度尼西亚科学研究所（LIPI） 法国国际农业研究中心（CIRAD） 伦敦自然历史博物馆 伦敦动物学会（ZSL） 国际植物营养研究所 Climate CHECK

其中，印度 Jain Irrigation Systems Ltd.、英国 R.E.A Holding Plc.、葡萄牙 Sovena 和加拿大 Agrium 在全球和自身行业约束等方面的参与度较高。

2）合规体系

农业跨国企业都具有完整的合规管理体系，设立了企业道德行为准则，企业最高层设有合规或伦理道德委员会，由董事长或高层管理人员组成，下设各部门层次的合规办公室，任命合规经理对其负责，具体的层次因不同的公司治理结构存在差异。

其中，Crookes Brothers Ltd.治理方法与相应地区政策契合度高。Jain Irrigation Systems Ltd.和 Netafim 信息披露透明度高。Indofood Agri Resources Ltd.在合规方面单独设立了"负责任地成长"项目，并对供应链合规情况进行了清晰说明。

特殊的是，R.E.A Holdings Plc.因为在英印两国均有重要业务，其内部合规体系也呈现总部−子公司的架构。Monsanto 则成立了可持续农业发展特定独立高层，积极参与世界贸易维护与更为严格的评估项目。

3）可持续生产

农业跨国企业的可持续生产对全球的环境、气候影响重大，在遴选企业中，可持续生产主要体现在水资源保护、耕种方法革新、节能减排等方面。

水资源保护方面，Netafim 在滴灌技术进步中采取的行动十分突出，投入了大量人力资本和金融资本，尤其是纳米滴灌技术，在行业中具有垄断性。利用这些技术，Netafim 将滴灌推广到全球各地，尤其是在缺水国家节约了大量水资源。同时，Jain Irrigation Systems Ltd.的微滴灌装置和滴灌工程也已在各大洲多个国家发挥作用，对全球水资源的管理产生了影响，该企业在可持续发展报告中进行了典型案例分析，凸显了企业的特色和成就。R.E.A Holdings Plc.则基于炼油业务的特点，创新治理水污染，同时降低无机肥料用量，取得了显著成果。

耕种方法革新方面，Indofood Agri Resources Ltd.的"精密农学"是其对农业种植的创新贡献点，其最大限度地运用了跨国企业的技术资源，紧紧围绕相关的全球规定，开展研发创新和人才培训，为技术普及做出了贡献。R.E.A Holdings Plc.在保护印度尼西亚当地"高保护价值"地域和生物多样性方面给予了极大的重视并开展了全方位的行动，还利用了母国的文化研究资源，是跨国运作中的一大亮点。

节能减排方面，Agrium 在控制温室气体的排放上行动十分突出，将企业优秀的产品与现代化信息系统相结合，体现企业较好的前瞻性和对可持续发展的把握。Monsanto 则秉持生态保护优先、充分利用资源的理念，将先进的耕种方法与优异的种子相结合，在耕种过程中努力节约能源，在阿根廷、美国和印度等地区获得了农民的广泛认可。

此外，Crookes Brothers Ltd.在改善土壤方面的行动十分突出，制订了详尽的环境管理生产计划，从生态系统的稳定到自然资源的节约都有贡献点。Sovena 在橄榄油生产行业的整合性相当高，形成了一体化的供应产出链，成为行业领导者。

4）工作环境

这部分表现较为优秀的企业，其关注的重点一般在员工发展培训和健康安全两个方面，企业对人力资本的投资，一方面为实现企业未来更大收益创造可能；另一方面对于员工也是一种工作激励方法。

员工发展培训方面，较为突出的行动是 Netafim 设立的"领袖培养项目"和 Agrium 的"女性领导培训项目"。两个企业都重视在技能培训的基础上，对管理能力进行系统的指导，提高员工的工作积极性，提升生产效率。

员工健康安全方面，Netafim 设立安全委员会，负责生产安全操作和安全计划的改进。R.E.A Holdings Plc.和 Jain Irrigation Systems Ltd.开展安全培训，提高员工的安全意识。需要强调的是，企业主营业务的不同，对安全的重视程度也不相同，如 Agrium 作为化肥生产领导者，成立特别化工生产安全中心，并对产品的储存和运输建立一套完善的安全监控系统是必要的，是对员工工作环境负责的行动表现。

5）环保节能（产品效应）

结合农业行业的特殊性和各企业产品性质的不同，其效应不仅包括环保节能，也包括如食品安全、营养方面。

环保节能方面行动最为突出的是生产滴灌系统设备的 Netafim，其在全球范围内推广滴灌系统，代替漫灌与传统洒水方式，不仅提高了生产效率，更是对水资源的有效节约。食品类生产厂商在环保节能方面也有贡献，如 Monsanto 的 Roundup Ready Extend 作物系统就是通过信息技术，精准施肥灌溉，达到节能减排的效果。Sovena 关注细节，通过改进产品包装形式，达到很好的节约效果。

创新产品是行业领导者提升竞争力的有力武器，Monsanto 针对非洲干旱环境研发的节水玉米，针对虫害不断研制新的抗虫品种；Sovena 在橄榄油的新品种开发上，充分考虑感官偏好和地域性口味差别，并致力于产品营养的留存质量。特别需要指出的是，Novus International Inc.不仅关注人类的健康营养需求，包括对蛋壳膜和益生菌的开发投入，而且关注动物的营养改善，包括对动物所需微量元素、氨基酸产品的持续改进。

6）公民责任

企业的公民责任体现着该企业回馈社会、提高社会福利水平的主人翁意识，是企业可持续性发展的重要意义所在。对于以解决粮食危机为目标的农业行业来说，公民责任更是企业社会责任报告中需要特别重视的一环。

北美洲企业在这方面表现尤为突出，Monsanto 成立的基金会过去九年在阿根廷 16 个省份与 259 个非营利团体合作开展 420 项公益项目，捐助额超过 1 100 万人民币，对中国绿色乡村项目的捐赠也达到 120 万美元，并且对全球地震、洪水等自然灾害提供有力援助。Agrium 参与千禧村项目，在非洲七个国家的 1 400 个试点投入 220 万美元帮助当地农民脱贫。

此外，Indofood Agri Resources Ltd.社区项目丰富多样，包括对解决白内障和唇腭裂等健康问题的努力。其重视利用副产品实现农产品生产可再生能源的实践是造福社会的一大亮点。Crookes Brothers Ltd.关注非洲教育建设，仅 Mgubho 学区建设投资就超过 50 万兰特（约合 3.7 万美元）。Jain Irrigation Systems Ltd.设立 Bhavarlal & Kantabai Jain 多用途慈善基金，用于环境保护和社会发展。

3. 行业评述

跨国农业企业在全球粮食安全、人类健康方面发挥着重要作用，从九家企业披露的企业社会责任报告来看，不同主营业务使企业分别在不同的领域做出了基础性或突破性的贡献。其中，亚洲、北美洲的跨国企业影响最为广泛，贡献也更加突出，与这些国家和地区的农业地位、农业人口和发展历史息息相关，其中以色列的 Netafim、美国的 Monsanto 和新加坡的 Indofood Agri Resources Ltd.可作为滴灌系统、转基因种子和棕榈油领域的标杆。

4.3.7 采矿业行业

1. 行业概况与公司选择

采矿业是指对固体（如煤和矿物）、液体（如原油）或气体（如天然气）等自然产生的矿物的采掘。包括地下或地上采掘、矿井的运行、在矿址或矿址附近从事的旨在加工原材料的所有辅助性工作以及使原料得以销售所需的准备工作。根据可持续性披露数据库网站提供的信息，采矿业共有 1 356 篇可持续发展报告，跨国公司的可持续发展报告为 378 篇，其中非洲 42 篇，欧洲 59 篇，亚洲 27 篇，拉丁美洲 33 篇，北美洲 130 篇，大洋洲 87 篇。通过一定条件的筛选，最终对位于六个大洲的 6 家企业进行分析并形成了 6 篇独立的企业报告。

本次的筛选标准是普华永道（Pricewaterhouse Coopers）发布的《2015 全球矿业报告》，其中，除了北美洲以外，其他各洲的可持续发展报告数量相对平均。但是根据普华永道提供的排名，北美洲排名靠前的跨国采矿业企业较少，同时许多采矿业企业形成的可持续性发展报告质量较差，可供摘录的信息不多，因此只选取了 1 家企业作为代表。各企业的基本信息如表 4-9 所示。

表 4-9　采矿行业代表性企业

地区	企业名称	所属国	报告标准	营业收入/10^6 美元	主营业务
非洲	Coal India Limited	印度	GRI-G4		生产供应煤炭等矿产资源
欧洲	Anglo American	英国	GRI-G4 OECD	31 000.00	经营铁矿石、锰、冶金煤、动力煤、铜、镍、铌、磷酸盐、铂金及钻石

续表

地区	企业名称	所属国	报告标准	营业收入/10^6 美元	主营业务
亚洲	Sumitomo	日本	GRI-G3	7 297.89	经营钢材、钢管等钢铁产品和铝、钛等有色金属的各种加工等相关业务
拉丁美洲	Vale S.A.	巴西	GRI-G3/G4	40 524.00	经营黑色金属、有色金属业务，煤炭、水电等能源业务
北美洲	Barrick Gold	加拿大	GRI-G3	10 239.00	主要从事黄金及其他矿物资源的勘探、开发、生产和销售
大洋洲	BHP Billiton	澳大利亚	GRI-G3.1	350.00	开采铁矿石、煤、铜、铝、镍、石油、液化天然气、镁、钻石

注：营业收入换算成美元的汇率换算使用报告期当日汇率

2. 具体分析

在各企业的独立报告中，分析内容主要包括报告信息、企业简介、外部约束、合规、可持续产品与服务、工作环境、保护环境、保护能源、公民责任几个方面。独立报告中某些板块记录了企业的资金投入和所获奖项，针对上述部分做了小结并针对每家企业做了综合评价。

1）报告信息

报告信息包括报告年份、遵循的行业标准和外部审计机构。根据筛选结果，分析的 6 家企业的可持续性报告年份均为 2014~2015 年，其中报告年度为 2014 年的有 2 家企业，报告年度为 2015 年的有 4 家企业。大部分企业遵循的都是 GRI-G3/G4 行业标准，均聘请了独立的第三方审计机构对公司进行审核。需要注意的是，第三方审计机构除了常见的四大会计师事务所之外，有两家企业均聘用了法国国际检验局作为其独立第三方审计机构［法国国际检验局设有工业与设施、消费品检验、政府采购与贸易、船舶检验（法国船级社）四大事业部，分别从事管理体系认证、产品认证、工业产品检验、集装箱检验、工程监理、船舶检验、进出口商品检验及航空航天检验等］。

2）企业简介

企业简介包括企业所属行业、所属国家、相关财务信息等。其中采矿业行业摘录的 6 家企业中大部分企业主营业务均为勘探、开发、生产和销售固体矿物的业务，涵盖钢、铁、铝、铜等各类常用工业金属以及煤炭、石油、液化天然气等能源矿物。

3）外部约束

外部约束主要从全球性契约、地区/国家性契约、行业性契约和 NPO 原则四个方面进行摘录。6 家企业中大部分都遵循的全球性契约为 GRI-G3/G4、《联合国全球盟约》（United Nations Global Compact，UNGC）及《经济合作与发展组织跨国公司指南》（Organization for Economic Cooperation and Development

Guidelines）。地区/国家性契约各个企业均不相同，需要注意的是有两家企业均明确提及了《海外反腐败法》（Foreign Corrupt Practices Act）。行业性契约中提及较多的是《采掘业透明度行动计划》（Extractive Industries Transparency Initiative，EITI），有5家企业都提到了这一行业约束。NPO原则虽然重复出现的不多，但是6家企业中有5家都与国际采矿及金属协会（International Council on Mining and Metals，ICMM）有合作联系。

4）合规

企业一般的合规流程均为制定企业内部的《道德规范和行为准则》，设立审计和风险管理委员会来控制企业的财务经营风险。需要注意的是有些企业设立了专门的部门来监管企业的可持续发展问题，如 Sumitomo 专门成立了企业社会责任委员会，下面还分设了 6 个不同的副委员会来管理不同方面的企业社会责任问题；Anglo American 专门成立了可持续发展委员会，其主要目的是代表董事会进行监督，包括安全、健康、环境、社会政治、员工风险和机会公平等方面的问题；BHP Billiton 专门成立了可持续发展委员会，协助董事会专门监督健康、安全、环境和社区（Health-Safety-Environment-Community，HSEC）的相关问题，同时委员会还负责可持续发展报告的准备工作。同时，有些企业提及了有关反腐败等方面的问题，如 Barrick Gold 根据加拿大的《海外反腐败法》在公司的七个地区进行了反腐败基础风险评估，编制了企业反贿赂手册，同时建立热线追踪并实时汇报反腐败和反贿赂的行为。

5）可持续产品与服务

采矿业更多属于源头行业，因此在可持续产品与服务方面的描述内容较少。一般做法有制定《供应商道德和行为准则》并要求供应商遵循，根据准则中提及的相关参数定期对供应商进行评分，最终选择长期合作的供应商。突出亮点在于，BHP Billiton 在 2014 年末举办了一场大范围的协商会议，包括来自企业责任论坛的成员、NGO、供应商、同行组织、当地社区、行业协会等来确定有关可持续产品与服务相关内容的细节；同时，企业针对相关产品运输也完全遵循海运、陆运等危险品运输标准，集中安排运输队伍以减少有害物质的排放。

6）工作环境

工作环境主要分为人事制度、人才培养，多样性、机会平等及员工福利三个方面。其中，人事制度、人才培养方面一般的措施为设立业务计分卡以及帮助员工进行职业规划，并且为员工及管理者提供技能和管理能力培训课程；多样性、机会平方面各个企业均涉及反对任何形式的歧视问题，包括种族歧视、宗教歧视、党派歧视、性别歧视等，同时，多家企业提到了反对雇佣童工和性骚扰的问题；员工福利方面一般包括定期提供健康检查、为员工提供医疗保险、开展全面的安全教育以及多家企业提到的尊重员工言论和结社的自由等。Coal India Limited 对员工定期进行职业健康监测和检查，专门提及了采矿业潜伏性较强的长期疾病——噪声性听力损伤，还为员工和承包商提供综合的初级医疗保健服务，包括计划生育、产前保健、慢性病监测和艾滋病检测以及抗逆转录病毒治疗等。Sumitomo 限制员工工作时长、鼓励员工带薪休假，同时通过建立系统，允许女性员工在哺乳期减少工作时长。Anglo American 在南非矿区为了解决员工的债务问题，专门推出了金融健康计划，帮助员工培养正确的信贷观念，管理自己的债务。

7）保护环境

采矿业涉及的环保问题较多，一般均涉及土地恢复、生物多样性及碳排放等问题。多数企业提及的是保护生物多样性，发现并妥善安置国际自然保护联盟红色名录中列示的濒危物种；实时监测碳排放量，通过利用二次能源和新型能源替代传统能源的方式来减少温室气体的排放量等。Coal India Limited 在其 Vale 煤矿附近建立了菌落和植被培育所，利用培育出的草和植物种子对被企业破坏的土地进行恢复。Barrick Gold 根据联合国教科文组织的规定，承诺不对其拥有的敏感栖息地做任何商业探索，同时通过一些设施阻碍野生动物接触开采过程中产生的化学物质，如使用栅栏、捕网、"鸟球"，以及为化学池进行遮盖等。

8）保护能源

采矿业企业保护能源一般涉及保护水资源、废矿回收以及替代能源开发的问题。但关于保护能源方面的整体工作整个行业涉及较少。Barrick Gold 在一些干旱和半干旱地区，优先利用微咸水或盐水作为生产用水，同时经过严格的监控将过滤后的生产用水二次排放至地表循环使用。Anglo American 建立了节水三级回收模型并实施了 10 年以上，通过加强企业运营、增加技术投资以及与利益相关方合作三个方面实现其节水计划。Vale S.A.构建了绿色回路项目，包括 40 幢建筑通过使用雨水、太阳能电池板、光传感器、计时器水龙头和小便池、LED 照明灯泡、双冲厕所系统、分开处理废物和可充电电池等来实现绿色回路。

9）公民责任

采矿业 6 家企业中大部分企业在公民责任方面的表现良好，其主要的举措包括为当地居民提供资金发展教育、医疗和经济，同时与政府合作加强当地的基础设施建设和文化交流。Barrick Gold 提到了与当地肖松尼族人和谐相处以及帮助其发展的情况，具体包括创建西方肖松尼基金会、在肖松尼族人社区建立文化咨询小组、关注肖松尼族人的社区发展、完成对肖松尼族社区的安全风险评估等。Sumitomo 建立了一种"我奉献我骄傲"的员工社会责任意识，支持人员培训和基础设施维护、恢复重建灾后地区、理解并尊重不同文化背景、鼓励员工对社会做出贡献。Vale S.A.帮助当地居民培训了 552 名教师和 42 名学校管理者，举办了儿童书籍的作者见面会并捐赠了超过 18 000 本书，淡水河谷基金会还设立了七个学习小屋可供社区居民读书学习。同时企业员工、承包商和社区成员等共 10 852 人参与了"我们必须有所行动"的宣传，保护儿童不受性剥削此外，Vale S.A.开展"Ouro 运动"项目，涉及儿童参与田径、柔道、足球和游泳等体育运动。

3．行业评述

综合来看，采矿业企业在外部约束、工作环境和社会公益活动三个方面表现良好，在保护能源方面的相关举措不足。列举出资金使用情况和获奖情况的企业数目较少，少部分企业所获奖项分布在合规、公民责任和可持续产品与服务方面。

4.3.8　玩具行业

1．行业概况与公司选择

玩具行业主要是以玩具产品的生产、销售为主的行业，因为玩具行业存在一定的垄断性质，并且大部分是中国的产业，这里仅针对国外玩具行业进行分析，因此就该行业的企业社会责任报告，可以参考的企业数量不多，具体如表 4-10 所示。

表 4-10　玩具行业代表性企业

序号	地区	企业名称	所属国	报告年份	行业标准	2014 年全球排名
1	亚洲	NAMCO BANDAI	日本	2011	GRI	6
2	欧洲	LEGO	丹麦	2014	GRI	5

主要以这 2 家企业为玩具行业的代表企业进行企业社会责任的分析和研究。大洋洲、非洲及拉丁美洲等大洲并没有相关企业社会责任报告，因此这里不做分析。欧洲只有 LEGO 的不同年份的企业社会责任报告，这里选取了 2014 年的企业社会责任报告。至于亚洲，因为大部分是中国的玩具企业，这里不做分析，可以参考的是日本的 NAMCO BANDAI。至于北美洲，有 Hasbro，但是鉴于内容没有太多可以借鉴之处，因此删去，主要对表 4-10 中提及的两家企业的企业社会责任报告进行分析。

2．具体分析

以下按照企业社会责任报告提供的规范性框架，从外部约束、合规体系、可持续生产与服务、工作环境、保护环境、保护能源、公民责任等 7 个方面对跨国玩具企业社会责任报告进行详细阐述，它们分别归属于该框架中的环境因素、经济因素与社会因素三大部分。

1）外部约束

这部分主要就合作的国际约束和国家约束展开。

国际约束部分，两家企业都遵循《可持续发展报告》（GRI）及国际标准化组织的规定，这是共性部分。

就国家约束而言，丹麦的 LEGO 对儿童安全给予了很高的重视，加入了联合国儿童基金会及救助儿童会并受到两个组织的监督，与此相对应，LEGO 还自愿遵守 10 项儿童权利和业务原则的规定。在对公司产品的要求上，LEGO 作为欧洲标准化委员会（European Committee for Standardization，CEN）以及美国材料与试验协会的成员，对自身产品发展保持着一贯的高要求和高标准，相比较而言，日本 NAMCO BANDAI 对此并没有做相关介绍。

2）合规体系

关于合规问题，两家企业主要是制定相关的规章制度，如 NAMCO BANDAI 制定了集团合规宪章，LEGO 制定了《道德规范和行为准则》，这是共性部分。

两家企业都有特色合规措施，LEGO 强调反对贪污行贿的行为，制定了一系列规定，以及对第三方的合约规定关于此类的条款，这也是其报告中的亮点，相应地，NAMCO BANDAI 建立的检举系统是一大亮点，保证了员工的参与度和机制的透明度，有利于企业的合规发展。

3）可持续生产与服务

这方面是行业发展的重点，也是两家企业的企业社会责任报告中笔墨最多的部分，对于玩具行业而言，玩具产品的使用安全和材料安全是顾客的首要关注点，因此这也作为两家企业的可持续发展重点来介绍。

对于可持续生产与服务，两家企业都有各自的关注点，关于产品的安全度，LEGO 关注的是对玩具的张力测试，而 NAMCO BANDAI 主要是注重环保再生材料制成的塑料模型的使用。前者更加注重安全度，后者则强调材料的可再生。此外，LEGO 还参与国际安全标准的制定，这是从外部因素来加强产品安全发展。

两家企业都秉承顾客至上的服务态度，但是方式有所不同，LEGO 侧重于使顾客的反馈得到及时解决，这也是其着力发展各地客服中心的原因。NAMCO BANDAI 则建立了 NAMCOLAND AEONMALL KYOTO 这个大型娱乐场所来展现其强调客户的安全，对桌椅设施、过道安全等都进行了细致入微的设计。

4）工作环境

工作环境表现的是对员工的具体安排，这部分大体上各企业的强调点都是大同小异的，无外乎员工健康和安全，培训与提升能力，奖惩制度，注重多元化的工作环境，以及强调在种族、宗教、性别、国籍等方面的非歧视等。

NAMCO BANDAI 就公司工作环境的主旨大意进行了介绍，无具体措施，而 LEGO 除了这些介绍，还强调员工的反馈，运用员工净推荐值（Employee-Net Promoter Score，E-NPS）来了解员工对公司的满意度，体现了对员工的重视程度。

5）保护环境

对环境的保护是企业社会责任的一个重要组成部分，但是自愿性更强，因此有些企业对此部分可以说是忽略式的一笔带过，如 LEGO 就没有任何可以借鉴的措施，几乎可以说是空白篇。NAMCO BANDAI 就做得相对好一点，其对噪声、振动和气味的控制是一大亮点，也是一种创新，其将会发出噪声的设备置于工厂中央，可以减少噪声等对工厂周围居民的影响。

6）保护能源

保护能源是与保护环境相对应的企业环保的另一个方面，主要强调对能源的保护，主要集中于能源再生材料的使用、新能源的开发等。

在这方面两家公司表现相当，LEGO 在不同国家使用不同节能方式，其第一个海上风力涡轮机的安装是一大亮点，对节能有很大的帮助，而 NAMCO BANDAI 重点介绍了太阳能电池板。

7）公民责任

公民责任方面主要包括企业志愿活动和员工志愿活动，一般从资金和物资的捐赠、志愿服务的提供以及企业的特色服务等几点展开。这些是企业特色和地域特色的着重体现。

NAMCO BANDAI bears'school 项目的设立以及 LEGO 在儿童病房里建立游戏房等都是创造性的公益活动，不局限于捐赠的传统形式，这也是企业形象和竞争力得以提高的重要渠道。

3. 行业评述

综上所述，可知玩具行业的可参考企业实在有限，主要是两家企业的业务对比，并不能很好地进行玩具行业的总体介绍和概括，对这个行业的概述和具体分析还是主要参考中国玩具企业的企业社会责任报告内容，以上内容可以作为国内外的对比材料。

4.4 对中国"走出去"企业提升企业社会责任实践能力的建议

4.4.1 中国"走出去"企业基本情况

截至 2014 年，中国有 1.85 万家境内投资者在境外共设立对外直接投资企业 2.97 万家，分布在全球 186 个国家（地区）。2014 年末境外企业资产总额 3.1 万亿美元。

1. 对外直接投资金额

截至 2014 年，中国企业对外直接投资流量达 1 231.2 亿美元，位居世界第三。中国企业对外直接投资存量达 8 826.4 亿美元，位居世界第八。从表 4-11 和图 4-2 中的数据可以看出，中国对外直接投资存量呈现出增长的态势。

表 4-11　2002~2014 年中国企业对外直接投资金额

年份	流量		存量	
	金额/亿美元	全球位次	金额/亿美元	全球位次
2002	27.0	26	299	25
2003	28.5	21	332	25
2004	55.0	20	448	27
2005	122.6	17	572	24
2006	211.6	13	906.3	23
2007	265.1	17	1 179.1	22
2008	559.1	12	1 839.7	18
2009	565.3	5	2 457.5	16
2010	688.1	5	3 172.1	17
2011	746.5	6	4 247.8	13
2012	878.0	3	5 319.4	13
2013	1 078.4	3	6 604.8	11
2014	1 231.2	3	8 826.4	8

资料来源：2002~2014 年各年度中国对外直接投资统计公报

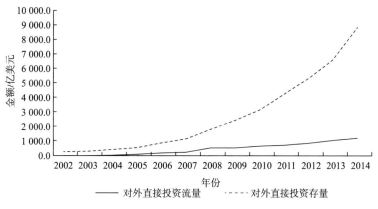

图 4-2　2002~2014 年中国企业对外直接投资金额

资料来源：《2014 年度中国对外直接投资统计公报》

2. 国家（地区）分布

从分布地区来看，中国在亚洲设立境外企业的数目最多，达到 16 955 家，约占境外设立企业总数的 57.1%。其中，在中国香港地区设立的境外企业超9 000 家，约占中国境外企业总数的 30%，香港成为中国境外设立企业数量最多、投资最活跃的地区。中国在北美洲、欧洲和非洲设立境外企业的数目均超过3 000家，处在第二梯队。在拉丁美洲和大洋洲设立境外企业数目较少，具体情况见表4-12。

表4-12 2014年末中国境外企业各洲构成情况

地区	境外企业数量/家	比重
亚洲	16 955	57.1%
北美洲	3 765	12.7%
欧洲	3 330	11.2%
非洲	3 152	10.6%
拉丁美洲	1 578	5.3%
大洋洲	919	3.1%
合计	29 699	100%

资料来源：《2014年度中国对外直接投资统计公报》

3. 行业分布

从行业分布来看，中国境外企业集中分布于批发和零售业、制造业、租赁和商务服务业，其中，批发和零售业境外企业数量达 8 759 家，制造业境外企业数量达6 105家，租赁和商务服务业境外企业数量为3 902家，约占境外企业总数的63.2%。建筑业的占比约为7.3%，采矿业的占比约为5.0%。其他行业占比均不超过5.0%。具体见表4-13。

表4-13 2014年末中国境外企业行业分布情况

行业	境外企业数量/家	比重
批发和零售业	8 759	29.5%
制造业	6 105	20.6%
租赁和商务服务业	3 902	13.1%
建筑业	2 168	7.3%
采矿业	1 494	5.0%
农、林、牧、渔业	1 356	4.6%
科学研究和技术服务业	1 226	4.1%
信息传输、软件和信息技术服务业	856	2.9%
交通运输、仓储和邮政业	838	2.8%
居民服务、修理和其他服务业	764	2.6%
金融业	608	2.0%
房地产业	569	1.9%
电力、热力、燃气及水的生产和供应业	323	1.1%
住宿和餐饮业	286	1.0%

续表

行业	境外企业数量/家	比重
文化体育和娱乐业	272	0.9%
水利、环境和公共设施管理业	91	0.3%
其他	82	0.3%
合计	29 699	100%

资料来源：《2014 年度中国对外直接投资统计公报》

4. 投资者构成

从投资者构成来看，2014 年末按照中国工商行政管理部门登记注册情况来看，有限责任公司 12 459 家，占比约为 67.2%；私营企业 1 528 家，占比约为 8.2%；国有企业 1 240 家，占比约为 6.7%；股份有限公司 1 245 家，占比约为 6.7%。其他类型企业的占比均不足 5.0%。具体见表 4-14。

表 4-14　2014 年末境内投资者情况

工商登记注册类型	家数/家	比重
有限责任公司	12 459	67.2%
私营企业	1 528	8.2%
国有企业	1 240	6.7%
股份有限公司	1 245	6.7%
外商投资企业	477	2.6%
股份合作企业	474	2.5%
港澳台商投资企业	329	1.8%
个体经营	160	0.9%
集体企业	93	0.5%
其他	542	2.9%
合计	18 547	100%

资料来源：《2014 年度中国对外直接投资统计公报》

4.4.2　中国企业社会责任意识薄弱的原因解析

1. 对社会责任的重视程度不够，认知水平也相对较低

2015 年，虽然 KPMG 发布的《企业社会责任调查报告》显示，中国的前 100 强（N100）公司中有 78%的公司发布企业社会责任报告，但在中国 500 强企业中，发布社会责任报告（包括可持续发展报告、企业公民报告等）的企业仅为 195 家，占比 39%，另有 305 家企业未发布报告。这说明即使是中国最大最强的

500 家企业，社会责任意识普遍还有待加强。

2. 企业的社会责任实践和对企业社会责任报告的编写没有与国际接轨

从 2016 年初开始，GRI 要求所有企业按照最新的 GRI 4.0 标准编写企业社会责任报告。从 2015 年中国 500 强企业发布的 195 份社会责任报告的内容和格式来看，大部分企业社会责任报告都没有遵循或参考 GRI 4.0 标准。许多企业声称按照《中国企业社会责任报告编写指南 CASS-CSR 2.0》（简称《CASS-CSR 2.0》）进行编写，但从这些企业发布的社会责任报告来看，无论形式还是内容，都与《CASS-CSR 2.0》的要求有一定的差距。由于《CASS-CSR 2.0》与 GRI 4.0 标准在语言、内容、格式等各方面都存在差异，因此，即使中国的企业满足了《CASS-CSR 2.0》的要求，也未必符合 GRI 4.0 标准。因此，对于"走出去"的中国企业而言，只有按照国际同行的标准来规范和提高社会责任实践，才能更好地与国际接轨，实现国际化。

3. 政府对企业的社会责任要求过低，监管强度不够，导向作用不够明确

我国"走出去"企业的社会责任意识普遍不够高，这不仅与我国强调企业社会责任起步较晚，围绕企业社会责任的各种法律、规范、制度不完善有关，也与政府监管缺乏力度和广度，没能在国内通过法制法规和舆论导向形成一个良性、全民参与、重视企业社会责任的制度与道德环境具有密切的联系。发达国家的跨国企业在东道国的社会责任普遍比我国"走出去"企业做得好，其中一个很重要的原因就是发达国家政府对其管辖的企业的社会责任都极为重视，这些企业即使"走出去"后，仍会受母国政府的有效监管。

4. 国内法制法规不完善，对企业的社会责任缺乏明确统一的指引

目前中国有关企业社会责任的规定，都散见于诸多法律法规之中，没有形成统一、完善的专门针对企业社会责任的法律法规，常常因监督机制缺乏或不完善而实施乏力。目前中国直接或间接涉及企业社会责任的法律法规包括《公司法》、《中华人民共和国证券法》（简称《证券法》）、《中华人民共和国合伙企业法》（简称《合伙企业法》）、《中华人民共和国产品质量法》（简称《产品质量法》）、《中华人民共和国消费者权益保护法》（简称《消费者权益保护法》）、《劳动法》、《劳动合同法》、《中华人民共和国环境保护法》（简称《环境保护法》、环境保护部《企业事业单位环境信息公开办法》等。虽然《合伙企业法》、《公司法》明确规定了企业（公司）应承担社会责任，但对企业社会责任的具体内容缺乏详细、具体的介绍。其他法律法规虽然对企业社会责任的某个方面有详细的规定，却缺乏企业社会责任的完整性。深圳证券交易所《上市公司社会责任指引》只对上市公司的社会责任提出了披露要求，没有涵盖非上市

公司。即使对上市公司，《上市公司社会责任指引》也不具备法律效力，充其量算"软法律"，很大一部分企业至今仍未按照《上市公司社会责任指引》的要求披露其社会责任信息。2014 年由中国企业评价协会联合清华大学社会科学学院创新起草的《中国企业社会责任评价准则》虽然对评价中国企业的社会责任实践有一定的参考价值，但很难真正规范企业的社会责任行为。

5. 中国政府对中资企业的境外直接投资法律约束不够

中国虽然在 1997 年颁布了《中华人民共和国刑法》以及在 1993 年颁布了《中华人民共和国反不正当竞争法》，但主要是针对中国境内中资和外资企业的商业贿赂行为，对中资企业境外的商业贿赂等不正当竞争手段并没有直接的约束力。与之相对应的是英国的《反贿赂法》和美国的《美国反海外贿赂法》，这两个法案分别对在英国和美国注册的企业的海外贿赂行为进行严厉打击。除腐败和贿赂问题外，中国还急需一部境外直接投资法，来对中资企业在境外投资中进行的企业社会责任、企业文化、经营管理等活动进行全面规范和约束。2014 年商务部发布的《境外投资管理办法》第二十条要求中资企业投资的境外企业遵守投资目的地法律法规、尊重当地风俗习惯，履行社会责任，做好环境、劳工保护、企业文化建设等工作，促进与当地的融合。

6. 企业自觉性差，存在侥幸和投机心理

承担企业社会责任会增加企业的会计成本，但回报往往不会在当期的会计利润中体现出来。因此对于很多中小型中资企业而言，积极承担在东道国的企业社会责任会对企业构成一定的财务压力，这些企业在对待其应该承担的境外社会责任的问题上，容易产生侥幸和投机心理，寄希望于能有好运气，不会由于社会责任的疏忽而在东道国"摔跟头"。

7. NGO、行业机构和舆论力量对企业社会责任的监督作用仍需加强

众所周知，在重视企业社会责任的国家，NGO、行业机构和媒体等舆论力量对督促和监督企业提高社会责任表现发挥着至关重要的作用。在我国，媒体等舆论力量的作用虽有所增加，但仍需加强。我国 NGO 和行业协会在督促和提高企业社会责任中所起的作用仍十分有限，作为政府的有力补充，还远没有发挥好其监督和管理的社会职能。

4.4.3　从企业社会责任的角度看中资企业对外投资失利的原因

1. 没有将企业社会责任融入企业文化和企业在东道国的长远发展战略

一些中资企业"走出去"主要是为了获得对方的资源（如石油、矿石、木材等），但如果这些企业眼里只有资源而无视东道国社会各方的诉求，肆意开发，就

很容易招致东道国各利益相关方的不满，尤其是矿区居民、工会、环保部门和公益性的 NGO 的反感，甚至招致主导引进中资企业的东道国政府的顾忌。因此，中资企业要研究并密切关注与投资相关的东道国各利益方的诉求，在投资之前就应该用心把企业社会责任工作做好，把东道国各相关利益方安抚好，排除各方的顾虑，尊重当地习俗、文化并注重本土化与环保，要让东道国各利益方相信中资企业的投资不仅不会破坏当地的自然、生态和社会平衡，还能为各方提供就业、技术、收入、生活的便利，以及其他福利，符合东道国的生态安全和长远利益。只有这样，中资企业才有可能在对外投资中取得长远的成功。所以，中资企业应把社会责任融入企业文化和企业的长远战略，着重于可持续发展，不可急功近利。

2. 国际化资质不够

一些中资企业在产品、技术、服务、企业管理等方面标准化程度不高，缺少一些必备的与企业社会责任相关的国际认证、行业认证以及东道国额外制定的国别标准，这很容易造成中资企业的进入障碍。即使中资企业进入了东道国市场，资质是否达标也存在不确定性，因为国际标准、行业标准和东道国标准都是动态的，会紧跟企业社会责任的国际发展动态。因此，中资企业对外投资过程中将始终面临资质和认证方面的挑战，需要保持关注。

3. 企业内部缺乏完善的社会责任标准和系统的社会责任管理制度

中国"走出去"的许多中资企业，没有在企业内部建立专门的社会责任标准、制度框架、组织结构、执行部门，没有从合规、公司治理结构、员工等方面加强企业内部以社会责任为核心的制度文化和长远经营战略建设。

4. 企业思维定式，应变能力差

中国的企业社会责任意识在整个社会中都长期处于较低的水平，再加上与企业社会责任相关的法律法规的缺失以及政府的监管空白，中资企业普遍都缺乏加强企业社会责任建设的动力，甚至连外资企业（如丰田的汽车召回政策和苹果在中国的售后服务）到了中国后，都会采用更低的企业社会责任标准。在这种背景下，社会责任较低的中资企业在国内还存在一定的生存空间。但这些企业"走出去"后，由于缺乏企业社会责任意识，继续沿用国内社会责任标准和经营管理模式，不会根据东道国更好的企业社会标准及时做出调整，失败在所难免。

5. 商业贿赂和"政府至上"商业模式

一些企业在国内靠商业贿赂和搞地方政府关系为生，"走出去"后也奉行"政府至上"这一经营哲学。但是一些东道国政府批准的投资项目，完全可能由于东道国的民众、媒体、NGO 以企业社会责任为由反对而流产。因此，在全球范围内企业社会责任意识不断增强的今天，中国"走出去"企业如果仍然拘泥于

"唯政府论"的境外投资与经商模式，失败的案例将会不断增加。

6. 与东道国的非政府、非营利力量打好交道的意识弱，能力也相对欠缺

NGO 和 NPO 等非政府力量在发达国家（甚至一部分欠发达国家）的公共管理领域发挥了极其关键的作用。例如，它们在维护人权和员工权益、保护环境、保护消费者权益、维护社会稳定、促进教育文化发展等方面都扮演了不可或缺的角色。同时，这些非政府力量对引导民众情绪和舆论走向也有显著的作用。一些中资企业只注重跟东道国政府打交道而选择漠视非政府力量。结果是，一旦中资企业在企业社会责任的某个或某些方面出现问题，东道国的非政府力量就会群起而攻之，让中资企业的声誉蒙受重大损失。如果中资企业继续选择沉默，不与这些非政府力量积极沟通，承认存在的问题并做积极改善的努力，即使是小的负面事件也可能发酵成决定中资企业投资成败的大事件。根据以往的教训，中资企业对东道国的非政府力量的重视程度，与它们的协调与沟通能力，以及化敌为友利用这些力量为自己服务的能力还有待提高。

7. 在经营理念和文化意识形态上存在较大的差异

水土不服也是我国企业"走出去"出现瓶颈或遭遇失利的重要原因。我国企业在文化、理念、风俗习惯、意识形态、经营管理模式等许多方面与东道国存在较大的差异。这些差异可能导致中资企业与东道国居民对中资企业的社会责任的认知和理解产生重大分歧，甚至产生持续的"斗争"与纠纷。"本土化"或许是一种理想的赢得东道国好感并深入了解中外文化、意识、理念等差异的方式，但本土化也有一定的风险，外在的文化和意识形态的冲突随着本土化被企业内在化了。国内外在企业管理、用人机制及员工福利上的差异可能会成为潜在的企业社会责任问题根源。消除这种风险只能靠中资企业多了解当地的风土人情，努力去适应而不是挑战东道国的习俗和文化、理念。

8. 不善于利用媒体公关和危机公关

中资企业在对外投资中，信奉"沉默是金"，喜欢闷头干，这很容易成为它们的软肋。当在东道国遇到社会责任纠纷或对中资企业不利的运动、舆论、报道时，可能由于语言不通和"寡言"的习惯问题，很多中资企业会选择在东道国媒体和民众面前保持缄默，而不是通过与当地民众、社会团体、投资者、媒体，以及其他相关利益方积极沟通的方式，及时、准确、全面地了解东道国各相关利益方的核心诉求，针对这些诉求来改善企业在东道国的社会责任行为，并及时回应（或回击）一些对企业不利（或不实）的报道。相反，这些企业偏向于向东道国政府积极争取自己的利益，因为它们相信政府能解决所有问题，包括社会责任危机。但现实是，东道国政府往往会迫于国内压力而做出不利于中资企业的决定，

即使投资项目是东道国政府首肯的。

9. 缺乏跨国经营和跨国履行社会责任的经验

20 世纪改革开放后中国一直以吸引外资为主，对外投资直到 20 世纪末才有所发展。直到 21 世纪初，在国家"走出去"思想和战略指导下，中国企业"走出去"对外投资才开始加快步伐。所以，中资企业的跨国经营应该说还是处于萌芽与初级阶段，缺乏跨国经营的经验。同时，企业社会责任意识和规范在中国的兴起也比较晚，到了 21 世纪才逐渐被政府和社会关注。而在美国等发达国家，从 20 世纪初期开始，企业社会责任就在消费者权益保护运动、劳工运动和环保运动等三大运动的推动下，引起了包括企业、学者、民众、政府、社会团体在内的各界的广泛关注，企业社会责任也随之逐渐发展成为一个独立、完善的体系。到 21世纪，企业社会责任在全球范围内受到了空前的关注。在这一背景下，中国"走出去"企业由于社会责任问题到处碰壁的现状也就不难理解了。

10. 受"中国威胁论"的影响，"走出去"中资企业会被"格外关照"，甚至被"妖魔化"

"中国威胁论"是以美国为首的西方国家用来限制中国发展的论调，虽然荒谬、站不住脚，却能在国际社会里兴风作浪、蛊惑不少人。再加上中资企业在国外的投资与经营管理实践的确也出现了不少问题，西方媒体和政客往往会对中资企业存在的企业社会责任缺陷过度放大与渲染，把中国企业的对外投资行为描述为不负责任、以掠夺资源为目的的"新殖民主义"。中资企业应该重视企业社会责任，并将社会责任的精髓融入企业文化和企业的长远发展战略中，把开发资源和东道国的可持续发展与中资企业长期发展战略完美同一。

4.4.4 当前国际社会责任发展趋势

国际化的标准和规范、国际贸易政策和框架、各国政府的政策法规对企业社会责任越来越重视，要求也越来越高，国际社会对企业社会责任的共识和合作日益增加，尤其是发展中国家和欠发达国家的企业社会责任意识不断加强，推动了全球范围内企业的社会责任实践。

国际社会对企业社会责任的要求、标准、法规、制度等是与时俱进的，会不断地吸收企业社会责任理论研究成果与企业社会责任实践的新成果，使企业社会责任的内涵不断丰富、标准化、具体化。随着国际社会对环保等企业社会责任的意识和觉悟不断提高，许多围绕企业社会责任的国际倡议、标准、指南、法规应运而生，并被各国政府、企业、NGO、民众广泛接受与遵循。例如，专门针对劳工保护的标准 SA 8000、主要针对产品质量和环境的 ISO 9000 标准和 ISO 14000

标准，还有从责任管理、质量安全、员工发展、环境保护、社区参与等各方面对企业社会责任进行综合管理的 ISO 26000 标准。2013 年 GRI 发布了新版本的可持续发展报告指南 G4，要求从 2015 年底开始，企业社会责任报告都应按照最新、更全面的 G4 标准编写，这将企业社会责任的标准化推向了一个前所未有的高度，使企业社会责任的标准化更全面和清晰。

社会责任越来越突出企业特征、行业特征，甚至国别特征。不同企业属性、不同产业（行业）、不同国家的企业社会责任的内容和重点有明显的差异性。例如，GRI 分行业发布了包括食品加工行业、石油和天然气行业、金融服务行业、物流及运输行业、媒体行业、公共机构行业、建筑与房地产行业、会展组织行业等的行业社会责任补充指引。

企业社会责任标准做得越来越细腻，可操作性越来越强，涉及面越来越广，细节越来越多，对企业履行社会责任的细节要求越来越高。

全球可持续发展报告发布数量大幅增长。1992 年全球只有 26 家企业发布可持续发展报告，2010 年有 5 176 家。特别是 2001 年以后，每年新增的可持续发展报告有数百份之多（黎友焕，2014）。这表明企业对社会责任信息的披露越来越积极主动，同时也说明企业所面临的国际竞争和包括政府、市场、NGO、民众在内的外部约束力的增强。

4.4.5　企业社会责任对中国企业对外投资的意义

1. 中国企业进入国际市场，参与全球竞争，实施国际化战略的必然选择

国际化战略是一个企业做大做强的显著标志和必然趋势。通过对外投资，中国企业可以更深入地了解国际市场的需求，以利于更有效地安排生产、销售和经营管理活动，并从本土化经营中获益。中国对外投资企业承担社会责任，不仅是中国企业顺利进入国际市场的先决条件，也是中国企业在国际市场实现可持续发展和提高全球竞争力的关键。

2. 有利于提升中国企业的国际品牌形象

中国企业通过在对外投资中积极履行社会责任，树立负责任的企业形象，能大大提升当地社会对中国企业的好感，提高中国企业的国际知名度并塑造良好的品牌形象。

3. 有利于中国企业充分利用国外的融资渠道

国外许多主要的商业银行都加入了赤道原则，向企业贷款时对企业的社会责任要求比较严格，因此，中国"走出去"企业如果不积极改善其履行社会责任的状况，将很难获得国际信贷融资。此外，国外有很高比重的投资者是社会责任或

道德投资者，只会对负社会责任或有道德的企业进行投资。因此，中国对外投资企业如果缺乏社会责任意识和行动，通过股权融资也会遇到很大的障碍。

4. 有利于中国对外投资企业的可持续发展

只有提高社会责任意识和行动，才能赢得东道国包括政府、股东、员工、银行、当地居民和消费者、供应商等相关利益者的广泛认同。中国"走出去"企业与投资目的地社会之间这种和谐、包容的关系，是中国企业在境外实现可持续发展的可靠保障。

5. 强大的外部约束压力

国际上，围绕企业社会责任不断有新标准产生，标准内容也在不断完善。有质量管理系统标准（ISO 9000）、环境管理系统标准（ISO 14000）、劳工标准（SA 8000）、旨在促进全球可持续发展的社会责任标准（ISO 26000）和能源管理系统标准（ISO 50001）等。只有符合这些标准的要求，才有可能顺利进入国际市场，特别是发达国家市场。因此，这些标准给中国企业"走出去"战略带来了压力。除了上述国际通用标准外，各个行业也会根据行业的特点制定行业标准对企业社会责任进行约束。政府也会制定标准、规则甚至法律对"走出去"企业和外资企业的社会责任行为进行监督、管理。NGO（特别是发达国家的 NGO）也日益成为影响企业社会责任行为的主要力量。投资者对负社会责任的企业的偏好，以及全球民众的环保和社会责任意识不断增强，都给中国企业"走出去"带来了压力。

6. 有利于提升国家的国际形象

我国"走出去"企业的海外社会责任实践的好坏，对我国跨国经营企业的国际声誉有直接影响，并进一步影响到我国的国际形象和其他企业"走出去"的前景。此外，我国政府参与由各国政府主导的国际标准和法规的制定的话语权也会受到影响。因此，"走出去"企业只有严格遵守企业社会责任国际标准、行业标准、政府法规和标准，处理好与母国和东道国相关利益者的关系，积极在东道国承担高标准的社会责任，才能同时为企业自身和国家树立负责任的形象，为企业的可持续发展和国家持续推进"走出去"战略奠定坚实的基础。

4.4.6 中外企业社会责任实践对比

在分析中国企业的企业社会责任报告以及中国企业的企业社会责任缺失案例的基础上，通过对比中国和国外优秀企业的企业社会责任实践，我们发现中国企业在契约问题、合规问题、劳资问题、环境问题、缺乏与 NGO 的合作等几个方面存在较大问题，具体分析如下。

1. 契约问题

虽然有的企业加入了一些全球性契约，但是在国家性契约和行业性契约这两个方面很少涉及（或报告中没有涉及），所以企业在外部约束方面存在很大的缺陷，需要进一步的努力，另外中国产品在国际绿色认证方面，也比较少。而国际上的跨国公司在这些方面做得比较好。以建筑业为例，在环境方面，跨国建筑企业可以获得 ISO 14001、ISO 50001、碳信息披露项目、道琼斯可持续发展指数、MSCI 世界环境-社会-管理指数和富时可持续发展指数的认证；行业中的认证、评估标准与奖项等在建筑行业十分丰富，其中影响力最大的是能源与环境设计先锋奖和英国建筑研究院环境评估方法，几乎在所有遴选报告中均有提及。在商业运作方面，存在来自国际商业责任行为规范、世界绿色建筑委员会、世界可持续发展工商理事会等全球性组织的管理。这些全球性组织与契约由跨国建筑企业自愿加入遵循，或者以在达到一定标准后得到认证的方式被纳入，所参与的全球性组织和契约越多，一定程度上说明企业全球化水平越高、生产过程的标准化程度也越高，同时在行业中的影响力越大，责任意识也越强。

国际前 50 家最大的国际工程企业中，中国企业加入全球性契约比例低于其他国家。中国企业入围 8 家，其中加入全球性契约的只有 3 家（中国中铁、中国铁建、国机集团），占中国企业的比例约为 38%，而剩余 42 家国外企业中加入全球性契约的有 24 家，占国外企业总数的比例约为 57%。国际企业主要执行的企业社会责任标准为 ISO 26000，而中国企业入围的 8 家单位中，专门披露参考 ISO 26000 标准的企业只有 4 家，分别为中国交建、中国电建、中国建筑、国机集团。

2. 合规问题

在合规方面，我国企业普遍存在社会责任管理体系缺失的问题。以国际工程企业为例，国际工程业务以工程项目为单元，工程项目本身特点要求必须在特定的时间、预算、资源限定内依据规范完成目标，这决定了项目的管理者（项目经理班子）围绕项目目标开展相关活动时的专一性、功利性、短期性特点，而并不会注重项目结束后对环境、社区、项目人员的后续影响。这与国际工程企业的总部希望干一个项目、立一座丰碑、建立一个市场、培养一个团队、交一方朋友的长远持续发展目标存在一定的差异。长久以来，项目部与境外机构及总部机关在项目组织的成本安排上存在较多分歧，社会责任工作的职责推诿成为机构内部矛盾的焦点，而项目部是利润中心，如果职责与绩效分配处理不当，项目所在境外机构的社会责任工作将会很难开展。社会责任的履行不仅存在于项目部和总部的目标问题上，在企业组织内部各团体间只要绩效目标存在差异又缺乏统一的规范要求，就容易造成社会责任在组织内部的履行困难。

3. 劳资问题

中国企业在劳资问题上主要表现为劳动力工资、员工工作环境、不平等待遇等问题，同时没有注意到在不同大洲劳工问题上的焦点并不一样，需要制定不同的战略。欧洲企业更加注重性别平等、员工的社会保障与薪酬计划，同时强调不同年龄层员工的整合和个人发展，设立多样的教育培训项目供员工自由选择；亚洲企业则特别强调施工网点的安全，为员工的健康提供保障，同时强调员工工作-家庭的平衡；北美洲企业的企业社会责任报告着重呈现员工的多样性构成和企业提供的发展培训；大洋洲与拉丁美洲企业关注当地土著或居民的雇佣与职业发展。

4. 环境问题

可持续生产是 GRI 契约中环境责任方面的重要体现，涵盖生产环节中的能源有效利用、污染控制、废弃物排放管理、生态系统保护、水资源节约及供应链管理等多个方面。跨国公司的企业社会责任报告往往有非常详细的节能减排和环境保护战略目标的量化描述，并按照国际规范汇报碳减排的具体数值。而我国企业的企业社会责任报告在这方面往往是缺失的。

5. 缺乏与 NGO 的合作

根据第 3 章的调研，我们可以看到跨国公司往往会通过与 NGO 合作推出一些战略性的服务社会活动，中国企业和 NGO 的合作相对较少。跨国公司由于其规模、地理跨度、品牌知名度更易成为 NGO 的目标（Anderson，2005；Palazzo and Scherer，2006）。跨国公司与 NGO 的合作关系的建立主要基于二者在衡量目标、资源利用、监管程度、组织结构、相互关系、内外部支持者等方面的区别。NGO 看重社会环境目标，而跨国公司看重利润。NGO 有当地信誉但缺少资金来源，跨国公司资金雄厚但需要当地更多的信任（Domenico et al.，2009；Millar et al.，2004；Rivera-Santos and Rufní，2010）。与 NGO 相比，跨国公司的资源更多、雇员受教育程度更高、可以谋划未来战略的人才更多，当跨国公司调整自身目标，NGO 牺牲部分自治权服从企业的管理结构时，二者合作的可能性更大（Hartman et al.，1999；Ohanyan，2009；Shah，2011）。但由于跨国公司与NGO 的结构不同，二者的合作建立在一定组织基础之上，并协调目标理念，管理结构和发展模式，共享资源，才能达到双赢（Lange et al.，2016）。

4.4.7 对中国"走出去"企业的建议

1. 强化对企业社会责任的认识、学习与实践

随着国际社会日益重视企业的社会责任，企业社会责任表现好坏俨然已经成为一家企业优劣、竞争力强弱、可持续发展能力高低的不可或缺的指标，也是企

业能否顺利进入国际市场并在跨国竞争中保持一定的相对优势的重要前提。因此，为了提高海外生存能力，中国企业应对企业社会责任予以足够的重视，把企业社会责任融入企业文化和企业战略，像血液一样流淌在企业组织中，并成立专门的社会责任部门，负责企业社会责任制度、标准和实践的工作。从 2015 年中国 500 强企业中只有 195 家企业发布社会责任报告的情况来看，中国企业对其社会责任的重视程度远不及发达国家水平，甚至国际平均水平。

中国部分企业所谓的履行社会责任，基本上是在走形式，是表象、应付式、短视的，完全是为了迎合重视企业社会责任的潮流或满足证监会和国家对企业社会责任的最基本要求，没有"走心"触及企业的灵魂，更没有上升到企业文化和企业战略的高度。有的企业甚至打着履行社会责任的幌子做不负责任的勾当（如"漂绿"）。这些行为很容易招致东道国政府的严厉惩罚和民众的强烈反感，是自掘坟墓，不具备可持续性。中国"走出去"企业一定要诚实守信，切实提高企业在东道国的社会责任表现，进而提升企业的品牌影响力和国家的形象。

2. 对标国际标准

对标国际一流企业，积极加入各种全球、国家/地区、行业性契约，争取获得各种环境体系认证，争取在资本市场上成为可持续发展指数的成分股。参与行业协会和政策标准的制定。

"走出去"中国企业要关注企业社会责任的国际发展动态，及时取得国际、行业、东道国政府、母国政府的各种企业社会责任认证或资质。只有预测并与企业社会责任发展的国际新趋势保持一致，才能为中国企业顺利进入国际市场并保持竞争力提供保障。

根据上述的案例研究结果可以发现每个行业都有自己在道德、管理、员工、供应商、消费者等方面的重点部分和相应的行业规范。各个行业的企业应该通过参照其特点，加入相应的国际组织和行业组织，调整企业内部规范和机制使其符合行业规范，中国企业在获得认可的同时也要积极参与标准的制定，避免因为不符合国际组织的标准等引起争议。

加入各种外部性契约，会引领我国企业审视自身在企业社会责任方面的缺失，通过干中学，逐步提升我企业在企业社会责任方面的文化和意识。同时还可以逐渐获得国际社会和商业伙伴的认可，促进企业的可持续发展。我国企业需要充分发挥主观能动性，充分利用国际企业社会责任认证机构和组织的资源，提高企业在东道国的品牌形象、接受度与可持续的竞争和发展能力。

3. 建立系统的社会责任评价体制

大力改善企业内部的社会责任标准和组织结构，建立系统的社会责任评价体制和管理制度，这是将企业外在的社会责任内部化的具体体现。只有根据企业外在的社会责任约束在企业内部建立完善的企业社会责任组织结构和管理制度，才能有效管理和监督企业的社会责任实践，并推动其战略化。企业社会责任的履行短期内在一定程度上与企业谋求利润最大化的初衷是背离的，如"道德采购"和供应商多元化，向那些为弱势群体提供就业机会的供应商进行采购，这就可能增加企业的经济成本，而后期的社会效益是否能够抵消这部分经济损失是每家企业都要面临的问题。企业可以通过建立社会责任评价机制，如甲骨文公司制定实质性议题矩阵，根据该机制解决多个议题冲突时的决策问题。而对于规模较小的企业来说，建立一个独立的部门进行评价将会耗费大量的人力和财力，因此，可以选择通过和智库合作或者将此业务外包的方式对自身履行社会责任提供科学性的指导。

4. 按国际标准规范企业社会责任报告

企业社会责任报告的内容与形式都要与国际接轨。企业社会责任报告是外界全面了解企业的社会责任表现最重要的依据。对于"走出去"的中国企业来说，东道国和国际上的利益相关方都需要掌握企业履行社会责任的信息。因此，企业是否发布社会责任报告以及社会责任报告是否遵循统一的国际标准，会给东道国和国际社会传递截然不同的信息，影响它们的判断。中国企业发布社会责任报告的历史较短、经验不足，导致企业出现报告不真实、不规范等问题，未能让社会认识到企业的社会价值和效益，从长远来看，这对本国其他同行企业都有不良影响。所以，对于"走出去"的中国企业而言，不仅每年都应该及时发布企业社会责任报告，还要按照国际通用标准 GRI 4.0 来编写，而不是只满足《CASS-CSR2.0》的要求。此外，当母国标准、东道国标准和 GRI 4.0 标准出现分歧时，按照最严格的标准来执行。

5. 加强与东道国的沟通与合作

要加强与东道国各种非政府力量的沟通、交流与合作，及时了解它们的诉求并做出积极回应，重点解决东道国政府和民众最为关心的社会责任问题，对症下药；提高本土化程度，在保护东道国的人文、习俗、环境的基础上，促进东道国的长远经济发展。在正式投资之前，中国企业就应该发挥主观能动性，积极从母国政府、母国在东道国的大使馆、母国的智库和中介服务机构、国际认证机构及东道国政府获得相应的资讯，积极与当地居民、工会、NGO、媒体等进行沟通与交流，积极回应并妥善消除其顾虑，做好安抚工作，因为这些群体对外来投资敏感且有一定排外心理，而且能左右当地社会对中国企业的舆论走向；同时，还要对投资地的环境保护、社区服务、就业发展、经济贡献等做周全、细腻的计划与安排，消除东道国政府和居民的后顾之忧。这样，中国企业就能获得东道国的普遍好感和赞誉，为正式投资和企业的长远发展奠定坚实的群众基础。每个行业，国家，甚至社区对企业社会责任的要求和期望的侧重点都不相同，所以，中国企业在东道国履行社会责任时，要重点解决东道国政府、民众和投资行业最为关心的社会责任问题，这样才能有的放矢、对症下药，以最小的代价赢得东道国最大的满意度。

进入东道国后，中国企业不仅要与当地政府保持紧密、良好的关系，还要积极承担社会责任，解决当地居民的实际生活困难，提高他们的生活质量，并通过本土化的方式，提高本土员工在中国企业管理层和基层员工中的比例，提升当地的就业率，改善员工福利，增加对本土员工的技术培训，设计合理的晋升机制并为员工创造晋升机会，允许本土员工保留他们的习俗，在发展投资企业的同时，保护好当地的文化、习俗和自然环境。这样，中国企业就会获得当地政府和居民的普遍好感，而不会被理解为中国企业是来破坏他们的家园、"掠夺"他们的资源的，中国企业和东道国也具备了长远互赢发展的根基。

6. 加强与国际公益组织的联系

在国家统一指导下，加强与国际公益组织的联系，提高中国企业参与国际公益活动的深度与效益。NGO 有很强的社会影响力，中国企业应在国家的统一指导下尝试着与主要的 NGO 进行接触，了解它们的诉求，建立并维持与它们的良好关系。欧洲企业普遍积极参与国际公益组织，作为会员切实履行国际公益事务，并通过国际公益组织关系传递企业品信、宗旨，获得正面宣传及赢得潜在客户。中国企业在国内参与的社会组织较多，但国内组织在国际的认可度并不高。另外，国际组织本身虽然是公益性的，但少数公益组织也成为欧美企业的重要工具，来限制非会员的市场开拓。这需要中国企业予以科学甄别，在国家的统一指导下，寻找价值观相同的公益性组织并积极参与，获得正面效应。

4.5　中国政府推动企业社会责任的现状分析

4.5.1　一般性的企业社会责任相关法律法规

随着全球化进程的加速，企业社会责任所涉及的经济、环境、社会问题成为国际社会关注的焦点。我国在加入 WTO 后，越来越重视企业社会责任的问题，制定出台了诸多有关企业社会责任的法律法规。

《公司法》第五条明确提出："公司从事经营活动，必须遵守法律、行政法规，遵守社会公德、商业道德，诚实守信，接受政府和社会公众的监督，承担社会责任。"

《中华人民共和国合同法》（简称《合同法》）第七条规定："当事人订立、履行合同，应当遵守法律、行政法规，尊重社会公德，不得扰乱社会经济秩序，损害社会公共利益。"

《合伙企业法》第七条规定："合伙企业及其合伙人必须遵守法律、行政法规，遵守社会公德、商业道德，承担社会责任。"

深圳证券交易所于 2006 年发布的《深圳证券交易所上市公司社会责任指引》第二条规定："上市公司对国家和社会的全面发展、自然环境和资源，以及股东、债权人、职工、客户、消费者、供应商、社区等利益相关方所应承担的责任。"第三条规定："上市公司（以下简称'公司'）应在追求经济效益、保护股东利益的同时，积极保护债权人和职工的合法权益，诚信对待供应商、客户和消费者，积极从事环境保护、社区建设等公益事业，从而促进公司本身与全社会的协调、和谐发展。"第四条规定："公司在经营活动中，应遵循自愿、公平、等价有偿、诚实信用的原则，遵守社会公德、商业道德，接受政府和社会公众的监督。不得通过贿赂、走私等非法活动谋取不正当利益，不得侵犯他人的商标、专利和著作权等知识产权，不得从事不正当竞争行为。"第五条规定："公司应按照本指引要求，积极履行社会责任，定期评估公司社会责任的履行情况，自愿披露公司社会责任报告。"

上海证券交易所于 2008 年发出《关于加强上市公司社会责任承担工作暨发布〈上海证券交易所上市公司环境信息披露指引〉的通知》，鼓励上市公司发布社会责任报告。其中第一条规定："各上市公司应增强作为社会成员的责任意识，在追求自身经济效益、保护股东利益的同时，重视公司对利益相关者、社会、环境保护、资源利用等方面的非商业贡献。公司应自觉将短期利益与长期利益相结合，将自身发展与社会全面均衡发展相结合，努力超越自我商业目标。"第二条规定："公司应根据所处行业及自身经营特点，形成符合本公司实际的社会责任战略规划及工作机制。公司的社会责任战略规划至少应当包括公司的商业伦理准则、员工保障计划及职业发展支持计划、合理利用资源及有效保护环境的技术投入及研发计划、社会发展资助计划以及对社会责任规划进行落实管理及监督的机制安排等内容。"第三条规定："鼓励公司根据《证券法》、《上市公司信息披露管理办法》的相关规定，及时披露公司在承担社会责任方面的特色做法及取得的成绩，并在披露公司年度报告的同时在本所网站上披露公司的年度社会责任报告。"

2008 年国务院国资委下发《关于中央企业履行社会责任的指导意见》，强调了社会责任的重要意义，该意见第三条指出："履行社会责任是实现中央企业可持续发展的必然选择。积极履行社会责任，把社会责任理念和要求全面融入企业发展战略、企业生产经营和企业文化，有利于创新发展理念、转变发展方式，有利于激发创造活力、提升品牌形象，有利于提高职工素质、增强企业凝聚力，是中央企业发展质量和水平的重大提升。"第三条强调："履行社会责任是中央企业参与国际经济交流合作的客观需要。在经济全球化日益深入的新形势下，国际社会高度关注企业社会责任，履行社会责任已成为国际社会对企业评价的重要内容。中央企业履行社会责任，有利于树立负责任的企业形象，提升中国企业的国际影响，也对树立我国负责任的发展中大国形象具有重要作用。"

4.5.2　企业经济责任相关法律法规

根据1997年英国学者约翰·埃尔金顿（John Elkington）提出的三重底线的概念，企业社会责任可以分为经济责任、环境责任和社会责任。中国针对企业经济责任的法律法规主要集中在经济绩效、市场表现等方面。

1. 经济绩效

《深圳证券交易所上市公司社会责任指引》第二章强调了对利益相关方如股东和债权人在行使权利、信息披露、利润分配等方面的权益保护。例如，《深圳证券交易所上市公司社会责任指引》第十条规定："公司应制定长期和相对稳定的利润分配政策和办法，制定切实合理的分红方案，积极回报股东。"第十一条规定："公司应确保公司财务稳健，保障公司资产、资金安全，在追求股东利益最大化的同时兼顾债权人的利益，不得为了股东的利益损害债权人的利益。"第十二条规定："公司在经营决策过程中，应充分考虑债权人的合法权益，及时向债权人通报与其债权权益相关的重大信息；当债权人为维护自身利益需要了解公司有关财务、经营和管理等情况时，公司应予以配合和支持。"

《关于加强上市公司社会责任承担工作暨发布〈上海证券交易所上市公司环境信息披露指引〉的通知》建议公司"在年度社会责任报告中披露每股社会贡献值，即在公司为股东创造的基本每股收益的基础上，增加公司年内为国家创造的税收、向员工支付的工资、向银行等债权人给付的借款利息、公司对外捐赠额等为其他利益相关者创造的价值额，并扣除公司因环境污染等造成的其他社会成本，计算形成的公司为社会创造的每股增值额，从而帮助社会公众更全面地了解公司为其股东、员工、客户、债权人、社区以及整个社会所创造的真正价值"。

2. 市场表现

《劳动法》强调了劳动者的保险和福利待遇。"国家鼓励用人单位根据本单位实际情况为劳动者建立补充保险。""用人单位应当创造条件，改善集体福利，提高劳动者的福利待遇。"《中华人民共和国社会保险法》规定了用人单位为职工提供基本养老保险、基本医疗保险、工伤保险、失业保险以及生育保险的要求与具体细节。《失业保险条例》进一步明确规定："城镇企业事业单位、城镇企业事业单位职工依照本条例的规定，缴纳失业保险费。城镇企业事业单位失业人员依照本条例的规定，享受失业保险待遇。"《中华人民共和国个人独资企业法》（简称《个人独资企业法》）第二十三条规定："个人独资企业应当按照国家规定参加社会保险，为职工缴纳社会保险费。"

4.5.3　企业环境责任相关法律法规

《环境保护法》第六条规定："一切单位和个人都有保护环境的义务。地方各级人民政府应当对本行政区域的环境质量负责。企业事业单位和其他生产经营者应当防止、减少环境污染和生态破坏，对所造成的损害依法承担责任。"具体而言，企业的环境责任可细分为生物多样性，废气排放、污水和废弃物，合规，信息公开等方面的责任。

1. 生物多样性

商务部和国家林业局于 2007 年 8 月 27 日发布了世界上第一个针对本国企业在境外从事森林培育活动的行业指导性规范《中国企业境外可持续森林培育指南》。《中国企业境外可持续森林培育指南》适用于规范和指导中国企业在境外进行营造林的森林培育活动的全过程，促进中国企业合理、有效、可持续地保护和发展全球森林资源。2009 年 3 月 31 日，商务部和国家林业局联合发布的《中国企业境外森林可持续经营利用指南》第 5.2.2 条规定："在采伐、集材、更新和道路建设等作业过程中，采取合理、有效的措施最大限度地减缓人为活动对林地的破坏，防止地表破坏和土壤侵蚀，维护森林土壤的自然特性及其长期生产能力。"第 5.3.2 条规定企业"根据所在国相关法律法规要求，确定森林经营利用区域及其周边需要保护的珍稀、受威胁和濒危动植物物种及其栖息地，并在相关图件上明确标注"。第 5.3.3 条要求企业"制订被保护区域内珍稀、受威胁和濒危动植物物种及其栖息地的相应保护措施，并对职工进行相关培训和教育"。第 5.3.4 条要求企业"采集野生动植物标本的活动应符合境外有关野生动植物保护方面的法规，并应采用可持续利用资源的采集方法，最大限度地减少对当地资源的破坏"。2013 年商务部、环保部联合发布的《对外投资合作环境保护指南》中第十五条规定："企业应当审慎考虑所在区域的生态功能定位，对于可能受到影响的具有保护价值的动、植物资源，企业可以在东道国政府及社区的配合下，优先采取就地、就近保护等措施，减少对当地生物多样性的不利影响。"

2. 废气排放、污水和废弃物

对企业事业单位和其他生产经营者违反法律法规的规定排放污染物，造成或者可能造成严重污染的，《环境保护法》第二十五条规定："县级以上人民政府环境保护主管部门和其他负有环境保护监督管理职责的部门，可以查封、扣押造成污染物排放的设施、设备。"第四十二条规定："排放污染物的企业事业单位，应当建立环境保护责任制度，明确单位负责人和相关人员的责任。重点排污单位应当按照国家有关规定和监测规范安装使用监测设备，保证监测设备正常运行，保存原始监测记录。严禁通过暗管、渗井、渗坑、灌注或者篡改、伪造监测数据，或者不正常运行防治污染设施等逃避监管的方式违法排放污染物。"第四十三条规定："排放污染物的企业事业单位和其他生产经营者，应当按照国家有关规定缴纳排污费。"《中国企业境外森林可持续经营利用指南》第 5.2.3 条规定："采取必要措施减缓采伐作业过程中机械噪声和机械尾气排放引起的空气污染等，及时、妥善处理生产建设废弃物和生活垃圾。"《对外投资合作环境保护指南》第十条规定："企业应当按照东道国环境保护法律法规和标准的要求，建设和运行污染防治设施，开展污染防治工作，废气、废水、固体废物或其他污染物的排放应当符合东道国污染物排放标准规定。"第十三条规定："企业对生产过程中可能产生的危险废物，应当制订管理计划。计划内容应当包括减少危险废物产生量和危害性的措施，以及危险废物贮存、运输、利用、处置措施。"

3. 合规

《环境保护法》第四十五条规定："实行排污许可管理的企业事业单位和其他生产经营者应当按照排污许可证的要求排放污染物；未取得排污许可证的，不得排放污染物。"

4. 信息公开

《环境保护法》第五十五条规定："重点排污单位应当如实向社会公开其主要污染物的名称、排放方式、排放浓度和总量、超标排放情况，以及防治污染设施的建设和运行情况，接受社会监督。"2008 年，《上海证券交易所上市公司环境信息披露指引》详细地规定了上市公司披露环保信息的项目。《中国企业境外森林可持续经营利用指南》第4.5.1 条要求企业"向当地社区或有关方面公告森林经营利用的有效合法文件主要内容"。第4.5.2 条要求企业"根据当地政府要求建立森林采伐利用伐前公示咨询制度，明确公示的形式、内容、期限等。大面积采伐应在当地进行公示；采伐森林单位（个人）还应在伐区及其附近的交通要道设立公示牌，公示有关部门批准的合法采伐文件的主要内容以及作业期等"。

4.5.4 企业社会责任相关法律法规

我国关于企业社会责任的法律法规主要集中在社会方面，具体来看包括劳工实践和体面工作、人权、社会责任和产品责任等四个方面。

1. 劳工实践和体面工作

根据 GRI-G4 的规定，劳工实践和体面工作又细分为雇佣、劳资关系、职业健康与安全、培训和教育、多元化与机会平等、男女同酬、劳工问题申诉机制等方面。《劳动法》第三条就强调"劳动者享有平等就业和选择职业的权利、取得劳动报酬的权利、休息休假的权利、获得劳动安全卫生保护的权利、接受职业技能培训的权利、享受社会保险和福利的权利、提请劳动争议处理的权利以及法律规定的其他劳动权利"。

1）雇佣

《劳动法》相关规定保障了劳动者在与用人单位签订合同时的平等地位。例如，第二十一条规定："劳动合同可以约定试用期。试用期最长不得超过六个月。"而当用人单位濒临破产进行法定整顿期间或者生产经营状况发生严重困难，确需裁减人员时，"应当提前三十日向工会或者全体职工说明情况，听取工会或者职工的意见，经向劳动行政部门报告后，可以裁减人员"。"用人单位依据本条规定裁减人员，在六个月内录用人员的，应当优先录用被裁减的人员。"当用人单位依据《劳动法》的规定解除劳动合同的，"应当依照国家有关规定给予经济补偿"。对患职业病或者因工负伤并被确认丧失或者部分丧失劳动能力的，患病或者负伤仍在规定的医疗期内的，女职工在孕期、产期、哺乳期内的劳动者，用人单位不得依据本法解除劳动合同。此外，《劳动法》保障了劳动者的工作时间和休息休假，第三十六条规定："国家实行劳动者每日工作时间不超过八小时、平均每周工作时间不超过四十四小时的工时制度。"第三十八条要求"用人单位应当保证劳动者每周至少休息一日"。第四十条规定应当在法定节假日安排劳动者休假。另外，第四十一条规定了可以延长工作时间的情形。

《劳动合同法》针对企业与劳动者签订合同、裁减人员及解除劳动合同进行了更为详尽的规定。第八条规定："用人单位招用劳动者时，应当如实告知劳动者工作内容、工作条件、工作地点、职业危害、安全生产状况、劳动报酬，以及劳动者要求了解的其他情况；用人单位有权了解劳动者与劳动合同直接相关的基本情况，劳动者应当如实说明。"第九条规定："用人单位招用劳动者，不得扣押劳动者的居民身份证和其他证件，不得要求劳动者提供担保或者以其他名义向劳动者收取财物。"第四章详细地说明了可以及不能裁减人员和解除劳动合同的情形，并规定了补偿措施。对于集体合同，"企业职工一方与用人单位可以订立劳动安全卫生、女职工权益保护、工资调整机制等专项集体合同"。"在县级以下区域内，建筑业、采矿业、餐饮服务业等行业可以由工会与企业方面代表订立行业性集体合同，或者订立区域性集体合同。"为规范集体协商和签订集体合同行为，依法维护劳动者和用人单位的合法权益，我国在《劳动法》和《中华人民共和国工会法》的基础上，还进一步制定了《劳动合同法》。劳务派遣单位与被派遣劳动者订立的劳动合同，"应当载明被派遣劳动者的用工单位以及派遣期限、工作岗位等情况"。其他关于雇佣方面的法律条款如下所示。

《个人独资企业法》第二十二条规定："个人独资企业招用职工的，应当依法与职工签订劳动合同，保障职工的劳动安全，按时、足额发放职工工资。"

《中华人民共和国企业破产法》第六条规定："人民法院审理破产案件，应当依法保障企业职工的合法权益，依法追究破产企业经营管理人员的法律责任。"

《就业服务和就业管理规定》第四条规定："劳动者依法享有平等就业的权利。劳动者就业，不因民族、种族、性别、宗教信仰等不同而受歧视。"第五条规定："农村劳动者进城就业享有与城镇劳动者平等的就业权利，不得对农村劳动者进城就业设置歧视性限制。"

2）劳资关系

《劳动法》第四十五条规定："国家实行带薪年休假制度。劳动者连续工作一年以上的，享受带薪年休假。"第四十六条规定："工资分配应当遵循按劳分配原则，实行同工同酬。"第四十八条规定："国家实行最低工资保障制度。""用人单位支付劳动者的工资不得低于当地最低工资标准。"第五十条规定："工资应当以货币形式按月支付给劳动者本人。不得克扣或者无故拖欠劳动者的工资。"第五十一条规定："劳动者在法定休假日和婚丧假期间以及依法参加社会活动期间，用人单位应当依法支付工资。"

《劳动合同法》第二十条规定："劳动者在试用期的工资不得低于本单位相同岗位最低档工资或者劳动合同约定工资的百分之八十，并不得低于用人单位所在地的最低工资标准。"对于非全日制用工，《劳动合同法》规定："计酬标准不得低于用人单位所在地人民政府规定的最低小时工资标准。""劳动报酬结算支付周期最长不得超过十五日。"在集体合同的情形中，"劳动报酬和劳动条件等标准不得低于当地人民政府规定的最低标准；用人单位与劳动者订立的劳动合同中劳动报酬和劳动条件等标准不得低于集体合同规定的标准"。在劳务派遣的情形中，"劳务派遣单位应当与被派遣劳动者订立二年以上的固定期限劳动合同，按月支付劳动报酬；被派遣劳动者在无工作期间，劳务派遣单位应当按照所在地人民政府规定的最低工资标准，向其按月支付报酬"。第六十条还规定："劳务派遣单位不得克扣用工单位按照劳务派遣协议支付给被派遣劳动者的劳动报酬。"

《深圳证券交易所上市公司社会责任指引》第十六条规定："公司应遵循按劳分配、同工同酬的原则，不得克扣或者无故拖欠劳动者的工资，不得采取纯劳务性质的合约安排或变相试用等形式降低对职工的工资支付和社会保障。"

《最低工资规定》进一步详细规定了劳动者在法定工作时间或依法签订的劳动合同约定的工作时间内提供了正常劳动的前提下，用人单位依法应支付的最低劳动报酬。

3）职业健康与安全

《公司法》第十七条规定："公司必须保护职工的合法权益，依法与职工签订劳动合同，参加社会保险，加强劳动保护，实现安全生产。"

《劳动法》第五十二条要求"用人单位必须建立、健全劳动安全卫生制度，严格执行国家劳动安全卫生规程和标准，对劳动者进行劳动安全卫生教育，防止劳动过程中的事故，减少职业危害"。第五十三条要求"劳动安全卫生设施必须符合国家规定的标准"。第五十四条规定"用人单位必须为劳动者提供符合国家规定的劳动安全卫生条件和必要的劳动防护用品，对从事有职业危害作业的劳动者应当定期进行健康检查"。对于从事特种作业的劳动者，第五十五条要求他们"必须经过专门培训并取得特种作业资格"。

《劳动法》第七章还规定了对女职工和未成年工的特殊保护，如"禁止安排女职工从事矿山井下、国家规定的第四级体力劳动强度的劳动和其他禁忌从事的劳动"。"不得安排女职工在经期从事高处、低温、冷水作业和国家规定的第三级体力劳动强度的劳动。""不得安排女职工在怀孕期间从事国家规定的第三级体力劳动强度的劳动和孕期禁忌从事的劳动。对怀孕七个月以上的女职工，不得安排其延长工作时间和夜班劳动。""女职工生育享受不少于九十天的产假。""不得安排女职工在哺乳未满一周岁的婴儿期间从事国家规定的第三级体力劳动强度的劳动和哺乳期禁忌从事的其他劳动，不得安排其延长工作时间和夜班劳动。"对于使用未成年工的用人单位，"不得安排未成年工从事矿山井下、有毒有害、国家规定的第四级体力劳动强度的劳动和其他禁忌从事的劳动"。"应当对未成年工定期进行健康检查。"

《深圳证券交易所上市公司社会责任指引》第十五条强调"公司应建立、健全劳动安全卫生制度，严格执行国家劳动安全卫生规程和标准，对职工进行劳动安全卫生教育，为职工提供健康、安全的工作环境和生活环境，最大限度地防止劳动过程中的事故，减少职业危害"。

《中华人民共和国妇女权益保障法》（简称《妇女权益保障法》第二十六条规定"任何单位均应根据妇女的特点，依法保护妇女在工作和劳动时的安全和健康，不得安排不适合妇女从事的工作和劳动。妇女在经期、孕期、产期、哺乳期受特殊保护"。

《中华人民共和国安全生产法》第三条规定"安全生产工作应当以人为本，坚持安全发展，坚持安全第一、预防为主、综合治理的方针，强化和落实生产经营单位的主体责任，建立生产经营单位负责、职工参与、政府监管、行业自律和社会监督的机制"。第四条规定"生产经营单位必须遵守本法和其他有关安全生产的法律、法规，加强安全生产管理，建立、健全安全生产责任制和安全生产规章制度，改善安全生产条件，推进安全生产标准化建设，提高安全生产水平，确保安全生产"。

《中华人民共和国职业病防治法》第四条规定"劳动者依法享有职业卫生保护

的权利。用人单位应当为劳动者创造符合国家职业卫生标准和卫生要求的工作环境
和条件，并采取措施保障劳动者获得职业卫生保护。工会组织依法对职业病防治工
作进行监督，维护劳动者的合法权益。用人单位制定或者修改有关职业病防治的规
章制度，应当听取工会组织的意见"。第五条规定"用人单位应当建立、健全职业
病防治责任制，加强对职业病防治的管理，提高职业病防治水平，对本单位产生的
职业病危害承担责任"。第六条规定"用人单位的主要负责人对本单位的职业病防
治工作全面负责"。第七条规定"用人单位必须依法参加工伤保险"。

4）培训和教育

《公司法》第十七条要求公司"采用多种形式，加强公司职工的职业教育和
岗位培训，提高职工素质"。

《劳动法》提出"用人单位应当建立职业培训制度，按照国家规定提取和使
用职业培训经费，根据本单位实际，有计划地对劳动者进行职业培训"。对于从
事技术工种的劳动者，"上岗前必须经过培训"。

《劳动合同法》第二十二条要求"用人单位为劳动者提供专项培训费用，对
其进行专业技术培训的，可以与该劳动者订立协议，约定服务期"。

《深圳证券交易所上市公司社会责任指引》第十八条强调"公司应建立职业
培训制度，按照国家规定提取和使用职业培训经费，积极开展职工培训，并鼓励
和支持职工参加业余进修培训，为职工发展提供更多的机会"。

5）多元化与机会平等

《就业服务与就业管理规定》第四条规定："劳动者依法享有平等就业的权
利。劳动者就业，不因民族、种族、性别、宗教信仰等不同而受歧视。"第五条规
定："农村劳动者进城就业享有与城镇劳动者平等的就业权利，不得对农村劳动者
进城就业设置歧视性限制。"第十六条规定："用人单位在招用人员时，除国家规
定的不适合妇女从事的工种或者岗位外，不得以性别为由拒绝录用妇女或者提高对
妇女的录用标准。用人单位录用女职工，不得在劳动合同中规定限制女职工结婚、
生育的内容。"第十七条规定："用人单位招用人员，应当依法对少数民族劳动者
给予适当照顾。"第十八条规定："用人单位招用人员，不得歧视残疾人。"第十
九条规定："用人单位招用人员，不得以是传染病病原携带者为由拒绝录用。但
是，经医学鉴定传染病病原携带者在治愈前或者排除传染嫌疑前，不得从事法律、
行政法规和国务院卫生行政部门规定禁止从事的易使传染病扩散的工作。"

2013 年商务部、环保部联合发布的《对外投资合作环境保护指南》第三条中
规定企业要"尊重东道国社区居民的宗教信仰、文化传统和民族风俗，保障劳工
合法权益，为周边地区居民提供培训、就业和再就业机会，促进当地经济、环境
和社区协调发展，在互利互惠基础上开展合作"。

6）男女同酬

《劳动法》第十三条明确规定："妇女享有与男子平等的就业权利。在录用职工时，除国家规定的不适合妇女的工种或者岗位外，不得以性别为由拒绝录用妇女或者提高对妇女的录用标准。"

《妇女权益保障法》的第二十三条也有同样的规定："各单位在录用职工时，除不适合妇女的工种或者岗位外，不得以性别为由拒绝录用妇女或者提高对妇女的录用标准"。此外，《妇女权益保障法》在第二十二条还明确规定"国家保障妇女享有与男子平等的劳动权利和社会保障权利"。第二十四条规定"实行男女同工同酬。妇女在享受福利待遇方面享有与男子平等的权利"。第二十五条规定"在晋职、晋级、评定专业技术职务等方面，应当坚持男女平等的原则，不得歧视妇女"。第二十七条规定"任何单位不得因结婚、怀孕、产假、哺乳等情形，降低女职工的工资，辞退女职工，单方解除劳动（聘用）合同或者服务协议。但是，女职工要求终止劳动（聘用）合同或者服务协议的除外。各单位在执行国家退休制度时，不得以性别为由歧视妇女"。

7）劳工问题申诉机制

《劳动法》第三十条规定"用人单位解除劳动合同，工会认为不适当的，有权提出意见。如果用人单位违反法律、法规或者劳动合同，工会有权要求重新处理；劳动者申请仲裁或者提起诉讼的，工会应当依法给予支持和帮助"。第八十条规定"在用人单位内，可以设立劳动争议调解委员会。劳动争议调解委员会由职工代表、用人单位代表和工会代表组成。劳动争议调解委员会主任由工会代表担任。劳动争议经调解达成协议的，当事人应当履行"。

《劳动合同法》第三十条规定"用人单位拖欠或者未足额支付劳动报酬的，劳动者可以依法向当地人民法院申请支付令，人民法院应当依法发出支付令"。

2. 人权

人权包括非歧视、结社自由与集体谈判、童工、强迫与强制劳动等方面。

1）非歧视

《劳动法》第十二条强调"劳动者就业，不因民族、种族、性别、宗教信仰不同而受歧视"。第十四条强调"残疾人、少数民族人员、退出现役的军人的就业，法律、法规有特别规定的，从其规定"。

《劳动合同法》第六十三条规定了劳务派遣非歧视的情形："被派遣劳动者享有与用工单位的劳动者同工同酬的权利。用工单位无同类岗位劳动者的，参照用工单位所在地相同或者相近岗位劳动者的劳动报酬确定。"

《深圳证券交易所上市公司社会责任指引》第十七条规定"公司不得干涉职工信仰自由，不得因民族、种族、国籍、宗教信仰、性别、年龄等对职工在聘用、报酬、培训机会、升迁、解职或退休等方面采取歧视行为"。

2）结社自由与集体谈判

《公司法》第十八条规定"公司职工依照《中华人民共和国工会法》组织工会，开展工会活动，维护职工合法权益"。

《劳动法》第七条规定"劳动者有权依法参加和组织工会。工会代表和维护劳动者的合法权益，依法独立自主地开展活动"。第八条规定"劳动者依照法律规定，通过职工大会、职工代表大会或者其他形式，参与民主管理或者就保护劳动者合法权益与用人单位进行平等协商"。

《劳动合同法》第四条规定用人单位在制定、修改或者决定直接涉及劳动者切身利益的规章制度或者重大事项时，"应当经职工代表大会或者全体职工讨论，提出方案和意见，与工会或者职工代表平等协商确定"。

《个人独资企业法》第六条规定"个人独资企业职工依法建立工会，工会依法开展活动"。

3）童工

《劳动法》第十五条明确规定"禁止用人单位招用未满十六周岁的未成年人。文艺、体育和特种工艺单位招用未满十六周岁的未成年人，必须依照国家有关规定，履行审批手续，并保障其接受义务教育的权利"。

4）强迫与强制劳动

《劳动合同法》第三十一条规定"用人单位应当严格执行劳动定额标准，不得强迫或者变相强迫劳动者加班。用人单位安排加班的，应当按照国家有关规定向劳动者支付加班费"。

3. 社会责任

社会责任主要包括反竞争行为、当地社区等方面。

1）反竞争行为

《合同法》在技术合同方面的规定有"订立技术合同，应当有利于科学技术的进步，加速科学技术成果的转化、应用和推广"。"非法垄断技术、妨碍技术进步或者侵害他人技术成果的技术合同无效。"关于技术转让合同，"可以约定让与人和受让人实施专利或者使用技术秘密的范围，但不得限制技术竞争和技术发展"。

2）当地社区

《中华人民共和国公益事业捐赠法》指出，"国家鼓励自然人、法人或者其他组织对公益事业进行捐赠"。对公益事业进行捐赠的单位可获得优惠，如公司和其他企业享受企业所得税方面的优惠，自然人和个体工商户享受个人所得税方面的优惠，境外捐赠物资减征或者免征进口关税和进口环节的增值税。

《境外投资开办企业核准工作细则》强调对以并购方式进行境外投资的，应重点把握"（一）是否涉及东道国敏感产业领域或其法规限制投资的行业；（二）是否考虑了相关的法律问题；（三）是否考虑了东道国的政治与安全风险及企业的财务风险问题；（四）是否考虑了东道国工会组织、企业社会责任和文化融合问题"。

《深圳证券交易所上市公司社会责任指引》第三十二条强调"公司在经营活动中应充分考虑社区的利益，鼓励设立专门机构或指定专人协调公司与社区的关系"。第三十三条规定"公司应在力所能及的范围内，积极参加所在地区的环境保护、教育、文化、科学、卫生、社区建设、扶贫济困等社会公益活动，促进公司所在地区的发展"。

《中国企业境外森林可持续经营利用指南》第6.2.2条要求企业"鼓励、支持社区居民参与森林开发的重大决策。在森林经营的过程中，根据需要向当地居民公布经营利用内容、进展和经营活动情况，宣传企业，树立良好形象，提高信誉"。第6.2.3条要求企业"尊重当地群众的风俗习惯，建立与当地社区的协商机制，与当地居民友好相处"。第6.2.4条要求企业"积极与当地居民协商，划定和保护对当地居民具有特定文化、生态、经济或宗教意义的林地"。

2010年，商务部发布《关于2010年全国对外投资合作工作的指导意见》，指出"倡导依法规范经营，强化社会责任意识是培育跨国公司成败的关键，要加快研究建立规范企业有序开展对外投资合作的长效机制和政策措施，督促、引导企业树立互利共赢的理念，遵纪守法，尊重当地宗教习俗，主动履行社会责任，构建和谐关系，增强可持续发展能力"。

4. 产品责任

产品责任包括客户健康与安全、合规、客户隐私等方面。

1）客户健康与安全

《合同法》针对供用电、水、气、热力合同、赠与合同、租赁合同、运输合同等类别强调维护客户健康与安全。例如，第一百七十九条要求"供电人应当按照国家规定的供电质量标准和约定安全供电"。第二百三十三条规定："租赁物危及承租人的安全或者健康的，即使承租人订立合同时明知该租赁物质量不合格，承租人仍然可以随时解除合同。"第二百九十八条规定："承运人应当向旅客及时告知有关不能正常运输的重要事由和安全运输应当注意的事项。"

《消费者权益保护法》第十八条规定"经营者应当保证其提供的商品或者服务符合保障人身、财产安全的要求。对可能危及人身、财产安全的商品和服务，应当向消费者作出真实的说明和明确的警示，并说明和标明正确使用商品或者接受服务的方法以及防止危害发生的方法。宾馆、商场、餐馆、银行、机场、车站、港口、影剧院等经营场所的经营者，应当对消费者尽到安全保障义务"。第十九条规定："经营者发现其提供的商品或者服务存在缺陷，有危及人身、财产安全危险的，应当立即向有关行政部门报告和告知消费者，并采取停止销售、警示、召回、无害化处理、销毁、停止生产或者服务等措施"。第二十条规定"经营者向消费者提供有关商品或者服务的质量、性能、用途、有效期限等信息，应当真实、全面，不得作虚假或者引人误解的宣传"。

《合同法》第一百一十三条第二款规定："经营者对消费者提供商品或者服务有欺诈行为的，依照《中华人民共和国消费者权益保护法》的规定承担损害赔偿责任。"《合同法》明确规定了受欺诈可以适用《消费者权益保护法》，无疑给了消费者强有力的支持，尤其是对商品房销售中的欺诈行为的加倍索赔是一个重要的法律依据。

《部分商品修理更换退货责任规定条文释义》第一条规定："为保护消费者的合法权益，明确销售者、修理者、生产者承担的部分商品的修理、更换、退货（以下称为三包）的责任和义务，根据《中华人民共和国产品质量法》、《中华人民共和国消费者权益保护法》及有关规定制定本规定。"

2）合规

《消费者权益保护法》第十六条强调"经营者向消费者提供商品或者服务，应当依照本法和其他有关法律、法规的规定履行义务"。第二十三条规定"经营者应当保证在正常使用商品或者接受服务的情况下其提供的商品或者服务应当具有的质量、性能、用途和有效期限"。第二十四条则规范了商品或服务不符合质量要求时，经营者应当承担的义务。第二十八条还规定了采用网络、电视、电话、邮购等方式提供商品或者服务的经营者以及提供证券、保险、银行等金融服务的经营者应当向消费者提供的信息。

《产品质量法》要求"生产者、销售者应当建立健全内部产品质量管理制度，严格实施岗位质量规范、质量责任以及相应的考核办法"。"生产者、销售者依照本法规定承担产品质量责任。""禁止伪造或者冒用认证标志等质量标志；禁止伪造产品的产地，伪造或者冒用他人的厂名、厂址；禁止在生产、销售的产品中掺杂、掺假，以假充真，以次充好。"除此之外，此法律详尽地说明了生产者、销售者的产品质量责任和义务。

3）客户隐私

《消费者权益保护法》第二十九条规定："经营者收集、使用消费者个人信息，应当遵循合法、正当、必要的原则，明示收集、使用信息的目的、方式和范围，并经消费者同意。经营者收集、使用消费者个人信息，应当公开其收集、使用规则，不得违反法律、法规的规定和双方的约定收集、使用信息。经营者及其工作人员对收集的消费者个人信息必须严格保密，不得泄露、出售或者非法向他人提供。经营者应当采取技术措施和其他必要措施，确保信息安全，防止消费者个人信息泄露、丢失。在发生或者可能发生信息泄露、丢失的情况时，应当立即采取补救措施。经营者未经消费者同意或者请求，或者消费者明确表示拒绝的，不得向其发送商业性信息。"

4.5.5 对国内银行业企业社会责任的法律规范

1. 国家法律

2015 年修正的《中华人民共和国商业银行法》（简称《商业银行法》）和 2006 年修正的《中华人民共和国银行业监督管理法》（简称《银行业监督管理法》）这两部法律关于企业社会责任的规定主要集中在合规、客户健康与安全、客户隐私、公平竞争方面。《商业银行法》从商业银行的设立和组织机构、贷款和其他业务的基本规则、财务会计等方面对银行业务进行了规范。客户方面，其规定"商业银行与客户的业务往来，应当遵循平等、自愿、公平和诚实信用的原则"。"商业银行应当保障存款人的合法权益不受任何单位和个人的侵犯。"行业竞争方面，其规定"商业银行开展业务，应当遵守公平竞争的原则，不得从事不正当竞争"。《银行业监督管理法》主要从合规方面对银行业务进行了规范。

2. 部门规章

《中国银监会办公厅关于加强银行业金融机构社会责任的意见》（银监办发〔2007〕252 号）要求银行业金融机构高度重视银行社会责任问题，从我国国情出发，切实采取措施履行社会责任，并要求主要银行业金融机构定期发布社会责任年度报告。

《中国银监会关于印发绿色信贷指引的通知》（银监发〔2012〕4 号）指出银行业金融机构应加大对绿色经济、低碳经济、循环经济的支持，并且应当有效识别、计量、监测、控制信贷业务活动中的环境和社会风险，建立环境和社会风险管理体系，完善相关信贷政策制度和流程管理。《环境保护部 发展改革委 人民银行银监会关于印发〈企业环境信用评价办法（试行）〉的通知》（环发〔2013〕150号）则要求将污染物排放总量大、环境风险高、生态环境影响大的企业纳入环境信用评价范围，建立分级评价体系，并采取相应的激励和惩戒措施。

《中国银监会关于完善银行业金融机构客户投诉处理机制切实做好金融消费者保护工作的通知》（银监发〔2012〕13 号）要求银行业金融机构公平对待金融消费者，建立健全金融消费者保护机制，完善客户投诉处理机制等。《中国银监会关于印发银行业消费者权益保护工作指引的通知》（银监发〔2013〕38 号）、《中国银行业监督管理委员会办公厅关于印发2013 年银行业消费者权益保护工作要点的通知》（银监办发〔2013〕69 号）则提出了金融机构保护消费者权益的具体做法。《中国银监会关于印发银行业金融机构消费者权益保护工作考核评价办法（试行）的通知》（银监发〔2014〕37 号）提出了一套完整的考核银行业金融机构保护消费者权益工作的评分体系。

在经济绩效方面，中国人民银行联合中国银行业监督管理委员会、中国证券监督管理委员会、中国保险监督管理委员会发布《关于金融支持南疆四地州经济发展和社会稳定的意见》提出在当地加强对基础设施建设、特色优势产业的信贷支持，完善"三农"、小微企业等薄弱环节的金融服务，建立金融人才成长激励机制，等等。《中国银监会关于完善和创新小微企业贷款服务-提高小微企业金融服务水平的通知》（银监发〔2014〕36 号）、《国家税务总局、中国银行业监督管理委员会关于开展"银税互动"助力小微企业发展活动的通知》（税总发〔2015〕96 号）强调了提升小微企业金融服务技术水平，推动小微企业良性健康发展的重要性。《中国银监会、国家发展和改革委员会关于银行业支持重点领域重大工程建设的指导意见》（银监发〔2015〕43 号）不仅要求银行业优化信贷流程，推行绿色信贷，并要求其加强风险管理与防控，确保项目可持续性等。

合规方面的相关规章强调了银行内部的规范经营以及对于各种风险的防范与管理。相关规定包括《银行业金融机构外包风险管理指引》（银监发〔2010〕44 号）、《中国银监会关于整治银行业金融机构不规范经营的通知》（银监发〔2012〕3 号）、《中国银监会办公厅关于防范银行业金融机构员工参与地下钱庄非法活动的通知》（银监办发〔2012〕304 号）、《中国人民银行、工业和信息化部、中国银行业监督管理委员会、中国证券监督管理委员会、中国保险监督管理委员会关于防范比特币风险的通知》（银发〔2013〕289 号）、《中国人民银行、中国银行业监督管理委员会公告》（〔2013〕第 21 号）、《中国人民银行关于发布〈银行业标准体系〉（V1.1）的通知》（银发〔2013〕319 号）、《中国银行业监督管理委员会关于应用安全可控信息技术加强银行业网络安全和信息化建设的指导意见》（银监发〔2014〕39 号）、《中国银监会关于全面开展银行业金融机构加强内部管控遏制违规经营和违法犯罪专项检查工作的通知》（银监发〔2014〕48 号）、《中国保监会 中国银监员会关于规范保险资产托管业务的通知》（保监发〔2014〕84 号）、《中国银监会办公厅关于加强银行业金融机构信息科技非驻场集中式外包风险管理的通知》（银监办发〔2014〕187 号）、《中国银监会办公厅关于印发银行业金融机构案件风险排查管理办法的通知》（银监办发〔2014〕247 号）、《中国银监会办公厅关于印发银行业金融机构从业人员处罚信息管理办法的通知》（银监办发〔2014〕322 号）、《中国银监会关于银行业打击治理电信网络新型违法犯罪有关工作事项的通知》（银监发〔2015〕48 号）、《中国银监会办公厅关于加强银行业金融机构内控管理有效防范柜面业务操作风险的通知》（银监办发〔2015〕97 号）。

此外，《中国银监会办公厅关于规范市场竞争、严禁高息揽存的通知》（银监办发〔2010〕248 号）批评了少数银行业金融机构利用不正当手段吸收存款的行为，强调进一步规范市场竞争，杜绝高息揽存。

4.5.6　行业规定及其他

《中国银行业金融机构企业社会责任指引》指出银行业金融机构应当对其股东、员工、消费者、商业伙伴、政府和社区等利益相关者以及为促进社会与环境可持续发展所应承担的经济、法律、道德与慈善责任，包括经济责任、社会责任、环境责任。

银行业关于企业社会责任的行业规定主要集中在合规方面。《银行业从业人员职业操守》、《中国银行业从业人员道德行为公约》、《中国银行业协会关于印发〈中国银行业从业人员流动公约（修订稿）〉的通知》（银协发〔2009〕49号）、《中国银行业文明服务公约》、《中国银行业文明服务公约实施细则（试行）》以及《中国银行业文明规范服务工作指引（试行）》规范和约束了银行业从业人员的行为。《中国银行业协会章程》、《中国银行业协会自律工作委员会规则》、《中国银行业自律公约》、《中国银行业自律公约实施细则（试行）》、《中国银行业保理业务规范》、《中国银行业代理人身保险业务自律公约》、《中国银行业协会关于印发〈中国银行业保理业务自律公约〉的通知》、《中国银行业协会关于印发〈中国银行业托管业务自律公约〉的通知》（银协发〔2009〕21号）以及《中国银行业协会关于印发〈中国银行业中间业务自律管理办法〉的通知》（银协发〔2013〕56号）则强调了银行业内部和各种银行业务的自律。

为了督促上海银行业金融机构承担企业社会责任，促进经济、社会与环境的可持续发展，上海银监局出台了《上海银行业金融机构企业社会责任指引》，其中第三条规定："本指引所称企业社会责任是指银行业机构对其股东、员工、金融消费者等利益相关者以及社会与环境的可持续发展所应承担的法律责任和道德责任。银行业机构的企业社会责任至少应包括：（一）维护股东合法权益，公平对待所有股东；（二）以人为本，重视和保护员工的合法权益；（三）诚信经营，维护金融消费者合法权益；（四）反不正当竞争，反商业贿赂，反洗钱，营造良好市场竞争秩序；（五）节约资源，保护和改善自然生态环境；（六）改善社区金融服务，促进社区发展；（七）关心社会发展，支持社会公益事业。"

《中国银行业反不正当竞争公约》要求中国银行业协会会员单位及其从业人员在处理银行各种业务时不得违反国家有关法律法规及该公约的规定，损害其他银行的合法权益，扰乱金融秩序。违反公约者会受到通报批评或上交银监会处理等。

4.5.7　对"走出去"企业的法规

在我国企业开始境外投资，国家制定"走出去"战略，以及我国企业"走出去"屡遭挫折的背景下，国家发改委于 2004 年 10 月发布了《境外投资项目核准暂行管理办法》和《境外投资项目核准暂行管理办法》，对指导和规范我国企业的境外投资行为发挥了积极的作用，但随着我国企业"走出去"步骤加快和对外投资项目与规模节节攀升，原有的《境外投资项目核准暂行管理办法》的境外投资项目核准制已经不能适应我国这种对外投资的"新常态"，国家发改委于是颁布了《境外投资项目核准和备案管理办法》（国家发改委第 9 号令），并于 2014 年 5 月 8 日起开始实施。在《境外投资项目核准和备案管理办法》下，境外投资项目不再实行单一的核准制，而是核准和备案结合的审批制度。

为了促进和规范境外投资，提高境外投资便利化水平，商务部分别于 2009 年和 2014 年颁布了《境外投资管理办法》（商务部令 2009 年第 5 号）和《境外投资管理办法》（商务部令 2014 年第 3 号）。2014 年版《境外投资管理办法》第十九条规定"企业应当客观评估自身条件、能力，深入研究投资目的地投资环境，积极稳妥开展境外投资，注意防范风险。境内外法律法规和规章对资格资质有要求的，企业应当取得相关证明文件"。第二十条规定"企业应当要求其投资的境外企业遵守投资目的地法律法规、尊重当地风俗习惯，履行社会责任，做好环境、劳工保护、企业文化建设等工作，促进与当地的融合"。第二十七条规定"商务部会同有关部门为企业境外投资提供权益保障、投资促进、风险预警等服务"。

商务部发布《对外投资合作国别（地区）指南》《对外投资国别产业指引（2011 版）》等文件，帮助企业了解投资目的地的投资环境；加强对企业境外投资的指导和规范，会同有关部门发布环境保护等指引，督促企业在境外合法合规经营。例如，《对外投资合作国别（地区）指南 2014 版（比利时）》提议："中资企业要按时缴纳税收以及社保费用；积极促进社会就业和环境保护，关注公益事业，不能将利润建立在破坏和污染环境的基础之上；搞好企业创新，注重企业诚信，不要与消费者争利或欺骗消费者，不要提供不合格的服务产品或虚假信息，要维护好中资企业在比的形象。到比利时投资的中资企业要高度重视行业内的企业开放日，搞好与当地居民的互动交流。"

国务院国资委下发的《中央企业境外投资监督管理暂行办法》第五条规定境外投资应当遵循的原则包括："遵守投资所在国（地区）法律和政策，尊重当地习俗。"

《大陆企业赴台湾地区投资管理办法》第三条也规定："大陆企业赴台湾地区投资，应主动适应两岸经济和产业发展特点，结合自身优势和企业发展战略，精心选择投资领域和项目；认真了解并遵守当地法律法规，尊重当地风俗习惯，注重环境保护，善尽必要的社会责任。"

《对外矿业投资社会责任指引》规定中国对外矿业投资社会责任是：企业主动将法律、道德社会和环境因素融入对外矿业投资的决策和运营中，以道德和透明的行为，充分考虑利益相关方的权利和利益，有效管理矿产资源勘探、开采、加工、投资合作及相关活动给社会和环境带来的影响，实现矿产资源开发与环境、社会的发展相互协调。《对外矿业投资社会责任指引》建议将及其他相关的国际企业社会责任标准（如 ISO 26000）的原则、要求融入企业战略、高层决策体系，融入企业的组织体系，设立或指定社会责任决策与协调机构，并在企业中明确和分配可持续性管理的任务。结合企业治理结构和经营实际，指定或设置社会责任管理的决策机构和协调机构。决策机构负责制定并监督执行企业社会责任战略、规划和重大行动。协调机构负责开展与社会责任相关的内部沟通，推进社会责任战略与日常运营相结合，确保规划和战略实施的一致性。《对外矿业投资社会责任指引》还建议增强透明度，建立健全企业社会责任信息的披露机制，及时向利益相关方披露社会责任信息和绩效。《对外矿业投资社会责任指引》的指导原则如下。

遵守法律法规。企业确保其投资和运营行为遵守所在地所有适用的法律法规，符合行业最低标准，并努力超越法律法规的要求，在经济可行的前提下，尽可能为所在地和社区的可持续发展做出贡献。

坚持道德运营。企业应实施、维护道德商业实践和企业治理的合理体系；消除一切形式的腐败；坚持公平运营原则；评估所有运营活动对可持续发展的影响，确保所有运营活动服务于经济、环境和社会发展。

尊重人权，保障权益。尊重国际公认的人权，遵守 ISO 基本公约和运营所在地关于劳工实践的法律法规和标准。

尊重自然、保护环境。通过废物和排放减量化、确保矿山关闭和复垦、保护资源和循环利用、实施生态系统风险管理、促进生态多样性保护、寻求环境绩效的持续提升，将采矿周期中环境足迹降到最低水平。

尊重利益相关方。促进矿业运营所在地的社会、经济和制度发展，同时保护在矿产开发整个生命周期中受实质性影响的利益相关方的利益，包括员工、供应商和当地社区的利益，向公众公布可持续性影响。

优化负责任的价值链。所有企业应以促进矿产行业健康发展为出发点，持续提升可持续性绩效，发挥在行业中的积极影响，共同建设和优化负责任的矿业发展价值链。

《中国对外承包工程行业社会责任指引》认为，将社会责任融入企业战略和日常管理，有利于提升企业长期盈利水平和持续发展的能力，有利于维护员工和其他利益相关方的合法权益，有利于营造良好的外部经营环境，最终实现企业与社会、环境的共同、持续、和谐发展。《中国对外承包工程行业社会责任指引》包括适用范围、社会责任定义和基本原则、社会责任管理、社会责任核心议题等内容。其中，社会责任核心议题涵盖工程质量与安全、员工权益与职业发展、客户（业主）权益、供应链管理、公平竞争、环境保护、社区参与和发展等内容。《中国对外承包工程行业社会责任指引》将对外承包工程行业社会责任定义为：中国对外承包工程企业在决策和经营活动中以透明和道德的行为方式，对客户（业主）、员工、供应商（分包商）、合作伙伴、当地社区等利益相关方以及为促进经济、社会和环境的可持续发展所应承担的责任。

对外承包工程企业履行社会责任应遵循如下基本原则。

（1）遵守法律法规。维护国家利益和社会公共利益，遵守所在国家或地区的法律法规及中国政府有关规定，遵守国际通行的商业惯例。

（2）尊重利益相关方。重视与利益相关方的沟通，并将利益相关方的合理期望和要求纳入企业活动。

（3）透明和道德经营。公开对当地社会、经济和环境具有重大影响的决策和活动，并根据道德行为要求开展企业活动。

（4）坚持共同发展。促进所在国经济增长、社会进步和环境保护，实现与当地社区的共同持续发展。

（5）持续改善绩效。履行社会责任要与企业自身发展阶段和实际情况紧密结合，根据不同责任层次（包括必尽的法律责任、应尽的道德责任和自愿承担的责任）要求，持续改进社会责任绩效。

《对外投资合作环境保护指南》侧重于中国企业对外投资合作活动中的环境保护，如第四条规定"企业应当秉承环境友好、资源节约的理念，发展低碳、绿色经济，实施可持续发展战略，实现自身盈利和环境保护'双赢'"。第五条规定"企业应当了解并遵守东道国与环境保护相关的法律法规的规定"。第六条规定"企业应当将环境保护纳入企业发展战略和生产经营计划，建立相应的环境保护规章制度，强化企业的环境、健康和生产安全管理。鼓励企业使用综合环境服务"。第七条规定"企业应当建立健全环境保护培训制度，向员工提供适当的环境、健康与生产安全方面的教育和培训，使员工了解和熟悉东道国相关环境保护法律法规规定，掌握有关有害物质处理、环境事故预防以及其他环境知识，提高企业员工守法意识和环保素质"。第八条规定"企业应当根据东道国的法律法规要求，对其开发建设和生产经营活动开展环境影响评价，并根据环境影响评价结果，采取合理措施降低可能产生的不利影响"。

除环境外，《对外投资合作环境保护指南》的内容也涵盖了企业社会责任的各个方面，如第三条规定："倡导企业在积极履行环境保护责任的过程中，尊重东道国社区居民的宗教信仰、文化传统和民族风俗，保障劳工合法权益，为周边地区居民提供培训、就业和再就业机会，促进当地经济、环境和社区协调发展，在互利互惠基础上开展合作。"

4.5.8 我国政府推动企业社会责任的其他措施

1. 中央政府采取的主要措施

1）政策支持

通过补贴、税收优惠、银行信贷优惠等方式支持我国企业履行社会责任。

2）各级政府机关联合推动

目前中央政府关注企业社会责任的相关部门有：商务部及其跨国公司研究中心、人力资源和社会保障部及国际劳工信息研究所、民政部及其社会工作协会、国家发改委、环保部、国家认证认可监督管理委员会等。除此之外中央高层领导也高度重视企业社会责任。

3）设立企业社会责任主导部门

例如，国务院国有资产监督管理委员会（简称国资委）将央企的企业社会责任推进职责赋予了国资委研究局。

4）传媒

很多代表政府立场的主流媒体也关注企业社会责任，如《人民日报》、人民网、新华网等，它们对宣扬企业社会责任起到了一定的作用。

5）主办论坛

中央政府相关部门通过参与或者主办论坛的方式，对企业社会责任运动的开展起到了极大的推动作用。例如，商务部国际贸易经济合作研究院与跨国公司研究中心联合举办的"中国企业，公司责任与软竞争力"峰会、国家发改委与欧盟委员会举办的"中欧企业社会责任高层论坛"等。

6）扩展沟通渠道

部分政府和少数部委已经尝试扩展沟通渠道。例如，国资委和商务部等中央部委在其网站上建立企业社会责任专栏，积极开展广泛的企业社会责任探讨。

7）积极推动企业社会责任信息披露

例如，国资委和商务部除了颁布法律法规外，还通过各种其他途径督促企业披露社会责任信息。

8）倡导责任投资、设立责任奖项

例如，1995 年中央银行出台的《关于贯彻信贷政策与加强环境保护工作有关问题的通知》和2007年国家环境保护总局、中国人民银行和中国银行业监督管理委员会联合发布的《关于落实环境保护政策法规防范信贷风险的意见》，鼓励将贷款投向负社会责任的企业。

9）重视社会责任考察

中央政府重视社会责任实地考察，会定期对相关领域进行调研考察。

2. 地方政府采取的主要措施

1）论坛和学术研究

随着企业社会责任运动在我国的兴起，许多地方政府为了更好地促进企业的发展以及进一步完善地方企业与社会和谐之间的关系，纷纷通过举办论坛和学术研究的方式提高政府自身的重视度，通过分析目前存在的问题来探讨解决问题的途径，并加以完善。

2）奖项奖励

例如，常州市政府率先制定地方企业社会责任标准和设立"企业社会责任奖"等。

3）地方标准

部分地方政府已经开始尝试出台自律性和引导性的规制措施。例如，上海市质量技术监督局于 2008 年发布企业社会责任地方标准并予以实施。

4）扩展沟通渠道

例如，许多地方政府在其网站上建立企业社会责任专栏，积极开展讨论。

5）社会责任行动纲要

许多地方政府发布社会责任行动纲要，推动企业积极履行社会责任。例如，上海浦东新区、无锡新区分别于 2007 年和 2008 年发布行动纲要推动企业社会责任工作。

6）强化企业社会责任信息披露

一些地方政府在执行中央政府精神的同时，还会通过宣传和提供服务等方式强化企业社会责任信息披露。

7）社会责任考察

地方政府也十分重视对企业社会责任的考察，会频繁对该领域进行调研考察。

8）责任审核

一些地方政府还推行了责任认证，对企业进行社会责任工作审核。

4.5.9　我国政府推动企业社会责任存在的问题

虽然我国政府在推动企业社会责任方面已经做出了很大的努力，但是目前仍然存在一些问题。通过对我国"走出去"企业社会责任实践的实地调研，对我国政府现行的企业社会责任法律法规和其他相关的管理措施的系统研究，以及对现有相关文献进行归纳总结，可以把我国政府推动企业社会责任发展的不足归纳为以下几点。

第一，国家层面的企业社会责任推进机制相对分散，缺乏统一从国家层面负责整体推进的机制和组织保障。例如，中国尚未出台企业社会责任国家标准、尚未成立国家级的推进机构，由于缺乏统一的协调机制，各级政府之间相关政策的配套并不理想，许多领域仍处于政策覆盖盲区。

目前中国政府在监管企业的社会责任行为时所采用的社会责任标准虽然参考了一些认可度较高的国际标准，如 ISO 9000、ISO 14000、SA 8000、ISO 26000、GRI 3.1、GRI 4.0，但在借鉴过程中要么过多考虑了中国特色而使参考的力度不够，要么参考存在严重的滞后性，导致中国政府目前所使用的企业社会责任标准与国际接轨的程度还有待提高。

第二，法律制度的缺失且已有法律未能得到有效实施的制度困境使得中国企业社会责任出现低起点、快发展、低水平的阶段性特点。迄今为止，中国还没有出台一部企业社会责任法，还没有形成企业责任完整的制度体系，相关法律规定比较零散。

第三，政府主导的责任投资、责任考察和责任措施主要集中于环保和产品质量领域，对企业社会责任的其他方面虽有涉及，但政策和措施力度还不够。

第四，政府治理观念不新。现在一些企业和政府官员仍然盲目追求眼下的经济增长速度，认为只有通过经济增长才能解决所有经济问题。这种治理思维为企业追求自身利益最大化提供了最佳理由和合法外衣，使一些企业敢冒天下之大不韪而肆意污染环境、生产假冒伪劣产品，而不去考虑企业长远的战略发展。

第五，政府政策引导存在误区。当前我国政府在用政策引导企业社会责任时往往没有真正把握企业社会责任的多重层次，把企业的法律责任和道义责任混淆，致使政策失效。企业被强制要求承担道义责任，这不但不利于企业道义责任的生成和发育，反而会导致企业因为反感政府的行为而更加不愿意承担道义责任，导致社会责任缺失的恶性循环。

总而言之，我国政府在企业社会责任推动方面做出了巨大的努力并获得了一定的成效，但也存在一些不足。但是，通过政府部门不断改进管理与监督，相信我国企业的社会责任表现在不久的将来会有大幅度提升。

4.6　中国政府推动"走出去"企业社会责任建设的建议

4.6.1　对标欧盟经验：从绿皮书到欧洲企业社会责任联盟

企业社会责任具有多重含义，其中既有法律责任也有道义责任。但是学术界和国际组织对企业社会责任没有一个统一的定义，事实上企业社会责任的含义本身也是不断变化的，企业社会责任概念的发展过程伴随着企业社会责任的法制化过程，如早期企业社会责任运动提出的消费者保护问题、劳工问题、环境问题都渐渐从软法变成了硬法。因而企业社会责任是一个有时间维度的变量。政府推动企业社会责任必须要考虑到它的这个特点,不能操之过急。政府推动企业社会责任发展可以借鉴的案例是欧盟从《推动欧洲企业社会责任框架》绿皮书到成立欧洲企业社会责任联盟的经验。

欧洲委员会 2000 年 3 月提出了里斯本《最终宣言》,其战略目标是"在 2010 年之前,使欧洲成为全球最具竞争力与活力的基于知识的经济体,具备经济可持续增长的能力,具有更多更好的就业机会以及更高的社会凝聚力",欧洲委员会同时认为企业社会责任是实现该目标的一个关键商业战略。

里斯本《最终宣言》出现后,欧洲委员会的行动可根据其发布的以下四个文件的时间划分为四个阶段(图 4-3)。

2001 年 7 月 18 日,欧洲委员会发布《推动欧洲企业社会责任框架》绿皮书,由此拉开了围绕绿皮书的公开讨论的序幕。

2002 年 7 月 2 日,欧洲委员会发布《有关企业社会责任的报告:企业对可持续发展的贡献》报告。

2004 年 6 月 29 日,欧洲企业社会责任多方论坛发布《欧洲企业社会责任多方论坛:最终成果及建议》报告。

2006 年 3 月 22 日,由欧洲委员会发布的《实施以发展与就业为目标的伙伴关系机制:使欧洲成为企业社会责任的卓越标杆》报告,成立欧洲企业社会责任联盟。

欧洲委员会在短短五年中连续举办了四次以企业社会责任为主题的大型讨论或论坛:首先,2001 年 7 月发布的绿皮书开启了公开讨论活动,并得到欧洲各国政府、企业界和公民社会组织的广泛支持;其次,在 2002 年 7 月发布的报告中提出了欧洲的企业社会责任行动框架;再次,在 2003 年和 2004 年,欧洲企业社会责任多方论坛建立起来;最后,2006 年 3 月发布报告,成立了欧洲企业社会责任联盟。

欧洲委员会这项行动得以成功的关键是广泛听取了各利益相关方的意见,各方充分了解了其他利益相关方的诉求,最终在社会责任的概念和内涵上取得共识,从而为制定行动纲领打下了坚实的基础。

我国政府推动国内企业社会责任的发展,可以借鉴欧盟的经验,通过政府组织多方论坛,广邀国内外的利益相关方参加这个论坛,听取大家的意见,从而总结出与我国经济发展阶段相适应的企业社会责任内涵,制定我国的行动纲领。

4.6.2　政府推动"走出去"企业提升社会责任可以采取的原则

1. 通过外部约束撬动"走出去"企业的社会责任建设

对外投资企业社会责任的硬约束主要来自国际企业社会责任原则、标准和指

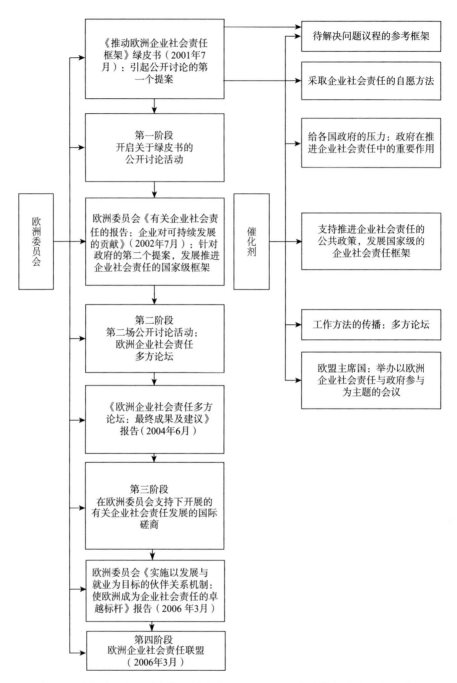

图 4-3 欧洲委员会在欧洲各国政府发展针对企业社会责任行动中所起的作用

南、行业契约、东道国的政府、NGO 和社会（图 4-4）。对外投资企业只有按照它
们的要求来安排生产、经营与管理，才能立足国际市场，实现可持续发展。虽然企
业社会责任的某些方面可能在国内是软法，但是在国外却可能是硬法，因此我们可
以通过要求"走出去"企业遵守企业社会责任国际标准，通过规范企业在国外的行
为，提升企业的责任文化，并反过来推动更多的国内企业采取相同的行动，并对国
内的相关规制和环境进行改进。在社会责任方面，对外投资企业面临国内外双重压
力，这种压力在短期内可能会增加企业的境外投资风险，但长远看有利于对外投资
企业加强企业社会责任意识，提高企业社会责任的实践水平和战略意识，从而有利
于我国企业社会责任公共政策的实施和国内企业社会责任相关法制建设。吉利是这
方面一个比较好的案例，其在并购沃尔沃的过程中，深刻体会到了履行企业社会责
任的重要性，在并购之后，其企业社会责任水平有了极大的提升。

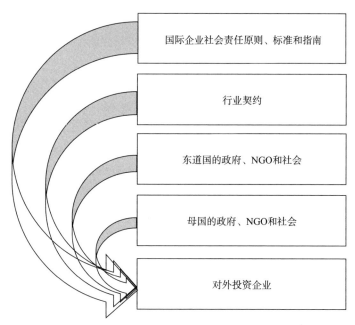

图 4-4　对外投资企业社会责任外部管理与约束

2. 通过硬法约束撬动软性道德约束，从而推动企业社会责任的发展

企业社会责任意识和能力的形成与提高，以及企业社会责任制度的建立与公共
政策的实施依赖于企业的规则意识。企业社会责任具有多重含义，其中既有法律责
任也有道义责任，如果法律责任企业都可以不遵守，那就更不用说软性的道义责
任。我国"走出去"企业碰到的许多问题，与企业在国内就没有遵守相关的法律有
很大关系。因此政府可以通过严格执行国内关于环境、消费者权益保护、劳动相关
的法律，严打上市公司财务报表作假等行为，提高企业的法律责任，从而提高企业

的社会责任觉悟，带动企业法律责任以外的其他责任表现的全面提升，进而促进国家软性的企业社会责任准则和规范的实施与推广，为企业社会责任形成政府、社会和企业的共识以及长远的企业社会责任法制化奠定坚实的基础。

4.6.3 政府推动企业社会责任发展的工具集

图 4-5 是企业社会责任公共政策的关系型模型。根据企业社会责任关系型模型，政府推动企业社会责任可以采取的行动，分为四大类：政府-公共管理政策、政府-企业政策、政府-社会政策及政府-企业-社会政策。其详细内容见表 4-15~表 4-18。

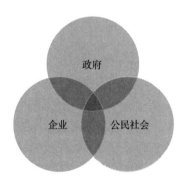

图 4-5 分析企业社会责任公共政策的关系型模型

表 4-15 政府-公共管理政策

分类	政策	项目
国内	领导力	政府的行动计划
		平衡工作-生活的政策/平等机会/道德投资/反诈骗和反腐败政策
		好雇主实践案例鉴定
	建立内部机构	建立知识中心
		建立监督组织和控制系统
	协调政府部门	企业社会责任政府部门负责人负责协调相关活动
		跨部门的企业社会责任项目
		为新的立法活动进行企业社会责任项目可行性研究
	能力建设	资助研究和创新项目
		对执行企业社会责任项目的企业提供资金援助
		发布指南和良好实践做法的文件
	公共支持	供应商政策的社会和环境标准
		符合伦理的采购和外包
		公共合同的企业社会责任政策
	公共宣传活动	在业界和社会中推广企业社会责任的积极影响
		调查公众意见
		企业社会责任奖励，沟通宣传和媒体影响
国际	国际问题	
	国际事件	企业社会责任国际会议

续表

分类	政策	项目
国际	国际讨论转化为 地方性讨论	国家和地方性政府协议
		有关特定地理区域和主题范围的研讨会
		区域和地方性政策的思考
	国际工具和协议	促进全球的监管框架
		发展国际认证体系
	外贸政策和国际发展	建立评估和认证机构
		负责任的企业纳入国际市场和国际发展的外交事务政策中，在海外运营中促进良好的企业社会责任实践做法
		将企业社会责任与对外投资政策和国际关系联系起来

表 4-16   政府-企业政策

分类	政策	项目
软性	增强意识	确认和推广那些在企业社会责任方面处于领先位置的企业
		通过网站、出版物和专业期刊推广企业社会责任
		提供企业社会责任服务，支持企业社会责任倡议
		进行调研和沟通的宣传活动
	自愿倡议 推动和推广	促进对企业社会责任政策的领会能力，发布企业社会责任报告
		鼓励分享和推广良好的实践案例
		推广对社会负责任的投资、环境标准、公平贸易，可持续消费、工作生活平衡、公平机会、雇员自愿活动、雇佣条件、终身学习
		推广企业社会责任商业网络
	能力建设	支持业界-大学研究项目（工具、良好实践做法、比较研究）
		制定指南，提供技术援助
	利益相关方	就企业社会责任规划对利益相关方的影响进行评估和沟通的项目
		有利于企业社会责任的市场机制（价格政策、竞争政策、投资原则）
		促进利益相关方对话
	与国际接轨	采用国际企业社会责任标准的积极性
硬性	集中和透明度	在企业社会责任管理模式、标准、报告、指标和审计体系中推广标准化
		推广公平贸易标签体系
		在对负责任的投资分析中，鼓励实行标准化
		将国际企业社会责任协议包括在行为准则中
	评估和问责制	问责和审计的机制
		三重底线报告倡议
		社会和环境标签
	税收和资助政策	企业社会责任的税收激励制度（创造就业机会、性别平衡、环境倡议、工作-生活平衡等）
		企业社会责任资金流向（志愿活动、社会项目等）
		通过财政机制推广对社会负责任的投资活动
		在对社会负责任投资方面的透明化（养老金和投资基金）
		使企业有义务编写可持续报告
		公共合同和选择程序的规定
	法律	环境法律
		国际协议适当纳入国家标准中
	部门特定问题	

续表

分类	政策	项目
硬性	中小企业	推广和激励企业社会责任方面的良好实践做法和交流 研究中小企业的社会和环境影响 针对中小企业的公共宣传 鼓励大企业和中小企业合作
	社区行动	给予参加社区活动的企业税收激励政策 传播良好的实践做法并建立网络
	企业重组	在重组项目中推广企业社会责任

表 4-17　政府-社会政策

分类	政策	项目
软性	增强意识	分析和传播对社区有很大的影响，要积极宣传在企业经营中的良好实践做法（工作-生活平衡、社会凝聚力） 社会-政府合作项目的税收激励 对包含社会内容的国际协议的知识传播
	自愿倡议推动和推广	宣传可持续消费，出版物、研讨会和传播活动 符合道德的投资倡议 支持对社会负责任的投资倡议 支持对社会负责任的消费
	能力建设	出版物、媒体 调查及企业社会责任奖励
	利益相关者	建立社区机制，培育商界-社区对话 推广透明机制 推广伙伴关系并参与其中
	与国际接轨	推广各种倡议 参与国际公民社会的活动
硬性	集中和透明度	公平贸易标签计划 社会企业定义
	评估和问责制	问责和审计的机制 三重底线报告倡议 社会和环境标签
	税收和资助政策	支持政府-社会企业社会责任方面的伙伴关系
	部门特定问题	
	社会组织管理	改善社会企业的管理 实现对社会负责任的投资

表 4-18　政府-企业-社会政策

分类	政策	项目
软性	增强意识	分享良好的实践做法和知识传播 建立国家资源中心（如荷兰的国家联系人制度）
	自愿倡议推动和推广	多方利益相关者论坛 商业支持网络 分享经验和最佳实践做法
	能力建设	行为准则的圆桌会议 大学-企业的研究项目 在促进创新、示范项目和对话方面积极主动的作用

续表

分类	政策	项目
软性	利益相关者	消费者：供应链信息、产品可持续指数
		投资人：对企业社会责任政策和养老金政策的预期
	与国际接轨	推广简单灵活的指标
		国际合作
硬性	集中和透明度	管理标准
		行为准则
	评估和问责制	问责和审计的机制
		三重底线报告倡议
		社会和环境标签
	部门特定问题	
	社区行动	网络和同盟
		多方利益相关者论坛
		城市革新项目
		贫穷地区的教育项目
	跨部门伙伴关系	通过公私伙伴关系推广企业社会责任网络
		新的社会伙伴关系和共同框架
		利益相关者参与指南的制定活动
		将不同部门集中到一起
	对社会负责任的投资	养老金计划的社会和环境标准
	和公平贸易	提高关于对社会负责任的投资定义的透明度
		选择、保持和实现包括企业社会责任内容的投资
		消费者权利

从属性上说，表 4-15 所列的政府–公共管理政策工具集中政府的行动力最高，也能够以最快的速度加以实施，因为其中只涉及政府这一个主体，政府需要注意的是如何使内部的政策和外部的约束相适应、相协调，这里可以应用我们 4.6.2 节中所提出的利用外部约束撬动国内企业社会责任环境变革的原则；表 4-16、表 4-17 和表 4-18 所列的工具集中政府的行动力稍低一些，因为其中包含许多软性的工具。例如，提高企业的意识、提倡志愿行动等。这里可以应用我们所提出的用硬性约束带动软性约束的原则来使用这些工具。

1. 快速政策工具

表 4-15 的政策工具手段都是由政府发动和主导的，可以在短期内开始行动。政府可以从领导力、建立内部机构、协调政府部门、能力建设、公共支持、公共宣传活动等六方面入手，增加社会责任管理机构和其他硬件设施，提高对企业社会责任的公共管理水平。例如，要制定和完善道德投资/反诈骗和反腐败政策，建立监督组织和控制系统，对执行企业社会责任项目的企业提供资金援助，在业界和社会中推广企业社会责任的积极影响、企业社会责任奖励，沟通宣传和媒体影响，等等。在国际议题方面，政府应积极参加企业社会责任国际会议、发展国际认证体系、建立评估和认证机构、将企业社会责任与对外投资政策和国际关系联系起来等。

除了公共管理外，根据表4-16、表4-17和表4-18，政府对社会和企业的许多政策主要也是由政府来制定的，这些政策工具都可以认为是短期工具，因为实施这些工具的进度主要取决于政府。例如，在政府对企业的政策工具集中（表4-16），包含如下一些软性、由政府主导完成的政策：确认和推广那些在企业社会责任方面处于领先位置的企业；通过网站、出版物和专业期刊推广企业社会责任；鼓励分享和推广良好的实践案例；推广对社会负责任的投资、环境标准、公平贸易，可持续消费、工作生活平衡、公平机会、雇员自愿活动、雇佣条件、终身学习；支持业界-大学研究项目；制定指南，提供技术援助；进行调研和沟通的宣传活动；推广企业社会责任商业网络；等等。在表4-17和表4-18中，也有许多短期、软性的政策工具。例如，表4-17中的社会-政府合作项目的税收激励；对包含社会内容的国际协议的知识传播；宣传可持续消费，出版物、研讨会和传播活动；符合道德的投资倡议；支持对社会负责任的投资倡议；支持对社会负责任的消费；出版物、媒体；调查及企业社会责任奖励。表4-18中的分享良好的实践做法和知识传播；建立国家资源中心（如荷兰的国家联系人制度）；等等。

当然，除了政府主导的软性约束外，表4-16中的法律、税收等硬性政策工具，即使需要企业配合，一般也能在短期内产生明显的效果，如《公司法》和《环境保护法》等法律。

2. 慢速政策工具

除税收、法律等硬性约束外，政府的企业社会责任政策以软性或中性的约束为主。这些政策工具在实施过程中需要政府、社会和企业基于自愿的共同参与和配合，基于我国企业社会责任发展水平较低的现状，不容易在短期内取得明显的效果，因此是"慢性"的，需要政府的长期耐心、坚持与投入。这些偏长期的企业社会责任工具在政府-企业、政府-社会和政府-社会-企业的关系中有广泛的运用。例如，在政府-企业工具集（表4-16）中，与集中和透明度有关的"在企业社会责任管理模式、标准、报告、指标和审计体系中推广标准化，推广公平贸易标签体系，在对负责任的投资分析中，鼓励实行标准化，将国际企业社会责任协议包括在行为准则中"，以及与评估和问责制有关的"三重底线报告倡议"；在政府-社会工具集（表4-17）中有关利益相关者的"建立社区机制，培育商界-社区对话，推广透明机制，推广伙伴关系并参与其中"；在政府-企业-社会工具集（表4-18）中有关自愿倡议推行和推广的"多方利益相关者论坛"和能力建设中的"行为准则的圆桌会议"；等等。

4.6.4 政府推动企业社会责任中的利益相关方

我国政府推动企业社会责任中的利益相关方见图4-6。

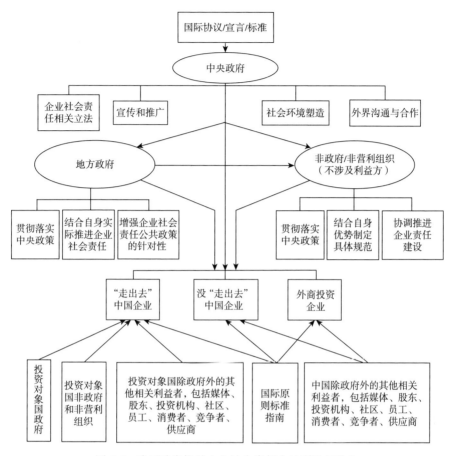

图 4-6 我国政府推动企业社会责任中的利益相关方

资料来源：李凯等（2014）

4.6.5 政策建议

1. 自身建设方面

1）建立领导小组

尽快建立国家层面的企业社会责任推进领导小组，负责领导和监督全国的企业社会责任行为。推动企业社会责任的发展是一项系统工程，涉及生产、安全、人力资源、消费者、金融、环保和社会发展等方方面面，中国现在的企业社会责任推动机构分散在各个职能部门中，不利于协调相互之间的关系。从各国的经验来看，这是一个通行的做法。英国将负责企业社会责任的政府高级职位制度化，设立企业社会责任大臣这一职位，英国政府成为第一个在政治上设立负责企业社会责任高级职位的国家。法国政府 2003 年 7 月在社会事务、劳工和团结部框架下，先成立了部级企业社会责任工作小组，最后成立了生态与可持续发展部负责可持续性事务部，同时也负责企业社会责任问题。

2）对标欧洲经验

通过组织大范围的讨论，在国家、社会和企业中形成共识，最后建立全国性的企业社会责任框架。欧洲企业社会责任联盟的形成就是一个很好的例子。从2001年欧洲委员会提出《推动欧洲企业社会责任框架》绿皮书引起公开讨论开始，欧洲委员会组织欧盟国家从2001年到2006年举行了四次大型的企业社会责任讨论或论坛，对企业社会责任问题进行广泛而深入的探讨。在这一过程中，欧盟国家在企业社会责任方面有了越来越多的共识，并最终成立了欧洲企业社会责任联盟。中国政府也可以借鉴这一公开论坛机制，吸引包括企业、NGO、商界精英、学者代表、媒体等在内的各方社会力量的参与，让企业社会责任在社会上引起最广泛的关注和讨论，促进社会各界对企业社会责任的共识，推动中国企业社会责任文化建设。

3）提供人才和智力支持

发展和资助企业社会责任教育、培训和研究，建立企业社会责任知识中心（库）和案例库，加强与企业社会责任相关的人力建设，为企业履行社会责任奠定人才和智力基础。通过教育和知识库，提高企业员工（尤其是管理层）的社会责任意识和能力水平，推动社会责任观念在企业内部的运用和传播。企业社会责任是企业的战略和商业模式，通过案例的方式传递企业社会责任的重要性，容易在企业中获得很大的反响。来自丹麦哥本哈根商学院，丹麦中央统计局，英国阿什里奇管理学院和美国哈佛大学的研究人员都投入企业社会责任的商业案例研究工作中。丹麦政府为一系列企业社会责任活动提供持续的经费支持，包括哥本哈根社会责任中心的建立，用于企业社会责任自我评估的社会指数的创建，以及使企业获得商业案例和培训的"人与利润"项目的设立。荷兰在促进企业社会责任科研方面也有亮点。荷兰政府与国家可持续发展项目合作开展了一项关于企业社会责任的大学研究计划，该计划由荷兰的大学进行协调，涉及荷兰全国的各个研究机构。为了在全球范围内推行企业社会责任，荷兰的经济事务部还在南美资助了一个主要的企业社会责任研究项目。

4）建立合理、全面、细腻的社会责任评价体系

这个评估体系要尽可能细化，至少要做到对每一个行业的社会责任都能够进行准确有效的评估和指导，甚至具体到能够评估一些重要产品的社会责任表现。同时，这个评估体系不仅要能够评估环境和产品质量等最常见的企业社会责任问题，还要能够评估涉及所有相关利益者、包含经济、社会、环境、道德等所有因素、全面的企业社会责任问题。目前，有的行业已经发布了社会责任管理体系准则，如中国纺织工业协会发布了《中国纺织服装企业社会责任管理体系总则及细

则 CSC 9000T》，对纺织工业中的管理体系、歧视、工会组织与集体协商、童工、强迫劳动、劳动合同、工作时间、薪酬与福利、骚扰与虐待、职业健康与安全、环境保护、公平竞争等议题都做了规定。其他行业也应该有类似的企业社会责任准则，而且在内容上还要进一步细化、具体化。

5）制定企业社会责任法

目前我国有关企业社会责任的规定，都散见于诸多法律之中，如《公司法》《证券法》《合伙企业法》《产品质量法》《消费者权益保护法》《劳动法》《劳动合同法》《环境保护法》等，没有形成一套专门针对企业社会责任的统一、完善的法律，容易出现"多头监管"和监管漏洞的混乱局面，不利于对企业社会责任行为实施有效监管。很多现行法律，如《公司法》《证券法》等，虽然涉及企业社会责任，但只有少数几个条款真正与企业社会责任直接相关。内容比较抽象空洞，条款的分布也很分散，这些都容易让企业产生迷惑和混淆，使法律失去对企业进行指导的实际意义。所以，我国急需一部系统、具体、专门规范企业社会责任的企业社会责任法，使我国企业的社会责任实践真正做到有章可循、有据可依。只有健全国内企业社会责任的法制，创造好大环境，才能真正实现我国企业社会责任意识和水平实质性的整体提升，使"走出去"企业在履行社会责任方面不断进步。

6）提高企业合规意识

政府应重视企业社会责任，并意识到在国家和社会不同的发展阶段推动企业社会责任是有差异的，所以必须循序渐进，通过硬法的严格执行，提高企业的合规意识，从而促进企业履行道义责任。要让企业重视社会责任，政府必须予以重视，否则我国企业社会责任水平低下的现状很难真正改观。我国政府应该集中精力解决环保、消费者权益、投资者权益等社会最为关切的问题，严格执行相应的法律，提高企业的合规意识。政府要综合运用法律、道德、舆论等"指挥棒"，"软""硬"皆施，推动企业形成并强化社会责任意识，并通过法律强制、道德和舆论督导等方式鼓励企业积极承担应有的社会责任。

2. 服务"走出去"企业的政策建议

鼓励中国企业要"走出去"与国际企业接轨。政府应鼓励国内的企业与国外同行或竞争对手进行社会责任文化战略比较。企业社会责任被普遍认为能为企业带来潜在的竞争优势。国内企业通过这样的比较，能够发现自己与对手在企业社会责任战略上长期存在但又被长期忽视的差距。这样很容易激发企业通过模仿进行企业社会责任战略管理的主观能动性，比被动接受政府或 NGO 的宣传效果可能要好得多。例如，我们在对杭州吉利实地调研中注意到吉利对韩国的现代等直接的竞争对手的社会责任战略很关注，这也促使吉利的企业社会责任表现保持在一个较高的水平。

督促国内企业参加国际认证，同时做好国内国外认证的互认工作。政府应督促企业取得包括 SA 8000、ISO 9000、ISO 14000 等在内的各种国际的和行业的标准认证。这些认证是进入很多发达国家的必备条件，所以获得这些认证并不一定能为企业带来竞争优势，但没有的话一定会给企业开拓发达国家市场制造很大的障碍。甚至许多发展中国家也会要求外商投资者取得某个或多个国际和行业认证。积极参加国际认证，不仅有利于企业进军国际市场，还能让企业在国际上免受或少受企业社会责任问题的困扰，甚至还能为企业带来一定程度的竞争优势。同时政府应尽量做好国内国外认证的互认工作，减轻企业的重复认证工作。

政府应组织与指导企业多与国外的 NGO 和 NPO 打交道，与它们建立稳定的良好关系。跨国公司在境外经营时遇到的很大一部分压力就来自这两种组织。政府应组织与指导企业"走出去"后与东道国当地的 NGO 和 NPO 打交道。

编写《跨国企业对外投资社会责任行动指南》，为企业"走出去"提供具体的操作依据。我国企业"走出去"不仅需要清楚该履行什么企业社会责任，还要懂得怎样履行企业责任。目前国内与我国企业对外投资中企业社会责任文化建设相关的具体操作指南很少，但我国"走出去"企业目前很需要这样的指南，而且是系统的指南。我们从分析各个行业全球知名跨国公司的企业社会责任报告出发，汇编了一套指南，旨在促进我国"走出去"企业与国外的知名同行企业进行企业社会责任对标。

加强对中国企业境外投资和经营管理活动的法律约束。中国需要一部境外直接投资法来规范和明确中国企业需要在投资目的国承担的企业社会责任。先行的《境外投资管理办法》（2014 年商务部颁布）虽然提及了跨国企业社会责任，但内容很少，比较抽象，没有详细的标准和细节，难以用其指导企业具体的社会责任实践。并且，由于《境外投资管理办法》缺少法律效力，真正落实起来也存在一定的难度。中国的贪腐和贿赂问题远比英国和美国严峻，却没有一部类似于英国的《反贿赂法》和美国的《美国反海外贿赂法》那样的海外合规法律。所以，中国急需一部类似的法律，来对中国企业的海外贿赂行为进行严厉打击，杜绝一切不利于中国企业海外长远发展和国家形象的违法违规现象。

政府应成立全国性的境外投资企业社会责任咨询管理中心，建立信息平台，及时登记、跟踪和共享我国"走出去"企业在海外履行社会责任的信息。这个中心能够为企业在境外投资中遇到的企业社会责任问题提供全方位、及时高效的管理、咨询与服务。通过信息平台，政府能实时掌握境外中国企业的社会责任信息，有利于政府的宏观调控。对于正面的社会责任实践，管理中心要鼓励并通过信息平台向其他境外中国企业宣传推广，还要通过国内外包括 NGO 在内的各种非政府力量来传递正能量，形成良性的社会责任外部约束；对于负面的社会责任事件，要及时向事件中的中国企业进行警告和教育，并通过平台及时提醒其他境外中国企业。当然，管理中心也要为中国企业走出负面事件的影响提供及时、必要的帮助。管理中心的职能有点类似于日本的智库公司。

利用我国驻各国领事馆为境外中国企业提供信息、联络和协助服务。中国驻各国的大使馆，由于身处投资对象国腹地，掌握着与投资对象国有关的几乎各方面的信息，其中包括境外中国企业在投资对象国履行社会责任时需要掌握的信息。所以，各大使馆在为境外中国企业提供信息、联络和协助服务时，具有天然的优势。此外，在境外中国企业遇到社会责任纠纷时，大使馆还能通过与投资对象国政府、民间组织的关系，提供危机公关帮助和协调服务。

政府可通过鼓励银行发放绿色信贷、鼓励绿色企业债券并大力发展社会责任基金等金融方式来实现对企业在境内、境外履行社会责任的政策性引导。政府应当鼓励国内的银行（尤其是政策性银行）发放贷款时能像赤道原则对成员银行的要求一样进行绿色审查，并根据申贷的中国企业的环境友好程度决定贷款利率和贷款额度。同时，在资本市场中，政府要鼓励绿色企业债券的发行与投资，并大力发展社会责任基金或伦理基金，并通过这些绿色投资者和企业社会责任投资者作为股东（尤其是机构股东）的干预行动，督促这些企业的管理者能积极参与企业社会责任实践，提高企业的社会责任履行水平。政府支持的社会责任投资和道德投资在欧洲早已出现。例如，2000 年瑞典出台了《国家养老基金：企业计划中要陈述必须在投资时加以考虑的环境与道德方面的内容》政策。英国 2000 年 7 月的《披露法》也在鼓励养老金对社会负责任的投资方面起到先锋带头作用。这项法案要求职业养老金计划的信托人阐述有关他们在投资的选择、保留和实现方面多大程度上考虑到社会、环境或者道德因素的政策。法国 2001 年的《公共养老储备金法》也要求披露投资时使用的社会、环境和伦理标准。

要强化对对外投资企业，特别是国有对外投资企业的社会责任意识和能力的审查，对社会责任资质不合格的企业，不支持其对外投资。此外，政府应当对海外投资企业履行社会责任的情况进行定期和突击检查，并通报发现的问题，对违法行为要严惩。对我国企业"走出去"前进行社会责任资质审查，实际上是未雨绸缪、自查自律。这一做法将有效降低"走出去"中国企业在履行社会责任时出现道德风险的可能性，有利于提高中国企业对外投资的"存活率"。政府要对境外投资中国企业的行为实时进行监管，并安排定期检查和突击检查，对发现的问题要敢于揭露，绝不包庇隐瞒，这不仅能有效威慑"走出去"企业的海外行为，促使它们按照我国政府、东道国政府以及国际标准的要求落实企业社会责任，有利于降低它们的投资风险并提高它们的长远、可持续的竞争力，而且有利于维护和提高我国负责任的国家形象。

第5章　新常态下中国企业对外投资的特点及转型的紧迫性

随着中国经济发展进入新常态，中国企业的对外投资也呈现出了一系列的新特点与新趋势，企业开展对外投资，打造全球公司，实现国际化战略转型显得十分紧迫，从而形成了企业对外投资的新常态。

5.1　新常态下中国企业对外投资的新特点

5.1.1　中国已经进入投资输出超过投资输入的新常态阶段

中国企业在 20 世纪 90 年代以后特别是中央提出"走出去"战略之后，对外投资呈现出强劲的增长态势，2008 年经济危机以后尤其迅速（表 5-1）。

表 5-1　2008~2015 年中国对外直接投资流量数据

年份	2008	2009	2010	2011	2012	2013	2014	2015
对外直接投资流量/亿美元	559.1	565.3	688.1	746.5	878	1 078.4	1 231.2	1 456.7
全球排名	12	5	5	6	3	3	3	2

资料来源：《2015 年度中国对外直接投资统计公报》

由表 5-1 可见，2008 年中国对外直接投资流量仅为 559.1 亿美元，排名仅为全球第 12 位，而 2015 年中国共实现全行业对外投资 1 456.7 亿美元，约为 2008 年的 2.6 倍，年均增幅达到了 22.9%左右，表现出了强劲的增长态势。需要注意的是，中国持续快速的增长与全球对外直接投资的趋势形成了鲜明的对比，特别是2008 年、2009 年及 2012 年在全球对外直接投资流量降幅超过 10%的环境下，中国仍保持了持续的正增长，并且于 2015 年超过了日本，成为全球第二大对外投资国。从存量上看，截至 2008 年底，中国对外直接投资存量为 1 839.7 亿美元，位列全球第 18 位，而到了 2015 年底，对外直接投资存量上升至 10 978.6 亿美元，几乎是 2008 年的 6 倍，名次也上升至全球第八位，可见，中国已成为名副其实的资本输出大国，且对外投资也已成为中国参与全球资源配置、与世界共同发展的重要方式（表 5-2）。

表 5-2　2008~2015 年中国对外直接投资存量数据

年份	2008	2009	2010	2011	2012	2013	2014	2015
对外直接投资存量/亿美元	1 839.7	2 457.5	3 172.1	4 247.8	5 319.4	6 604.8	8 826.4	10 978.6
全球排名	18	16	17	13	13	11	8	8

资料来源：《2015 年度中国对外直接投资统计公报》

同时，从国内资本净流动方向来看，近年来，我国资本净输出趋势日渐强化。2008 年我国对外直接投资流量仅为外商直接投资的 60.5%，表现为典型资本净输入国特征。但截至 2015 年底，我国对外直接投资近 23% 的年均增幅远远超过了外商直接投资的年均增速 5.2%，使投资输入输出金额逐渐接近，且 2014 年我国实际利用外资金额为 1 285 亿美元，低于对外直接投资净额 1 231.2 亿美元 53.8 亿美元，首次实现了投资输出额超过投资输入额。而 2015 年，在我国对外直接投资流量创下 1 456.7 亿美元的历史新高的情况下，资本的净输出额被进一步扩大，达到了 100.7 亿美元，由此可见，我国已经逐渐形成了资本净输出国的新格局，且在我国政府一系列贸易和投资自由化、便利化举措的推动下，以及我国企业"走出去"经验不断丰富的条件下，未来对外投资还将实现爆发式增长。也就是说，在经济新常态下，我国对外投资超过吸引外资，成为资本净输出国将成为新常态，从而将进一步促进我国开放型经济体制建设迈上新的台阶（图 5-1 和图 5-2）。

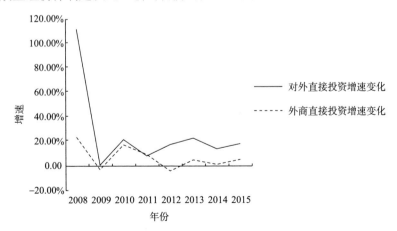

图 5-1　2008~2015 年我国对外直接投资及外商直接投资的增速变化

资料来源：国家统计局网站及《2015 年度中国对外直接投资统计公报》

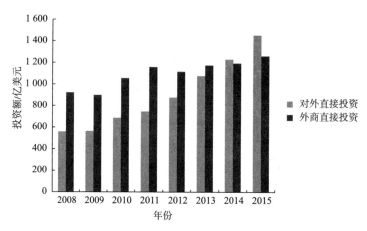

图 5-2 2008~2015 年我国对外直接投资及外商直接投资额变化

资料来源：国家统计局网站及商务部网站

5.1.2 新常态下中国企业着力打造以我为核心的全球价值网络

新常态下中国企业面临着产业转型和开展国际化经营的双重任务，需要将二者结合，通过国际化经营实现产业转型，同时通过产业转型更好地开展国际化经营。在过去的对外经营发展中，中国长期作为国外跨国企业的生产基地、原料基地和销售市场，这使得中国企业被动地参与全球资源整合，并始终处于全球价值链的低端。与此同时，国内成本优势的逐渐丧失以及发达国家产业回流的进一步挤压，使得中国企业面临着"高端回流"和"中低端分流"的双层竞争困境。想要从根本上突破这一现状，中国企业就必然要构建以自身为主导核心的全球价值网络。而近年来"走出去"战略的不断深化，使中国企业在海外规模不断扩大的同时，也积累了丰富的国际化经营经验并探索出了适合自身发展优势的国际化发展道路。在积极主动嵌入全球价值链的同时，努力实现在价值链中的不断攀升，并进一步着力打造中国自身的全球价值网络。目前，中国企业的"走出去"战略已经从将"产品、技术、服务"输出去的传统阶段转变到了寻求全球资源整合配置的新阶段，在国家宏观政策的引领下，以"一带一路"为代表的对外合作平台正在深化构建，这无疑为中国企业整合区域、全球资源，构建全球价值网络提供了绝佳机遇。通过对外投资发展重构基于现代产业体系和沿线国家市场需求的双环流价值链，是要基于中国经济发展的需要和相关发展中国家和地区工业化的需要，重新调整与沿线相关国家之间的经贸产业关系，整合中国企业赖以生存的资源和快速发展的产业关联、循环体系，打造契合"一带一路"区域的价值链治理结构，奠定中国产业转型升级和经济持续高速发展的基础。中国已有越来越多的优势产业与"一带一路"沿线国家开展了密切的合作，并凭借着较强的经济互补性，在未来将有更大的合作空间，在实现产业链和价值链的进一步延长以及进一步发挥产业前后联动效应的同时，将进一步提升中国企业的现代化水平，从而有利于中国企业全球价值网络的重构。在全球价值链融合的平台上搭建双环流价值体系，不是要放弃已有的全球需求和市场份额，而是要从发达国家引领中国转化为中国引领发展中国家融入全球价值链，开拓市场范围和需求，提高经济可持续发展能力。

5.1.3　新常态下对外投资区域更加全球化，"一带一路"相关国家地区将成为投资热点

一方面，中国对外投资国家和地区分布广泛，对外投资区域更趋全球化。从投资覆盖率上来看，中国对外直接投资遍及亚洲、拉丁美洲、欧洲、北美洲、大洋洲和非洲，截至 2015 年底，中国 2.02 万家对外直接投资者设立的对外投资企业约 3.08 万家，分布在全球 188 个国家（地区），覆盖率超过 80%。其中，亚洲的境外企业覆盖率高达 97.9%，欧洲为 87.8%，非洲为 85%，北美洲为 75%，拉丁美洲为 67.3%，大洋洲为 50%。而从企业分布构成来看，2015 年中国境外企业在各洲的设立数量除非洲略有下降以外，在其他各洲均有显著提高，其中北美洲及拉丁美洲增幅最为明显，同比分别增加了 17.74%及 12.1%（表 5-3）。

表 5-3　2014 年及 2015 年中国境外企业各洲构成情况

洲别	2014 年境外企业数量/家	2015 年境外企业数量/家	同比增长
亚洲	16 955	17 108	0.90%
北美洲	3 765	4 433	17.74%
欧洲	3 330	3 548	6.55%
非洲	3 152	2 949	−6.44%
拉丁美洲	1 578	1 769	12.10%
大洋洲	919	1 007	9.58%
合计	29 699	30 814	3.75%

资料来源：《2014 年度中国对外直接投资统计公报》《2015 年度中国对外直接投资统计公报》

另一方面，中国对外投资中"一带一路"平台效应突显。"一带一路"建设的持续推进，推动了中国产品、服务及资本的海外输出，加速了中国企业的国际化进程，为中国企业打开了更为广阔的市场空间。中国对"一带一路"沿线国家投资增长明显，《2015 年度中国对外直接投资统计公报》数据显示，2015 年中国对"一带一路"沿线国家投资额达 189.3 亿美元，同比增长 38.6%，占中国对外投资总额的 13%，是全球投资增幅的 2 倍；同时，商务部数据显示，中国企业在"一带一路"相关的 60 个国家承揽对外承包工程项目 3 987 个，新签合同额 926.4 亿美元，增长了 7.4%，占同期中国对外承包工程新签合同额的 44%，完成营业额 692.6 亿美元，占同期总额的 45%，同比增长 7.6%。与此同时，中国企业还积极开拓"一带一路"沿线国家经贸合作区建设，截至 2015 年底，在"一带一路"沿

线18个国家建设有53个经贸合作区，累计完成投资超过140亿美元。可见，"一带一路"的积极效应正在逐步显现，"一带一路"建设促进了中国的资金、技术、设备等与发展中国家的资源、劳动力等紧密结合，推动了发展中国家实现优势互补、资源共享，达到合作共赢的目的。随着"一带一路"沿线国家在经济、政治、贸易、农业、科技、交通、金融、人文等领域的交流合作不断加深，未来，"一带一路"建设必将成为中国"走出去"企业提升经营效率、降低运营成本以及实现健康可持续发展的核心力量。

5.1.4 新常态下中国对外投资结构不断优化

中国企业投资行业结构不断优化。从早期的倚重寻求自然资源转向全球战略布局，投资产业由早期集中在能源矿产类扩展到科技、地产、金融、农业、医疗等多个领域。从投资存量来看，截至 2015 年末，我国对外直接投资存量规模达千亿以上的行业已有 4 个，其中租赁和商务服务业以 4 095.7 亿美元仍高居第一位，占存量总额的 37.3%，相较于 2010 年末上升了 6.6 个百分点。其次为金融业，达到了 1 596.6 亿美元，占比达到了 14.5%。采矿业以 1 423.8 亿美元位列第三，占存量总额的 13%，较 2014 年下降了 1 个百分点。批发和零售业排名第四，其存量总额为 1 219.4 亿美元，占比 11.1%。这四个行业的累计存量为 8 335.5 亿美元，占全部对外直接投资存量的75.9%，并较2014年末的存量占比下降了1.9个百分点。同时，需要注意的是，存量排名前十行业的投资存量占比也由 2014 年末的 96.1%下降至 2015 年末的95.6%，可见，我国对外直接投资也在逐渐向分散与多元化方向发展（图5-3）。

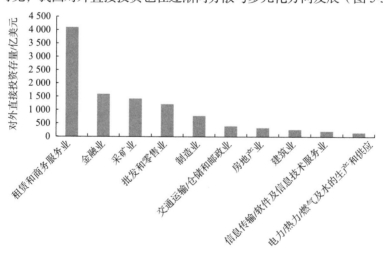

图 5-3　截至 2015 年末中国对外直接投资存量排名前十位的行业
资料来源：《2015 年度中国对外直接投资统计公报》

从并购的角度来看，近年来，中国公司能源矿产类并购交易所占比重降幅明显，如采矿业 2015 年海外并购金额为 53.2 亿美元，较 2014 年下降 70.3%。而科技、媒体和通信行业的比重则有所上升。例如，2015 年信息传输/软件及信息技术服务业海外并购金额占比为 15.5%，相较于 2014 年的 6.3%提高了 9.2 个百分点，而科学研究和技术服务业的海外并购金额也由 2014 年的 5.8 亿美元上升至 2015 年的 17.6 亿美元，其并购金额占比也得到了显著提升。同时，近年来，农业、地产相关类行业也成为交易热点。例如，2014 年中粮集团以 15 亿美元并购新加坡来宝农业公司和以 12.9 亿美元并购荷兰尼德拉公司，成为截至 2014 年农业领域对外投资最大的两个项目。就投资类型来看，两大类投资尤为引人瞩目：一类是消费导向性行业投资，中国经济向消费驱动转型，产业发展重心从"中国制造"转向"为中国制造"；另一类是高端制造业。可见，中国对外投资已经从过去注重矿产和能源的获取，以及促进国内产品出口（批发和零售产业）逐步转变为注重产能国际合作、产业转型以及国际价值链的打造，对外投资结构进一步优化。

5.1.5　新常态下中国对外投资主体结构持续优化，非国有企业占比持续上升

2015 年末，在境内 2.02 万家投资者中，从中国工商行政管理部门登记注册的情况来看，有限责任公司占 67.4%，达到了 13 612 家，较 2014 年提高了 0.2 个百分点，是中国对外投资最为活跃的群体；私营企业位列次席，达到了 1 879 家，占 9.3%，国有企业占 5.8%，较 2014 年下降了 0.9 个百分点；股份有限公司占 7.7%；股份合作企业占 2.3%；外商投资企业占 2.8%；台商投资企业占 1.9%；个体经营占 0.9%；集体企业占 0.4%；港、澳、其他占 1.5%（图 5-4）。

同时，从投资存量来看，虽然国有企业依然处于对外直接投资的主导地位，占到了截至 2015 年末中国对外非金融类投资存量的 50.4%，但也表现出了明显的下降趋势，相较于 2006 年末的 81%下降了 30.6 个百分点；而非国有企业占比持续增高，从 2006 年的 19%增加到 2015 年的 49.6%（图 5-5），其中，有限责任公司对外投资存量达 3 021 亿美元，占存量总额的 32.2%，较 2014 年下降了 1 个百分点，股份有限公司占 8.7%，私营企业占 2.1%，股份合作企业占 1.7%，外商投资企业占 1.5%，港澳台投资企业占 0.4%，集体企业占 0.3%，其他占 2.7%。

新常态下，我国民营企业在国内的生存空间受到了一定程度的挤压，人力成本持续走高，融资成本令人担忧，再加上跨国企业加大了对我国市场的挖掘力度，使得我国民营企业不得不加快"走出去"的步伐，从而增强自身的市场竞争力。因此近年来，我国大量民营企业依靠其自身优势展开对外投资，开展国际化经营，特别是"一带一路"建设的进一步深化推进，更为我国民营企业"走出去"

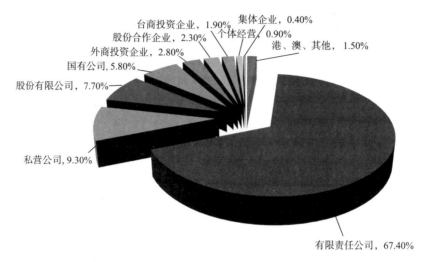

图 5-4 2015 年末境内投资者按登记注册类型构成
资料来源:《2015 年度中国对外直接投资统计公报》

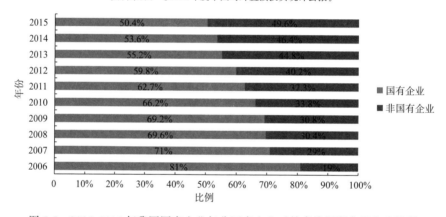

图 5-5 2006~2015 年我国国有企业与非国有企业对外直接投资存量占比情况
资料来源:《2015 年度中国对外直接投资统计公报》

搭建了一个更加宽广的平台,使得我国民营企业无论从投资数量还是投资规模来说都迈上了一个新的台阶。据统计,2015 年全年民营企业海外并购交易数量是国有企业的 2.5 倍,交易额同比增长达 46%,而在大规模的并购案例中,也不乏类似安邦、复星等均超 10 亿美元的海外并购项目。这在很大程度上表明中国民营企业的国际化思维不断成熟,全球化发展战略也日益清晰,并不断向着跨国公司乃至全球公司迈进,如华为、吉利等企业海外业绩逐年上升,已经初步达到了全球公司的标准。随着民营企业海外投资的不断发展,未来将有更多的民营企业受益于全球化经营,并在对外直接投资中占据主导。

5.1.6　新常态下金融支持"走出去"的步伐加快

中国金融机构对"走出去"的支持力度和效果逐渐加大，对企业的海外拓展和跨国经营提供了坚实的金融服务。具体包括以下几个方面。

第一，银行海外经营网络及资产的迅速扩张为中国企业跨境结算和海外运营提供了有力的金融支撑。金融机构自身的国际化水平是实现对企业金融支持的根本保障与前提，只有真正具备国际化的服务网络和业务，才能有效地满足企业的海外金融需求。近年来，中国金融业对外投资额不断扩大，2007 年中国金融业对外直接投资总额仅为 16.7 亿美元，而 2008 年就达到了 140.5 亿美元，虽然在 2009 年稍有回落，但总体上升趋势依然明显，2014 年中国对外金融类直接投资流量更是达到了 242.5 亿美元，同比增长 52.3%。对外投资额的扩张也直接提升了中国金融机构的国际化水平及其网络化布局的迅速发展。《2015 年度中国银行业社会责任报告》数据显示，截至 2015 年末，总计 22 家中资银行在海外开设了 1 298 家分支机构，覆盖全球 59 个国家和地区。其中，大型商业银行的境外总资产约 1.5 万亿美元，较 2003 年增长了约 7.5 倍。随着金融机构海外布局的不断完善，中国企业海外的融资压力得到了很大的缓解，与此同时，中国金融机构还根据既有的合作优势，为企业提供了授信、结算、理财、咨询等一系列金融服务业务，在提升了自身经营业绩的同时，也为企业提供了更加便利的条件，从而实现了经营效益和社会效益的双丰收。

第二，国家开发银行、中国银行、中国进出口银行等国有银行以及各商业银行对重要海外收购或投资项目提供低息贷款支持。例如，近年来，工商银行支持了中海油收购加拿大尼克森公司、三峡集团收购葡萄牙电力、五矿收购秘鲁铜矿，中国银行以参贷金额 1 亿欧元获得联合牵头行角色，帮助中国光明食品集团（光明食品）完成了对以色列最大食品企业 Tnuva 公司 76.7%的股权收购，以及中国化工并购先正达，即得到了中信银行 127 亿美元的银团贷款支持，从而完成了 2016 年最大的并购案，等等。

第三，人民币对外投资比重上升。尤其是在人民币加入国际货币基金组织特别提款权，离岸人民币市场规模增加、流动性持续扩张的形势下，中国企业在境外投资规模日益扩大，投资领域不断拓展，使得以人民币进行结算的对外投资规模迅速上升。据商务部统计，2014 年中国境内投资者以人民币结算的对外投资额为 1 866 亿元，同比增长 118.0%，占人民币结算的直接投资业务的 17.77%。可见，以人民币形式的对外投资正趋于活跃，人民币国际化的深化发展，将进一步降低中国企业海外经营的汇兑风险以及烦琐的审批程序带来的成本，从而将进一步带动国内企业对外投资的热情。

第四，资本运作成为中国海外项目投资的新亮点，海外政府和社会资本合作

（public-private partnership，PPP）项目逐渐增多。全方位、多层次资本市场发展的前景，为中国企业综合利用国内和海外市场进行资本运作打开了巨大的空间。《2015 年度中国对外直接投资统计公报》数据显示，2015 年中国企业海外新增股权投资 967.1 亿美元，占对外直接投资流量总额的 66.4%，占比首次超过 60%，较 2014 年上升了 21.1 个百分点；收益再投资 379.1 亿美元，占投资流量的 26%，股权和收益再投资总计 1 346.2 亿美元，同比上升 34.4%，且占到了流量总额的 92.4%。由于海外融资成本低于中国境内，因此中国企业通过香港等地境外融资再进行对外投资的活动日益增多，境内投资主体直接给境外企业提供的贷款减少，从而使得债务工具投资较 2014 年下降 51.7%，并且其所占对外投资流量的比例也由 2014 年的 18.6%下降至 2015 年的 7.6%，降幅明显。同时，PPP 模式也为私营资本进入基础设施建设领域提供了有效的途径，这不但给社会资本注入了新的投资活力，并且有效地弥补了海外项目的资金缺口，从而全面提高了海外项目的运行水平以及资本的配置能效。其中，"一带一路"互联互通体系即是以资本运作为支柱，以基础设施顺畅、高效、联通为基础和根本，以商品、服务、信息、人力和资金流动为主要内容的多层次、多领域的体系。PPP 模式在"一带一路"建设中的不断推进，将进一步拓宽中国企业的融资渠道并进一步化解其在海外的经营风险，从而全面加快中国企业"走出去"的步伐。

5.1.7 新常态下企业更加注重履行海外社会责任，更加注重当地利益融合，海外经营更加成熟

近年来，中国企业在对外投资经营中，越来越注重海外社会责任的履行，并将履行社会责任作为提高自身核心竞争力、增强企业软实力的重要内容。中国社会科学院发布的《中国企业社会责任研究报告（2015）》显示，中国企业 300 强社会责任发展指数已由 2009 年的 15.2 分上升到了 2015 年的 34.4 分，其中社会责任指数达到五星级的企业数量明显增加，从 2014 年的 14 家增加到 2015 年的 23 家，可见，社会责任已受到越来越多的企业的关注，并得到了积极的改善与履行。同时，中国政府也对海外企业的社会责任问题给予了高度的重视，近年来商务部、国家发改委、财政部以及国家外汇管理局等相关部门先后出台了一系列规章制度及指导文件，在推动中国企业履行海外社会责任，实现海外可持续发展方面起到了十分积极的作用。例如，2011 年 3 月商务部会同外交部，国资委及全国工商联发布的《境外中资企业（机构）员工管理指引》，2013 年 2 月商务部、环境保护部联合发布的《对外投资合作环境保护指南》以及 2014 年 6 月商务部重新修订的《境外投资管理办法》等，分别从劳工、环境、企业文化建设等多方面对中国企业在海外经营过程中的社会行为进行了规范与指导，推动了中国企业更好更快融入当地社会，实现互利共赢、共同发展。此外，行业协会、商会等团体也

成为推动"走出去"企业履行海外社会责任的重要力量。例如，中国纺织工业协会制定的《CSC 9000T 中国纺织企业社会责任管理体系》是我国第一个行业性、自律性的社会责任机制，在充分考虑了行业特点及国内外法律和政策的基础上，有效地督促了企业在社会责任方面的不断改进，以达到其可持续发展的目标，这对于推动中国企业履行海外社会责任，提升国际形象同样意义重大。在中国政府机构及非政府行业组织的积极引导下，中国企业履行海外社会责任的内生动力得到了进一步的提高。在实现互利共赢的同时，中国企业也受到了东道国当地的广泛好评。例如，中建集团在阿尔及利亚雇用当地分包队伍近 300 支，住房领域项目本地化采购率达 85%，年当地采购额近 4 亿美元；中铝集团在秘鲁的铜矿项目开工前先投资建设污水处理厂，解决了困扰矿区居民 70 年的水污染问题，还斥资 2 亿多美元为矿区建设了一系列现代化城镇设施。这些措施不但提高了中国企业的海外品牌形象，而且进一步促进了中国企业与当地的融合，保证了中国企业在海外的可持续发展。中国企业在国际化过程中得到了锻炼，海外经营更加成熟，初步具备向全球公司迈进的基础。

5.1.8　新常态下越来越多的中国企业对外投资意愿增强，国际化经营步伐加快

一方面，在新常态下，中国经济发展处于换挡期、阵痛期、消化期"三期叠加"的新阶段，社会改革和发展到了矛盾集聚、风险积压、需要攻坚克难、爬坡过坎的关键期，国内产能过剩、实体经济有待转型，环境压力加大，出口尽显疲态。面对这一经营现状，"走出去"日益成为中国企业拓展市场、提升技术以及加速转型升级的动力之源，同时中国企业在全球化的浪潮之下，不断提升自身国际化经营能力，以期打造世界水平的全球公司，从而实现健康可持续发展。另一方面，近年来，全球经济环境也发生了较大的变化，自 2008 年经济危机及欧洲债务危机之后，世界经济一直处于缓慢复苏阶段，部分经济体甚至一直徘徊于衰退的边缘，市场环境与融资环境的恶化不但使海外项目资产价值被低估，并且为了带动本国经济的复苏，许多国家纷纷给予中国企业更多的优惠条件，这在很大程度上降低了中国企业的投资成本，从而为中国企业对外投资提供了难得的机遇。此外，中国"走出去"的政策促进、服务保障及风险控制等体系也在不断完善，有效地提升了中国企业对外投资合作法制化和便利化水平，从而为企业营造了更加公平宽松的外部环境。这些方面均在一定程度上提升了中国企业海外发展的信心，因此其对外投资意愿明显加强。我们通过对广东、福建、浙江、江苏、山东、辽宁、新疆、广西8省（自治区）292家企业及单位的调研发现，几乎所有的调研企业及单位都有扩大对外投资的愿望和要求。

5.1.9 新常态下"抱团集群出海"成效明显，成为我国企业对外投资的新方式

随着我国企业对外投资热情的不断高涨，资本净输出国已成为新常态下我国未来发展的必然趋势，但由于海外经营经验的相对薄弱以及企业经营能力的相对有限，"单打独斗""分兵出击"的传统投资模式已不再适应新常态下企业"走出去"的目的与需求。特别是对于个体资金有限、海外经验不足的民营企业来说，面对当前越来越复杂的国际投资竞争环境，单靠企业自身能力明显力不从心，因此，为了进一步提升企业的海外投资效益，实现产业优势互补，"抱团集群出海"成为我国企业"走出去"的必然选择。同时，我国政府也对"抱团集群出海"给予了充分的鼓励与支持。例如，2015 年 5 月 13 日，国务院出台了《关于推进国际产能和装备制造合作的指导意见》，该意见指出：营造基础设施相对完善、法律政策配套的具有集聚和辐射效应的良好区域投资环境，引导国内企业抱团出海、集群式"走出去"。同年 5 月 23 日，李克强总理在秘鲁出席中资企业座谈会时也指出：在走出去过程中，面对地域文化差异和各种风险，企业一定要抱团出海，防止恶性竞争。国家会在金融等方面给予相应的政策优惠支持。这不但为未来我国企业"走出去"指明了方向，也为更大规模、更高层次的"抱团集群出海"奠定了基础。在这些条件的作用下，我国不但有大批的优秀民营企业通过"抱团集群出海"实现协同发展，并在国际化道路上稳步前进。例如，由江苏省纺机协会牵头，无锡丝普兰喷气织机制造有限公司、常州市宏大电气有限公司、无锡新联印染机械有限公司、博路威机械江苏有限公司、江苏省纺织工业（集团）进出口有限公司等 5 家纺机企业共同发起的中国苏纺纺机联盟，通过"抱团集群出海"，充分利用产品差异，实现优势互补，在印度、越南、印度尼西亚、巴基斯坦、孟加拉国等国家打响了知名度。并且国企与国企、国企与民企之间的协同也在不断地深化。例如，中国五矿集团携手国新国际和中信金属投资建设的拉斯邦巴斯铜矿项目成为中国企业在秘鲁投建的最大矿产项目。又如，中航国际投资公司联合民企深圳大族激光以联合收购的形式，完成对全球主要航空自动化装配线供应商 Aritex Cading，S.A.公司的并购等都是"抱团集群出海"的典型。可见，"抱团集群出海"在减少了国内企业发生海外恶性竞争的同时，也进一步实现了海外资本的有效配置，从而达到了企业间互利共赢的目的，因而，在未来，我国将有更多企业通过"抱团集群出海"走出国门，以实现我国企业海外效益及经营能力的全面提升。

5.1.10 新常态下海外并购地位突出，从单一控股向多元化控股转变

新常态下，随着中国对外投资规模的不断扩大，出资方式日趋多元化的同时，

跨国并购在对外直接投资中的地位也逐渐凸显。一方面，国内政策的进一步宽松，特别是商务部在 2014 年发布的《境外投资管理办法》中指出：中国企业境外投资涉及敏感国家和地区、敏感行业的，实行核准管理，其余均实行备案管理。同时，2014 年发布的《境外投资管理办法》还取消了有关境外投资备案管理的金额限制，这些均对海外并购产生了直接的利好，从而全面推动了海外并购的大幅度上升。另一方面，中国企业的对外投资已开始注重从量向质的转变，投资的目的也已从单纯的资源获取向提升国际竞争力转移，而通过跨国并购，有利于中国企业获取国外核心技术，从而对提升自身创新能力、获取新的竞争优势发挥重要作用，特别是近年来中国许多企业通过并购获取了研发平台和研发团队，为其构建全球研发网络奠定了坚实的基础。例如，联想通过对 IBM 的收购，形成了以美国的罗利、日本的大和、中国的北京、上海、深圳及成都为网点的全球研发网络，构建出全球接近两千人的研发队伍，大大提升了其企业的创新能力及行业的竞争力。而北汽以两亿美元成功收购了萨博三个整车平台、两个系列涡轮增压发动机和两款变速箱及全套核心知识产权，大幅度地缩短了北汽自主研发体系建立的时间，为进军中高端车型市场奠定了基础。这些因素均在一定程度上对中国企业的跨国并购产生了积极的作用，使得中国企业跨国并购的数量和规模较以往有较大提升。《2014 年度中国对外直接投资统计公报》及《2015 年度中国对外直接投资统计公报》数据显示，2014 年，中国企业共实施对外投资并购项目 595 起，遍布全球 69 个国家及地区，实际交易总额达 569 亿美元，创造了历史最高值。虽然在 2015 年的实际交易金额下降为 544.4 亿美元，但仍为历史第二高值，可见中国的并购正日趋活跃（表5-4）。而在并购规模上也不乏长江三峡集团收购巴西两水电站特许经营权、渤海租赁收购 Avolon100% 股权等一系列 10 亿美元以上的并购项目，而中国化工以 77 亿美元收购意大利老牌轮胎制造商倍耐力，更是创造了 2015 年中国企业海外并购的最大金额以及中国企业投资意大利历史最大项目。

表 5-4　2004~2015 年中国对外直接投资并购情况

年份	金额/亿美元	同比增长率
2004	30.0	
2005	65.0	116.7%
2006	82.5	26.9%
2007	63.0	− 23.6%
2008	302.0	379.4%
2009	192.0	− 36.4%
2010	297.0	54.7%
2011	272.0	− 8.4%
2012	434.0	59.6%

年份	金额/亿美元	同比增长率
2013	529.0	21.9%
2014	569.0	7.6%
2015	544.4	−4.3%

注：2012~2015 年并购金额包括境外融资部分

资料来源：《2015 年度中国对外直接投资统计公报》

需要注意的是，过分追求绝对控股可能会导致中国部分的海外投资企业业务过度依赖于国内，而降低其海外独立运营的意识，不利于海外营销网络及信息渠道的形成，并且也可能降低与当地企业及其他并购企业的横向联系，无法有效进行全球范围内的资源优化配置以及产品生产与销售的合理布局。因此，近年来，中国企业跨国并购活动开始从单一寻求控股转向战略合作。根据中国与全球化智库的数据分析，2002~2007 年，中国企业年均并购案例数在占股30%以下的仅有 4 起，而 2008~2013 年这一数字就达到了 16 起。可见，随着越来越多的企业"走出去"，非控股的并购案例逐年增多，这反映了中国企业在跨国并购中更为灵活和成熟，不但提升了并购的成功率、降低了投资风险，并且也为企业应对未来更复杂的交易及整合打下了基础，通过较低的成本获得技术、管理、品牌等多元目标，从而对提升企业竞争力起到了很好的效果。

5.2　新常态下中国企业对外投资转型的紧迫性

随着中国企业日益融入全球一体化的进程，在国际经营中，全球化的竞争环境使中国企业面临更加复杂的竞争格局，中国企业在"走出去"的过程中，面对这样的新变化，必须进行战略调整，以适应经营环境的变革，如此才能在全球化中得以生存与发展。本节从国内因素、国外因素及自身动力三个层面对中国企业对外投资、向全球公司转型的紧迫性加以分析。

5.2.1　国内因素

1. 国内经济下行压力加大，内需不足

随着中国进入新常态，经济从过去高速增长变为中高速增长，国内经济面临较大的下行压力。2016 年 1 月底，国家统计局公布了 2016 年 1 月官方制造业采购经理人指数（Purchase Managers'Index，PMI），49.4 的公布值创下了自 2012 年 8 月以来的新低，市场低速化的冲击使企业面对更加严峻的挑战，大宗物资（钢

材、有色金属、棉花等）、基础资源（煤炭、电力、石油等）和大众消费品（家电、食品、日化）等均处于增长乏力甚至低价运行的状态，而曾经一度增长速度很快的住宅、汽车、通信等行业也出现放缓的迹象。由于多年来市场的高速发展，很多企业对市场增速的依赖很强，特别是获取资源能力及抗风险能力普遍偏弱的民营企业。经营环境的恶化，不仅会加剧资金、技术、人才的快速流失，进一步导致企业陷入用工难、融资难和融资贵的困境，甚至会使企业因市场需求的不断萎缩而被迫停产、倒闭，而民营企业又是当前推动我国经济发展的重要力量，无论是从 GDP 的贡献率，还是从创造就业，维护社会稳定来说都会对我国产生巨大的影响，随着新常态的到来，缺乏竞争力的企业必将被市场淘汰。因此，为了在新时期的竞争中得以生存，战略转型是企业的必然选择，而对外投资、开展产能国际合作正是实现企业战略转型、激发企业经营活力以及实现企业长期可持续发展的重要手段，企业迫切需要通过开展国际投资和全球化经营乃至配置资源实现转型升级，从而突破国内市场不景气的制约。

2. 人力成本持续增加，人口红利趋于消失

近年来，最低工资标准的不断上涨以及劳动保障的进一步完善使中国企业劳动力成本不断上升，招工难的现象给企业，特别是劳动密集型企业的运营带来了不小的压力。同时，中国目前人口红利正在逐渐消失，适龄劳动人口比例将继续下降，根据国家统计局公布的国民经济运行情况，2015 年 16~60 周岁的劳动年龄人口比 2014 年末减少了 487 万人，这是中国劳动年龄人口连续第四年绝对数量下降。此外，社科院发布的《蓝皮书》预测，在 2020 年之前，中国劳动年龄人口减幅相对放缓，年均减少 155 万人；之后一个时期减幅将加快，2020~2030 年将年均减少 790 万人，2030~2050 年将年均减少 835 万人。而人口生育政策的调整在短时间内不能有效改变中国适龄劳动人口下降趋势，长期效果也并不乐观。因此，未来劳动力的供给将进一步减小。人力成本的上升已是不可避免的趋势，而人口红利的逐渐消失所带来的消费下降也使国内的市场需求进一步恶化。企业不得不通过提高生产效率和在全球范围内寻找低成本区域进行价值链投资布局来应对，这也在一定程度上促进了中国企业的对外投资向全球公司的转型。

3. 中国国内产能过剩严重

中国工业生产领域产能过剩问题日益凸显。中国经济在过去的高速增长以及一系列经济的刺激政策使得中国产能大幅度扩张，供过于求的现象出现，特别是2008 年经济危机之后，世界经济的持续低迷以及国内房地产投资需求的趋于稳定，使得国内外市场需求进一步放缓，消化过剩产能的动力严重不足，供过于求的矛盾进一步恶化，产能过剩问题日趋严峻。2013 年第一季度工业企业产能利用率仅为 78.2%，同比回落 1.6 个百分点，是 2009 年第四季度以来的最低点。部分

主要行业产能利用率已降至 75%以下，明显低于合理水平（国家发改委认同的合理产能利用率的经验标准为80%~85%）。以钢铁业为例，中国粗钢产量占亚洲总产量的 70%以上，长期占据世界钢铁产量的 50%左右。2012 年、2013 年、2014年，中国粗钢产能分别为 10 亿吨、10.4 亿吨、12.5 亿吨，粗钢产量分别为 7.2 亿吨、7.79 亿吨和8.23 亿吨，产能利用率分别为72%、74.9%和65.8%左右，已连续3 年属于严重过剩。考虑到产能统计不完全，实际情况可能更加严重。而截至2015 年底，中国生产者价格指数（Producer Price Index，PPI）已从 2012 年 3 月连续下降46 个月，工业品上游需求严重不足。产能过剩问题已经严重影响了中国产业结构的调整以及经济的良性发展，给中国的社会稳定也带来了一定的隐患。面对这样的局面，一方面，中国企业要兼顾考虑多方利益，积极拓展经济对外发展空间，凭借自身的产业相关优势，加快产能国际转移，通过对外投资、产能国际合作消化富余产能；另一方面，也要加快技术寻求型海外投资，通过提升关键技术促进产业升级，通过全球价值链的打造提高产业核心竞争力。

5.2.2 国外因素

1. 全球经济持续低速增长

2015 年，世界整体经济增速放缓，经济复苏十分艰难，虽然从 2008 年经济危机发生至今已逾 9 年，但当前全球经济仍维持低速增长的形势。据国际货币基金组织预计，2015 年全球经济增速为 3.1%，比 2014 年低 0.3 个，是全球经济自进入复苏通道以来增长最慢的一年。欧元区经济虽然渡过了债务危机难关但复苏力度偏弱，日本经济全年增长基本处于停滞状态，新兴和发展中经济体 2015 年经济增速则连续第 5 年下滑，金砖国家中的巴西和俄罗斯出现严重经济衰退。一方面，虽然全球经济的低迷使海外的经营环境面临的不确定及不稳定性增加，但缓慢复苏的世界经济形势也使一些国家的优质企业由于市场需求下滑而出现了经营困难，市场价值明显被低估。并且许多国家也在推动经济复苏，积极引进外商投资，这为中国企业加快"走出去"的步伐，进一步培育国际合作和竞争新优势提供了良好的机遇。另一方面，全球经济低速增长没有改变全球化和产业国际转移的基本趋势，全球跨国公司的国际生产及海外分支仍在逆势增长，全球布局竞争的剧烈程度不降反增。这种局面使中国企业在全球配置资源、不断降低成本、扩大利润空间和提升持续发展能力等方面的紧迫性加强，因此其必须通过全球战略布局，打造价值网络，加快培育新的增长动力。

2. 国际竞争博弈更加剧烈

2008 年经济危机后，发达国家企业纷纷加大了对新技术、新产品、新产业的研发投入力度，抢占未来产业发展和国际竞争的制高点。虽然《2014 年全国科技

经费投入统计公报》显示，2014 年中国科技经费投入继续增长，全国共投入研究
与试验发展（research and development，R&D）经费 13 015.6 亿元，比 2013 年增加
了 1 169.0 亿元，增长了 9.9%；R&D 经费投入强度（与 GDP 之比）为 2.05%，比
2013 年提高了 0.04%，整体研发投入水平显著提高，但与主要发达国家的研发投入
强度 2.5%~4%这一数值相比，仍有明显差距，如果再考虑投入的质量和效益的
话，实际差距可能更加明显。研发投入强度在一定程度上反映了中国整体的自主创
新能力，而自主创新能力的不足必然会影响中国企业的国际竞争力。同时，TPP 和
TTIP 等区域贸易协定，也在一定程度上为国际经贸规则标准的提高设立了新标
杆，其广泛的覆盖性以及标准的排他性给中国企业对外贸易投资和产业转移带来了
一定的负面效应。因此，中国企业必须具有全球视角，在充分考虑及利用国际经贸
新环境的同时，通过战略性投资，提高企业的科技自主创新能力及国际经营能力，
从而全面应对来自国外企业的竞争以及国际经贸新规则所带来的冲击。

5.2.3 自身动力

1. 提升企业未来的核心竞争力迫切需要企业对外投资、向全球公司转型

目前，中国经济发展方式相对粗放，企业在生产过程中物耗高、能耗高、污
染严重、产能过剩等问题突出，以及企业的技术创新能力不足，使得企业的未来
发展受到了严重的阻碍。虽然近年来中国企业的创新投入与活跃度持续高涨，但
技术创新能力不足所导致的创新效果不佳，成为制约中国企业竞争力提升的重要
因素。UNCTAD 在 2005 年发布的《世界投资报告》中指出，基于对全球 30 个国
家的 152 000 家跨国公司的研究发现，通过对外直接投资所带来的研发活动对于
提高以专利申请来衡量的母国国内技术创新能力具有积极影响。因此，进一步加
大海外投资力度，打造全球公司，激发企业运用全球创新资源的能力，吸纳全球
技术资源，布局全球价值链，全面基于对国外技术的引进、吸收及消化所引发的
二次创新提升企业自身的创新活力和创新潜能。充分发挥市场对技术研发方向、
路径选择和各类创新资源配置的导向作用，调整创新决策和组织模式，实现技术
标准的提升，推进中国行业标准"走出去"，使企业成为真正的全球创新主体，
才能在未来的全球竞争中赢得主动，抢占先机。只有拥有了技术的制高点才能拥
有市场的制高点，因此，加快中国对外投资企业的全球公司战略转型，充分利用
对外投资所带来的逆向技术溢出效应，将是提升中国企业未来核心竞争力的重要
"引擎"。

2. 提升企业管理效率水平迫切需要企业向全球公司战略转型

中国企业的组织管理结构总体上是按照工业化的逻辑和要求形成的，在适应
生产、规模、效率和扩张等满足市场高速化情景方面是有效的，但当市场低速化

成为常态时，企业就无法依靠原来高速的市场，使得原有的管理结构不能满足企业的未来发展要求。业务链条各环节协调程度偏低、以客户为中心的服务体系不健全以及企业间合作能力和合作意向不足等问题都在一定程度上反映出中国企业与国外跨国公司在企业运营管理方面的差距，并严重阻碍了中国企业的运营管理效率，降低了其市场竞争力。企业的管理是培育其核心竞争力的重要载体，只有科学合理的管理体系才能进一步提升企业的核心业务能力、资源配置效率以及企业未来的发展水平。因此，为了提升企业管理效率水平，必须通过对外投资，向全球公司战略转型，吸收国际先进的管理理念和经验，优化企业管理结构，逐步加强管理理念、制度、机制、方法的改革力度，着力推进商业模式创新，增强企业在全球范围内配置和重组资源的能力，从根本上激发企业员工的积极性、主动性与创造性。同时，也应注重国际管理人才的引进，实行科学完善的人才制度，满足企业海外经营的国际化人才需求，从而全面提高企业的运营水平与管理效率，使之成为企业未来发展的新增长点。

3. 打造国际品牌，提升中国企业国际地位迫切需要企业对外投资、向全球公司战略转型

美国著名的品牌研究专家拉里·莱特说过："拥有市场比拥有工厂更重要，拥有市场的唯一办法就是拥有占据市场主导地位的品牌。"中国作为经济总量居全球第二的大国，拥有的国际知名品牌却屈指可数。有关数据显示，发达国家拥有全球 90%以上的名牌，而中国跻身世界品牌价值百强的品牌却凤毛麟角。国外知名品牌咨询机构 Interbrand 发布的 2015 年"全球最具价值品牌 100 强"排行榜显示，中国仅有华为和联想两个品牌上榜，分别位列第 88 位和第 100 位，排名也相对靠后，可见，中国企业在品牌建设方面存在不足。打造国际品牌的最直接目的是扩大企业产品及服务在市场中的影响，从而增加市场份额，特别是在当今的全球市场，品牌对客户的心理定式具有巨大的影响，反映了企业的长期信誉度，品牌的知名度将直接影响企业的经济效益及可持续发展。因此，作为企业长期发展战略的重要一环，中国企业要打造全球知名高端品牌，才能推进中国企业的国际影响力、掌握产业话语权、提升国际竞争力。而企业的对外投资、向全球公司战略转型，为国际品牌的建设创造了条件，打造以中国企业为主导的价值链体系将使企业的产品以技术、质量及服务为核心，获取全球市场的认可，提高中国企业的海外形象，同时也可通过收购国际成熟的品牌，并在最大范围内整合优势资源，从而实现国际知名品牌的打造以及中国企业长期可持续的健康发展。

第6章 全球公司的发展及其影响因素研究

6.1 全球公司的发展现状分析

6.1.1 全球公司的定义

全球公司即跨国公司发展的新阶段，所谓的全球公司是跨国公司的进阶版，以海外资产、海外销售、海外聘员与总资产、总销售、总聘员的比例计算的 TNI 超过 50%的公司为全球公司。通过表 6-1 可以发现，全球公司经营范围从多国转向全球，在全球布局建立研发、生产、销售，打造全球价值链，把发达国家的技术应用于全球市场，同时利用新兴国家的廉价劳动力降低生产成本，激发出全球生产要素的潜在价值，压缩成本、创造最大利润。与一般的跨国公司相比，全球公司的全球化程度大大增加，海外利润成为企业利润的主要来源，海外经营成为企业经营的重心。与此同时，公司追求目标也经历着从过去股东价值最大化向包括股东、社会和环境责任在内的全面的公司责任的转变。

表 6-1 全球公司与跨国公司比较

	跨国公司	全球公司
经营范围	多国	全球
战略	TNI 低	TNI 超过 50%
结构	中心辐射式	多中心网络式
文化	母国文化中心	吸纳多元文化
责任	股东价值最大化	承担全球责任，三方面责任平衡

资料来源：王志乐等（2007）

6.1.2 测算方法

目前全球公司的衡量标准和定义不尽一致。我们采用以下两种方法定义和衡量全球公司，一是以企业 TNI 高于 25%或高于 50%作为全球公司的宽窄标准，分别进行定量分析。TNI 是指反映跨国公司海外经营活动的经济强度，是衡量海外业务在公司整体业务中地位的重要指标。企业国际化的深度不仅反映在组织形式的变化上，也必然反映在经济指标上。UNCTAD 每年要对全球 100 家最大的跨国公司进行国外总资产与 TNI 排序。二是基于财富 500 强数据，选取每一行业排名前 10%的企业作为全球公司。以下对 TNI 指标做较为详细的介绍和说明。

1. 指标构成说明

由 UNCTAD 提出的用来衡量跨国公司跨国程度的指标，主要反映跨国公司在东道国进行生产经营活动的程度，包含三个方面的指标：①国外资产/总资产；②国外销售额/总销售额；③国外雇员数/总雇员数。TNI 的计算方法：

$$TNI=（国外资产/总资产+国外销售额/总销售额+国外雇员数/总雇员数）/3×100\%$$

由于 TNI 没有考虑跨国公司母国领土规模、未区分跨国公司的经营活动仅集中在几个国家与分布于大量东道国的具体情形等，这一指标在界定企业全球化水平时也存在一定的局限性。因此，多指标的度量和评估全球公司的思路仍然是目前研究全球公司较好的模式。

2. TNI 的影响因素

1) 宏观经济层面

宏观经济层面的影响因素主要包括以下四点：第一，世界经济的发展状况。世界经济快速发展期，跨国公司侧重于海外市场的拓展，在世界经济发展困难期，跨国公司侧重于发展国内市场[1]。第二，母国的经济发展水平及对外开放程度。一般来说，发达国家跨国公司的跨国程度高于发展中国家跨国公司的跨国程度；开放程度越高的国家越有利于企业"走出去"。第三，母国的国家领土面积大小。小国国内市场小，企业更加需要开拓海外市场来扩大经营范围[2]。第四，东道国的投资选址优势。如果东道国市场大，生产成本低，政策稳定，或者是为了获得贸易保护国家的市场准入，跨国公司都会扩大其在东道国的经营活动，TNI 就会上升。

---

[1] 全球前 100 跨国公司的平均 TNI 在 2002 年和 2003 年下降，反映了跨国公司在世界经济困难时期更加专注于它们的国内市场。

[2] 根据 TNI 对跨国公司进行排序，发现前 100 家跨国公司多来自更小的经济体，表明较小的欧洲国家的企业有较高的跨国性，从而保持竞争性并弥补国内市场的不足。

2）中观行业层面

随着经济发展，技术革新，全球 100 强跨国公司的产业构成发生了变化，从第一产业、资源密集型制造业向服务业、技术密集型制造业转变。符合转变趋势的行业更具国际竞争力，更容易"走出去"，它们的 TNI 会比较高。主要表现为以下特征：第一，石油、汽车机动、电子计算机行业主要是资本、技术密集型行业，它们的外国资产规模都非常大；第二，零售、食品、烟草、汽车机动、服务行业需要广阔的销售市场，它们的外国销售份额都比较大；第三，零售、服务行业一般需要的职员人数比较多，它们的外国职员数量都比较多。

3）微观企业层面

微观企业层面的影响因素主要有：第一，企业自身规模。规模大的公司 TNI 高于规模小的公司，因为大公司的对外扩张能力较强、需求较大[①]。第二，公司并购重组、控股、新设子公司等扩张战略。通过并购重组、控股外国公司，可以快速增加外国资产、外国销售额及外国员工数量。Cemex（墨西哥）在 1993~2003 年进行了一系列并购重组，资产翻了一番，TNI 值从 35%上升到 69%。Sappi Ltd（南非）在 1996~2003 年通过并购海外公司，扩展了海外市场，TNI 值从 61.5%上升到 70.4%。

6.1.3　基于 500 强标准和 TNI 标准的全球公司发展现状分析

全球公司作为跨国公司的进阶版，进一步促进了世界经济的融合。一方面，全球公司的经营范围由多个国家转向全球，优化了全球范围内的资源配置；另一方面，全球公司作为跨国公司的进阶版，必然会表现出不同于跨国公司的微观企业特征。以下根据 500 强标准和 TNI 标准来对全球公司的发展现状进行分析。

1. 基于 500 强标准的全球公司现状分析

1）经营现状分析

结合《财富杂志》，对 1996~2015 年世界 500 强企业营业收入数据进行分析，将世界 500 强企业中前 10%的企业定义为全球公司。从整体来看，世界 500强企业的年营业收入呈逐年上涨的趋势，且 2015 年（312 121.273 亿美元）相较于 1996 年（112 745.580 亿美元）年有了明显的增长，几乎是 3 倍，反映了 20 年间世界经济得到了飞速的发展。营业收入增长率大都大于 0，表明企业总体市场前景好。2009~2010 年营业收入出现明显下降，可能的原因是 2008 年经济危机的滞后影响，导致世界金融、经济的大萧条，全球经济萎缩，资本主义国家工商企

---

① 另一种方法是考虑按全球前 100 跨国公司的大小对每个公司的 TNI 进行加权处理，这一平均值反映出大公司的行为，这些公司往往会更加国际化。前 10 家公司的 TNI 值比接下来的 10 家公司或者过去的前 10 家公司的 TNI 值要高。对于发展中国家的跨国公司来说，其规模和 TNI 之间的这种关系似乎不存在。

业、农业及现代第三产业等实体经济部门大多难以维持经营，很多企业也出现了业绩下滑、破产等严重问题（图6-1）。

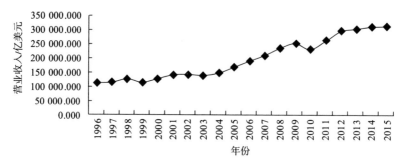

图 6-1　1996~2015 年世界 500 强企业营业收入

纵观 20 年净利润数据，呈波动性增长趋势，2001~2003 年、2008~2009 年、2012~2013 年、2014~2015 年都呈现明显下降趋势，可能的原因是与产品或者服务有关的成本上升，其间费用大大增加以及其他营业外支出增加（图 6-2）。这就可能导致总的营业收入在增加，而净利润却下降的情况发生。还有可能是大部分企业集中在这一年亏损，以洗清往年的旧账，实现新的盈利，俗称"洗大澡"，亏损就是大亏损，这么做的目的是维持之前企业增长的泡沫。

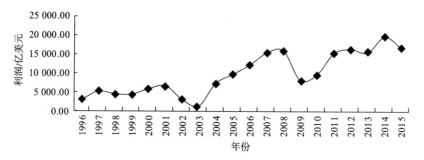

图 6-2　1996~2015 年世界 500 强企业净利润

将各年 500 强企业的前 10%筛选出来，计算这 50 个企业总的营业收入，并与 500 强企业总的营业收入相除，可以得到其比重，结果如图 6-3 所示。可以看出，前 50 强企业占 500 强企业的比重分布在 0.31%左右，且在一定范围内稳定波动，可以初步得出结论，500 强企业前 10%的企业营业收入占 500 强企业总营业收入的 31%，这反映了前 50 强企业极强的市场占有率。这就意味着，即使同处于一个较高的发展水平，其他全球公司仍与前 50 强企业之间存在着较大的差距，如营业收入上的差距。从这点来说，可能的原因是企业自身所处的行业因素、消费者偏好及社会趋势因素、国家政策因素以及企业自身经营的状况不同。

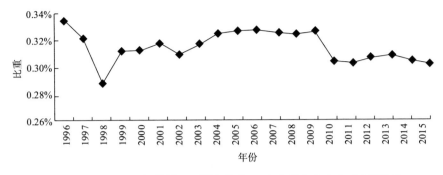

图 6-3　1996~2015 年世界 500 强企业前 50 企业营业收入占 500 强比重

同理，对比利润数据我们可以发现与营业收入类似的情况，前 50 强企业的利润占 500 强企业总利润的比重分布在 0.34%左右，也就是说 10%的全球公司的利润占了 500 强企业总利润的 34%，但是 2002 年、2003 年利润有明显的突变，2003 年利润占比竟然达到 89.52%，但 2004 年迅速回到平均值（图 6-4）。激增的可能原因是以美国为代表的世界经济迅速回温，这其中的主要动力是消费需求的增长，同时，股市的反弹和住房市场的繁荣对居民消费起到了重要的支撑作用。同时为了使复苏的经济不至于中途夭折，多国政府采取扩张性的货币政策，导致通货膨胀。

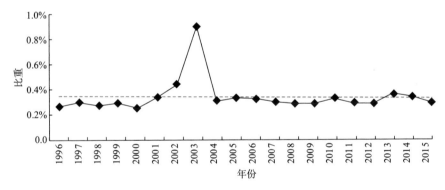

图 6-4　1996~2015 年世界 500 强企业前 50 企业利润占 500 强比重

通过分析全球公司在营业收入、利润上占世界 500 强的比重，可以看出，比重相对稳定，且稳定在一个适当的比例上，这无形中提供了成为全球公司的标准。将 2011~2015 年前 50 强企业的营业收入数据进行对比分析，可以看出，这 5 年前 50 强企业营业收入的曲线形状几乎一致，均为下滑曲线，且在第 12 家企业附近趋于平坦（图 6-5）。尤其是前 12 家企业的变化特别剧烈，从斜率的变化可以明显地看出，前 12 个企业的数据所对应的曲线的斜率急剧改变，说明在前 50 强企业中营业收入的差距很大。举个例子来说，2015 年排名第 1 的企业营业收入为 4 856.51 亿美元，而第 13 家企业的营业收入为 1 958.45 亿美元，在如此大的基数下，比第 1 家企业少了近 60%，充分说明前 12 家企业与 50 强剩余企业相比还是有较大的优势。这其中的原因，除了企业自身的经营情况等因素外，企业所处的行业、政策及消费者偏好等起着重要的作用。

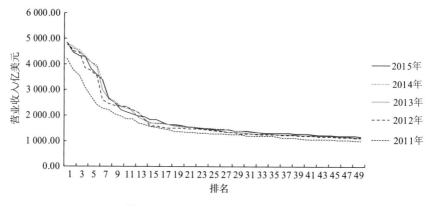

图 6-5　2011~2015 年全球公司收入

2）全球公司的国家来源构成分析

对 50 个全球公司的分布国家做统计，以 20 年中全球公司所在国家出现的次数作为频数，绘制如图 6-6 所示的国家分布图。可以看出 20 年中，50 大全球公司的分布具有一定的局限性，只在如图 6-6 所示的国家中出现过。其中，美国共上榜 334 次，占总次数比重的 33.4%，远高于其余国家，紧随其后的是日本，占比 20%，中国排在第五，占比 4.8%。可以看出，美国和日本两国加起来占比 53.4%，超过一半的全球公司都是美国和日本的，而这其中又是以美国作为主导。同时，在数量排名前 10 的国家中，除中国为发展中国家外，其余均为发达国家，这说明发展中国家在世界经济中与发达国家存在较大的差距。

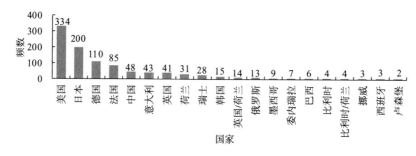

图 6-6　1996~2015 年 50 家全球公司的国家分布

通过对 20 年 50 大全球公司的面板数据进行观察，可以看出美国和日本长期占据榜单的"第一方阵"。截至 2005 年，这两个国家的企业数目总和均占到了 50% 以上。但是，日本在资产泡沫破灭后一蹶不振，500 强企业数量自 2005 年起基本呈下滑趋势，美国也在 2002 年达到巅峰的 197 家之后开始减少。

随着美日在全球的影响力不断下降，新兴国家获得了增长的空间，尤其是中国异军突起，已和美日共同形成"第一方阵"。近年来，中国企业进入世界 500 强榜单的数量逐年增加。2012 年，中国上榜公司数量达到 69 家（不包括港澳台地区的公司），首次超过日本。2014 年，上榜的中国公司数量创纪录地达到了 100 家，全球排名第二。美国、中国、日本共有 285 家企业入榜，占比超过总企业数的 50%，英国、德国、法国构成了"第二方阵"。每个国家入选世界 500 强的公司数目基本都为 30~40 家，整体数量一直很稳定。但由于近年来笼罩在债务危机的阴影之下，这三国入围企业数量也在缓慢减少。2014 年，英德法三国共有 86 家企业入围榜单，占总企业数的 17.2%。韩国、瑞士、荷兰稳稳占据"第三方阵"，每年入选的企业数量均有十几家。2014 年，三国上榜企业共 42 家，占比为 8.4%。

进一步地，我们将 20 年的 500 强数据中的全球公司按大洲分布，统计数据及分析图如图 6-7 所示。从图 6-7 中我们可以看出，非洲拥有的国家数量最多，为 56 个，而其全球公司的个数为 0；拥有 24 个国家的大洋洲，全球公司数量也为 0。拥有 37 个国家的欧洲，其全球公司频数为 374.5，位列第一；北美洲以 343 的全球公司频数位列第二，而其中几乎都是源于美国的公司，墨西哥只占一小部分，约 3%。亚洲全球公司的频数为 269.5；南美洲则为 13。

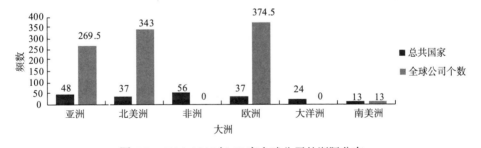

图 6-7　1996~2015 年 50 家全球公司的洲际分布

用全球公司的频数除以国家个数，得出 20 年内平均各国出现全球公司的频数（图 6-8）。可以看出，欧洲以平均每国 9.27 的频数仍然排在第一，其余各洲排名也没有变化。通过对图 6-7 和图 6-8 的分析，不难得出，欧洲和北美洲在全球市场上具有较大的竞争优势，集中体现在其全球公司的数量、涉及范围的广度以及市场占有率上，尤其是欧洲和北美洲各国全球公司频数较高，很多国家都有或者有过全球公司。

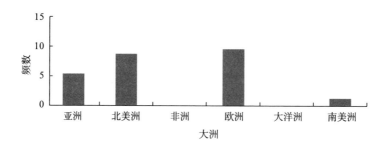

图6-8 各大洲平均每国全球公司频数

3）全球公司的产业分布

将1996~2015年世界500强的前10%企业作为全球公司，按照20年间各企业出现的频数统计归类，确定全球公司的产业分布，做出图6-9。很明显可以看出，第一产业的企业个数为0，全球公司均为第二产业或者第三产业，而这其中，第二产业占比56%，高于第三产业，说明绝大多数全球公司都涉及第二产业。

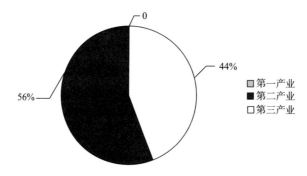

图6-9 全球公司产业分布

具体来说，第二产业中，尤以汽车制造、炼油、能源等行业为主，这些行业属于高技术性制造业，以2015年为例，第二产业的企业个数为29，上述三个行业的企业个数为24，占比82.8%，充分说明了上述行业强大的盈利能力。有意思的是，这些炼油与原油生产企业不是产生在世界主要的产油国，而是集中分布在石油消费国。这充分说明，在世界范围内，石油是目前重要的战略资源，是世界各大国抢夺的焦点，是能源问题的核心。如果考虑到还有一家电力企业（中国国家电网）进入世界前50强，那么，中国进入前50强的公司有三家为能源类企业，这进一步说明能源是全球性的大问题。

第三产业中，金融、保险及通信是其支柱，21个第三产业企业中，有16个企业属于上述三个行业，尤以金融业为主。第三产业是新兴产业，是生产力和社会进步的必然结果。社会生产力的迅速发展促进了为生产服务的第三产业的发展；第一、二产业劳动生产率的提高为第三产业提供了劳动力来源；居民消费水平的提高和消费结构的变化为第三产业提供了广阔的市场；科技水平的提高推动了第三产业的发展；国际经济技术交流更推动了第三产业的发展，它的发展程度已成为衡量现代经济发展程度的主要标志。

21 世纪以来，随着科学技术水平的发展，全球化影响带动大型跨国公司的发展，世界各国、各企业间的交流日益密切，世界总体的产业结构水平逐渐向高层次发展，传统优势行业如工程建筑、金属及金属制品、铁路、贸易、出版印刷、汽车与零件等行业比重减少，而新兴 IT 行业、金融行业、贸易零售业迅猛发展，先导性十分突出，原有工业部门结构发生新的变化，产业链条在不断延长。总的来说，世界经济产业层次越来越多，产业高度不断增长，以信息为中心的新型服务业成长极为迅速。

将行业按发达国家和发展中国家分类，做出图 6-10。可以看出发达国家和发展中国家有极大的差距，发达国家的第二产业全球公司个数是发展中国家的 8.1 倍左右，而发达国家的第三产业全球公司个数是发展中国家的 19.9 倍左右。虽然发展中国家在两行业都与发达国家有较大的差距，但从差距的大小角度来看，发达国家迅速占领第三产业市场，在第二产业趋于成熟之时，加快新兴产业的发展，不断拉大与发展中国家的差距。而第三产业反作用于第一、二产业，又会影响发达国家与发展中国家第一、二产业的差距。

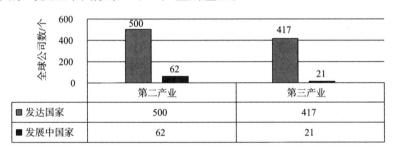

	第二产业	第三产业
发达国家	500	417
发展中国家	62	21

图 6-10　发达国家与发展中国家全球公司所属产业对比

4）全球公司的稳定性

具体观察 1996~2015 年的全球公司，我们可以发现有一些企业在这 20 年内始终是全球公司，如沃尔玛、Allianz、Daimler、Volkswagen 等，一些企业过去不是全球公司，但近些年迅速发展为全球公司，如 Petrobras、Gazprom、Total、三星等，还有一些以前是全球公司，近年来发展受限，退出全球公司，如 Siemens、Deutsche Bank 等。

根据世界 500 强前 10%公司企业数据，可以计算出 20 年中，共有 152 家企业曾经是全球公司，去除最后一年刚进入及最后三年连续进入前 50 的企业 15 家（因为无法判断是否稳定），在这 137 家企业中，沃尔玛（美）、Allianz

（德）、Daimler（德）、Volkswagen（德）、Ford Motor（美）、General Electric（美）、Toyota Motor（日）7家企业一直为全球公司，占比约为5.1%。说明这些企业在20年内非常稳定，20年一直位列世界50强。

同时统计出，去除最后一年刚进入及最后三年连续进入前50的企业15家（因为无法判断是否稳定），20年内成为全球公司15次及以上的企业为21家，约占这137家企业的15.3%，说明约有14%的企业较为稳定，大多数年份都是全球公司。去除最后一年刚进入及最后三年连续进入前50的企业15家（因为无法判断是否稳定），出现次数在5~15次的企业为44家，占这137家公司的比例约为32%，但不能说明这些企业的具体稳定性，因为可能部分企业很稳定，但是成为全球公司的时间较晚。也有可能部分企业不稳定，之前是全球公司，之后退出。而出现5次及以下的企业为87家，去除最后一年刚进入及最后三年连续进入前50的企业15家（因为无法判断是否稳定），此时计算（87-15）/（152-15），计算结果约为53%。说明在排除最近刚成为全球公司的企业后，约有一半的企业只是出现过，或者出现次数极少，说明这些企业极不稳定。

2. 基于TNI标准的全球公司现状分析

从国家分布来看，集中情况更为明显，其中排名第一的美国分布着22家全球公司（图6-11）。除美、法等发达国家总体跨国公司实力较强外，其他国家仍旧停留于企业精英化的阶段，因此，跨国公司的推广和普遍化与国家总体综合实力是分不开的。

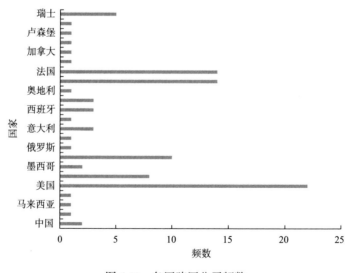

图6-11 各国跨国公司频数

TNI 是指国外资产占总资产的比率、国外销售占总销售的比率以及国外就业人数与总就业人数比率的平均值（UNCTAD，1990）。然而从 TNI 排名前 10 的企业中可以看出海外资产的大小和 TNI 关系并不大，仅有一家企业同时进入海外资产和 TNI 排名前 10，海外资产排名最低的甚至达到了 89 名（表6-2）。

表 6-2　TNI 前 10 公司

公司名	母国	行业	海外资产/10^6 美元	海外资产排名	TNI	TNI 排名
雀巢巧克力工厂	瑞士	食品，饮料和烟草	132 686.20	12	97.12%	1
英美资源集团	英国	采矿和采石	75 543.04	34	94.23%	2
斯特拉塔公司	瑞士	采矿和采石	79 798.14	32	93.71%	3
安海斯-布希英博集团	比利时	食品，饮料和烟草	115 913.20	15	92.75%	4
ABB 公司	瑞士	工程服务	40 728.10	73	91.86%	5
安赛乐米塔尔	卢森堡	金属和金属制品	112 239.40	16	91.13%	6
林德集团	德国	化学制品	42 056.80	69	90.65%	7
沃达丰集团	英国	电信	199 003.40	7	90.36%	8
施耐德电气有限公司	法国	电力，煤气和水	43 493.87	64	90.14%	9
WPP 集团	英国	商业服务	34 847.21	89	88.12%	10

资料来源：UNCTAD

将 TNI 按照国家汇总并取均值排列，可以看到瑞士企业排名最高，TNI 为 97.12（图 6-12）。排名前四的均为欧洲国家。中国排名最低，TNI 为 18.37%。表 6-2 中 TNI 排名前 10 的企业全部为欧洲国家，跨国水平高的企业在地域分布上十分集中。

6.1.4　中国 100 大跨国公司分析

本部分根据 TNI 标准选取了中国 100 大跨国公司。根据连续三年海外资产的基本情况，2012 年海外资产均值为 4 486 873 万元，2013 年为 5 237 280 万元，同比增长 16.72%左右，2014 年为 5 633 384.3 万元，同比增长 7.56%左右（表 6-3）。资产增长率增速保持较快，体现中国跨国公司海外扩张势头良好，资产保值增值稳定。然而 2014 年增速较 2013 年下降一半多，反映中国跨国公司海外资本规模扩张势头减弱。

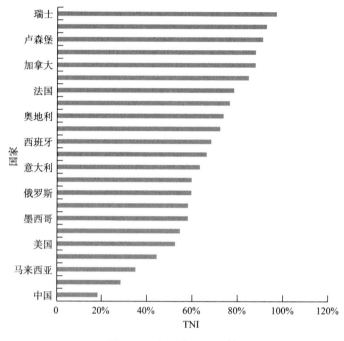

图 6-12　各国家 TNI 比较

表 6-3　2012~2014 年中国 100 大跨国公司海外资产统计分析

海外资产	2012 年	2013 年	2014 年
均值/万元	4 486 873	5 237 280	5 633 384.3
最小值/万元	149 066	210 000	266 704
中位数/万元	1 183 387	1 254 608	1 372 703
前 10%均值/万元	28 554 332	33 497 860	35 945 053.9
前 10%占比	0.636 397%	0.638 385%	0.638 072 107%

2012 年上榜海外资产门槛为 149 066 万元，2013 年为 210 000 万元，同比增长约 40.88%，2014 年为 266 704 万元，同比增长约 27%。与均值的同比增速相比可知，我国跨国公司中排名较后的公司追赶势头迅猛，2014 年资产增速的下降主要是较大、较强企业增长动力不足导致的。

从中位数看，2012 年中国跨国公司海外资产中位数为 1 183 387 万元，同年全球 100 大跨国公司海外资产中位数为 5 450 484.774 万美元，按 2012 年期末中国人民银行美元兑人民币报价 6.29 元换算，相当于 34 283 549.23 万元，约为同期中国跨国公司海外资产中位数的 28.97 倍，反映出中国跨国公司海外资产规模有待扩大。

从企业集中程度来看，连续三年排名前十的企业海外资产均值稳定在 64%左右，表明我国跨国公司中排名靠前企业成熟度较高，提升 TNT 需要从这些业已成熟的企业模式入手。

2012 年海外收入均值为 4 779 553 万元，2013 年为 5 007 446 万元，同比增长约 4.77%，2014 年为 24 859 031.46 万元，同比增长约 396.44%（表6-4）。销售收入增长率 2014 年呈现爆发式增长，除 2014 年人民币汇率较 2013 年贬值外，更多是由于我国跨国企业在销售价格和销售数量方面的突破。体现了"一带一路"政策下我国公司"走出去"的良好势头。

表 6-4　2012~2014 年中国 100 大跨国公司海外收入统计分析

海外收入	2012 年	2013 年	2014 年
均值/万元	4 779 553	5 007 446	24 859 031.46
最小值/万元	56 477	20 520	376 332
中位数/万元	862 223.5	1 078 186	13 233 291
前 10%均值/万元	35 125 648	36 629 524	121 194 854.5
前 10%占比	0.734 915%	0.731 435%	0.467 542 602%

2012 年上榜海外收入门槛为 56 477 万元，2013 年为 20 520 万元，同比降低约 63.67%，2014 年为 376 332 万元，同比增长约 1 733.98%。通过和海外资产均值的同比增长相比可知，2013 年我国海外公司海外收入大幅度降低的一个原因是海外资产利用率不高。

在此引入总资产周转率来衡量企业全部资产的经营质量和利用效率。总资产周转率是指企业在一定时期业务收入净额同平均资产总额的比率。其中总平均资产计算公式为：总平均资产=（年末总资产+年初总资产）/2。总资产周转率公式为：总资产周转率=销售收入/总资产。根据计算得出表 6-5。总资产周转率是考察企业资产运营效率的一项重要指标，体现了企业经营期间全部资产从投入到产出的流转速度，反映了企业全部资产的管理质量和利用效率。通过该指标的对比分析，可以反映企业本年度以及以前年度总资产的运营效率和变化，该数值越高，表明企业总资产周转速度越快、销售能力越强、资产利用效率越高。通过表 6-5 的分析可以看出，2014 年中国跨国公司的资产利用率较前一阶段在统计上出现了质的飞越。

表 6-5　总资产周转率统计分析

总资产周转率	2013 年	2014 年
平均	1.109 335	11.296 32
中位数	0.919 108	6.298 055
标准差	1.016 99	12.939 74
峰度	12.674 89	11.397 28
偏度	2.732 618	2.818 819

此外，从中国 100 大跨国公司的稳定性来看，2012~2013 年同时上榜的有 82 家，2013~2014 年同时上榜的有 78 家，三年连续入榜的有 67 家，反映出中国跨国公司变动率较大，缺乏实力稳定的大公司和成熟企业。需要注意的是，从连续上榜的 67 家企业分析，2014 年 TNT 均值为 16.15%，2013 年为 16.01%，说明总资产周转率和海外收入的上升并不是中国企业 TNT 上升的主要动力。同全球前 100 家跨国企业相比，中国企业可能更需要从提升海外资产的角度短期内提升实力，等进入下一阶段时再向发达国家看齐。

6.2 相关研究文献综述

6.2.1 跨国公司对外直接投资理论

在 20 世纪 60 年代之前，对跨国公司海外直接投资的研究主要基于以要素禀赋理论为基础的国际资本流动理论。该理论假设各国的产品市场和要素市场都是完全竞争的，所以引起各国间国际直接投资行为差异的原因是资本报酬的高低。资本丰裕的国家利率低，资本缺乏的国家利率高，这就导致资本由资本丰裕的国家流向资本短缺的国家，这属于用要素禀赋理论解释跨国公司国际投资行为。Hymer（2009）在其论文中研究了美国企业对外直接投资的行业构成，发现这些行业主要集中在一些资本密集度较高的制造业部门，并且这些部门的垄断程度比较高，它们在东道国成立的子公司往往都是垄断企业。因此他得出企业的跨国投资是市场不完全的产物这一结论，第一次打破了之前理论所基于的市场完全这一假设，将产业组织理论中的垄断原理用于对跨国公司行为的分析。在此之后的几十年，垄断优势在跨国企业研究中的核心地位一直没有改变。Kindleberger（1969）进一步把跨国公司拥有的垄断优势概括为三大类：一是来自产品市场不完全的优势；二是要素市场不完全的优势；三是企业规模经济的优势。在其之后，Johnson（1970）提出跨国企业进行对外直接投资时的垄断优势来自对自有资产的控制，子公司使用母公司现有的技术、管理等无形资产的边际成本很小甚至为零，因此在与东道国当地企业竞争时具有绝对优势。Buckley 和 Casson（1976）认为以前的跨国公司理论缺乏综合性的理论基础，仅仅考虑到企业在生产上的异质性，并没有进一步考虑研发、管理、销售等活动的影响。这些都与中间产品有关，并且这里的中间产品概念不仅包括半成品，还要结合专利、人力资本等综合考虑。这些中间产品市场的不完全竞争与最终产品市场上的不完全竞争一样重要，也就是扩展了传统理论只关注最终产品市场不完全对企业对外直接投资影响的研究范围。

在垄断优势理论基础上，Dunning（1977）提出了国际生产折中理论，即综合各家之言后提出一个一般性结论。他认为对外直接投资、对外贸易以及向国外生产者发放许可证应该是同一企业面临的不同选择，在分析企业决策时不能割裂开来。为了系统说明跨国公司对外直接投资的动因和条件，Dunning（1977）把跨国公司所有的优势分为三个特定的方面：所有权特定优势、内部化特定优势、区位特定优势。这就是所谓的折中范式理论。然而，跨国公司在发展过程中的变化对折中范式理论造成了巨大的冲击。这些变化主要集中在以下方面：第一，自20世纪90年代开始，随着经济全球化的发展，越来越多的跨国公司开始开展全球性的研发活动，这一现象意味着跨国公司的全球扩张不仅是利用优势的过程，更是创造优势的过程，对之前的理论提出了挑战。第二，跨国并购逐渐成为跨国公司国际扩张的主要方式。到20世纪80年代后期，特别是90年代中期以后，跨国并购逐渐取代新建投资成为企业进入国际市场的主要方式。跨国并购强调企业整合外部资源来提升企业自身优势，而折中范式理论强调企业的垄断优势及其内部化使用。第三，越来越多的发展中国家企业进行对外直接投资，这很难用传统理论来解释。这些新现象暴露了折中范式理论对跨国公司行为解释乏力，刺激了新理论的出现。

自20世纪90年代以来，学术界越来越关注对跨国公司创造性资产寻求型对外直接投资的研究。Verbeke 等（1994）首次提出创造性资产这一概念，即在自然资产的基础上，通过后天努力创造的资产，既可以是有形资产，也可以是无形资产，但都是基于知识创造出来的。无形的创造性资产包括信息、商标、专利、商誉等，其对成本的影响力远远大于劳动生产力。并且国际竞争日益通过新产品和新工艺展开，而这些往往都是以创造性资产为基础的。

国内对本土跨国公司的研究主要具有两个特点：第一个特点是从战略层面和经济发展阶段出发，研究和分析本土跨国公司的一般成长路径。例如，薛求知和朱吉庆（2008）的研究表示，企业通过打造坚实的所有权优势，从而在更高水平、更大范围、更深层次上参与经济全球化和国际经济分工和合作。兰天（2004）指出，企业在跨国经营时会考虑母国和东道国双方区位、产业结构升级等问题是否具有较多的共同目标，以及这些目标的共性是否可以持续较长时间。范黎波和王肃（2011）认为，互联、杠杆化、本土化是中国跨国公司所呈现出的三个明显的国际化成长路径。第二个特点是从价值链重构、价值链地位攀升探讨中国企业尤其是代工企业的高端化演进过程。然而，中国有条件进行跨国经营的企业一般是规模以上的企业，这些企业构建全球竞争优势与中小企业或代工企业沿价值链升级的条件和路径都不一样。此外，从已有文献来看，对于如何从全球价值链分工的角度培育中国本土跨国公司，构建新的竞争优势，改变国际分工地位的文献也相对较少。

6.2.2　对全球公司的研究

伴随着冷战的结束、以互联网技术为动力的新技术革命的兴起、WTO 的建立，经济全球化的浪潮迅猛发展。全球企业界也发生了巨大的变革，最显著的就是由跨国公司向全球公司转型。跨国公司经常被称为跨国企业是指在多个国家或地区有业务，通常规模很大的公司。这些公司在不同的国家或地区设有办事处、工厂或分公司，通常还有一个总部来协调全球的管理工作。亦有超国家公司（transnational corporation，TNC）、国际化公司、"世界公司"等称呼。而全球公司是通过全球战略、管理架构和理念文化的调整，成功地吸纳整合了全球资源，与一般跨国公司相比，全球公司的全球化程度大大增加，全球竞争力和盈利能力也相应地增强。全球公司的 TNT（海外资产、海外销售和海外雇员与总资产、总销售和总雇员的比例）超过 50%。有的公司股权也高度全球化，如诺基亚股权中 80%以上来自芬兰以外的国家。全球公司形成了全球性的发展战略、管理结构和理念文化。具体来说，全球公司具有将研究部门设在注册国以外地区、实现范围的经济性、全球企业间实行强强联手的战略等方面的特点。

在跨国公司向全球公司转型过程中，国内外学者对这一领域进行了一些颇有建树的研究。Kuemmerle（1997）将跨国公司海外研发直接投资分为两类：以母国为基础的技术开发（Home-Base Exploiting Laboratory，HBE）和以母国为基础的技术增长（Home-Base Exploiting Laboratory，HBA）。Serapio 和 Dalton（1994）提出辅助资产理论，认为跨国公司从事海外研发直接投资，是对公司内部关键性资产的安全措施，是辅助关键资产充分发挥作用的行为。杜德斌（2001）在综合分析大量国际直接投资理论的基础上，吸收投资动力论和投资引力论中合理的理论内核，借鉴 Dunning 国际生产折中论的理论成果，提出跨国公司研发全球化是跨国公司国际直接研发投资内部动力与外部动力的互动关系和作用结果，指出区位模式建立在跨国公司内部动力和东道国外部引力相互作用的基础之上。此外，在对跨国公司研发全球化的区位因素的研究中，Mansfield（1979）、Lall（1980）、Hirschey 和 Caves（1981）均通过对美国公司的研究证明了支撑海外附属公司的生产是跨国公司进行海外研发投资的主要决定因素。王志乐（2012）认为全球公司即为跨国公司发展的新阶段，所谓的全球公司是跨国公司的进阶版，以海外资产、海外销售、海外聘员与总资产、总销售、总聘员的比例计算的TNT 超过 50%的公司为全球公司。经营范围从多国转向全球，在全球布局建立研发、生产、销售部门，打造全球价值链，把发达国家的技术应用于全球市场，同时利用新兴国家的廉价劳动力降低生产成本，激发出全球生产要素的潜在价值，压缩成本、创造最大利润。与一般的跨国公司相比，全球公司的全球化程度大大增加，海外利润成为企业利润的主要来源，海外经营成为企业经营的重心。与此同时，公司追求目标也经历着从过去股东利益最大化向包括股东、社会和环境责任在内的全面的公司责任。面对来自全球的强大竞争对手，企业不得不把主要力量集中到利润空间最大化的核心业务和价值链的核心环节上，这也被称为归核化。加之科技发展使得制造业可以采用零部件模块化的加工组装方式，这又进一步压缩了利润空间，许多企业不得不把资源移向包括研究开发、设计以及营销和售后服务的价值链的两端，也就是向"微笑曲线"的两端转移。根据罗虎（2013）的观点，全球公司的这一变迁导致了业务向服务化趋势发展，服务业占各国 GDP 的比重也会越来越高。根据《世界投资报告》，目前发达国家服务业占 GDP 的比重高达 70%，中等收入国家为 60%，低收入国家为 45%。从这一趋势来看，全球公司服务业务趋于服务化这一趋势会不断延续并成为主流。

　　然而，很少有学者对来自中国的全球企业进行研究。根据 2014 年福布斯发布的全球企业 2000 强榜单，前三名全部由中国企业夺得，从总量上中国企业数量也超过其他所有国家，共有 207 家中国企业入围。这凸显了中国全球企业在经济全球化的今天发挥着越来越大的影响力。然而，从价值链的角度来看，不少中国企业在全球贸易中所从事的分工仍然处于价值链低端，主要是代工、组装等形式。如何引领企业向价值链上游迈进、扩大利润空间、引领技术进步是我们需要关注的方向。

6.2.3　全球公司发展的决定因素

　　现有的文献对全球公司决定因素的研究仍然存在较大的争议。以下对已有文献中涉及的 7 个主要因素进行逐一分析和归纳。

　　1. 市场规模

　　跨国公司对外直接投资的一个可能性动机是市场导向型投资动机，即跨国公司对外直接投资是为了进入东道国市场，为现有产品开拓新的市场空间。因而，部分学者在探究对外直接投资的决定因素时将市场规模作为一个变量进行考虑。

　　2. 汇率

　　一些学者（Froot and Stein，1991；Goldberg and Kolstad，1995；Blonigen，1997；Tomlin，1998）通过研究总结出了对外直接投资与汇率的理论和经验联系，并建立了汇率水平与对外直接投资决定因素的关系。Tomlin（2000）也将真实汇率作为自变量之一分析了决定外国跨国公司直接投资进入美国批发行业的因素，但他认为汇率水平的影响具有不确定性。

　　3. 劳动力成本

　　Tomlin（2000）以真实汇率、沉没成本、广告支出、劳动力成本为自变量，以进入美国批发行业对外直接投资的企业数量作为因变量，研究了影响外国跨国公司直接投资美国批发行业的决定因素。Tomlin（2000）的结论是较高的广告支出和劳动力成本将使企业选择对外直接投资。可以假设劳动力成本是影响跨国公司对外直接投资的决定因素，且两者之间成反比例关系。

4. 贸易壁垒

贸易壁垒是一个颇有争议的影响跨国公司对外直接投资的因素。它可能与对外直接投资成正比例关系，这是因为一些跨国公司对外直接投资的动机是绕过东道国的贸易壁垒，扩大在东道国市场的销售。而从另一个角度来看，贸易壁垒可能与对外直接投资成反比例关系，这是因为跨国公司对外直接投资不仅涉及大量资本的国际流动，也涉及大量产品、半成品、零部件的国际流动。结论相悖可能与研究对象有关，也可能与投资国和东道国的特征有关。

5. 消费品价格

消费品价格在居民消费价格指数（Consumer Price Index，CPI）中占较大比重，它的升降直接影响整体物价水平的高低。相对稳定的消费品价格可以为跨国公司投资提供良好的市场环境。相反，消费品价格的大起大落会对跨国公司投资产生负面影响。

6. R&D 支出

Grubaugh（2001）的研究证实，R&D 支出对美国公司的跨国投资产生了正的效应。R&D 支出多、R&D 能力强的美国公司更有可能对外直接投资。在技术密集型行业，R&D 强度对企业的发展尤为重要。

7. 政策

Loree 和 Guisinger（1995）、Bandelj（2002）在研究对外直接投资的决定因素时，都将东道国的政策变量作为重要因素进行研究。在吸引对外直接投资方面，由于国家之间存在竞争，每个国家都有其具体、独特的政策，不同东道国的政策对于跨国公司对外投资的发展有着不同的影响作用。

6.3　全球公司典型案例研究

在本节中，我们选取具有代表性的四家全球公司进行深入的案例研究，为后续寻求决定全球公司发展的因素的实证研究提供重要的事实基础。我们选取的四家代表性公司分别是沃尔玛、大众、苹果和三星，其中前两家为《财富》500 强数据中连续 20 年均为全球公司的案例，后两家是在样本期早期并非全球公司，而是后来发展成为全球公司的（分别于 2013 年和 2005 年发展成为全球公司）。

6.3.1　沃尔玛公司

1. 沃尔玛公司发展现状分析

沃尔玛公司由美国传奇人物山姆·沃尔顿先生于 1962 年在阿肯色州成立。经过短短 30 年的发展，1993 年沃尔玛以 673.4 亿美元的销售额超越美国零售巨头西尔斯成为美国零售行业排名第一的公司。1996~2015 年沃尔玛公司始终处于世界500 强的前 20 名，并多次蝉联第一。截至 2015 年，沃尔玛公司年收入已达 4 856.5亿美元，经营的产品从日常用品到服装配饰、电子配件，无所不包，店铺遍布全球 14 个国家和地区，店铺每周客流量超 2 亿人次。同时，沃尔玛公司还是现今世界上最大的私人雇主。

图 6-13 和图 6-14 分别为沃尔玛公司 1996~2015 年的收入和利润状况，可以看出 1996~2015 年沃尔玛公司的收入和利润都基本上呈现上升的趋势，尤其是收入在 1996~2009 年上升趋势更加明显，这主要是因为沃尔玛从 20 世纪 90 年代开始逐步加快全球化步伐，海外市场的持续开拓给公司带来了快速的收入增长，而这期间利润的增长并不明显，主要是海外扩张在增加收入的同时需要较大的成本投入。2008 年之后沃尔玛公司收入增长步伐显著放缓，主要原因是美国次贷危机和欧洲债务问题导致两地经济复苏乏力，消费需求下降。

沃尔玛公司在快速扩张的同时，其国际化水平也在不断提高，图 6-15 反映了沃尔玛公司海外店铺占比的变化状况。可以看出在 1996 年，以海外店铺占比来衡量，沃尔玛公司的国际化水平还不足 10%，1997 年沃尔玛公司开始实施全球化战略，海外扩张速度明显加快，到 2012 年已超过 50%的水平。

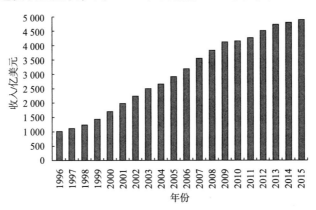

图 6-13　1996~2015 年沃尔玛公司收入情况

资料来源：沃尔玛公司 1996~2015 年年报

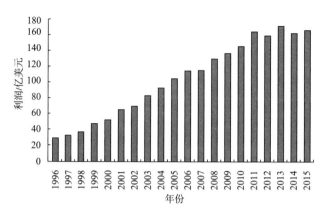

图 6-14　1996~2015 年沃尔玛公司利润情况
资料来源：沃尔玛公司 1996~2015 年年报

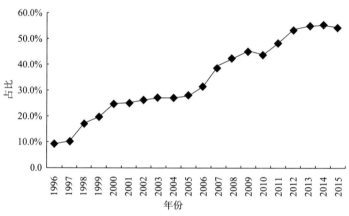

图 6-15　1996~2015 年沃尔玛公司海外店铺占比情况
资料来源：沃尔玛公司 1996~2015 年年报

　　伴随着沃尔玛公司对海外市场的重视，海外店铺无论数量还是比例都显著增加，与此相对应，海外收入对于沃尔玛公司而言也越来越重要。图 6-16 反映了沃尔玛公司 1996~2015 年海外销售收入占总销售收入的比例状况。截至 2015 年，沃尔玛公司海外市场销售收入占总销售收入的比重已接近 30% 的水平。

　　2. 沃尔玛公司国际化经营优势分析

　　1）先进的服务理念
　　沃尔玛公司坚持"服务胜任一筹，员工与众不同"的原则，要求员工微笑服务、盛情服务。微笑服务就是要求员工在为顾客服务时要保持微笑，要让顾客感受到自己是受欢迎、受到尊重的。盛情服务要求员工服务要高于顾客的期望。沃尔玛公司认为只要坚持为顾客提供超过预期的服务，顾客就一定会回来的。此外，沃尔玛公司推行"一站式"购物理念，帮助顾客在最短的时间内购齐所需商品，提升顾客购物体验。

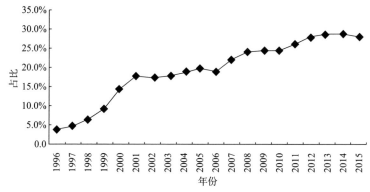

图 6-16　1996~2015 年沃尔玛公司海外销售收入占比情况

数据来源：沃尔玛公司 1996~2015 年年报

2）低成本、低价格的竞争策略

沃尔玛公司以为顾客节省每一分钱为宗旨，一方面不仅通过直接向工厂统一购货、建立统一的物流体系、采用发达的高技术信息处理系统等措施来降低成本，还通过自身影响力协助原料供应商降低其成本的方法来降低商品成本；另一方面通过打折店、天天低价固定经营方式来出售部分产品，不仅节省了促销费用，而且有利于公司准确预计销售量，从而减少商品存货，节省了部分存货成本。

3）内部激励与品牌价值

沃尔玛公司实行利润分享计划，协调统一员工个人价值和公司价值，极大地促进了员工的工作积极性。此外，在建立品牌价值上，沃尔玛公司与众不同，尽力缩减宣传费，通过慈善捐赠、儿童教育、社区建设等方式树立公司社会形象，使得沃尔玛公司成为真正为消费者考虑的有价值的企业。

4）规模优势与优势强化效应

沃尔玛公司在前期由于先进的服务理念，得当的竞争策略以及合理的公司内部治理结构，实现了快速的增长，20 世纪 90 年代就已经成为行业的龙头。其早期实现的庞大规模对于此后发展至关重要。庞大的规模使其无论在面对上游企业还是面对同行业的竞争时都处于有利地位。此外，公司经营的各个方面相互联系，如果公司在很多方面具有优势，那么这些优势很可能会相互强化，尤其是像沃尔玛公司这样的规模公司，在各个方面的共同作用下公司优势的相互强化效应会更加明显，这进一步增强了沃尔玛公司的国际竞争力。

6.3.2　大众集团

1. 大众集团发展现状分析

费迪南·保时捷在奔驰公司的支持下于 1937 年 3 月 28 日创建了大众开发公

司,同年 9 月改为大众汽车股份有限公司。大众公司总部位于德国沃尔夫斯堡的大众集团,是全球领先的汽车制造商之一。其在1999年首次入围世界500强前20名,并在2004年首次超过日本丰田成为世界最大的汽车制造商。其旗下的品牌主要包括大众、奥迪、斯柯达、保时捷、兰博基尼、西雅特 SEAT、布加迪、宾利、斯堪尼亚、杜卡迪等。大众集团除了汽车制造外,还兼营汽车销售、汽车运输、汽车租赁、汽车信贷银行及住宅等。目前集团在欧洲的 11 个国家和美洲、亚洲及非洲的 7 个国家共经营着 45 家制造工厂,全球雇员总数超过 336 000 人,产品在全球超过 150 个国家均有销售。

图 6-17、图 6-18 分别显示了 1996~2015 年大众集团的利润和收入的变化情况。由图 6-17 和图 6-18 可知 1996~2015 年大众集团的利润和收入都有明显的增长,且总体增长趋势稳定,但是收入和利润在 2011 年前后发生了巨大的波动,主要是由于大众集团 2011 年完成了对保时捷的收购的影响。

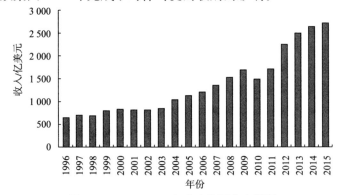

图 6-17　1996~2015 年大众集团收入情况

资料来源:大众集团 1996~2015 年年报

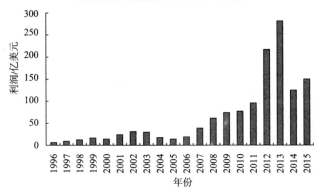

图 6-18　1996~2015 年大众集团利润情况

资料来源:大众集团 1996~2015 年年报

图 6-19 反映了 2001~2014 年大众集团海外资产占比情况,由图 6-19 可知大众

集团海外资产一直保持在较高水平,其中 2011 年海外资产占比达到 62.97%的水平,说明大众集团是一个高度国际化的全球企业。

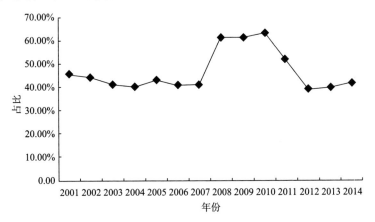

图 6-19 2001~2014 年大众集团海外资产占比
资料来源:大众集团 2001~2015 年年报

图 6-20 反映了 1998~2014 年大众集团海外销售收入占比情况,由图 6-20 可知海外市场对大众集团极其重要,收入占比始终高于 65%,并有长期上升的趋势,这与德国本国市场规模有限、世界新兴经济体收入增加从而对汽车的需求增加有显著关系。

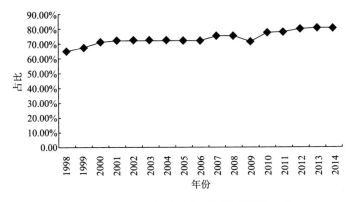

图 6-20 1998~2014 年大众集团国际销售收入占比
资料来源:大众集团 2001~2015 年年报

2. 大众集团国际化经营优势分析

1)多品牌优势

大众集团的竞争优势之一在于多品牌战略,每一种品牌覆盖全球所有主要地区的销售,能够满足不同层次消费者不同类别的需求。

2）专利优势

大众集团非常注重专利布局，其在德国国内专利申请一直位列前十名。2013年其全球专利申请达到 3 300 多项，在世界车企中排名第五。专利主要涉及技术领域，包括信息、驾驶辅助系统、电驱技术、轻量化设计等。

3）研发优势

大众集团认识到研发对企业长期增长的重要性。通过不同的研发形式提高自身研发能力。大众集团为开拓新型市场，非常重视新兴市场的本地化研发，在中国、印度、巴西等地都有其研发机构。通过本地化的研发，一方面能研发出适合当地市场需求的本土化产品，有利于抢占市场；另一方面能得到政府的支持，可以在一定程度上节约研发成本。大众集团开拓中国市场就是一个很好的例子。中国汽车市场连续 3 年产销量全球第一，而大众集团占据了 20%的份额，占据市场先机，领先于其他跨国企业。此外大众集团还进行广泛的联合研发，提高自身竞争力。德国强大的工业体系和零部件研发能力为大众集团技术创新提供了保障，大众集团通过与外部研发力量的合作节省了研发时间，形成了良好的研发生态系统。

4）先进的生产工艺

大众集团坚持运用世界一流的生产设备和工艺。先进的全自动化冲压生产线、先进的激光焊接技术、大量的焊接机器人，大大提高了车身结构的钢性强度和表面的光洁度；双面镀锌钢板、先进的空腔注蜡工艺，结合先进的轿车涂装工艺和自动喷涂设备，保证车身多年防腐；精密的水珩磨工艺、自动化的生产线和装配线冷测试技术，保证了发动机的优良性能；模块化生产方式的总装线、先进的激光在线检测设备，确保轿车制造质量稳定可靠。

6.3.3　苹果公司

1. 苹果公司发展现状分析

苹果公司于1976年在美国加利福尼亚州成立，主要创始人是史蒂夫·沃兹涅克、史蒂夫·乔布斯和罗恩·韦恩。在发展的初期，苹果公司主要生产制造个人电脑，如今，它的产品包括智能手机、移动音乐播放设备、个人电脑、外围设备、操作软件、应用软件等多种电子科技产品，成为一家同时涉及软件和硬件生产的高科技电子公司。

1980 年 12 月 12 日，苹果公司公开招股上市。2012 年创下 6 235 亿美元的市值记录，2013 年苹果公司在 2014 年世界 500 强排行榜中排名前20%，成为全球公司。截至 2014 年 6 月，苹果公司已经连续三年成为全球市值最大公司。图 6-21为 1996~2015 年苹果公司的年度营业收入，可以看出，苹果公司的销售收入总体呈现出上升趋势，特别是在 2009 年之后，收入总额上涨速度较快，其原因可能是经济危机之后，美国推出制造业回归计划，大力发展以高科技技术为导向的互联网行业，进而促使苹果公司营业收入快速上升。

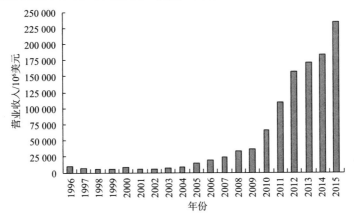

图 6-21　1996~2015 年苹果公司营业收入

资料来源：苹果公司 1996~2015 年年报

　　图 6-22 显示的是苹果公司 1996~2015 年的利润变化情况，数据显示苹果公司在 2009 年以前利润较低，在 1996 年、1997 年出现负利润的情况，这主要是苹果公司在 1991~1997 年没能把握住个人电脑业迅猛发展带来的机会，导致全球的个人计算机交易都转向 IBM 公司的个人电脑，苹果公司的市场份额下降，从而导致利润降低。1997 年后，乔布斯回到苹果公司，不断调整公司发展战略，向数字消费类电子产品转型，依靠 iMac 挽救公司免于破产，相继推出 iPod 和 iTuneS、iPod 播放器、iPhone。2008 年以后，作为 iPod 后续的替代品，iPhone 迅速占领智能手机市场，使苹果公司保持着较快的利润增长。

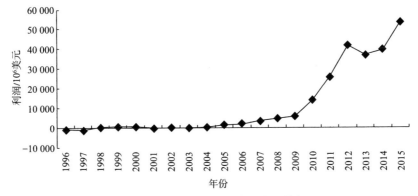

图 6-22　1996~2015 年苹果公司利润

资料来源：苹果公司 1996~2015 年年报

图 6-23 为 1996~2014 年苹果公司的海外销售产值占比情况，可以看出苹果公司从 20 世纪 90 年代以来，市场范围扩大，遍及世界，海外市场的巨大购买力是苹果公司得以快速发展的重要原因。1996 年以来，苹果公司海外销售收入的比例保持在 40%以上，呈现逐步上升的趋势，在 2011 年达到最高，为 64.60%。

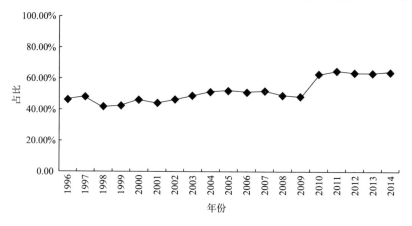

图 6-23　1996~2014 年苹果公司海外销售产值占比

资料来源：根据苹果公司 1996~2014 年年报计算整理

图 6-24 为苹果公司 1996~2014 年的海外资产占比情况，总体来看，苹果公司海外资产保持着下降的趋势，分析其原因主要是苹果公司在 20 世纪 90 年代进行了大量的海外投资，建立了相关分支机构，从而占比较大，在后面的年份中基本保持着不变。由于会计统计原因，公司的固定资产会保持一定水平并产生相应折旧，之后海外资产会产生下降和较为平稳的趋势。

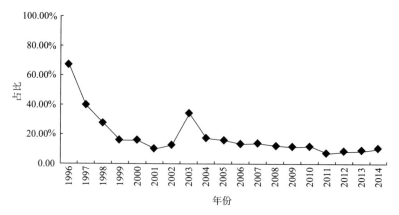

图 6-24　1996~2014 年苹果公司海外资产占比

资料来源：根据苹果公司 1996~2015 年年报计算整理

2. 苹果公司国际经营优势分析

苹果公司能在相对较短的时间内发展成为全球公司，取得良好的业绩，主要依靠以下几点。

1）产品设计符合消费者需求

产品是公司销售业绩最基础的因素，可以作为企业核心竞争力之一。苹果公司的销售成功来源于其在产品开发上一直保持着较强的创新性，我们可以看到，其对消费者需求理念的精确把握，使每一种产品都能引领市场的潮流。例如，在音乐播放设备的开发上，苹果公司关注到用户对于歌曲选择的多样化需求，于是建立起自己的音乐数据库，为消费者提供大量的选择并通过数据库来实现硬件设备与电子产品同步销售。除此之外，其在 20 世纪推出的 iMac 这款产品的造型与同时代的电脑相比具有独特性，且在硬件设施和内核处理器上都做了更为方便合理的设计。总体来说，苹果公司的产品坚持用户友好型的理念，无论是硬件设备的质量、外形，还是软件的便捷使用度，都可以让消费者感受到苹果公司产品的精致与卓越。

2）营销方式

苹果公司的营销方式是其成为全球公司的又一重要原因。苹果公司开创性地使用了"事件营销"的方式，在后来的发展中，逐步将"饥饿营销"运用得恰到好处。每次新产品发布会前，苹果公司对产品信息进行保密，成功地引起消费者的兴趣和关注度，结合"饥饿营销"方式，每每都能出现销售量集中于某一时间点激增的现象。

3）企业文化

苹果公司作为新时代跨国公司，在全球范围内拥有超过 1 000 万的员工数量，独特和优越的企业文化能激发员工的创造力，是保持公司不断发展的核心因素。在苹果公司的创立初期，"我行我素"的个性化公司理念占据主导，使其在产品开发时忽略了关注消费者需求，后期苹果公司倾向于深度挖掘人性所关注的角度，以用户体验为创新根本，将技术导向转变为消费导向，这些公司文化与理念的变化使苹果公司保持着良好的发展。

6.3.4 三星电子公司

1. 三星电子公司发展现状分析

韩国三星电子公司成立于 1969 年，是一家集半导体、通信、计算机产品和消费类电子产品于一体的大型电子企业，在 20 世纪 90 年代初，三星电子公司只是韩国一家做 OEM 和购买外国芯片进行组装的普通电子产品公司，但其在短短数十年内，不断发展成为具有自身核心技术竞争力的国际型企业，从 2005 年开始，居于《财富》杂志世界 500 强排名前 20%，成为一家全球公司。图 6-25 是三星电子公司 1996~2015 年的销售收入，可以看出其保持着较快的增长速度，2002 年以来，保持着 10% 左右的增长速度，在 2014 年，达到 2 089.38 亿美元。

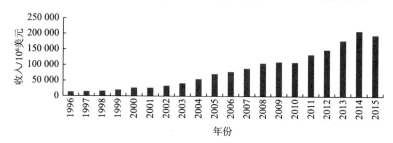

图 6-25　1996~2015 年三星电子公司销售收入
资料来源：三星电子公司 1996~2015 年年报

图 6-26 为三星电子公司 2011~2015 年海外销售产值的占比情况，可以看出 5 年间其均保持在 80% 以上。数据显示三星电子公司的销售收入来源主要是国外市场，分析其原因不难发现这主要是由于韩国市场较小，本土销售的收入远远低于世界市场。

图 6-27 为三星电子公司 1996~2015 年的公司利润情况，从图中可以看出公司利润的变化情况基本与公司销售收入的变动趋势保持一致，在 2008 年经济危机后，实现了较快的发展。2015 年利润相对 2014 年有所下降，这主要是因为来自竞争对手苹果公司的压力，以及新兴市场国家经济增速放缓使市场环境发生变化。

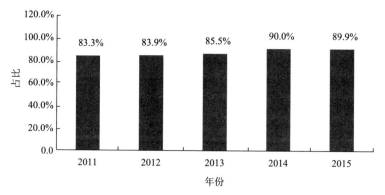

图 6-26　2011~2015 年三星电子公司海外销售产值占比
资料来源：根据三星电子公司 1996~2015 年年报计算整理

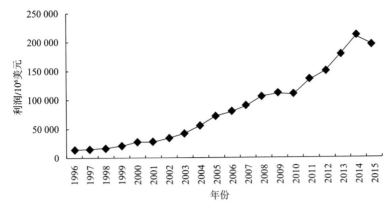

图 6-27　1996~2015 年三星电子公司利润

资料来源：三星电子公司 1996~2015 年年报

2. 三星电子公司国际化经营优势分析

1）合适的经营战略

20 世纪 80 年代，三星电子公司开始加强其在世界范围内投资建厂的步伐，在海外市场初期，三星电子公司主要采取低价扩张的竞争战略，通过降低产品的价格以占据海外市场份额。90 年代中期以后，三星电子公司在国际市场数十年的经营已积累了大量经验，逐渐开始转向自身产品的研发与创新。三星电子公司将收益率低且没有成长趋势的业务都做了清理，力求建立起以高技术和尖端设备为核心的追求现金流和高利润率的品牌经营模式。三星电子公司产品的定位和经营模式完全转变，使得其在后来几十年的时间里保持着快速发展。

2）优越的经营理念

三星电子公司的企业文化和韩国的传统文化有着紧密联系。一方面，三星电子公司的企业文化有着浓厚的韩国文化特色，如特别讲究集体主义精神，讲究服从和忠诚等；另一方面，三星电子公司的企业文化又突破了韩国文化的局限，与国际化接轨，重视开放式学习，这为三星电子公司逐步占据海外市场，在国外市场生存发展打下了基础。三星电子公司在经营过程中非常注重在人才与技术的基础上创造出最佳的产品、服务，最终贡献社会。在这种经营理念的导向下，三星电子公司致力于尊重人类价值的实现、独创技术的开发、以品质为主的生产经营方式，从而取得了较大的突破。

3）技术研发和产品创新

三星电子公司非常注重技术研发，三星集团总裁李健熙曾说过，"21 世纪的特点是低成长率和高科技，因此，三星要持续进行技术变革"。三星电子公司持续投入重金于技术研发，目前 11.36 万员工中，有近 27 000 人都是研发人员，包括2 400 名博士和 8 600 名硕士，分布在全球的 17 个研发中心。这些巨额的投资，让三星电子公司得以在存储芯片、液晶面板和显示器这些领域，掌握自己的核心技术，并轻而易举将其优势延伸到诸如手机、个人电脑、MP3 等新型数字产品上。

4）垂直管理体系

作为全球性的跨国公司，三星电子公司拥有众多的分支机构，这对公司的管理效率与有效性提出了挑战。虽然当下众多的电子公司正在逐步剥离集成电路制造等部门，实施加工外包、公司瘦身，但三星电子公司始终坚持自身垂直一条龙的生产经营形式，自己生产的元部件组装成为整机。这些产品较为集中，主要包括集成电路、液晶显示器、手机和液晶电视等。这种垂直经营体制使三星电子公司在管理方式上偏重于采取严格的竞争管理，以严格的管理措施来保证生产效率和产品质量，从而使三星电子公司具有较强的国际竞争力。

6.4　影响全球公司发展因素的实证分析

6.4.1　数据收集和整理

目前全球公司的衡量标准和定义不尽相同。我们采用以下两种方法定义和衡量全球公司：一是以 TNI 高于 25%或 50%作为全球公司的宽窄标准，分别进行定量分析；二是基于《财富》500 强数据，选取每行业排名前10%的企业作为全球公司。我们根据数据的可得性，选择了第二种方法作为研究的主要分析方法。

定量研究中，使用《财富》杂志公布的世界 500 强数据和 SPEEDA 数据库中 2012 年的企业数据进行整合，形成了研究所需要的定制数据。其中《财富》杂志公布的世界 500 强数据包含营业收入、资产、利润和人员数等信息。SPEEDA 数据库是全球最大的公司和产业数据库之一，包含 180 个国家、550 种行业中跟踪超过 98%的全球上市公司及 17 万家非上市公司的企业财务信息、企业公开信息、行业统计数据、并购交易信息、股价和盈利预测等相关信息。

6.4.2　模型基本设定和变量

研究的计量经济学模型采用 probit/logit 估计方法定量研究世界一流跨国公司（全球公司）的发展因素，重点考察企业规模、技术创新、资产负债率、利润率、流动性比率等因素是否是世界一流跨国公司（全球公司）的重要推动因素，进而得出中国跨国公司迈向全球公司的发展策略和方向。基本模型设定如下：

$$\Pr(D_{GIE} = 1) = \Phi(\beta_0 + \beta X + \gamma CV + \varepsilon)$$

其中跨国公司虚拟变量 D_{GIE} 为因变量；X 为自变量，包含我们关心的世界一流跨国公司（全球公司）的主要形成因素；β_0 为常数项；ε 为随机误差项。

1. 被解释变量

设定跨国公司虚拟变量 D_{GIE} 为被解释变量，如果属于文中定义的世界一流跨国公司或全球公司则取 1，否则取 0。

2. 主要解释变量

X 代表我们关心的世界一流跨国公司（全球公司）的主要形成因素，主要包括以下几项。

企业规模（SCL）。企业规模反映产品生产能力、实收资本、固定资产或劳动力在一个企业内的集中程度，企业规模是企业经济效益的决定因素之一。根据企业规模，企业通常被划分为大型、中型、小型等几种。我们用企业总资产这一数据来衡量企业规模。

研发支出（RDE）。研发支出是反映技术创新能力的重要指标，是企业发展的力量源泉，也是一家企业向全球企业发展过程中不可或缺的因素。

利润率（PFT）。利润率是企业经济活动的综合性考核指标，不仅反映着企业的生产经营状况，也对其投资融资起着至关重要的作用。我们使用下式进行计算：

$$利润率 = \frac{利润总额}{销售收入} \times 100\%$$

债务利息率（IBD）。债务利息率是反映外源融资约束的变量，债务利息越高，外源融资约束越大（葛顺奇和罗伟，2013）。我们使用下式计算债务利息率：

$$债务利息率 = \frac{利息支出}{附息债务} \times 100\%$$

流动比率（CR）。流动比率是反映公司短期清偿能力的指标，其越大说明公司短期偿债能力越强，有着充足的运营资金。流动比率越小则说明公司的负债能力越弱。计算方式为：

$$流动比率 = \frac{流动资产}{流动负债} \times 100\%$$

速动比率（QR）。速动比率是指速动资产对流动负债的比率，也是反映公司短期清偿能力的指标，用于衡量企业流动资产中可以立即变现用于偿还流动负债的能力。计算方式为：

$$速动比率 = \frac{速动资产}{流动负债} \times 100\%$$

$$速动资产 = 流动资产 - 存货$$

企业固定资产（TNCA）。企业固定资产可以反映一个企业的生产能力，指企业使用年限在 1 年以上、单位价值在规定标准以上并在使用过程中保持原来物质形态的资产。包括房屋及建筑物、机器设备、运输设备、工具器具等。

销售收入（TS）。销售收入是企业极其重要的财务指标，是企业整体实力的标志。销售收入具体指企业在一定时期按照出厂价格出售产品成品，半成品或劳务后取得的货款。我们使用企业损益表中的总销售额来衡量。

资产负债率（DAR）。资产负债率是反映企业长期偿债能力的指标，它反映了总资产中有多大比例是通过借债来筹资的，也可以衡量企业在破产清算时保护债权人利益的程度。资产负债率越低，企业偿债越有保障，贷款越安全。计算方式为：

$$资产负债率 = \frac{负债总额}{资产总额}$$

资产周转率（ATurn）。资产周转率是综合评价企业全部资产的经营质量和利用效率的重要指标。资产总周转率越大，说明总资产周转越快，反映出企业的销售能力越强。企业可以通过薄利多销的办法，加速资产的周转，带来利润绝对额的增加。计算方式为：

$$资产周转率 = \frac{销售收入}{总资产}$$

3. 其他控制变量

除以上主要解释变量外，还有一些其他控制变量，包含企业创建年代（FY）、创始母国（NAT）、所处行业（IND）三项指标。

模型变量及预期符号如表 6-6 所示。

表 6-6　模型变量及预期符号

变量	名称	变量名	预期符号
被解释变量	跨国公司虚拟变量	D_{GIE}	
解释变量	企业规模	SCL	+
	研发支出	RDE	+
	利润率	PFT	+
	资产周转率	Aturn	+
	固定资产	TNCA	+
	流动比率	CR	+
	速动比率	QR	+
	资产负债率	DAR	－

6.4.3　实证结果分析

1. 基准模型估计

基准回归结果见表 6-7。表 6-7 第（1）列企业规模变量，反映了企业规模对企业成为全球公司的概率产生了正向的影响，即规模越大，越有可能成为全球公司。第（2）列加入了利润率，发现利润率对企业成为全球公司的概率产生了负向的影响，我们认为原因在于高利润企业一般为一国的垄断企业（如 500 强中的大量石油企业），在国际市场上竞争能力弱。第（3）列中加入了资产周转率，结果表明资产周转率提高了企业成为全球公司的概率。资产周转率反映了企业资产的运营效率，资产周转率越高，销售能力就越强，企业成为全球公司的概率就越大。第（4）列中加入了研发支出，可以发现研发支出对企业成为全球公司产生了正向的影响，研发能力强的企业更有可能对外直接投资，形成跨国生产格局。第（5）列中加入了企业固定资产，企业固定资产的规模降低了企业成为全球公司的概率，但是影响不显著。第（6）列中我们进一步加入了反映企业偿债能力的流动比率和速动比率以及资产负债率，速动比率降低了企业成为全球公司的概率，而流动比率和资产负债率的影响则不显著。过度的现金存量可能意味着企业现金管理能力落后，降低了企业成为全球公司的概率。第（7）列用 logit 模型进行了回归，发现与 probit 模型的结果基本一致。总体而言，企业规模、资产周转率、研发支出等提高了企业成为全球公司的概率，而利润率、速动比率产生了相反的作用，企业固定资产、资产负债率、流动比率的影响则不显著。

表 6-7　基准回归结果

解释变量	probit (1)	probit (2)	probit (3)	probit (4)	probit (5)	probit (6)	logit (7)
企业规模	0.419***	0.782***	1.085***	1.680***	1.636***	1.884***	3.297***
	(5.40)	(6.32)	(7.11)	(4.44)	(4.15)	(3.44)	(3.31)
利润率		−1.736***	−1.042*	−1.136	−2.813*	−2.782	−4.891
		(−3.29)	(−1.85)	(−1.02)	(−1.70)	(−1.24)	(−1.24)
资产周转率			0.580***	1.882***	1.863**	2.769***	4.796**
			(4.25)	(3.05)	(2.49)	(2.60)	(2.55)
研发支出				0.238*	0.264*	0.381**	0.631*
				(1.83)	(1.71)	(1.99)	(1.82)
企业固定资产					−0.089	−0.162	−0.290
					(−0.75)	(−1.20)	(−1.25)
流动比率						0.211	0.373
						(1.43)	(1.48)

续表

解释变量	probit（1）	probit（2）	probit（3）	probit（4）	probit（5）	probit（6）	logit（7）
速动比率						-0.629*	-1.122*
						（-1.76）	（-1.83）
资产负债率						-2.638	-4.980
						（-1.06）	（-1.09）
_cons	-7.744***	-12.759***	-18.337***	-31.949***	-29.673***	-32.275***	-55.628***
	（-6.29）	（-6.75）	（-7.41）	（-4.80）	（-4.13）	（-3.28）	（-3.21）
N	400	308	308	166	123	119	119

*、**和***分别表示10%、5%和1%的显著性水平

注：（ ）内数值为 t 统计量

2. 边际效应分析

由于 probit 模型估计的解释变量系数并不是其边际效应，因此我们在表 6-8 中报告了每个解释变量对企业成为全球公司的边际效应。通过边际效应的测算结果可以发现，企业规模、资产周转率、研发支出对企业成为全球公司具有显著的正向促进作用，企业规模、资产周转率、研发支出每提高一个标准差，企业成为全球公司的概率分别会提高 15.2%、24.4%、6%。其中，资产周转率的影响更大，其次为企业规模和研发支出。利润率、速动比率对企业成为全球公司具有显著的负向影响，利润率、速动比率每提高一个标准差，会使企业成为全球公司的概率降低 5%、40%。综合来看，对企业成为全球公司影响较大的因素有速动比率、利润率、企业规模等。

表 6-8　全球公司影响因素分析的边际效应

解释变量	probit（1）	Probit（2）	probit（3）	probit（4）	probit（5）	probit（6）	logit（7）
企业规模	0.075***	0.130***	0.165***	0.155***	0.161***	0.152***	0.157***
	（5.56）	（6.83）	（8.02）	（5.72）	（5.97）	（5.03）	（4.79）
利润率		-0.288***	-0.159*	-0.105	-0.277*	-0.225	-0.233
		（-3.41）	（-1.88）	（-1.03）	（-1.76）	（-1.28）	（-1.26）
资产周转率			0.088***	0.174***	0.183***	0.224***	0.228***
			（4.48）	（3.37）	（2.79）	（3.21）	（3.27）
研发支出				0.022*	0.026*	0.031**	0.030**
				（1.88）	（1.80）	（2.25）	（2.00）
企业固定资产					-0.009	-0.013	-0.014
					（-0.76）	（-1.24）	（-1.29）
流动比率						0.017	0.018

续表

解释变量	probit (1)	Probit (2)	probit (3)	probit (4)	probit (5)	probit (6)	logit (7)
流动比率						(1.49)	(1.54)
速动比率						−0.051*	−0.053**
						(−1.88)	(−1.97)
资产负债率						−0.213	−0.237
						(−1.07)	(−1.12)
N	400	308	308	166	123	119	119

*、**和***分别表示 10%、5%和 1%的显著性水平

注：（ ）内数值为 t 统计量

3. 稳健性检验

此外，为了确保模型估计的稳健性，我们还针对来源于发达国家的全球公司样本企业，仅保留制造业全球公司以及按照企业规模剔除 5%的异常值进行分析（表 6-9）。除少数变量外，估计结果表现出了与基础模型较高的一致性，即研发支出不显著，可能原因是研发支出作为当期投入，技术改进效应可能会在未来显现出来，而对当期企业是否成为全球公司的影响不太大。总体而言，企业规模、资产周转率提高了企业成为全球公司的概率，而速动比率产生了相反的作用，其他因素的影响则不显著。

表 6-9　稳健性分析

解释变量	发达国家企业		制造业企业		删除异常值	
	probit	logit	probit	logit	probit	logit
企业规模	5.439**	9.269**	9.528**	16.341*	3.430***	5.904***
	(2.29)	(2.34)	(1.99)	(1.85)	(2.67)	(2.71)
利润率	−0.099	−0.275	5.020	8.857	−3.944	−6.824
	(−0.02)	(−0.04)	(0.90)	(0.87)	(−1.54)	(−1.59)
资产周转率	8.184*	13.975**	14.757*	25.358*	5.278**	9.077**
	(1.93)	(1.98)	(1.88)	(1.77)	(2.45)	(2.49)
研发支出	0.092	0.173	−0.237	−0.441	0.100	0.152
	(0.28)	(0.30)	(−0.56)	(−0.57)	(0.46)	(0.41)
企业固定资产	−0.151	−0.249	0.825	1.377	−0.154	−0.272
	(−0.79)	(−0.77)	(1.24)	(1.19)	(−1.02)	(−1.09)
流动比率	0.747	1.256	1.283*	2.176*	0.203	0.351
	(1.43)	(1.45)	(1.75)	(1.67)	(1.07)	(1.10)
速动比率	−1.528*	−2.565*	−2.369*	−4.000*	−0.722	−1.247
	(−1.69)	(−1.70)	(−1.75)	(−1.67)	(−1.54)	(−1.60)

续表

解释变量	发达国家企业		制造业企业		删除异常值	
	probit	logit	probit	logit	probit	logit
资产负债率	− 5.578	− 9.720	0.936	1.577	− 2.625	− 4.696
	(− 1.19)	(− 1.18)	(0.18)	(0.16)	(− 1.00)	(− 1.00)
_cons	− 89.830**	− 153.283**	− 176.682*	− 302.171*	− 55.344***	− 94.833***
	(− 2.15)	(− 2.20)	(− 1.96)	(− 1.83)	(− 2.66)	(− 2.69)
N	91	91	73	73	92	92

*、**和***分别表示 10%、5%和 1%的显著性水平

注：（ ）内数值为 t 统计量

6.5　主要结论及政策建议

我们从全球公司发展的现状入手，基于大量的典型事实和案例研究，深入剖析影响全球公司发展的决定因素。通过采用《财富》全球 500 强数据、UNCTAD 世界 100 大全球公司数据库、中国 100 大跨国公司数据库以及 SPEEDA 数据库等企业层面的微观数据进行深度整合，形成研究的定制样本。通过选取典型全球公司（苹果、三星、大众和沃尔玛）的案例分析和《财富》全球 500 强数据的实证分析，以寻求考察影响全球公司发展的决定因素。研究的主要结论如下。

通过案例分析，我们发现代表性全球公司具有以下特点：第一，这四家公司均有良好的利润表现，使其有足够的资本进行海外扩张。第二，作为全球公司，这四家公司的海外销售收入占比均维持在高水平，达到 30%~90%。第三，在国际市场上，这四家公司各有其独到的优势和竞争力。其中，沃尔玛公司凭借服务理念、低成本、低价格的竞争策略、内部激励与品牌价值、规模优势与优势强化效应在国际市场立足；大众公司则通过其品牌优势、专利优势、研发优势和先进的生产工艺扩张海外市场；苹果公司具有产品设计、营销方式和独特的企业文化优势；三星电子公司利用合适的经营策略、优越的经营理念、技术研发和产品创新、垂直管理体系获取国际化经营优势。

通过实证分析影响企业成为全球公司的因素，发现企业规模、资产周转率提高了企业成为全球公司的概率，而企业速动比率产生了相反的作用。因而从微观层面来看，企业应当立足国内市场，积极开拓国外市场，不断扩大自身规模，同时要注意提高对固定资产和流动资产的利用率。企业应加强对发达国家市场以及全球跨国公司网络的研究，发现跨国发展的潜在机会，强调互利共赢，强化与当地企业的合作，增强利益绑定，通过高度"本地化"弱化政治风险；重点进行研发增强型、品

牌获取型海外投资并购行为，进一步获取高端能力；积极与其他企业结盟，形成产业族群，增强综合实力。企业应强化国际品牌建设，提升社会责任意识，树立良好的国际形象，深化对国际规则的了解，提高利用国际规则的能力。

从宏观层面来说，政府一方面应改善国内政策环境，加快简化企业对外投资审批手续，明确审批流程，充分利用网络信息化手段提高审批效率。在审批过程中进一步强化服务，如搭建企业咨询服务平台和融资平台，为企业提供相关市场研究、风险警示、融资信息、经验参考和政策辅导等。以市场化为导向，引导企业完善治理，根据国际运营需要，调整组织结构；加快同有关国家和地区商签投资协定，完善企业保护制度，提供权益保障、投资促进、风险预警等服务，推进企业对外投资合作便利化。另一方面应鼓励各类所有制企业发挥自身优势，深度参与国际产业分工协作。支持国内企业吸纳先进生产要素，培育国际知名品牌，增强参与全球价值链的广度和深度，培养一批具有国际知名度和影响力的全球公司。

参 考 文 献

曹超. 2010. 企业社会责任与公共政策. 人民论坛,（36）：176-177.

曹茜. 2012. 对外承包工程失利的原因分析及法律对策研究. 山西大学硕士学位论文.

柴庆春, 胡添雨. 2012. 中国对外直接投资的贸易效应研究——基于对东盟和欧盟投资的差异性的考察. 世界经济研究,（6）：64-69.

常凯. 2003. 经济全球化与企业社会责任运动. 工业理论与实践,（8）：1-5.

陈传. 2010. 国际工程公司市场与运营经验系列专题之七：国际承包巨人倒下的启示. 施工企业管理,（7）：110-112.

陈宏辉, 贾生华. 2003. 企业社会责任观的演进与发展：基于综合性社会契约的理解. 中国工业经济,（12）：85-92.

陈建先, 许亦平. 2014. 企业自愿披露社会责任信息的驱动因素. 北京：海峡两岸会计学术研讨会分会场讨论.

陈晶晶. 2010. 基于财务报告的我国企业社会责任评价模型研究——以我国钢铁行业上市公司为例. 华东师范大学硕士学位论文.

陈俊聪, 黄繁华. 2013. 中国对外直接投资的贸易效应研究. 上海财经大学学报（哲学社会科学版）,（6）：58-65.

陈浪南, 童汉飞. 2005. 我国对外直接投资的行业选择战略. 国际商务,（5）：77-80.

陈漓高, 张燕. 2007. 对外直接投资的产业选择：基于产业地位划分法的分析. 世界经济,（10）：28-38.

陈留彬. 2006. 企业社会责任理论研究综述. 山东社会科学,（2）：99-101.

陈松恒. 2010. 论中国海外企业的社会责任. 外交学院硕士学位论文.

陈伟昌. 2011. 企业社会责任相关国际标准的影响——SA 8000 与 ISO 26000 之比较. 行政与法,（6）：114-117.

陈伟易. 2012. 中国对外投资中的企业社会责任研究. 云南大学硕士学位论文.

陈岩. 2011. 中国对外投资逆向技术溢出效应实证研究：基于吸收能力的分析视角. 中国软科学,（11）：61-72.

陈志昂, 陆伟. 2003. 企业社会责任三角模型. 经济与管理,（11）：60-61.

程洪瑾. 2007. 立于责任成于远见——《中央企业社会责任研究》的解读与前瞻. 国家电网,

（10）：43-44.

程慧芳，阮翔. 2004. 用引力模型分析中国对外直接投资的区位选择. 世界经济，（11）：23-30.

崔家玉. 2010. 中国对外直接投资的动因. 大连海事大学学报（社会科学版），（6）：12-14.

崔丽. 2012. 俄罗斯企业社会责任履行现状及对我国的启示. 河北法学，（4）：168-174.

崔丽. 2013. 当代中国企业社会责任研究. 吉林大学博士学位论文.

戴春琴. 2014. 国际工程项目的跨文化管理研究. 北京化工大学硕士学位论文.

邓泽宏，何应龙. 2010. 企业社会责任运动中的政府作用研究. 中国行政管理，（11）：45-48.

狄梦华. 2012. 企业环境社会责任培育过程中的政府公共政策引导. 苏州大学硕士学位论文.

杜德斌. 2001. 跨国公司 R&D 全球化的区位模式研究. 上海：复旦大学出版社.

杜强，殷超越，陈一秀. 2015. 2014 年度国际市场最大 250 家承包商市场分析. 建筑经济，（11）：19-24.

范黎波，王肃. 2011. 中国跨国公司海外并购的成长路径演进——基于北一并购科堡的案例分析. 财贸经济，（8）：101-105.

冯朋波. 2007. 企业社会责任的原因和机制探讨. 暨南大学硕士学位论文.

冯志坚. 2013. 多层次企业社会责任标准与政策选择. 长江论坛，（4）：60-65.

弗里德曼 M. 1986. 资本主义与自由. 张瑞玉译. 北京：商务印书馆.

高芳. 2006. 企业的道德责任与社会责任——斯密与弗里德曼观点的比较研究. 哲学动态，（4）：29-32.

葛顺奇，罗伟. 2013. 中国制造业企业对外直接投资和母公司竞争优势. 管理世界，（6）：28-42.

功成. 2015. 2014 年对外承包工程行业发展概况. 国际工程与劳务，（4）：20-23.

郭红玲. 2006. 国外企业社会责任与企业财务绩效关联性研究综述. 生态经济，（4）：83-86.

郭洪涛. 2011. 中国企业社会责任比较研究. 西南财经大学博士学位论文.

国家发展改革委，外交部，商务部. 2015-03-28. 推动共建丝绸之路经济带和21世纪海上丝绸之路的愿景与行动. http://www.xinhuanet.com/world/2015/03/28/c_1114793986.htm.

国务院. 2015-05-16. 国务院关于推进国际产能和装备制造合作的指导意见. http://www.gov.cn/zhengce/content/2015-05/16/content_9771.htm.

何帆. 2013. 中国对外投资的特征与风险. 国际经济评论，（1）：34-50.

何骏. 2007. 全球化背景下我国企业对外直接投资的动因研究. 经济经纬，（2）：57-59.

贺书锋，郭羽诞. 2009. 中国对外直接投资区位分析：政治因素重要吗？上海经济研究，（3）：3-10.

贺尊. 2002. 跨国公司跨国化指数行业差异分析. 对外经贸实务，（7）：36-38.

洪俊杰，黄薇，张蕙，等. 2012. 中国企业走出去的理论解读. 国际经济评论，（4）：8，121-134.

侯和爽. 2007. 我国企业社会责任缺失的原因与对策探讨. 西南财经大学硕士学位论文.

胡兵, 乔晶. 2013. 中国对外直接投资的贸易效应. 经济管理,（4）: 11-19.

胡博. 2009. 跨国公司的社会责任——以天津为例的经验分析. 南开大学博士学位论文.

胡博, 李凌. 2008. 我国对外直接投资的区位选择——基于投资动机的视角. 国际贸易问题,
（12）: 96-102.

胡朝晖. 2006. 我国发展对外直接投资的必要性. 国际商务,（2）: 64-68.

胡昭玲, 宋平. 2012. 中国对外直接投资对进出口贸易的影响分析. 经济经纬,（3）: 65-69.

黄静波, 张安民. 2009. 中国对外直接投资主要动因类型的实证研究. 国际经贸探索,（7）:
4-10.

黄群慧, 彭华岗, 钟宏武, 等. 2009. 中国100强企业社会责任发展状况评价. 中国工业经济,
（10）: 23-35.

江小涓, 杜玲. 2002. 对外投资理论及其对中国的借鉴意义. 经济研究参考,（73）: 32-44.

姜华欣, 史本叶, 范思琦. 2013. 我国企业对外直接投资的行业选择与思考. 经济纵横,
（5）: 38-41.

姜万军, 杨东宁, 周长辉. 2006. 中国民营企业社会责任评价体系初探. 统计研究,（7）:
32-36.

姜志华, 沈奇泰松. 2013. 我国企业社会责任动因调查. 合作经济与科技,（2）: 30-32.

蒋冠宏, 蒋殿春. 2014. 中国企业对外直接投资的"出口效应". 经济研究,（5）: 160-173.

景红桥, 王伟. 2013. 金融体制、法律起源与我国对外直接投资的区位选择. 国际贸易问题,
（12）: 148-156.

康荣平, 柯银斌. 2002. 华人跨国公司的成长模式. 管理世界,（2）: 103-109.

兰天. 2004. 中国跨国公司成长战略研究. 学术探索,（4）: 75-79.

黎友焕. 2014. 国际新趋势与中资企业的社会责任. 国际经济合作,（12）: 50-53.

李春顶. 2008. 境外经贸合作区建设与我国企业"走出去". 国际经济合作,（7）: 25-28.

李逢春. 2012. 对外直接投资的母国产业升级效应. 国际贸易问题,（6）: 124-134.

李国平, 韦晓茜. 2014. 企业社会责任内涵、度量与经济后果——基于国外企业社会责任理论
的研究综述. 会计研究,（8）: 33-40.

李洪江. 2004. 对外直接投资理论与中国的对外直接投资. 哈尔滨商业大学学报（社学科学
版）,（5）: 10-13.

李进. 2015. 中国企业社会责任推进的困境解析. 探索与争鸣,（8）: 94-96.

李凯, 李润亮, 杨立华. 2014. 中国企业社会责任公共政策的演进与发展. 北京: 中国经济出版社.

李莉. 2010. 跨国公司因素对FDI进入方式的影响——基于Logistic模型的实证分析. 经济与管
理研究,（11）: 68-75.

李梅. 2010. 对外直接投资的技术进步效应. 经济管理,（12）: 40-48.

李庆华, 胡建政. 2011. 企业社会责任与企业竞争优势的关系研究——来自沪深两市上市公司

的经验证据. 科学学与科学技术管理，（8）：139-148.

李诗，吴超鹏. 2016. 中国企业跨国并购成败影响因素实证研究——基于政治和文化视角. 南开管理评论，（3）：18-30.

李薇. 2012. 国有企业海外投资困境分析与对策. 中国新技术新产品，（8）：218.

李伟杰. 2008. 我国企业对外直接投资的区位选择——理论综述与实践回顾. 金融教学与研究，（6）：36-39.

李雪欣. 2002. 中国企业对外直接投资动因新解. 中国流通经济，（6）：40-43.

李扬，黄群慧，钟宏武. 2015. 企业社会责任蓝皮书——中国企业社会责任研究报告（2015）. 北京：社会科学文献出版社.

李正. 2006. 企业社会责任与企业价值的相关性研究——来自沪市上市公司的经验证据. 中国工业经济，（2）：77-83.

李志永. 2012. 企业公共外交的价值、路径与限度——有关中国进一步和平发展的战略思考. 世界经济与政治，（12）：98-114.

梁静波. 2012. 我国对外直接投资行业分布结构性失衡的内在成因及调整方向. 经济纵横，（11）：12-14，114.

林丽丽. 2014. 当前我国企业社会责任的缺失与建构. 辽宁师范大学硕士学位论文.

林涛. 2012. 中国对外承包工程失败项目研究. 首都经济贸易大学硕士学位论文.

刘斌，王杰，魏倩. 2015. 对外直接投资与价值链参与：分工地位与升级模式. 数量经济技术经济研究，（12）：39-56.

刘凤根. 2009. FDI投资区位的决定因素的实证研究——来自中国对外直接投资的经验数据. 科技决策，（7）：1-7.

刘福鼎. 2007. 国际工程项目分包的教训与体会. 国际经济合作，（4）：89-90.

刘洁屹. 2014. 上市公司社会责任报告质量评价及影响因素研究. 浙江财经大学硕士学位论文.

刘景丽. 2013. 我国汽车产业的FDI研究. 首都经济贸易大学硕士学位论文.

刘明霞. 2009. 我国对外直接投资的逆向技术溢出效应. 国际商务，（4）：3-10.

刘乔. 2012. 重污染行业企业社会责任评价体系研究. 西南财经大学硕士学位论文.

刘清芝. 2011. 企业社会责任：基于社会学视角的理论解析. 学理论，（12）：72-73.

刘伟全. 2010. 我国对外直接投资国内技术进步效应的实证研究. 当代财经，（5）：101-106.

刘阳春. 2008. 中国企业对外直接投资动因理论与实证研究. 中山大学学报（社会科学版），（3）：177-184.

刘长喜. 2005. 利益相关者、社会契约与企业社会责任. 复旦大学博士学位论文.

龙云安. 2007. 跨国公司社会责任研究. 四川大学博士学位论文.

卢进勇，陈静，王光. 2015. 加快构建中国跨国公司主导的跨境产业链. 国际贸易，（4）：4-10.

卢勇. 2010. 西方FDI理论评述及其借鉴意义. 商业时代，（24）：39-40.

罗虎. 2013. 跨国公司向全球公司战略转型的十大趋势. 福建论坛（人文社会科学版），
（4）：41-45.

罗伟. 2014. 跨国公司和中国经济的竞争力. 南开大学博士学位论文.

罗兴武. 2015. 涉及65国44亿人口"一带一路"带动半个地球. 世界博览，（7）：23-25.

马心竹. 2014. 中国对外直接投资的动因分析. 国际商贸，（10）：132-134.

麦影. 2010. 企业社会责任对竞争优势影响的实证研究. 暨南大学博士学位论文.

毛其淋，许家云. 2014. 中国企业对外直接投资是否促进了企业创新？世界经济，（8）：
98-125.

毛蕴诗，王彤. 2000. 全球公司重构与我国企业战略重组. 中山大学学报（社会科学版），
（5）：17-23.

聂嘉. 2009. 我国上市公司企业社会责任信息披露研究. 天津财经大学硕士学位论文.

牛秀芳. 2015. 中国企业对外直接投资动因研究综述及华为公司的案例分析. 对外经贸，
（8）：61-62.

欧阳峣. 2006. 基于"大国综合优势"的中国对外直接投资战略. 财贸经济，（5）：57-60.

潘颖，刘辉煌. 2010. 中国对外直接投资与产业结构升级关系的实证研究. 统计与决策，
（2）：102-104.

裴长洪，郑文. 2011. 国家特定优势：国际投资理论的补充解释. 经济研究，（11）：21-35.

彭红利. 2015. 构建国有企业履行社会责任的长效机制——基于"政府-企业-社会"框架的分
析. 河北经贸大学学报，（1）：74-77.

彭华岗. 2013. 企业社会责任基础教材. 北京：经济管理出版社.

漆诣. 2013. 从波兰A2高速公路项目谈合同止损. 国际工程与劳务，（9）：47-50.

祁春凌，黄晓玲. 2012. 我国对外直接投资的产业结构与行业分布问题研究. 管理前沿，
（2）：9-11.

綦建红，王亚运. 2015. 我国出口企业转向OFDI的多维影响因素——基于微观数据的检验. 中
国经济问题，（2）：86-97.

钱洁. 2008. 欧盟企业社会责任的研究及其启示. 上海交通大学硕士学位论文.

乔晶，胡兵. 2006. 我国对外直接投资现状及战略选择. 科技管理研究，（6）：76-79.

仇怡，吴建军. 2012. 我国对外直接投资的逆向技术外溢效应研究. 国际贸易问题，（10）：
140-152.

邵邦，何元增，程诚. 2015. 中国企业社会责任公共政策问题研究. 北京航空航天大学学报（社
会科学版），（3）：39-43.

邵兴东. 2003. 我国家电企业国际化战略研究——海尔、海信、TCL的国际化比较. 中国海洋大
学硕士学位论文.

盛斌，李秉勤，胡博. 2009. 公司社会责任、跨国企业与东道国政府的作用——来自中国地方
案例的证据. 南开学报（哲学社会科学版），（5）：115-125.

史及伟. 2009. 企业社会责任与政府责任研究. 学习与探索，（5）：188-192.

宋维佳，许宏伟. 2012. 对外直接投资区位选择影响因素研究. 财经问题研究，（10）：44-50.

苏辉. 2007. 我国对外直接投资的产业策略选择. 商业时代，（12）：27-29.

苏辉. 2008. 对中国对外直接投资战略的理论思考. 商业现代化，（11）：228-229.

孙建中. 2000. 资本国际化运营——中国对外直接投资发展研究. 北京：经济科学出版社.

孙俊. 2007. 浅析国际工程中当地劳工的管理. 江苏建材，（1）：66-67.

谭英俊，黄建. 2011. 政府推进企业社会责任建设的路径思考. 中国商贸，（12）：251-252.

汤婧，于立新. 2012. 我国对外直接投资与产业结构调整的关联分析. 国际贸易问题，（11）：42-49.

唐礼智，章志华. 2015. 中国对外直接投资的贸易效应研究. 统计与决策，（11）：145-147.

陶攀，荆逢春. 2013. 中国企业对外直接投资的区位选择. 世界经济研究，（9）：74-80.

田虹，吕有晨. 2006. 日本企业社会责任研究. 现代日本经济，（1）：35-39.

田巍，余淼杰. 2012. 企业生产率和企业“走出去”对外直接投资：基于企业层面数据的实证研究. 经济学（季刊），（2）：383-408.

万利娟. 2015. 中小企业社会责任培育中的政府作用研究. 武汉科技大学硕士学位论文.

汪琦. 2004. 对外直接投资对投资国的产业结构调整效应及其传导机制. 国际贸易问题，（5）：36-41.

王成立. 2014. 国际工程项目人力资源国际化研究. 西南财经大学硕士学位论文.

王丹，聂元军. 2008. 论政府在强化企业社会责任中的作用——美国政府的实践和启示. 理论探索，（6）：120-123.

王东京. 1993. 国际投资论. 北京：中国经济出版社.

王海军，宋宝琳. 2013. 中国对外直接投资的动因研究——基于市场与资源两种要素的探讨. 西安交通大学学报（社会科学版），（3）：22-27.

王慧. 2009. 我国政府在企业社会责任履行中的作用分析. 首都经济贸易大学硕士学位论文.

王建设. 2009. 房地产企业社会责任评价体系研究. 青岛科技大学硕士学位论文.

王金焕. 2014. 企业社会责任与企业竞争力相关关系的实证研究. 天津商业大学硕士学位论文.

王胜，田涛，谢润德. 2014. 中国对外直接投资的贸易效应研究. 世界经济研究，（10）：80-86.

王淑青. 2013. 企业社会责任的国际比较研究. 辽宁科技大学硕士学位论文.

王小军. 2014. 中国企业国际化的战略风险管理理论与实证研究. 对外经济贸易大学博士学位论文.

王秀臣. 2009. 落实企业社会责任推动科学和谐发展. 求是，（5）：34-35.

王英. 2009. 对外直接投资影响产业结构调整的实证分析. 审计与经济研究，（4）：85-89.

王英，周蕾. 2013. 我国对外直接投资的产业结构升级效应——基于省际面板数据的实证研究. 中国地质大学学报（社会科学版），（6）：119-124.

王滢淇，阚大学. 2013. 对外直接投资的产业结构效应. 湖北社会科学，（5）：82-85.

王永钦，杜巨澜，王凯. 2014. 中国对外直接投资区位选择的决定因素：制度、税负和资源禀赋. 经济研究，（12）：126-142.

王志乐. 2012. 全球公司——跨国公司发展的新阶段. 经济体制改革，（6）：8-10.

王志乐. 2014. 全球公司——跨国公司发展新阶段. 上海：上海人民出版社.

王志乐，林晓虹，舒凯. 2007. 什么是全球公司——跨国公司向全球公司转型. 中国外资，（9）：8-9.

魏东，王璟珉. 2005. 中国对外直接投资动因分析. 东岳论丛，（5）：88-92.

魏浩. 2015. 中国出口商品结构变化的重新测算. 国际贸易问题，（4）：16-26.

温森. 2013. 跨国公司企业社会责任的动因阐释. 浙江大学硕士学位论文.

吴迪. 2013. 中国对外直接投资产业选择的研究. 学术论坛，（9）：123-126.

吴芳芳. 2013. 中国对外投资合作中的企业社会责任问题研究. 产业与科技论坛，（4）：11-12.

吴键. 2013. 国有企业社会责任评价研究——以国家电网公司为例. 南昌大学硕士学位论文.

吴金娜. 2013. 食品类企业社会责任评价体系的构建与应用. 浙江工业大学硕士学位论文.

吴雷. 2008. 中国石油企业海外投资风险分析——中国石油阿克纠宾公司案例分析. 中国石油大学博士学位论文.

吴先明，周伟. 2009. 跨国公司对华直接投资的决定因素：一个实证分析. 珞珈管理评论，（1）：235-248.

吴晓云，邓竹箐. 2008. 中国跨国公司"全球导向–渐进式"国际经营战略思考——以 97 家中国跨国公司营销战略的实证资料为依据. 财经论丛（浙江财经大学学报），（3）：84-90.

夏静. 2008. 企业社会责任：政府与企业角色分析. 合作经济与科技，（3）：26-28.

夏申. 1988. 中国发展海外直接投资的理论思考. 国际贸易问题，（3）：15-18.

向鹏成，牛晓晔. 2012. 国际工程总承包项目失败成因及启示——以波兰 A2 高速公路项目为例. 国际经济合作，（5）：24-29.

项本武. 2005. 中国对外直接投资的贸易效应. 统计观察，（24）：84-85.

项本武. 2009. 中国对外直接投资的贸易效应研究. 财贸经济，（4）：77-82.

肖雯. 2014. 中国境外经贸合作区的发展研究——以浙江省的境外合作区为例. 浙江大学硕士学位论文.

谢佩洪，周祖城. 2008. 企业履行社会责任的动因及对策建议. 中国人力资源开发，（7）：26-30.

谢思. 2013. 国有企业全球化经营 CSR 问题研究. 广东外语外贸大学硕士学位论文.

辛杰. 2014. 企业社会责任的价值创造机制研究. 管理学报，（11）：1671-1679.

辛修明. 2014. 中国对外承包工程行业发展概况. 建设机械技术与管理，（12）：78-80.

徐尚昆，杨汝岱. 2007. 企业社会责任概念范畴的归纳性分析. 中国工业经济，（5）：73-81.

许和连，李丽华. 2011. 文化差异对中国对外直接投资区位选择的影响分析. 统计与决策，（17）：154-156.

薛求知，朱吉庆. 2008. 中国对外直接投资与"走出去"战略：理论基础与经验分析. 复旦学报
　　（社会科学版），（1）：23-31.

闫俊伍. 2011. 国有企业社会责任评价体系研究. 吉林大学硕士学位论文.

杨宝良. 2009. 我国政府推动企业社会责任的实践与探索. 江苏商论，（27）：70-71.

杨宝良. 2010. 试析政府推动企业履行社会责任的意义与途径. 江苏商论，（2）：110-112.

杨宝良，陈羽. 2009. 政府推动企业社会责任的比较研究. 南方金融，（8）：64-66.

杨成平. 2009. 我国企业对外直接投资区位选择的影响因素分析. 黑龙江经贸，（11）：25-27.

杨璠. 2015. 行业竞争度、制度环境与企业社会责任履行. 浙江工商大学硕士学位论文.

杨建清，周志林. 2013. 我国对外直接投资对国内产业升级影响的实证分析. 经济地理，
　　（4）：120-124.

姚明盛. 2013. 建筑企业实施"走出去"战略的几点思考. 建筑施工，（6）：562-564.

姚枝仲. 2013. 中国企业对外直接投资动因. 中国金融，（1）：47-48.

叶静. 2009. 企业社会责任与政府规制问题研究. 财经问题研究，（8）：112-116.

叶磊. 2000. 企业社会责任建设中的政企关系研究. 复旦大学硕士学位论文.

易波，李玉洁. 2012. 双边投资协定和中国对外直接投资区位选择. 统计与决策，（4）：
　　154-156.

殷格非. 2012. 2012：中国企业社会责任管理元年. WTO 经济导刊，（7）：72.

殷格非，于志宏，赵钧. 2015. 中国企业社会责任的发展建议. WTO 经济导刊，（2）：52-55.

尹建华，周鑫悦. 2014. 中国对外直接投资逆向技术溢出效应经验研究. 科研管理，（3）：
　　131-139.

余官胜，林俐. 2015. 企业海外集群与新晋企业对外直接投资区位选择——基于浙江省微观企
　　业数据. 地理研究，（2）：364-372.

袁静. 2010. 企业社会责任建构中的政府责任研究. 青岛大学硕士学位论文.

翟冠慧. 2011. 谢尔顿与公司社会责任起源有关问题研究. 前沿，（2）：21-24.

张炳雷. 2011. 国有企业海外投资的困境分析：一个社会责任的视角. 经济体制改革，（4）：
　　116-119.

张春萍. 2012. 中国对外直接投资的贸易效应研究. 数量经济技术经济研究，（6）：74-85.

张高丽. 2008. 论政府在建立企业社会责任中的作用. 开发研究，（2）：144-147.

张建君. 2013. 竞争-承诺-服从：中国企业慈善捐款的动机. 管理世界，（9）：118-129.

张凯凯. 2015. 税收优惠政策与企业社会责任研究. 北京交通大学硕士学位论文.

张连营，秦沛. 2007. 从社会责任国际标准看我国建筑企业社会责任管理体系的构建. 天津大学
　　学报（社会科学版），（5）：416-419.

张伟炜. 2009. 基于企业社会责任建设的我国政府作用研究. 苏州大学硕士学位论文.

张晞. 2008. 海外工程项目风险管理研究. 山东大学硕士学位论文.

张喜昌. 2007. 企业社会责任的伦理学解读. 苏州大学硕士学位论文.

张馨予，张欢. 2013. 中国对外直接投资的行业分布特点及存在的问题分析. 商界论坛，（3）：193，220.

张耀一，张冬. 2013. 我国对外直接投资的特点及动因研究. 经济研究导刊，（5）：77-79.

张远鹏，杨勇. 2010. 中国对外直接投资区位选择的影响因素分析. 世界经济与政治论坛，（6）：34-46.

张志强，王春香. 2005. 西方企业社会责任的演化及其体系. 宏观经济研究，（9）：19-24.

章辉美，邓子纲. 2011. 基于政府、企业、社会三方动态博弈的企业社会责任分析. 系统工程，（6）：123-126.

赵健康. 2008. 经济理论视角下的企业社会责任研究. 山西财经大学硕士学位论文.

赵丽芳. 2013. GRI 发布最新版可持续发展报告指南 G4. WTO 经济导刊，（6）：38.

赵星. 2015-07-02. 将境外经贸合作区建成产业"走出去"的有效平台. 中国财经报.

赵颖，马连福. 2007. 海外企业社会责任信息披露研究综述及启示. 证券市场导报，（8）：14-22.

赵永亮，高颖欣. 2012. 基于异质性的企业社会责任与国际贸易. 产业经济研究，（4）：72-80.

郑承志. 刘宝. 2009. 企业社会责任推进中的政府行为. 学术界，（4）：200-206.

郑若娟. 2006. 西方企业社会责任理论研究进展——基于概念演进的视角. 国外社会科学，（2）：34-39.

中国建筑股份有限公司. 2015. 2014 可持续发展报告.

中国建筑新闻网. 2015. "一带一路"路线图出炉 能源基建先行. 施工技术，（7）：54.

中华人民共和国商务部. 2015-04-29. 中国对外投资合作发展报告. http://fec.mofcom.gov.cn/article/tzhzcj/tzhz/.

钟宏武，崔灿. 2011. 政府与企业社会责任——国际经验、中国实践和对策建议//卫建国，张海珠. 科学发展：社会管理与社会和谐——2011 学术前沿论丛. 北京：北京师范大学出版社.

钟宏武，杨小科. 2007. 社会责任：海外中资企业必须应对的问题. WTO 经济导刊，（8）：50-52.

钟宏武，张唐槟. 2010. 政府推进企业社会责任的角色定位. 人民论坛旬刊，（1）：29-31.

钟懿辉，赵鑫全. 2009. 我国企业走出去需加强劳资关系管理. 中国劳动关系学院学报，（6）：21-26.

周慧霞. 2013. 我国民营企业社会责任评价研究. 山西财经大学硕士学位论文.

周俊. 2006. 论企业社会责任及其法律规制. 南京师范大学硕士学位论文.

周云峰. 2008. 论政府在企业社会责任中的作用. 地方财政研究，（60）：49-51.

朱锦程. 2006. 论全球化背景下的企业社会责任. 苏州大学硕士学位论文.

朱若铌. 2011. 对外承包工程建筑材料采购的风险管理. 江苏建材，（2）：67-68.

宗芳宇，路江涌，武常岐. 2012. 双边投资协定、制度环境和企业对外直接投资区位选择. 经济研究，（5）：71-82.

邹婷，刘辉煌. 2010. 中国对外投资区位选择集中化研究. 技术与创新管理，（1）：65-68.

Abeinsa. 2013. Corporate Social Responsibility Annual Report 2013. Seville，Spain.

Abeinsa. 2014. Corporate Social Responsibility Annual Report 2014. Seville，Spain.

Abeinsa. 2015. 2014 Corporate Social Responsibility. http://www.abeinsa.com/export/sites/abeinsa/ resources/pdf/en/Informes_anuales/Informe_anual_2014/IRSC-Abeinsa-2014_en.pdf.

ACS. 2015a. Code of Conduct. Madrid，Spain.

ACS. 2015b. Corporate Responsibility Report of the ACS Group 2014. Madrid，Spain.

Aggarwal R，Agmon T. 1990. The international success of developing country firms：role of government-directed comparative advantage. Management International Review，30（2）：163-180.

Amighini A A，Rabellotti R，Sanfilippo M. 2013. Do Chinese state-owned and private enterprises differ in their internationalization strategies? China Economic Review，27（4）：312-325.

Anderson D. 2005. Corporate Survival：The Critical Importance of Sustainability Risk Management. Bloomington：iUniverse.

Bandelj N. 2002. Embedded economies：social relations as determinants of foreign direct investment in Central and Eastern Europe. Social Forces，81（2）：411-444.

Bansal P. 2005. Evolving sustainably：a longitudinal study of corporate sustainable development. Strategic Management Journal，（26）：197-218.

Baum J A C，Dobbin F. 1983. The iron cage revisited：institutional isomorphism and collective rationality in organizational fields. American Sociological Review，48（2）：147-160.

Bechtel. 2010. Code of Conduct. San Francisco，California.

Bechtel. 2015. Sustainability Report 2015. San Francisco，California.

Blair M M，Stout L A. 1999. A team production theory of corporate law. Virginia Law Review，85（2）：247-328.

Blonigen B A. 1997. Firm-specific assets and the link between exchange rates and foreign direct investment. American Economic Review，87（3）：447-465.

Blowfield M，Frynas J G. 2005. Setting new agendas：critical perspectives on corporate social responsibility in the developing world. International Affairs，81（3）：499-513.

Bondy K，Moon J，Matten D. 2012. An institution of corporate social responsibility（CSR）in multinational corporations（MNCs）：form and implications. Journal of Business Ethics，111（2）：281-299.

Bouygues. 2015. Sustainability Report 2015. Paris，France.

Bräutigam D，Tang X. 2014. Going global in groups：structural transformation and China's special economic zones overseas. World Development，63（C）：78-91.

Bucheli M，Kim M Y. 2012. Political institutional change，obsolescing legitimacy，and multinational corporations. Management International Review，52（6）：847-877.

Buckley P J. 2004. The role of China in the global strategy of multinational enterprises. Journal of Chinese Economic and Business Studies，2（1）：1-25.

Buckley P J, Casson M. 1976. Alternative Theories of the Multinational Enterprise. London：Palgrave Macmillan.

Buckley P J, Clegg J, Zheng P, et al. 2007a. The impact of foreign direct investment on the productivity of China's automotive industry. Management International Review，47（5）：707-724.

Buckley P J, Jeremy C L, Adam R C, et al. 2007b. The determinants of Chinese outward foreign direct investment. Journal of International Business Studies，38（4）：499-518.

Buckley P J, Wang C, Clegg J. 2007c. The impact of foreign ownership, local ownership and industry characteristics on spillover benefits from foreign direct investment in China. International Business Review，16（2）：142-158.

Carroll A B. 1999. Corporate social responsibility：evolution of a definitional construct. Business & Society，38（3）：268-295.

Chakrabarti A. 2001. The determinants of foreign direct investments：sensitivity analyses of cross-country regressions. Krklos，54（1）：89-114.

Child J, Pleister H. 2003. Governance and management in China's private sector. Management International，7（3）：13-24.

Cosset J C, Suret J M. 1995. Political risk and the benefits of international portfolio diversification. Journal of International Business Studies，26（2）：301-318.

Crane A, Matten D. 2003. Business Ethics：A European Perspective. Oxford：Oxford University Press.

Darendeli I S, Hill T L. 2016. Uncovering the complex relationships between political risk and MNE firm legitimacy：insights from Libya. Journal of International Business Studies，47（1）：68-92.

Dastidar P. 2009. International corporate diversification and performance：does firm self-selection matter? Journal of International Business Studies，40（1）：71-85.

Deng P. 2002. Foreign direct investment by transnationals from emerging countries：the case of China. Journal of Leadership and Organizational Studies，10（2）：113-124.

Detomasi D. 2008.The political roots of corporate social responsibility. Journal of Business Ethics，82（4）：807-819.

Devinney T. 2009. Is the socially responsible corporation a myth? The good, the bad, and the ugly of corporate social responsibility. Academy of Management Perspectives，23（2）：44-56.

DiMaggio P J, Powel W W. 1983. The iron cage revisited：institutional isomorphism and collective rationality in organizational fields. American Sociological Review, 48（2）: 147-160.

Dodd E M. 1932. For whom are corporate managers trustees? Harvard Law Review, 45（7）: 1145-1163.

Domenico M D, Tracey P, Haugh H. 2009. The dialectic of social exchange: theorizing corporate-social enterprise collaboration. Organization Studies, 30（8）: 887-907.

Duanmu J L. 2014. State-owned MNCs and host country expropriation risk: the role of home state soft power and economic gunboat diplomacy. Journal of International Business Studies, 45（8）: 1044-1060.

Dunning J H. 1977. Trade, location of economic activity and the MNE: a search for an eclectic approach//Ohlin B, Hesselborn P O, Wijkman P M. The International Allocation of Economic Activity. London: Palgrave Macmillan.

Dunning J H. 1997. Alliance Capitalism and Global Business. Abingdon: Routledge.

Dunning J H. 1998. Globalization and the new geography of foreign direct investment. Oxford Development Studies, 26（1）: 47-69.

Dunning J H. 2002. Relational assets, networks, and international business activities//Contractor F J, Lorange P. Cooperative Strategies and Alliances. Amsterdam: Pergamon.

Elkington J. 1997. Cannibals with Forks: The Triple Bottom Line of 21st Century Business. Oxford: Capstone Publishing Ltd.

Erdener C, Shapiro D M. 2005. The internationalization of Chinese family enterprises and Dunning's eclectic MNE paradigm. Management and Organization Review, 1（3）: 411-436.

Ferrari F, Rolfini R. 2008. Investing in a Dangerous World: A New Political Risk Index. SAGE Group Working Paper, No. 6.

Filatotchev I, Stahl G K. 2015. Towards transnational CSR: Corporate social responsibility approaches and governance solutions for multinational corporations. Organizational Dynamics, 44（2）: 121-129.

Fitzpatrick M. 1983. The definition and assessment of political risk in international business: a review of the literature. Academy of Management Review, 8（2）: 249-254.

Fluor. 2015. Sustainability Report 2014. Irving, Texas.

Froot K A, Stein J C. 1991. Exchange rates and FDI: an imperfect capital markets approach. Quarterly Journal of Economics, 106（4）: 191-217.

Frynas J G, Mellahi K. 2003. Political risks as firm-specific（dis）advantages: evidence on transnational oil firms in Nigeria. Thunderbird International Business Review, 45（5）: 541-565.

Globerman S, Shapiro D. 2009. Economic and strategic considerations surrounding Chinese FDI in the United States. Asia Pacific Journal of Management, 26（1）: 163-183.

Goldberg L S, Kolstad C D. 1995. Foreign direct investment, exchange rate variability and demand uncertainty. International Economic Review, 36（4）: 855-873.

Grubaugh S G. 2001. Determinants of direct foreign investment. Review of Economics & Statistics, 69（1）: 149-152.

Gupta A, Li Z. 2007. Integrating optimal annuity planning with consumption-investment selections in retirement planning. Insurance Mathematics & Economics, 41（1）: 96-110.

Hartman C L, Hofman P S, Stafford E R.1999. Partnerships: a path to sustainability. Business Strategy and the Environment, 8（5）: 255-266.

Hirschey R C, Caves R E. 1981. Research and technology transfer by multi-national enterprises. Oxford Bulletin of Economics & Statistics, 43（2）: 115-130.

Hochtief. 2015. Group Report 2014: Combined Annual Report and Sustainability Report. Essen, North Rhine-Westphalia, Germany.

Hockerts K, Morsing M. 2008. A Literature Review on Corporate Social Repsonsibility in the Innovation Process. Copenhagen Business School, Frederiksberg, Denmark.

Hymer S H. 2009. The International Operations of National Firms: A Study of Direct Foreign Investment. Cambridge: The MIT Press.

Hyundai. 2015. Sustainability Report 2014. Hyundai.

Jgc. 2015. Environmental & Social Report 2014. Yokohama, Japan.

Jimenez A, Benito-Osorio D, Palmero-Camara C. 2015. Learning from risky environments: global diversification strategies of Spanish MNEs. Management International Review, 55（4）: 485-509.

Johanson J, Vahlne J E. 1977. The internationalization process of the firm: a model of knowledge development and increasing foreign market commitments. Journal of International Business Studies, 8（1）: 23-32.

Johnson H G. 1970. The efficiency and welfare implications of the international corporation. The International Corporation, 9（2）: 35-39.

Kindleberger C P. 1969. American business abroad. The International Executive, 11（2）: 11-12.

King B, Pearce N. 2010. The contentiousness of markets: politics, social movements and institutional change in markets. Annual Review of Sociology, 36（36）: 249-267.

Knill A, Lee B S, Mauck N. 2012. Bilateral political relations and sovereign wealth fund investment. Journal of Corporate Finance, 18（1）: 108-123.

Knutsen C H, Rygh A, Hveem H. 2011. Does state ownership matter? Institutions' effect on foreign direct investment revisited. Business and Politics, 13（1）: 1-31.

Kolstad I, Wiig A. 2012. What determines Chinese outward FDI? Journal of World Business, 47（1）: 26-34.

Kourula A, Laasonen S. 2010. Nongovernmental organizations in business and society, management, and international business research review and implications from 1998 to 2007. Business & Society, 49（2）: 35-67.

Kuemmerle W. 1997. Building effective R&D capabilities abroad. Harvard Business Review, 75（2）: 61-70.

Lall S. 1980. The international allocation of research activity by US multinationals. Oxford Bulletin of Economics, 41（4）: 313-331.

Lange D E D, Armanios D, Delgado-Ceballos J, et al. 2016. From foe to friend: complex mutual adaptation of multinational corporations and non-overnmental organizations. Business & Society, 53（1）: 145-148.

Lardy N R. 1998. China's Unfinished Economic Revolution. Washington: Brookings Institution.

Lau H F. 1977. Industry evolution and internationalization processes of firms from a newly industrialized economy. Journal of Business Research, 56（10）: 847-852.

Lecraw D J. 1977. Direct investment by firms from less developed countries. Oxford Economic Papers, 29（3）: 442-457.

Lee M D P. 2008. A review of the theories of corporate social responsibility: its evolutionary path and the road ahead. International Journal of Management Reviews, 10（1）: 53-73.

Li Q, Vashchilko T. 2010. Dyadic military conflict, security alliances, and bilateral FDI flows. Journal of International Business Studies, 41（5）: 765-782.

Lim A, Tsutsui K. 2012. Globalization and commitment in corporate social responsibility: cross-national analyses of institutional and political-economy effects. American Sociological Review, 77（1）: 69-98.

Lim D. 1983. Fiscal incentives and direct investment in less developed countries. Journal of Development Studies, 19（2）: 207-212.

Liu H, Li K. 2002. Strategic implications of emerging Chinese multinationals: the Haier case study. European Management Journal, 20（6）: 699-706.

Loree D W, Guisinger S E. 1995. Policy and non-policy determinants of U.S. equity foreign direct investment. Journal of International Business Studies, 26（2）: 281-299.

Mansfield E. 1979. The production and application of new industrial technology. Academy of Management Review, 41（3）: 610-623.

Martin P, Mayer T, Thoenig M. 2008. Make trade not war. The Review of Economic Studies, 75（3）: 865-900.

Matten D, Crane A, Chapple W. 2003. Behind the mask: revealing the true face of corporate citizenship. Journal of Business Ethics, 45（1~2）: 109-120.

Meyer K E, Nguyen H V. 2005. Foreign investment strategies and sub-national institutions in emerging markets：evidence from Vietnam. Journal of Management Studies，42（1）：63-93.

Millar C C J M，Choi C J，Chen S. 2004. Global strategic partnerships between MNEs and NGOs：drivers of change and ethical issues. Business and Society Review，109（4）：395-414.

Nachum L. 1999. World investment report 1998：trends and determinants. Journal of International Business Studies，30（3）：637-641.

North D C. 1990. Institutions，Institutional Change and Economic Performance. Cambridge：Cambridge University Press.

Ohanyan A. 2009. Policy wars for peace：network model of NGO behavior. International Studies Review，11（3）：475-501.

Palazzo G，Scherer A G. 2006. Corporate legitimacy as deliberation：a communicative framework. Journal of Business Ethics，66（1）：71-88.

Peng M W. 2002. Towards an institution-based view of business strategy. Asia Pacific Journal of Management，19（2~3）：251-267.

Phillips R. 2003. Stakeholder Theory and Organizational Ethics. San Francisco：Berrett-Koehler.

Porter M E，Kramer M R. 2002. The competitive advantage of corporate philanthropy. Harvard Business Review，80（12）：56-68.

Porter M E，Kramer M R. 2006. Strategy and society: the link between competitive advantage and corporate social responsibility. Harvard Business Review，84（12）：78-92.

Post J E，Preston L E，Sachs S. 2002. Redefining the Corporation：Stakeholder Management and Organizational Wealth. Stanford：Stanford Business Books.

Ramasamy B，Yeung M，Laforet S. 2012. China's outward foreign direct investment：location choice and firm ownership. Journal of World Business，47（1）：17-25.

Rivera-Santos M，Rufní C. 2010. Odd couples：understanding the governance of firm-NGO alliances. Journal of Business Ethics，94（1）：55-70.

Royal BAM Group. 2015. Integrated Report 2014. Bunnik，Netherlands.

Saipem. 2015. Sustainability Report 2014. San Donato Milanese，Italy.

Samsung C&T. 2015. Samsung C&T Corporation Sustainability Report 2015. Seoul，Korea.

Sazanami Y. 1992. Determinants of Japanese foreign direct investment：locational attractiveness of European countries to Japanese multinationals. Revue Économique，43（4）：661-669.

Scott W R. 2002. The changing world of chinese enterprises：an institutional perspective//Tsui A S，Lau C M. Management of Enterprises in the People's Republic of China. Boston：Kluwer Academic Press.

Serapio M G，Dalton D H. 1994. Foreign R&D in the United States. IEEE Spectrum，31（11）：26-30.

Shah K U. 2011. Organizational legitimacy and the strategic bridging ability of green alliances.

Business Strategy and the Environment, 20（8）: 498-511.

Skanska. 2015. Sustainability Report 2014. Stockholm, Sweden.

Slangen A, Hennart J O. 2007. Greenfield or acquisition entry: a review of the empirical foreign establishment mode literature. Journal of International Management, 13（4）: 403-429.

Social Accountability International. 2014. SA 8000 Standard 2014. New York, U.S..

Song H. 2011. Chinese private direct investment and overseas Chinese network in Africa. China & the World Economy, 19（4）: 109-126.

Tan J, Wang L. 2011. MNC strategic responses to ethical pressure: an institutional logic perspective. Journal of Business Ethics, 98（3）: 373-390.

Tang L, Li H. 2009. Corporate social responsibility communication of Chinese and global corporations in China. Public Relations Review, 35（3）: 199-212.

Taylor R. 2002. Globalization strategies of Chinese companies: cunent developments and future prospects. Asian Business and Management, 1（2）: 209-225.

TECHNIP. 2015. 2014 Activity and Sustainable Development Report. Paris, France.

The Global Reporting Initiative. 2011. GRI: G3.1 Guidelines. Amsterdam, Netherlands.

The Global Reporting Initiative. 2013a. GRI: G4 Part1 Reporting Principles and Standard Disclosures. Amsterdam, Netherlands.

The Global Reporting Initiative. 2013b. GRI: G4 Part2 Implementation Manual. Amsterdam, Netherlands.

Tomlin K M. 1998. Three Essays on Foreign Direct Investment: Model Specification, Exchange Rate Skewness, and Entry Plant Size and Growth. PhD Dissertation of University of Oregon.

Tomlin K M. 2000. The effects of model specification on foreign direct investment models: an application of count data models. Southern Economic Journal, 67（2）: 460-468.

Tsai K S. 2002. Back-Alley Banking: Private Entrepreneurs in China. New York: Cornell University Press.

Verbeke A, Dunning J, Lundan S. 1994. Multinational enterprises and the global economy. Journal of International Business Studies, 25（1）: 190-193.

Warner M, Hong N S, Xu X. 2004. Late development experience and the evolution of transnational firms in the People's Republic of China. Asia Pacific Business Review, 10（3~4）: 324-345.

Wells L T. 1977. Third World Multinationals: The Rise of Foreign Investments from Developing Countries. Cambridge: MIT Press.

Wong J, Chan S. 2003. China's outward direct investment: expanding worldwide. An International Journal, 1（2）: 273-301.

World Bank. 2016. Procurement World Bank Listing of Ineligible Firms & Individuals. Washington, U.S..

Wright M，Filatotchev I，Hoskisson R E，et al. 2005. Strategy research in emerging economies：challenging the conventional wisdom. Journal of Management Studies，42（1）：1-33.

Ye G. 1992. Chinese transnational corporations. Transnational Corporations，1（2）：125-133.

Zhan J X. 1995. Transnationalization and outward investment：the case of Chinese firms. Transnational Corporations，4（3）：67-100.

Zhang Y. 2003. China's Emerging Global Businesses：Political Economy and Institutional Investigations. Basingstoke：Palgrave Macmillan.